2016年经济专业技术资格考试辅导教材

金融专业知识与实务【中级】

经济专业技术资格考试教材编写组◎编著

清华大学出版社
北　京

内 容 简 介

本书以2016年全国经济专业技术资格考试教材为依据，对大纲进行了全面分析，重点突出，帮助考生把握重点，攻克难点，提高复习效率。本书中的“大纲解读”对考情、考点进行了详细分析；“考点精讲”深入分析重点、难点，清晰透彻，并针对考点，直击2011—2015年5年真题，提高考生应试能力；“同步自测”针对性强，贴近考题，帮助考生夯实基础知识，提高解题能力。本书是考生快速贯通考点、顺利通过考试的必备书籍。

图书在版编目(CIP)数据

金融专业知识与实务：中级 / 经济专业技术资格考试教材编写组 编著. —北京：清华大学出版社，2016(2016.9 重印)
(2016年经济专业技术资格考试辅导教材)
ISBN 978-7-302-43438-2

Ⅰ.①金… Ⅱ.①经… Ⅲ.①金融—资格考试—自学参考资料 Ⅳ.①F83

中国版本图书馆CIP数据核字(2016)第073288号

责任编辑：张 颖 高晓晴
封面设计：马筱琨
版式设计：牛静敏
责任校对：成凤进
责任印制：何 芊

出版发行：清华大学出版社
网 址：http://www.tup.com.cn，http://www.wqbook.com
地 址：北京清华大学学研大厦A座 邮 编：100084
社 总 机：010-62770175 邮 购：010-62786544
投稿与读者服务：010-62776969，c-service@tup.tsinghua.edu.cn
质 量 反 馈：010-62772015，zhiliang@tup.tsinghua.edu.cn
印 装 者：北京密云胶印厂
经 销：全国新华书店
开 本：185mm×260mm **印 张**：21.25 **字 数**：530千字
版 次：2016年5月第1版 **印 次**：2016年9月第2次印刷
印 数：4001～5000
定 价：42.00元

产品编号：068237-01

本书编委会

主　　编：索晓辉

编　　委：晁　楠　　吴金艳　　雷　凤　　张　燕

方文彬　　李　蓉　　林金松　　刘春云

张增强　　刘晓翠　　路利娜　　邵永为

邢铭强　　张剑锋　　赵桂芹　　张　昆

孟春燕　　杜友丽

丛 书 序

经济社会的发展对各行各业的人才都提出了新的要求，为了顺应这一发展趋势，经济行业对经济师的要求正逐步提高，审核制度也日益完善。

为了满足广大考生的迫切需要，我们严格依据人力资源和社会保障部人事考试中心组织编写的“全国经济专业技术资格考试用书”(内含大纲)，结合我们多年来对命题规律的准确把握，精心编写了这套“2016年经济专业技术资格考试辅导教材”。

本着助考生一臂之力的初衷，并依据“读书、做题、分析、模考”分段学习法的一贯思路，本丛书在编写过程中力图体现如下几个特点。

紧扣大纲，突出重点

本丛书严格按照人力资源和社会保障部最新考试大纲编写，充分体现了教材的最新变化与要求，所选习题的题型、内容也均以此为依据。在为考生梳理基础知识的同时，结合历年考题深度讲解考点、难点，使考生能够“把握重点，迅速突破”。

同步演练，科学备考

本丛书按照分段学习法的一贯思路，相应设置了“大纲解读”“考点精讲”“同步自测”和“同步自测解析”几个栏目，以全程辅导的形式帮助考生按照正确的方法复习备考。

命题规范，贴近实战

众所周知，历年真题是最好的练习题，本丛书在例题的选取上，以历年真题为主，让考生充分了解考试重点、难点，有的放矢，提高对考题的命中率。同时，书中最后还配备了2015年经济专业技术资格考试真题，让考生可以通过模拟自测检验学习效果，提高自己的实战能力和应变能力。

解析详尽，便于自学

考虑到大部分考生是在职人士，主要依靠业余时间进行自学。本丛书对每道习题都进行了详尽、严谨的解析，有问有答，帮助考生快速掌握解题技巧，方便考生自学。

图解考点，方便记忆

经济师考试涉及的知识点较多，为了帮助考生快速学习和理解，书中以图表的形式将相关概念进行分类、比较，提高学习效率。

总而言之，通过凸显重点、辨析真题、同步自测、深度解析，希望能够使考生朋友们对考点烂熟于心，对考试游刃有余，对成绩胸有成竹。

本套丛书由索晓辉组织编写，同时参与编写的还有晁楠、吴金艳、雷凤、张燕、方文彬、李蓉、林金松、刘春云、张增强、刘晓翠、路利娜、邵永为、邢铭强、张剑锋、赵桂芹、张昆、孟春燕、杜友丽，在此一并表示感谢。

最后，预祝广大考生顺利通过经济专业技术资格考试，在新的人生道路上续写辉煌。

目　　录

第一章　金融市场与金融工具

大纲解读

本章考试内容为金融市场和金融工具等金融基础知识，并能够分析不同金融市场和金融工具的特性，在有关金融市场上运用相应的金融工具进行投资。从近三年考题情况来看，本章主要考查的内容是金融市场和金融工具的基本内容，传统金融市场及其工具、金融衍生品市场及其工具以及我国的金融市场及其工具等，平均分值是 8 分。具体考试内容如下。

1. 金融市场与金融工具概述

金融市场的含义、构成要素，金融市场的结构划分、功能与交易主体，以及金融市场的有效性。

2. 货币市场及其工具

货币市场及其构成，我国的货币市场及其工具。

3. 资本市场及其工具

资本市场及其构成，我国的资本市场及其工具。

4. 金融衍生品市场及其工具

金融衍生品的概念与特征及金融衍生品市场的交易机制；主要的金融衍生品的性质及分类；金融衍生品市场及其发展演变。

考点精讲

第一节　金融市场与金融工具概述

考点一　金融市场的含义与构成要素概述

金融市场是买卖金融资产(如股票和债券等有价证券)，使资金从金融资产的买方流向卖方的市场。金融市场的存在为资金供给方和资金需求方提供了重要的融资渠道。金融市场为家庭、企业以及政府机构的融资和投资活动提供了便利。它是由不同市场要素构成的相互联系、相互作用的有机整体，是各种金融交易及资金融通关系的总和。金融市场的构成要素、结构划分、功能及交易主体如表 1-1 所示。

表 1-1　金融市场的构成要素、结构划分、功能及交易主体

构成要素	4 个基本构成要素：金融市场主体、金融市场客体、金融市场中介、金融市场价格。其中金融市场主体和金融市场客体是构成金融市场最基本的要素，是金融市场形成的基础	
结构划分	按交易标的物划分	货币市场、资本市场、外汇市场、衍生品市场、保险市场和黄金市场等
	按交易中介划分	直接金融市场、间接金融市场
	按交易程序划分	发行市场、流通市场
	按有无固定场所划分	有形市场、无形市场
	按本原和从属关系划分	传统金融市场、金融衍生品市场
	按地域范围划分	国内金融市场、国际金融市场
交易主体	家庭	金融市场上主要的资金供应者
	企业	(1) 金融市场运行的基础 (2) 重要的资金需求者和供给者 (3) 金融衍生品市场上重要的套期保值主体
	政府	(1) 通常是资金的需求者 (2) 有时也会成为暂时的资金供应者
	金融机构	(1) 向社会吸收闲散资金 (2) 向需要资金的部门提供资金。金融机构在金融市场上扮演着资金需求者和资金供给者的双重身份
	中央银行	(1) 金融市场中重要的交易主体 (2) 监管机构之一。中央银行在金融市场上处于一种特殊的地位

【例 1-1】 将金融市场划分为直接金融市场和间接金融市场，是(　　)。(2012 年单选题)

A. 按交易标的物划分　　B. 按地域范围划分

C. 按交易中介划分　　D. 按交易程序划分

【解析】C　按交易中介划分，金融市场可以分为直接金融市场和间接金融市场。

【例 1-2】 直接金融市场与间接金融市场的差别在于(　　)。(2011 年单选题)

A. 是否有中介机构参与　　B. 中介机构的交易规模

C. 中介机构在交易中的活跃程度　　D. 中介机构在交易中的地位和性质

【解析】D　直接金融市场和间接金融市场的差别并不在于是否有中介机构参与，而在于中介机构在交易中的地位和性质。

【例 1-3】 一家工商企业拟在金融市场上筹集长期资金，其可以选择的市场是(　　)。(2014 年单选题)

A. 股票市场　　B. 同业拆借市场

C. 商业票据市场　　D. 回购协议市场

【解析】A　本题间接考查资本市场的概念。资本市场是融资期限在一年以上的长期资金交易市场。资本市场的交易对象主要是政府中长期公债、公司债券和股票等有价证券以及

银行中长期贷款。在我国，资本市场主要包括股票市场、债券市场和投资基金市场。选项 A 股票市场属于资本市场，融资期限在一年以上。选项 BCD 都属于货币市场。

【例 1-4】 在金融市场的各类主体中，主要以资金供应者身份参与金融市场的主体是(　　)。(2014 年单选题)

A. 企业　　B. 家庭

C. 政府　　D. 金融机构

【解析】 B　一般来说，金融市场的主体包括家庭、企业、政府、金融机构、中央银行及监管机构。家庭是金融市场上主要的资金供应者。他们以购买债券、股票、投资基金等金融工具的方式，将手中的闲置资金投入市场，实现资金的保值和增值。

【例 1-5】 (　　)是金融市场最基本的要素，是金融市场形成的基础。(2011 年多选题)

A. 金融市场主体　　B. 金融市场客体　　C. 金融市场中介

D. 金融市场价格　　E. 金融市场范围

【解析】 AB　金融市场主体和金融市场客体是构成金融市场最基本的要素，是金融市场形成的基础。

考点二　金融工具概述

金融工具的定义、性质和类型如表 1-2 所示。

表 1-2　金融工具的定义、性质和类型

定义	金融工具是指金融市场上的交易对象或交易标的物	
性质	期限性	金融工具中的债权凭证一般有约定的偿还期，即规定发行人到期必须履行还本付息的义务
	流动性	金融工具能够在金融市场上迅速地转化为现金而不致遭受损失
	收益性	金融工具的持有者可以获得一定的报酬和价值增值
	风险性	金融工具的持有人面临的预定收益甚至有本金遭受损失的可能性
类型	按期限不同划分	货币市场工具、资本市场工具
	按性质不同划分	债权凭证、所有权凭证
	按与实际金融活动的关系划分	原生金融工具、衍生金融工具

考点三　金融市场的有效性

金融市场的有效性有广义、狭义之分。

广义的金融市场有效性通常包括三个方面，即市场活动的有效性、市场定价的有效性，以及市场分配的有效性。市场有效性的标志可从四个方面来考察：第一，交易成本低廉，市场管理和市场秩序良好，能够吸引众多的交易者；第二，由于有众多的交易者参加市场活动，所以市场很有深度，即市场供给和需求的价格弹性较大，一旦市场价格稍有变动就会引起供给量和需求量的大幅度变动，致使价格迅速达到一种新的平衡，因而能够保持市场价格的持续性；第三，市场价格能够及时、准确和全面地反映所有公开的信息；第四，资金能够根据价格信号迅速、合理地流动，实现资金资源的优化分配。

狭义的金融市场有效性是指金融市场定价的有效性，即金融产品的市价对各种信息能够做出充分反映。狭义金融市场有效性分析一般是针对资本市场，尤其是股票市场。根据信息对证券市场的反映程度，可将证券市场的信息分为三种不同层次的类型：历史的信息、已公开的信息、所有信息。根据股票对相关信息反映的范围不同，相应将有效市场分为三种不同的类型：弱式有效市场、半强式有效市场和强式有效市场。

在弱式有效市场中，股价已经反映了全部能从市场交易数据中得到的信息，这些信息包括譬如过去的股价、交易量、空头的利益等。在半强式有效市场中，与公司前景有关的全部公开的已知信息一定已经在股价中反映出来了。在强式有效市场中，股价反映了全部与公司有关的信息，甚至包括尚未公开的或者原本属于保密的内部信息。

有效市场假设的分类对实际证券分析有一定的意义。第一，在弱式有效市场中，技术分析将无效；第二，如果半强式有效市场存在，已经公布的基本信息无助于分析家挑选价格被高估或低估的证券，基于公开资料的基础分析毫无用处；第三，如果强式有效市场存在，人们获取内部资料并按照它行动，这时证券价格已经包括和反映了这些信息，所以在这种市场中，任何企图寻找内部资料信息来打击市场的做法都是没有必要的。

【例 1-6】 根据资产定价理论中的有效市场理论，资本市场可以分为弱式有效市场、半强式有效市场和强市有效市场。其中，半强式有效市场的信息包括(　　)。(2014 年多选题)

A. 内幕消息　　B. 历史价格信息　　C. 公司红利政策信息

D. 公司公告　　E. 公司财务报告信息

【解析】BCDE 本题考查半强式有效市场的相关知识。半强式有效市场假说是指当前的证券价格不仅反映了历史价格包含的所有信息，而且反映了所有有关证券能公开获得的信息。其中，公开信息包括公司的财务报告、公司公告、有关公司红利政策的信息和经济形势等。

第二节　货币市场及其工具

考点四　货币市场

货币市场是指交易期限在一年以内，以短期金融工具为媒介进行资金融通和借贷的交易市场，主要包括同业拆借市场、回购协议市场、票据市场、银行承兑汇票市场、短期政府债券市场和大额可转让定期存单市场等。货币市场中交易的金融工具一般都具有期限短、流动性高、对利率敏感等特点，具有“准货币”特性。货币市场的具体内容见表 1-3。

表 1-3　货币市场的构成、定义、特点及相关说明

市　　场	定　　义	特点及相关说明
同业拆借市场	具有法人资格的金融机构或经过法人授权的金融分支机构之间进行短期资金头寸调节、融通的市场	(1) 期限短。最长不得超过一年，以隔夜头寸拆借为主 (2) 参与者广泛。主要参与者包括商业银行、非银行金融机构和中介机构 (3) 交易的主要是金融机构存放在中央银行账户上的超额准备金 (4) 信用拆借。同业拆借活动都是在金融机构之间进行的，且金融机构主要以其信誉参加拆借活动
回购协议市场	通过证券回购协议进行短期货币资金借贷所形成的市场	从表面上看，证券回购是一种证券买卖，但实际上它是一笔以证券为质押品而进行的短期资金融通
商业票据市场	公司发行商业票据并进行交易的市场	商业票据是公司为了筹措资金，以贴现的方式出售给投资者的一种短期无担保的信用凭证。一般来说，商业票据的发行期限短，面额较大，且绝大部分是在一级市场直接进行交易。商业票据市场的发行者一般都是规模较大、信用良好的公司
银行承兑汇票市场	以银行承兑汇票为交易对象的市场	银行承兑汇票是由银行作为汇票的付款人，承诺在汇票到期日支付汇票金额的票据。具有安全性高、流动性强、灵活性强等特点
短期政府债券市场	一般来说，指的是国库券市场	短期政府债券是政府作为债务人，期限在一年以内的债务凭证。特点： (1) 以国家信用为担保，几乎不存在违约风险 (2) 极易在市场上变现，具有较高的流动性 (3) 收益免缴所得税 (4) 面额较小
大额可转让定期存单(CDs)市场	银行发行的有固定面额、可转让流通的存款凭证	大额可转让定期存单产生于美国，由花旗银行首先推出，是银行业为逃避金融法规约束而创造的金融创新工具。大额可转让定期存单具有不记名，且可在市场上流通转让、面额固定且较大、不可提前支取、只能在二级市场流通转让，利率既有固定的，也有浮动的，一般高于同期限的定期存款利率等特点

【例 1-7】 货币市场中的金融工具一般具有期限短、流动性强、对利率敏感等特点，具有(　　)特性。(2011 年单选题)

A. 货币　　　B. 准货币　　　C. 基础货币　　　D. 有价证券

【解析】 B　货币市场中的金融工具一般具有期限短、流动性强、对利率敏感等特点，具有“准货币”特性。

【例 1-8】证券回购实际是以证券为质押品的短期资金融通，其借款利息为(　　)。(2012 年单选题)

A. 卖出价格减回购价格　　B. 回购价格减卖出价格

C. 回购价格　　D. 卖出价格

【解析】B　证券回购是一种证券买卖，但实际上它是一笔以证券为质押品而进行的短期资金融通。证券的卖方以一定数量的证券为抵押进行短期借款，条件是在规定期限内再购回证券，且购回价格高于卖出价格，两者的差额即为借款的利息。

【例 1-9】在传统的金融市场中，交易的金融工具具有“准货币”特征的市场有(　　)。(2011 年多选题)

A. 同业拆借市场　　B. 回购协议市场　　C. 股票市场

D. 债券市场　　E. 银行承兑汇票市场

【解析】ABE　货币市场属于“准货币”市场的范畴。

【例 1-10】大额可转让定期存单不同于传统定期存单的特点有(　　)。(2014 年多选题)

A. 记名　　B. 面额固定　　C. 不可提前支取

D. 可在二级市场流通转让　　E. 利率固定

【解析】CD　大额可转让定期存单具有以下特点：①不记名，且可在市场上流通并转让；②一般面额固定且较大；③不可提前支取，只能在二级市场上流通转让；④利率既有固定的，也有浮动的，一般高于同期限的定期存款利率。

【例 1-11】公司以贴现方式出售给投资者的短期无担保的信用凭证是(　　)。(2014 年单选题)

A. 公司债券　　B. 银行承兑汇票

C. 大额可转让定期存单　　D. 商业票据

【解析】D　商业票据是公司为了筹措资金，以贴现的方式出售给投资者的一种短期无担保的信用凭证。

【例 1-12】下列市场中，属于货币市场的有(　　)。(2013 年多选题)

A. 国库券市场　　B. 交易所债券市场　　C. 回购协议市场

D. 商业票据市场　　E. 银行承兑汇票市场

【解析】ACDE　本题考查货币市场的构成。货币市场主要包括同业拆借市场、回购协议市场、票据市场、银行承兑汇票市场、短期政府债券市场和大额可转让定期存单市场等。其中，一般所说的短期政府债券市场指的就是国库券市场。

考点五　我国的货币市场

我国的货币市场主要包括同业拆借市场、回购协议市场和商业票据市场。

1. 同业拆借市场

我国同业拆借市场主体日益多元化，满足了金融市场中调剂资金余缺、资产负债管理等多种交易需求。

2. 回购协议市场

目前，我国的证券回购市场已是一个发展稳定、交易规范的市场。市场的交易主体是具备法人资格的金融机构，交易场所是证券交易所和经批准的融资中心，回购券种为国债和经中国人民银行批准的金融债券，回购期限在一年以下。

【例 1-13】 在证券回购市场上回购的品种有(　　)。(2012 年多选题)

A. 大额可转让定期存单　　B. 商业票据　　C. 国库券

D. 支票　　E. 政府债券

【解析】ABCE　回购券种为国债和经中国人民银行批准的金融债券，回购期限在一年以下。

3. 商业票据市场

按照《中华人民共和国票据法》的规定，我国的票据包括汇票、本票和支票，如表 1-4 所示。

表 1-4　我国的票据

票　据	定　义	分类及其含义	
汇票	由出票人签发，付款人见票后或票据到期时，在一定地点对收款人无条件支付一定金额的信用凭证。汇票的主要关系人是出票人(签发票据人)、付款人(债务人)、收款人(持票人)和承兑人(承诺付款责任者)	银行汇票	汇款人将款项交给银行，由银行签发给汇款人，持往异地由指定银行办理转账或向指定银行兑取款项的票据
		商业汇票	是收款人对付款人签发的，要求付款人于一定时间内无条件支付一定金额给收款人或持票人的一种书面凭证，也可由付款人签发或承兑申请人签发，于到期日向收款人支付款项
本票	出票人承诺在一定日期及地点无条件支付一定金额给收款人的一种信用凭证	银行本票	是申请人将款项交存银行，由银行签发给申请人，凭以办理转账结算或支取现金的票据
		商业本票	我国暂无
支票	银行的活期存款人通知银行在其存款额度内或在约定的透支额度内，无条件支付一定金额给持票人或指定人的书面凭证	一般可分为记名支票、保付支票、划线支票、旅行支票、现金支票、定额支票等	

第三节　资本市场及其工具

考点六　资本市场

资本市场是融资期限在一年以上的长期资金交易市场。资本市场的交易对象主要是政府中长期公债、公司债券和股票等有价证券以及银行中长期贷款。在我国，资本市场主要包括债券市场、股票市场和投资基金市场。其定义、分类及说明和相关工具见表 1-5。

表 1-5 资本市场中各市场的定义、分类及说明和相关工具

市场	定义	分类及说明	相关工具
债券市场	发行和买卖债券的市场	债券的发行市场又称一级市场，是将新发行的债券从发行人手中转移到初始投资者手中的市场；债券的流通市场又称二级市场，是指已发行的债券在投资者之间转手买卖的场所；根据发行主体的不同，分为政府债券、公司债券和金融债券；根据偿还期限不同，分为短期债券、中期债券和长期债券；根据利率是否固定，分为固定利率债券和浮动利率债券；根据利息支付方式的不同，分为付息债券、一次还本债券、贴现债券和零息债券；根据性质不同，分为信用债券、抵押债券、担保债券等	债券是债务人依照法定程序发行，承诺按约定的利率和日期支付利息，并在约定日期偿还本金的书面债务凭证。它反映了筹资者和投资者之间的债权债务关系，具有偿还性、流动性、收益性和安全性
股票市场	股票发行和流通的市场	股票的发行市场就是一级市场，是股份公司发行新股票筹集资本的市场；股票的流通市场即二级市场，是对已发行的股票进行买卖和转让的市场	股票是由股份有限公司签发的用以证明股东所持股份的凭证，它表明股票持有者对公司的部分资本拥有所有权。股票是代表对一定经济利益享有分配请求权的资本证券，是资本市场上流通的一种重要工具
投资基金市场	股票、债券和其他证券投资的市场	证券投资基金通过发售基金份额或收益凭证，将众多投资者分散的资金集中起来，由专业管理人员投资于股票、债券或其他金融资产，并将投资收益按投资份额分配给基金持有者。它是一种利益共享、风险共担的集合投资方式，其本质是股票、债券和其他证券投资的机构化。投资基金体现了基金持有人与管理人之间的一种信托关系，是一种间接投资工具	投资基金的投资对象范围十分广泛，既包括资本市场中的股票和债券、货币市场中的短期票据等金融工具，又包括一些金融衍生产品、黄金及收藏品等

【例 1-14】 关于我国债券市场现状的描述，正确的有(　　)。(2012 年多选题)

A. 债券市场的主体是银行间债券市场

B. 债券市场以人民币债券为主

C. 债券市场的主体是交易所市场

D. 上市商业银行可以在交易所债券市场进行交易

E. 外资金融机构经批准可以进入银行间债券市场进行交易

【解析】ABDE　本题考查我国债券市场的相关知识。选项C应该是债券市场的主体即银行间债券市场。

考点七　我国的资本市场

我国的资本市场包括债券市场、股票市场和投资基金市场。

1. 债券市场

我国的债券市场首先是从国债市场产生并逐渐发展起来的。目前，我国债券市场形成了银行间市场、交易所市场和商业银行柜台市场三个子市场在内的统一分层的市场体系。

银行间债券市场是债券市场的主体，债券存量约占全市场的95%。这一市场参与者是各类机构投资者，属于大宗交易市场(批发市场)，实行双边谈判成交，典型的结算方式是逐笔结算。中央国债登记结算有限公司为银行间市场投资者开立证券账户，实行一级托管，并为这一市场的交易结算提供服务，交易品种主要有现券交易、质押式回购、买断式回购、远期交易和债券借贷。

交易所市场是由各类社会投资者参与、集中撮合交易的零售市场，典型的结算方式是实行净额结算。交易所实行两级托管制，其中，中央国债登记结算有限公司为一级托管人，负责为交易所开立代理总账户。中国证券登记结算公司为债券二级托管人，记录交易所投资者账户。

商业银行柜台市场是银行间市场的延伸，也属于零售市场。实行两级托管体制，其中，中央国债登记结算有限公司为一级托管人，负责为承办银行开立债券自营账户和代理总账户，承办银行为债权二级托管人。

【例1-15】　作为资本市场上最为重要的工具之一，债券的特征中呈反比关系的是(　　)。(2012年单选题)

A. 期限与流动性　　　　B. 期限与偿还性

C. 期限与安全性　　　　D. 安全性与偿还性

【解析】A　在到期日之前，债券一般都可在流通市场上自由转让变现，具有较强的流动性。一般来说，债券市场越发达，债券发行人的信用程度越高，债券期限越短，债券的流动性就越强。

2. 股票市场

如表1-6所示，我国上市公司的股票可以分成如下几类。

表1-6　我国上市公司的股票

划分标准	种类	含义
按发行范围划分	A股	已在或获准在上海证券交易所、深圳证券交易所流通的且以人民币为计价币种的股票
	B股	以人民币为面值、以外币为认购和交易币种、在上海和深圳证券交易所上市交易的普通股票
	H股	在我国内地注册的公司在香港发行并在香港上市的普通股票
	F股	我国的股份公司在海外发行并上市流通的普通股票

(续表)

划分标准	种类	含义
按投资主体划分	国有股	有权代表国家投资的部门或机构以国有资产向公司投资形成的股份
	法人股	企业法人或具有法人资格的事业单位和社会团体以其依法可经营的资产向公司投资所形成的股份
	社会公众股	我国境内个人和机构，以其合法财产向公司投资所形成的股份

2013 年 11 月 30 日，国务院发布《关于开展优先股试点的指导意见》，决定开展优先股试点。

目前，我国的股票市场主体是由上海证券交易所和深圳证券交易所组成的，包括主板市场、中小企业板市场和创业板市场。此外，代办股份转让市场(即所谓的“三板市场”)也是我国有组织的股份转让市场。

【例 1-16】 在我国内地注册的公司在香港发行并在香港上市的普通股票称为(　　)。(2011 年单选题)

A. F 股　　B. H 股　　C. B 股　　D. A 股

【解析】 B　我国上市公司股票按照发行范围可分为 A 股、B 股、H 股、F 股等。H 股是在我国内地注册的公司在香港发行并在香港上市的普通股票。

【例 1-17】 我国建立了多层次的证券市场。其中，设立的目的是服务于高新技术或新兴经济企业的证券市场是(　　)。(2013 年单选题)

A. 中小企业板市场　　B. 创业板市场

C. 主板市场　　D. 代办股份转让市场

【解析】 B　本题间接考查我国股票市场的相关知识。在运行中小企业市场取得丰富经验后，国家开始着手设立服务于高新技术或新兴经济企业的创业板市场。

3. 投资基金市场

投资基金是通过信托契约或公司的形式，借助发行受益凭证或入股凭证的方式，将社会上的闲散资金集中起来，委托给专门的投资机构按资产组合原理进行分散投资，获得的收益由投资者按出资比例分享，并承担相应风险的一种投资制度。近年来，我国证券投资基金市场的发展很快，证券投资基金已成为许多居民重要的投资工具。

第四节　金融衍生品市场及其工具

考点八　金融衍生品市场及其工具

(一) 金融衍生品的概念、特征及金融衍生品市场的交易机制

金融衍生品又称金融衍生工具，是从原生性金融工具(股票、债券、存单、货币等)派生出来的金融工具，其价值依赖于基础标的资产。金融衍生品在形式上表现为一系列的合约，合约中载明交易品种、价格、数量、交割时间及地点等。

与传统金融工具相比，金融衍生品的特征见表 1-7。

表 1-7　金融衍生品的特征

特　征	具 体 解 释
杠杆比例高	金融衍生品市场中允许进行保证金交易，这就意味着投资者可以从事几倍甚至几十倍于自身拥有资金的交易，放大了交易的收益和损失
定价复杂	金融衍生品的价格依赖于基础标的资产的未来价值，而未来价值是难以测算的，这就给金融衍生品的定价带来了极大的困难
高风险性	由于金融衍生品的上述两个特征，使得从事金融衍生品交易的风险也被放大了
全球化程度高	很多交易涉及多个市场，多个国家

金融衍生品市场的交易机制见表 1-8。

表 1-8　金融衍生品市场的交易机制

分　类	概　念	相 关 说 明
场内交易	在有组织的交易所内进行的交易	投资者需申请成为交易所会员后才能进行交易；金融衍生品交易所仅提供交易的场所与设备，制定交易规则，但其本身并不参与交易，且不具有盈利性
场外交易	也称 OTC 交易，没有固定的场所，交易者和委托人通过电话和网络进行联系和交易	发展速度快于场内交易，逐渐成为衍生品交易的主要形式

根据交易目的不同，金融衍生品市场上的交易主体分为四类：套期保值者、投机者、套利者和经纪人。

【例 1-18】 金融衍生品市场上有不同类型的交易主体。如果某主体利用两个不同黄金期货市场的价格差异，同时在这两个市场上贱买贵卖黄金期货，以获得无风险收益，则该主体属于(　　)。(2011 年单选题)

A. 套期保值者　　B. 套利者　　C. 投机者　　D. 经纪人

【解析】B　只要是利用定价差异进行获利的，就是套利者。

【例 1-19】 在金融衍生品市场上，以风险对冲为主要目的的市场参与者是(　　)。(2011 年单选题)

A. 套期保值者　　B. 投机者　　C. 套利者　　D. 经纪人

【解析】A　本题间接考查套期保值的概念。套期保值又称风险对冲，其进行衍生品交易是为了减少未来的不确定性，降低甚至消除风险。

(二) 主要的金融衍生品

按照衍生品合约类型的不同，目前市场中最为常见的金融衍生品有金融远期、金融期货、金融期权、金融互换和信用衍生品等。其性质和分类见表 1-9。

表 1-9 主要的金融衍生品的性质及分类

金融衍生品	性质及分类	
金融远期	最早出现的一类金融衍生品，合约的双方约定在未来某一确定日期，按确定的价格买卖一定数量的某种金融资产	
金融期货	交易双方在集中性的交易场所，以公开竞价的方式所进行的标准化金融期货合约的交易	
金融期权	看涨期权	买方有权在某一确定时间或确定的时间之内，以确定的价格购买相关资产
	看跌期权	买方有权在某一确定时间或确定的时间之内，以确定的价格出售相关资产
金融互换	货币互换	是两个或两个以上的交易者按事先商定的条件，在约定的时间内交换一系列现金流的交易形式
	利率互换	
	交叉互换	
信用衍生品	一种使信用风险从其他风险类型中分离出来，并从一方转让给另一方的金融合约。信用违约互换(CDS)是最常用的一种信用衍生产品。合约规定，信用风险保护买方向信用风险保护卖方定期支付固定的费用或者一次性支付保险费，当信用事件发生时，卖方向买方赔偿因信用事件所导致的基础资产面值的损失部分	

【例1-20】 如果某投资者拥有一份期权合约，使其有权在某一确定时间内以确定的价格购买相关的资产，则该投资者是(　　)。(2013 年单选题)

A. 看跌期权的卖方　　B. 看涨期权的卖方

C. 看跌期权的买方　　D. 看涨期权的买方

【解析】D　这道题要把握两个关键：一是拥有期权合约，说明投资者是期权的买方；二是购买相关资产，说明投资者买入的是看涨期权。

【例 1-21】 在信用衍生品中，如果信用风险保护的买方向信用风险保护的卖方定期支付固定费用或一次性支付保险费，当信用事件发生时，卖方向买方赔偿因信用事件所导致的基础资产面值的损失部分，则该种信用衍生品是(　　)。(2012 年单选题)

A. 信用违约互换(CDo)　　B. 信用违约互换(CDS)

C. 债务担保凭证(CDo)　　D. 债务担保凭证(CDs)

【解析】B　信用违约互换(CDS)是信用风险保护买方向信用风险保护卖方定期支付固定的费用或者一次性支付保险费，当信用事件发生时，卖方向买方赔偿因信用事件所导致的基础资产面值的损失部分。

【例 1-22】 当市场价格高于合约的执行价格时，看涨期权的买方会选择(　　)。(2011 年单选题)

A. 放弃合约　　B. 执行期权　　C. 延长期权　　D. 终止期权

【答案】B

【解析】本题间接考查看涨期权的相关知识。银行间回购利率已成为反映货币市场资金价格的市场利率基准，为货币政策的决策提供了重要依据，在利率市场化进程中扮演着重要角色。

(三) 我国的金融衍生品市场

相对于其他种类的金融市场来说，我国的金融衍生品市场起步最晚，发展速度也较为缓慢。1992 年，深圳有色金属交易所推出了我国第一个商品期货标准合约——特级铝期货合约。2006 年 9 月 8 日，中国金融期货交易所在上海挂牌成立。作为中国内地成立的首家金融衍生品交易所，中国金融期货交易所的成立正式拉开了我国金融衍生品市场发展的大幕。2010 年 1 月 8 日，国务院同意批准推出股指期货品种，并于 2 月 22 日正式启动。2013 年 9 月 6 日，国债期货正式上市交易。

【例 1-23】 甲机构在交易市场上按照每份 10 元的价格向乙机构出售 100 万份证券，同时双方约定在一段时期后，甲方按每份 11 元的价格回购这 100 万份证券。(2011 年案例分析题)

要求：根据上述资料，回答下列问题。

1. 这种证券回购交易属于(　　)。

A. 货币市场　　B. 票据市场　　C. 资本市场　　D. 股票市场

【解析】A　货币市场主要包括同业拆借市场、票据市场和证券回购市场等。

2. 这种回购交易实际上是一种(　　)行为。

A. 质押融资　　B. 抵押融资　　C. 信用借款　　D. 证券交易

【解析】A　证券回购是指按照证券买卖双方的协议，持有人在卖出一定数量的证券的同时，与买方签订协议，约定一定期限和价格，到期将证券如数赎回，买方也承诺日后将买入的证券售回给卖方的活动，实际上它是一种短期质押融资行为。

3. 我国回购交易的品种主要有(　　)。

A. 股票　　B. 国库券　　C. 基金　　D. 商业票据

【解析】BD　在证券回购市场上，回购的对象主要是国库券、政府债券或其他有担保债券，也可以是商业票据、大额可转让定期存单等其他货币市场工具。

4. 我国回购交易有关期限规定不能超过(　　)。

A. 1 个月　　B. 3 个月　　C. 6 个月　　D. 12 个月

【解析】D　我国证券回购期限在 1 年以下。

5. 甲机构卖出证券的价格与回购证券的价格存在一定的差额，这种差额实际上就是(　　)。

A. 证券的收益　　B. 手续费　　C. 企业利润　　D. 借款利息

【解析】D　证券的卖方以一定数量的证券进行质押借款，条件是一定时期内再购回证券，且购回价格高于卖出价格，两者的差额即为借款的利息。

第五节　互联网金融

考点九　互联网金融的概念、特点及模式

(一) 互联网金融的概念

互联网金融是指金融借助互联网和移动通信技术实现资金融通、支付和信息中介功能的新型金融模式。广义的互联网金融，包括非金融机构的互联网企业从事金融业务和金融机构，通过互联网展开业务；狭义的互联网金融，指的是互联网企业开展的基于互联网技术的金融业务。互联网金融是现代经济进入互联网时代，在金融上所表现出的新特征、新技术、新平台、新模式和新现实形式。

(二) 互联网金融的特点

(1) 互联网金融是传统金融的数字化、网络化和信息化。

(2) 互联网金融是一种更普惠的大众化金融模式。

(3) 互联网金融能够提高金融服务效率，降低金融服务成本。

(三) 互联网金融的模式

互联网金融的模式如表 1-10 所示。

表 1-10　互联网金融的模式

互联网金融模式	具 体 内 容
第三方支付	有广义和狭义之分。广义的第三方支付指的是非金融机构作为收、付款人的支付中介所提供的网络支付、预付卡、银行卡收单以及中国人民银行确定的其他支付服务。狭义的第三方支付是指具备一定实力和信誉保障的非银行机构，借助通信、计算机和信息安全技术，采用与各大银行签约的方式，在用户与银行支付结算系统间建立连接的电子支付模式。按照运营模式可分为独立的第三方支付模式和有交易平台的担保支付模式
P2P 网络借贷	个人通过网络平台相互借贷，即由具备资质的网站(第三方公司)作为中介平台，借款人在平台发放借款标的，投资者进行竞标向借款人放贷的行为，是一种“个人对个人”的直接信贷模式，即点对点信贷。一个最大特点是通过互联网技术扩大借贷范围，提高审贷效率，降低违约风险，基本是对中小企业的贷款，是一种普惠金融的形式。P2P 网络借贷运营模式分为纯线上模式和线上线下结合的模式两种
众筹	起源于美国，泛指以互联网为平台，集中大众的资金和资源，用来支持某个项目或组织。按照募资的形式众筹分为四类：一是募捐制众筹；二是奖励制众筹；三是借贷制众筹；四是股权制众筹

(续表)

互联网金融模式	具 体 内 容
大数据金融	集合海量、非结构化数据，通过互联网、云计算等信息方式对其数据进行专业化的挖掘和分析，并与传统金融业务相结合，创新性开展资金融通的总称。目前，大数据金融的运营模式可以分为以阿里小额信贷为代表的平台模式和以京东为代表的供应链金融模式
信息化金融机构	在互联网金融时代，通过采用以互联网为代表的信息技术，对传统运营流程、产品服务进行改造或重构，实现经营、管理全面信息化的银行、证券和保险等金融机构。具有金融服务更高效、资源整合能力更强大、金融创新产品更丰富的特点。信息化金融机构的运营模式有传统金融业务电子化模式、基于互联网的创新金融服务模式和金融电商模式三类
互联网金融门户	利用互联网进行金融产品的销售以及为金融产品销售提供第三方服务的平台。互联网金融门户可以分为第三方资讯平台、垂直搜索平台以及在线金融超市三大类

(四) 我国的互联网金融

2013 年以来，我国互联网金融迅猛发展，2013 年被称为“互联网金融元年”。我国政府对互联网金融采取了积极的态度。2013 年 8 月，互联网金融正式写入了国务院的两个重要文件。国务院办公厅《关于金融支持中小企业发展的实施意见》提出“充分利用互联网等新技术、新工具，不断创新网络金融服务模式。”国务院《关于促进信息消费扩大内需的若干意见》提出“推动互联网金融创新，规范互联网金融服务”。2013 年 12 月，中国支付清算协会成立互联网金融专业委员会，引入自律监管。

回顾我国互联网金融的发展，可分为以下三个阶段：

第一个阶段，20 世纪 90 年代中期至 2005 年。20 世纪 90 年代中期，美国等主要发达国家出现了互联网技术的热潮。在这一背景下，我国金融业也开始在资金清算、风险管理等方面应用互联网技术。20 世纪 90 年代末期，随着电子商务的出现和网络购物的兴起，中国出现了依托网络的第三方支付平台。虽然 2001 年互联网泡沫破灭，但互联网技术行业的扩散却仍在继续，商业银行等传统金融机构纷纷开发自身的门户网站并提供转账支付等简单的在线金融服务。总体上看，这一阶段是互联网金融的萌芽期，互联网与金融的结合主要体现为互联网为金融机构提供技术支持，帮助银行“把业务搬到网上”，但还没有出现真正意义的互联网金融业态。

第二个阶段，2005 年至 2011 年年底。这一阶段是中国互联网金融的酝酿和成长期。依托互联网网络借贷开始出现，电子商务的日益普及也推动第三方支付平台迅速发展。然而这一时期互联网金融的发展较为无序和混乱，网络诈骗、网络非法集资等案件频发。这一阶段的标志性事件是中国人民银行于 2010 年 9 月颁布实施《非金融机构支付管理办法》，第三方支付这一互联网金融的重要模式进入规范发展的轨道。

第三个阶段，2012 年至今。互联网金融模式在 2012 年开始出现了一系列新变化。平安保险集团率先联手阿里巴巴集团和腾讯，开创了在线保险公司的先河。进入 2013 年后，互联网金融迅猛发展，第三方支付的规模继续扩大，基于互联网的创新型基金销售平台、P2P 网络借贷平台快速发展，众筹融资平台开始起步，第一家专业网络保险公司获批，一些银行、券商也以互联网为依托，对业务模式进行重组改造，加速建设线上创新型平台，互联网金融的发展进入了新的阶段。

同步自测

一、单项选择题

1. (　　)是金融市场上主要的资金供给者。

A. 家庭　　B. 企业　　C. 政府　　D. 金融机构

2. 货币市场工具一般具有期限短、流动性强、对利率敏感等特点，有(　　)之誉。

A. 货币　　B. 票据　　C. 基础货币　　D. 准货币

3. 在(　　)市场中，股价已经反映了全部能从市场交易数据中得到的信息，这些信息包括譬如过去的股价、交易量、空头的利益等。

A. 弱式有效　　B. 半强式有效

C. 强式有效　　D. 全部市场

4. 银行发行的有固定面额、可转让流通的存款凭证是(　　)。

A. 政府债券　　B. 回购协议　　C. 商业票据　　D. 大额可转让定期存单

5. 金融市场最基本的功能是(　　)。

A. 资源配置职能　　B. 财富功能　　C. 交易功能　　D. 资金积聚功能

6. 由出票人签发，付款人见票后或票据到期时，在一定地点对收款人无条件支付一定金额的信用凭证是(　　)。

A. 支票　　B. 汇票　　C. 本票　　D. 存单

7. 同业拆借市场的期限最长不得超过(　　)，这其中又以隔夜头寸拆借为主。

A. 一个月　　B. 四个月　　C. 半年　　D. 一年

8. CDs 是银行业为(　　)而创造的金融创新工具。

A. 规避利率变动风险　　B. 吸引客户存款

C. 应对激烈的市场竞争　　D. 逃避金融法规约束

9. 以下不是股票基本特征的是(　　)。

A. 收益性　　B. 风险性　　C. 流动性　　D. 期限性

10. 下列证券中，流动性风险最小的是(　　)。

A. 企业股票　　B. 金融债券　　C. 商业票据　　D. 政府债券

11. 以下属于资本市场交易对象的是(　　)。

A. 汇票　　B. 银行中长期贷款

C. 公司债券　　D. 大额可转让定期存单

12. 直接金融市场和间接金融市场的区别在于(　　)。

A. 是否存在中介机构　　B. 中介机构在交易中的作用

C. 是否存在固定的交易场所　　D. 是否存在完善的交易程序

13. 在弱式有效市场中，(　　)将失效。

A. 基本面分析　　B. 技术分析

C. 内幕信息获利　　D. 基本面分析与技术分析

14. 中国人民银行体制走向法制化、规范化的轨道是从(　　)开始。

A. 1986 年　　B. 1993 年　　C. 1984 年　　D. 1995 年

15. 金融市场为投资者提供了购买力的储存工具，这句话指的是金融市场的(　　)。

A. 资金积聚功能　　B. 财富功能　　C. 资源配置功能　　D. 风险分散功能

16. 出口信贷是指由(　　)而提供的中长期贷款。

A. 由政府支持的，为扩大进口　　B. 由银行支持的，为扩大进口

C. 由银行支持的，为扩大出口　　D. 由政府支持的，为扩大出口

17. 金融工具可分为原生金融工具和衍生金融工具，这是按照(　　)分类的。

A. 期限不同　　B. 性质不同

C. 与实际信用活动的关系　　D. 使用者不同

18. 在金融衍生工具中，(　　)的风险最大。

A. 金融互换　　B. 金融期权　　C. 金融期货　　D. 金融远期合约

19. 商业票据是公司为了筹措资金，以(　　)的方式出售给投资者的一种短期无担保的信用凭证。

A. 溢价　　B. 贴现　　C. 平价　　D. 回购

20. 同业拆借市场的利率可以反映(　　)。

A. 银行利率　　B. 短期资金供求状况

C. 货币政策的松紧　　D. 金融宏观调控力度

二、多项选择题

1. 在证券回购市场上回购的品种有(　　)。

A. 大额可转让定期存单　　B. 商业票据　　C. 国库券

D. 支票　　E. 政府债券

2. 货币市场主要包括(　　)。

A. 同业拆借市场　　B. 票据市场　　C. 债券市场

D. 证券回购市场　　E. 外汇市场

3. (　　)是金融市场最基本的要素，是金融市场形成的基础。

A. 金融市场主体　　B. 金融市场客体　　C. 金融市场中介

D. 金融市场价格　　E. 金融市场范围

4. 金融工具的性质有(　　)。

A. 安全性　　B. 期限性　　C. 收益性

D. 风险性　　E. 流动性

5. 票据行为构成环节有(　　)。

A. 出票　　B. 背书　　C. 承兑

D. 担保　　E. 贴现

6. 下列属于金融衍生工具的有(　　)。

A. 金融期权　　B. 金融互换　　C. 金融远期合约

D. 股票　　E. 国库券

7. 金融体系是实现(　　)的系统。
A. 货币流通　B. 资金融通　C. 货币资金借贷
D. 有价证券买卖　E. 办理各种票据
8. 作为资本市场上最为重要的工具之一，债券具有(　　)基本特征。
A. 偿还性　B. 流动性　C. 收益性
D. 风险性　E. 安全性
9. 我国的金融监管机构包括(　　)等。
A. 证监会　B. 中央银行　C. 商业银行
D. 银行业监督管理委员会　E. 保监会
10. 根据股票对证券市场信息的反映范围不同，可以将有效市场分为(　　)。
A. 弱式有效市场　B. 半强式有效市场
C. 强式有效市场　D. 半弱式有效市场
11. 资本市场的交易对象主要是(　　)。
A. 股票　B. 公司债券　C. 政府中长期公债
D. 汇票　E. 银行中长期贷款
12. 下列选项属于我国资本市场的有(　　)。
A. 证券投资基金市场　B. 票据市场　C. 回购协议市场
D. 同业拆借市场　E. 债券市场
13. 下列选项中，属于《中华人民共和国票据法》规定的票据种类的有(　　)。
A. 汇票　B. 本票　C. 支票
D. 保函　E. 信用证
14. 货币市场中交易的金融工具一般都具有(　　)等特点。
A. 期限短　B. 期限长　C. 流动性强
D. 流动性弱　E. 利率敏感

同步自测解析

一、单项选择题

1. 【解析】A　家庭是金融市场上主要的资金供应者，他们将手中的闲置资金投入市场，实现资金的保值和增值。

2. 【解析】D　货币市场中交易的金融工具一般都具有期限短、流动性强、对利率敏感等特点，具有“准货币”特性。

3. 【解析】A　在弱式有效市场中，股价已经反映了全部能从市场交易数据中得到的信息，该假定认为市场的价格趋势分析是徒劳的，过去的股价资料是公开的且几乎毫不费力就可以获得。

4. 【解析】D　大额可转让定期存单(CDs)是银行发行的有固定面额、可转让流通的存款凭证。它产生于美国，由花旗银行首先推出，是银行业为逃避金融法规约束而创造的金融创新工具。

5. 【解析】D　资源配置职能、财富功能、交易功能、资金积聚功能都是金融市场的功能。金融市场最基本的功能就是将众多分散的小额资金汇聚为能供社会再生产使用的大额资金的集合，即资金积聚功能。

6. 【解析】B 汇票是由出票人签发，付款人见票后或票据到期时，在一定地点对收款人无条件支付一定金额的信用凭证。

7. 【解析】D 同业拆借市场属于货币市场，其拆借期限最长不得超过一年。

8. 【解析】D 大额可转让定期存单(CDs)是银行业为逃避金融法规约束而创造的金融创新工具。

9. 【解析】D 股票作为一种金融工具，具有收益性、风险性、流动性等特征。

10. 【解析】D 政府债券以国家信用为担保，几乎不存在违约风险，也极易在市场上变现，具有较高的流动性。

11. 【解析】C 公司债券属于资本市场交易工具。汇票、银行中长期贷款、大额可转让定期存单属于货币市场交易工具。

12. 【解析】B 按照交易中介作用的不同，金融市场可以划分为直接金融市场和间接金融市场。直接金融市场是指资金需求者直接向资金供给者融通资金的市场。而间接金融市场则是以银行等信用中介机构作为媒介来进行资金融通的市场。

13. 【解析】B 如果弱式有效市场存在，则过去的历史价格信息已经完全反映在当前的价格中，未来的价格变化将与当前及历史价格无关，这时，技术性分析所提供的根据过去价格变动预测出未来的图表是没有任何实际意义的。

14. 【解析】D 中国人民银行从成立以来一共经历了四个阶段，自 1995 年 3 月起，中国人民银行体制走向法制化、规范化的轨道。

15 【解析】B 金融市场的功能包括资金积聚功能、财富功能、风险分散功能、交易功能、资源配置功能、反映功能、宏观调控功能，其中财富功能是指金融市场为投资者提供了购买力的储存工具。

16. 【解析】D 出口信贷专指由政府支持的，为扩大出口而提供的中长期贷款。

17. 【解析】C 金融工具的分类按期限不同可分为货币市场工具和资本市场工具；按性质不同，金融工具可分为债权凭证与所有权凭证；按与实际信用活动的关系，可分为原生金融工具和衍生金融工具。

18. 【解析】D 在金融远期合约有效期内，合约的价值随相关资产市场价格的波动而变化，双方可能形成的收益或损失都是无限大的。

19. 【解析】B 商业票据是公司为了筹措资金，以贴现的方式出售给投资者的一种短期无担保的信用凭证。贴现是指远期汇票经承兑后，汇票持有人在汇票尚未到期前在贴现市场上转让，受让人扣除贴现息后将票款付给出让人的行为。

20. 【解析】B 同业拆借市场利率，是资金市场上短期资金供求状况的反映，中央银行根据其利率水平，了解市场资金的松紧状况，运用货币政策工具进行金融宏观调控，调节银根松紧和货币供应量，实现货币政策目标。

二、多项选择题

1. 【解析】ABCE 证券回购协议是指证券资产的卖方在卖出一定数量的证券资产的同时与买方签订的在未来某一特定日期按照约定的价格购回所卖证券资产的协议。在证券回购协议中，作为标的物的主要是国库券等政府债券或其他有担保债券，也可以是商业票据、大额可转让定期存单等其他货币市场工具。

2. 【解析】ABD　货币市场是指交易期限在一年以内，以短期金融工具为媒介进行资金融通和借贷的交易市场，主要包括同业拆借市场、回购协议市场、商业票据市场、银行承兑汇票市场、短期政府债券市场和大额可转让定期存单市场等。

3. 【解析】AB　金融市场包含四个基本的构成要素，即金融市场主体、金融市场客体、金融市场中介和金融市场价格。其中金融市场主体、金融市场客体是金融市场最基本的要素，是金融市场形成的基础。

4. 【解析】BCDE　金融工具的性质包括期限性、流动性、收益性、风险性。

5. 【解析】ABCE　票据行为构成环节有出票、背书、承兑、贴现等。

6. 【解析】ABC　金融衍生品包括金融远期合约、金融期货、金融期权、金融互换和信用衍生品等。

7. 【解析】CDE　一般来说，金融体系是实现货币资金借贷、办理各种票据和有价证券买卖的一个系统，它由资金盈余者和资金短缺者、金融中介机构和金融市场以及对该系统进行管理的金融监管机构组成。

8. 【解析】ABCE　债券具有偿还性、流动性、收益性、安全性等特征。其中安全性是指与股票等其他有价证券相比，债券的投资风险较小，安全性较高。

9. 【解析】ABDE　在我国金融监管机构主要有：中央银行、银行业监督管理委员会、证监会、保监会、国家外汇管理局、国有重点金融机构监事会、行业自律组织等。

10. 【解析】ABC　根据信息对证券市场的反映程度，可将证券市场的信息分为三种不同层次的类型：历史的信息、已公开的信息、所有信息。根据股票对相关信息反映的范围不同，相应将有效市场分为三个不同的类型：弱式有效市场、半强式有效市场和强式有效市场。

11. 【解析】ABCE　资本市场的交易对象主要是政府中长期公债、公司债券和股票等有价证券以及银行中长期贷款。

12. 【解析】AE　我国的资本市场主要包括股票市场、债券市场和证券投资基金市场。票据市场、回购协议市场、同业拆借市场属于货币市场。

13. 【解析】ABC　按照《中华人民共和国票据法》的规定，我国的票据包括汇票、本票和支票。

14. 【解析】ACE　货币市场中交易的金融工具一般都具有期限短、流动性强、对利率敏感等特点，具有“准货币”特性。

第二章　利率与金融资产定价

大纲解读

本章考试目的在于考查应试人员是否掌握了利率的风险结构与期限结构、利率决定理论、金融资产定价理论，并能够计算现金流的现值与到期值、金融资产的收益率及价格。从近三年考题情况来看，本章主要考查利率、利率的风险结构、利率的期限结构、利率的决定理论、货币的时间价值、收益率、金融资产定价理论以及我国的利率和市场化等，平均分值是 6 分。具体考试内容如下。

1. 利率的计算

利率的含义与种类、单利与复利、系列现金流、连续复利下现值的计算。

2. 利率决定理论

利率的风险结构、利率的期限结构、利率决定理论。

3. 收益率

名义收益率、到期收益率的含义，实际收益率、本期收益率的含义及计算。

4. 金融资产定价

利率与资产定价理论、资本资产定价理论及其假设条件。

5. 我国的利率市场化

我国利率市场化改革的总体思路、我国利率市场化的进程，以及进一步推进利率市场化改革的条件。

考点精讲

第一节　利率的计算

考点一　利率概述

利率是利息率的简称，是指借款人在单位时间内应支付的利息同借贷资金的比率，这里的利息是资金所有者由于借出资金而取得的报酬。利率的高低不仅反映了金融市场上资金的借贷成本，而且反映了特定借贷资金的风险溢价。

利率的种类和特点如表 2-1 所示。

表 2-1 利率的种类及特点

分类标准	种类	特点
按照利率的决定方式划分	固定利率	在一定时期内相对稳定不变的利率
	浮动利率	在一定时期可以变动的利率
按照计算利率的期限单位划分	年利率	年利率=月利率×12 年利率=日利率×360
	月利率	
	日利率	
按利率的真实水平划分	名义利率	实际利率=名义利率−通货膨胀率
	实际利率	

【例 2-1】若某笔贷款的名义利率是 7%，同期的市场通货膨胀率是 3%，则该笔贷款的实际利率是(　　)。(2013 年单选题)

A. 3%　　B. 4%　　C. 5%　　D. 10%

【解析】B　实际利率=名义利率−通货膨胀率=7%−3%=4%。

考点二　单利和复利

利息的计算分单利和复利，见表 2-2。

表 2-2 单利、复利的定义及计算公式

方式	定义	公式
单利	不论借贷期限的长短，仅按本金计算利息。上期本金所产生的利息不计入下期本金重复计算利息	$S=P(1+r\cdot n)$ $I=P\cdot r\cdot n$
复利	复利也称利滚利，就是将每一期所产生的利息加入本金一并计算下一期的利息	$S=P(1+r)^n$ $I=S-P=P[(1+r)^n-1]$
连续复利	每年计息次数超过一次	$FV_n=P(1+\frac{r}{m})^{nm}$

注：1. S 为本利和，I 表示利息额，P 表示本金，r 表示利率，n 表示时间，每年计息次数为 m。

2. 我国银行存款的利息是按单利计算的。

【例 2-2】若本金为 p，年利率为 r，每年的计息次数为 m，则 n 年后投资的到期值计算公式为(　　)。(2012 年单选题)

A. $FV_n=p(1+r)^n$　　B. $FV_n=p(1+\frac{r}{n})^{nm}$

C. $FV_n=p(1+\frac{r}{m})^{nm}$　　D. $FV_n=p(1+\frac{r}{m})^n$

【解析】C　每年计息 m 次表示每个时间段计息利率为 r/m，一共有 mn 个计息时间段，n 年末该投资的到期值为本息和，等于 $p(1+\frac{r}{m})^{nm}$。

考点三　现值与终值

关于现值的计算，见表 2-3。

表 2-3　现值的计算公式

方　式	定　义	计算公式
现值	也称在用价值，是现在和将来(或过去)的一笔支付或支付流在今天的价值	系列现金流的现值：$PV=\sum_{i=1}^{n}\frac{A_i}{(1+r)^i}$ 连续复利下的现值： ① 假设一年之内多次支付利息，则利息率为$\frac{r}{m}$，此时现值的计算公式为：$PV=\frac{A_n}{(1+\frac{r}{m})^{nm}}$ ② 假设连续复利，即 $m\to\infty$，则 $PV=\frac{A_n}{e^{rn}}$
终值	也称将来值或本息和，是指现在一定量的资金在未来某一时点上的价值	假设一笔资金金额为 P，存期为 n 年，年利率为 r： ① 单利的终值：FV_n–$P(1+r\cdot n)$ ② 复利的终值：$FV_n=P(1+r)^n$

注：式中 A_i 表示第 i 年的现金流量(i=1，2，…，n)，A_n 表示第 n 年的现金流量，r 是年贴现率。

【例 2-3】 投资者用 100 万元进行为期 5 年的投资，年利率为 5%，一年计息一次，按单利计算，则 5 年末投资者可得到的本息和为(　　)万元。(2014 年单选题)

A. 110　　　　B. 120

C. 125　　　　D. 135

【解析】C　本息和=本金+利息=100+100×5%×5=125 万元。

【例 2-4】 如果某投资者年初投入 1000 元进行投资，年利率为 8%，按复利每季度计息一次，则第一年末该投资的终值为(　　)元。(2014 年单选题)

A. 1026.93　　　　B.1080.00

C. 1082.43　　　　D.1360.49

【解析】C　本题考查复利终值的计算公式。年利率为 8%，每季度利率=8%÷4=2%。第一年末投资终值=1000×(1+2%)=1082.43 元。

【例 2-5】 一笔按 8%利率为期三年的投资，在三年内分别支付本金和付息，其中第一年 500 元，第二年 600 元，第三年 700 元，则该笔投资的期值为(　　)元。(2014 年单选题)

A. 1754.5　　　　B. 1554.5

C. 1854.5　　　　D. 1931.2

【解析】D　500 是第一年的本金，三年后是 500×(1+0.08)×(1+0.08)=583.2 元，600 是第二年的本金，三年后是 600×(1+0.08)=648 元，700 是第三年投入的，则该笔投资的期值(即终值)=700+600×(1+0.08)+500(1+0.08)×(1+0.08)=1931.2 元。

第二节　利率决定理论

考点四　利率风险结构与利率期限结构

(一) 利率风险结构

到期期限相同的债权工具但利率却不相同的现象称为利率的风险结构。到期期限相同的债权工具利率不同是由三个原因引起的：违约风险、流动性和所得税因素。具体请见表 2-4。

表 2-4　导致利率风险结构的原因

原　　因	内　　容	特　　点	例　　子
违约风险	债务人无法按约付息或归还本金的风险	一般来说，债券违约风险越大，其利率越高	公司债券的利率往往高于同等条件下的政府债券的利率
流动性	资产能够以一个合理的价格顺利变现的能力，它是一种投资的时间尺度(卖出它需要多长时间)和价格尺度(与公平市场价格相比的折扣)之间的关系	债权工具的流动性差，风险相对较大，利率越高；流动性越强，其利率越低	一般来说，国债的流动性强于公司债券，期限较长的债券，流动性差
所得税	所得税也是影响利率风险结构的重要因素	在同等条件下，具有免税特征的债券利率要低	在美国，由于市政债券的利息收入是免税的，所以美国市政债券的利率低于国债的利率

【例 2-6】 利率风险结构的影响因素有(　　)。(2013 年多选题)

A. 违约风险　　B. 流动性　　C. 所得税　　D. 安全性　　E. 通胀率

【解析】ABC　到期期限相同的债权工具但利率却不相同的现象称为利率的风险结构。到期期限相同的债权工具利率不同是由三个原因引起的：违约风险、流动性和所得税因素。

【例 2-7】 根据利率的风险结构理论，各种债权工具的流动性之所以不同，是因为在价格一定的情况下，它们的(　　)不同。(2012 年单选题)

A. 实际利率　　B. 变现所需时间

C. 名义利率　　D. 交易方式

【解析】B　流动性是指资产能够以一个合理的价格顺利变现的能力，它是一种投资的时间尺度(卖出它需要多长时间)和价格尺度(与公平市场价格相比的折扣)之间的关系。

(二) 利率期限结构

具有相同风险、流动性和税收特征的债券，由于距离到期日的时间不同，其利率也会有所差异，具有不同到期期限的债券之间的利率联系被称为利率的期限结构。

目前，主要有三种理论解释利率的期限结构，即预期理论、分割市场理论和流动性溢价理论。

(1) 预期理论，长期债券的利率等于在一定时期内人们所预期的短期利率的平均值。该理论认为到期期限不同的债券之所以具有不同的利率，在于在未来不同的时间段内，短期利率的预期值是不同的。

预期理论可以解释为：①随着时间的推移，不同到期期限的债券利率有同向运动的趋势。②如果短期利率较低，收益率曲线倾向于向上倾斜；如果短期利率较高，收益率曲线通常是翻转的。

预期理论的缺陷在于无法解释这样一个事实，即收益率曲线通常是向上倾斜的。

预期理论还表明，长期利率的波动小于短期利率的波动。

(2) 分割市场理论，将不同到期期限的债券市场看作完全独立和相互分割的。到期期限不同的每种债券的利率取决于该债券的供给与需求，其他到期期限的债券的预期回报率对此毫无影响。

假设条件：不同到期期限的债券根本无法相互替代，因此，持有某一到期期限的债券的预期回报率对于其他到期期限的债券的需求不产生任何影响。

根据分割市场理论，收益率曲线不同的形状可以由不同到期期限的债券的供求因素解释。如果投资者的意愿持有期较短，愿意持有利率风险较小的短期债券，分割市场利率就可以说明典型的收益率曲线是向上倾斜的。由于在通常情况下，长期债券相对于短期债券的需求较少，因此其价格较低，利率较高，所以典型的收益率曲线是向上倾斜的。

虽然分割市场理论可以解释为什么收益率曲线通常向上倾斜，但它却无法解释：①不同到期期限的债券倾向于同向运动的原因。②由于该理论不清楚短期利率水平的变化会对短期债券和长期债券的供求产生什么影响，它就无法解释为什么短期利率较低时，收益率曲线倾向于向上倾斜，而短期利率较高时，收益率曲线又会变成翻转的形状。

(3) 流动性溢价理论，将上述两种理论结合起来，该理论可以解释收益曲线的三个特征。流动性溢价理论认为，长期债券的利率应当等于两项之和，第一项是长期债券到期之前预期短期利率的平均值；第二项是随债券供求状况变动而变动的流动性溢价(又称期限溢价)。

不同期限的债权的利率往往会同升或同降(同步波动现象)，预期理论和流动性溢价理论可以解释它，而市场分割理论则无法解释。

【例 2-8】 认为长期利率只是人们所预期的短期利率的平均值，该观点源自于利率期限结构理论的(　　)。(2013 年单选题)

A. 预期理论　　　　B. 市场分割理论

C. 流动性溢价理论　　　　D. 期限优先理论

【解析】A　本题考查预期理论的相关知识。预期理论认为，长期债券的利率等于在其有效期内人们所预期的短期利率的平均值。

考点五　利率决定理论

利率决定理论包含了古典利率理论、流动性偏好理论、可贷资金理论这三个理论，见表 2-5。

表 2-5　利率决定理论

理论名称	内　　容	隐含假定
古典利率理论	古典学派认为，利率决定于储蓄与投资的相互作用。储蓄为利率的递增函数，投资为利率的递减函数	当实体经济部门的储蓄等于投资时，整个国民经济达到均衡状态
流动性偏好理论	① 货币供给是外生变量，由中央银行直接控制。因此，货币供给独立于利率的变动，在图上表现为一条垂线；货币需求取决于公众的流动性偏好，其流动性偏好的动机包括交易动机、预防动机和投机动机。其中，交易动机和预防动机形成的交易需求与收入成正比，与利率无关。投机动机形成的投机需求与利率成反比 ② 流动性陷阱是当利率下降到某一水平时，市场就会产生未来利率上升的预期，这样，货币的投机需求就会达到无穷大，这时，无论中央银行供应多少货币，都会被相应的投机需求所吸收，从而使利率不能继续下降而“锁定”在这一水平。“流动性陷阱”相当于货币需求线中的水平线部分，它使货币需求线变成一条折线	当货币供求达到均衡时，整个国民经济处于均衡状态，决定利率的所有因素均为货币因素，利率水平与实体经济部门没有任何关系
可贷资金利率理论	① 该理论综合了前两种利率决定论，认为利率是由可贷资金的供求决定的，供给包括总储蓄和银行新增的货币量，需求包括总储蓄和新增的货币需求量，利率的决定取决于商品市场和货币市场的共同均衡 ② 按照可贷资金理论，借贷资金的需求来自某期间的投资流量和该期间人们希望持有的货币金额；借贷资金的供给来自同一期间的储蓄流量和该期间货币供给量的变动	按照可贷资金理论，借贷资金的需求来自某期间的投资流量和该期间人们希望持有的货币金额；借贷资金的供给来自同一期间的储蓄流量和该期间货币供给量的变动

第三节　收　益　率

考点六　收益率

(一) 名义收益率

名义收益率又称为票面收益率，是债券票面上规定的固定利率，即票面收益与债券面值的比率。

$$r=\frac{C}{F}$$

式中，r 为名义收益率，C 为息票(年利息)，F 为面值。

【例 2-9】 如果某债券的年利息支付为 10 元，面值为 100 元，市场价格为 90 元，则其名义收益率为(　　)。(2014 年单选题)

A. 5%　　B. 10%　　C. 11.1%　　D. 12%

【解析】B　名义收益率又称票面收益率，是债券票面上的固定利率，即票面收益与债券面额之比率。计算公式为：$r=C/F=10/100=10\%$。

(二) 实际收益率

名义收益率是用名义货币收入表示的收益率，实际收益率是剔除通货膨胀因素后的收益率。

$$实际收益率=\frac{1+名义收益率}{1+通货膨胀率}-1\approx 名义收益率-通货膨胀率$$

【例 2-10】 面值为 100 元的债券，注明年利息为 5 元，期限 10 年，规定每年年末支付利息，到期一次还本付息。假设某投资者某年年初以 90 元购入，持有 2 年以后以 98 元卖出，其实际收益率是(　　)。(2013 年单选题)

A. 5%　　B. 10%　　C. 15%　　D. 20%

【解析】B　将相关数据代入公式：$实际收益率=\frac{1+名义收益率}{1+通货膨胀率}-1=[(98-90)/2+5]/90=10\%$。

(三) 本期收益率

本期收益率也称当前收益率，是指本期获得债券利息对债券本期市场价格的比率。计算公式为：

$$本期收益率=支付的年利息总额/本期市场价格$$

即信用工具的票面收益与其市场价格的比率，其计算公式为：

$$r=\frac{C}{P}$$

式中，r 为本期收益率，C 为息票(年利息)，P 为市场价格。

【例 2-11】 本期获得债券利息(股利)额与债券本期市场价格的比率是(　　)。(2014 年单选题)

A. 名义收益率　　B. 到期收益率

C. 实际收益率　　D. 本期收益率

【解析】D　本题考查本期收益率的概念。

【例 2-12】 我国某企业计划于年初发行面额为 100 元、期限为 3 年的债券 200 亿元。该债券票面利息为每年 5 元，于每年年末支付，到期还本。该债券发行采用从网上向社会投资者定价发行的方式进行。(2011 年案例分析题)

根据上述资料，回答下列问题。

1. 该债券的名义收益率是(　　)。

A. 4%　　B. 5%　　C. 10%　　D. 12%

【解析】B　本题考查名义收益率的计算。名义收益率=票面收益/面值=5/100=5%。

2. 假定该债券的名义收益率为3%，当年通货膨胀率为2%，则实际收益率是(　　)。

A. 1%　　B. 2%　　C. 3%　　D. 5%

【解析】A　本题考查实际收益率的计算。实际收益率=名义收益率-通货膨胀率=3%-2%=1%。

3. 如果该债券的市场价格是110元，则该债券的到期收益率是(　　)。

A. 2%　　B. 3%　　C. 4.5%　　D. 5%

【解析】C　本题考查本期收益率的计算。本期收益率=票面收益/市场价格=5/110=4.5%。

(四) 到期收益率

到期收益率是指将债券持有到偿还期所获得的收益，其计算公式如表2-6所示。

表2-6　到期收益率的计算

类　型	性质及计算公式	
零息债券	不支付利息，折价出售，到期按债券面值兑现	按年复利计算：$r=(\frac{F}{P})^{\frac{1}{n}}-1$
附息债券	需支付利息	按年复利计算：$P=\sum_{t=1}^{n}\frac{C}{(1+r)^t}+\frac{F}{(1+r)^n}$
		按半年复利计算：$P=\sum_{t=1}^{2n}\frac{\frac{C}{2}}{(1+\frac{r}{2})^t}+\frac{F}{(1+\frac{r}{2})^{2n}}$

注：式中P为债券价格，C为息票(年利息)，F为面值，r为到期收益率，n是债券期限。

【例2-13】设P为债券价格，F为面值，r为到期收益率，n是债券期限。如果按年复利计算，零息债券到期收益率的计算公式为(　　)。(2012年单选题)

A. $r=(\frac{P}{F})^{\frac{1}{n}}-1$　　B. $r=(\frac{F}{P})^{\frac{1}{n}}-1$　　C. $r=(\frac{P}{F}-1)^{\frac{1}{n}}$　　D. $r=(\frac{F}{P}-1)^{\frac{1}{n}}$

【解析】B　零息债券到期收益率的公式为$r=(\frac{F}{P})^{\frac{1}{n}}-1$。

【例2-14】现有一张永久债券，其市场价格为20元，永久年金为2元，该债券的到期收益率为(　　)。(2014年单选题)

A. 8%　　B. 10%

C. 12.5%　　D. 15%

【解析】B　本题考查债券的到期收益率的计算。到期收益率，即到期时信用工具的票面收益及其资本损益与买入价格的比率。到期收益率=2/20=10%。

【例 2-15】 如果投资者以 100 元的价格买入债券面值为 100 元、到期期限为 5 年、票面利率为 5%、每年付息一次的债券，并在持有一年后以 101 元的价格卖出，则该投资者的持有期收益率是(　　)。(2013 年单选题)

A. 1%　　B. 4%　　C. 5%　　D. 6%

【解析】D　本题考查持有期收益率的计算。本题票面收益 C=100×5%=5 元。债券卖出价 M=101 元，持有期间 T=1 年，债券买入价 P_0=100 元，所以，[(101−100)/1+5]/100=6%。

(五) 持有期收益率

持有期收益率是指从购入到卖出这段持有期限里所能得到的收益率。持有期收益率和到期收益率的差别在于将来值不同。债券持有期收益率是指债券持有人在持有期间获得的收益率，能综合反映债券持有期间的利息收入情况和资本损益水平。

持有时间较短(不超过 1 年)的，直接按债券持有期间的收益额除以买入价计算持有期收益率：

$$r=\frac{\frac{P_n-P_0}{T}+C}{P_0}$$

式中，r 为到期收益率，C 为息票(年利息)，P_n 为债券的卖出价，P_0 为债券的买入价，T 为买入债券到债券卖出的时间(以年计算)。

但是如果投资者持有的期限较长，或者在持有期内需要按复利计息，则计算持有期收益率时需要考虑货币的时间价值，则须用长期投资的持有期收益率。

【例 2-16】某人于 2007 年 1 月 1 日以 120 元的价格购买了面值为 100 元、利率为 10%、每年 1 月 1 日支付一次利息的 2005 年发行的 10 年期国库券，并持有到 2008 年 1 月 1 日以 140 元的价格卖出，则债券持有期间的收益率为(　　)。(2012 年单选题)

A. 15%　　B. 20%　　C. 25%　　D. 30%

【解析】C　持有期间的收益率为：(140−120+100×10%)/120×100%=25%。

第四节　金融资产定价

考点七　利率与金融资产定价

(一) 债券定价

有价证券交易价格主要依据货币的时间价值，即未来收益的现值确定。利率与证券的价格成反比关系。这一关系适用于所有的债券工具。债券的定价方法见表 2-7。

表 2-7　债券的定价方法

名称	债　券	
价格的分类	发行价格	通常根据票面金额决定，特殊情况下采取折价或溢价的方式发行
	流通转让价格	该价格依不同的经济环境决定，但有一个基本的“理论价格”决定公式，它由债券的票面金额、票面利率和实际持有期限三个因素决定
		① 到期一次还本付息债券定价。计算公式为： $$P_0=\frac{F}{(1+r)^n}$$ 注：式中 P_0 为债券交易价格，r 为市场利率，n 为偿还期限，F 为期值或到期日本金与利息之和 ② 分期付息到期还本债券定价。按年收益率每年付息一次的债券定价公式如下： $$P_0=\sum_{t=1}^{n}\frac{C_t}{(1+r)^t}+\frac{F}{(1+r)^n}$$ 注：式中 F 为债券面额，即 n 年到期所归还的本金，C_t 为第 t 时期债券收益或息票利率，r 为市场利率或债券预期收益率，n 为偿还期限 ③ 永久债券定价。如果债券期限为永久性的，其价格确定与股票价格计算相同 ④全价与净价。在债券报价的时候，由于息票的支付会导致债券价格跳跃式波动。所以，为了避免债券价格跳跃式的波动，一般债券报价时会扣除应计利息。扣除应计利息的债券报价称为净价或者干净价格，包含应计利息的价格为全价或者肮脏价格。投资者实际收付的价格为全价。 净价=全价－应计利息
结论	① 在市场利率(或债券预期收益率)高于债券收益率(息票利率)时，债券的市场价格(购买价)小于债券面值，即债券为折价发行 ② 在市场利率(或债券预期收益率)低于债券收益率(息票利率)时，债券的市场价格(购买价)大于债券面值，即债券为溢价发行 ③ 在市场利率(或债券预期收益率)等于债券收益率(息票利率)时，债券的市场价格(购买价)等于债券面值，即债券为等价发行	

【例 2-17】 国债的发行价格低于面值，叫作(　　)发行。(2011 年单选题)

A. 折价　　B. 平价　　C. 溢价　　D. 竞价

【解析】A 债券的市场价格高于债券面值，即债券为溢价发行；债券的市场价格低于债券面值，即债券为折价发行；债券的市场价格等于债券面值，即债券为等价发行。

(二) 股票定价

股票的价格由其预期收入和当时的市场利率两个因素决定。其公式为：

股票的价格=预期股息收入/市场利率

股票静态价格与动态价格的确定见表 2-8。

表 2-8 股票价格的确定

类 别	内容及结论	
静态价格	股票一般都是永久性投资，没有偿还期限。 ① 价格主要取决于收益与利率两个因素，与股票收益成正比，而与市场利率成反比。用公式表示为： $P_0=\frac{Y}{r}$ 其中，Y 为股票固定收益，通常指每股税后净收益，r 为市场利率，P_0 为股票交易价格 ② 其静态价格亦可通过市盈率推算得出，即： 股票发行价格=预计每股税后盈利×市场所在地平均市盈率 市盈率=股票价格/每股税后盈利	① 当该种股票市价$<P_0$时，投资者可买进或继续持有该种股票 ② 当该种股票市价$>P_0$时，投资者可卖出该种股票 ③ 当该种股票市价$=P_0$时，投资者可继续持有或抛出该种股票
动态价格	股票交易在二级市场是不断易手的过程，属于动态交易的过程。因此，股票动态价格主要指股票持有期间的价格，其确定方法与分期付息到期还本债券的价格确定基本相同	

考点八 资产定价理论

(一) 有效市场假说

尤金·法玛的有效市场假设奠定了对资产价值的认知基础。该假说认为，相关的信息如果不受扭曲且在证券价格中得到充分反映，市场就是有效的。

当信息集从最小的信息集依次扩展到最大的信息集时，资本市场也就相应地从弱式有效市场逐步过渡到强式有效市场，见表 2-9。

表 2-9 有效市场假说

类 型	信 息 集	结 论
弱式有效市场	所有过去历史的证券价格历史信息，包括成交价和成交量等	在给定历史信息的条件下，不能预测市场的价格变化
半强式有效市场	所有已公开的信息(成交价量、公司的财务报告、公司公告、有关公司红利政策的信息和经济形势等)	在半强式有效市场中，技术分析和基本面分析都失去作用，但内幕消息可能获得超额利润
强式有效市场	所有信息，包括私人信息和内幕信息	股市不可预测，市场不存在超额收益

【例 2-18】 如果当前的证券价格反映了历史价格信息和所有公开的价格信息，则该市场属于(　　)。(2011 年单选题)

A. 弱式有效市场　　B. 半弱式有效市场

C. 强式有效市场　　D. 半强式有效市场

【解析】 D　半强式有效市场假说是指当前的证券价格不仅反映了历史价格包含的所有

信息，而且反映了所有有关证券的能公开获得的信息。在这里，公开信息包括公司的财务报告、公司公告、有关公司红利政策的信息和经济形势等。

【例 2-19】 根据资产定价理论中的有效市场理论，资本市场可以分为弱式有效市场、半强式有效市场和强式有效市场。其中，半强式有效市场的信息集包括(　　)。(2011 年多选题)

A. 内幕消息　　B. 历史价格信息　　C. 公司红利政策信息
D. 公司公告　　E. 公司财务报告信息

【解析】BCDE　本题考查半强式有效市场的相关知识。半强式有效市场假说是指当前的证券价格不仅反映了历史价格包含的所有信息，而且反映了所有有关证券能公开获得的信息。其中，公开信息包括公司的财务报告、公司公告、有关公司红利政策的信息和经济形势等。

(二) 资本资产定价理论及其假设条件

现代资产组合理论基于马科维茨(1952)的研究，在这一理论中，对于一个资产组合，应主要关注其期望收益率与资产组合的价格波动率，即方差或标准差。投资者偏好具有高的期望收益率与低的价格波动率的资产组合。相等收益率的情况下优先选择低波动率组合，相等波动率情况下优先选择高收益率组合。资产组合的风险由构成组合的资产自身的波动率、方差、与资产之间的联动关系和协方差决定。

资本资产定价模型假定：第一，投资者根据投资组合在单一投资期内的预期收益率和标准差来评价其投资组合；第二，投资者总是追求投资者效用的最大化，当面临其他条件相同的两种选择时，将选择收益最大化那一种；第三，投资者是厌恶风险的，当面临其他条件相同的两种选择时，他们将选择具有较小标准差的那一种；第四，市场上存在一种无风险资产，投资者可以按无风险利率借进或借出任意数额的无风险资产；第五，税收和交易费用均忽略不计。

【例 2-20】 马科维茨认为在同一期望收益前提下，最为有效的投资组合(　　)。(2012 年单选题)

A. 实际收益高　　B. 实际收益低　　C. 风险较高　　D. 风险最小

【解析】D　美国经济学家马科维茨在 1952 年提出了均值—方差分析方法，为资本资产定价理论(CAPM)奠定了理论框架。马科维茨认为在同一风险水平前提下，高收益率的投资组合最为有效；在同一期望收益前提下，低风险的投资组合最为有效。

【例 2-21】 资本资产定价理论认为，理性投资者应该追求(　　)。(2011 年多选题)

A. 投资者效用最大化　　B. 同风险水平下收益最大化
C. 同风险水平下收益稳定化　　D. 同收益水平下风险最小化
E. 同收益水平下风险稳定化

【解析】ABD　理性的投资者总是追求投资者效用的最大化，即在同等风险水平下的收益最大化或是在同等收益水平下的风险最小化。

1. 资本市场线

资本市场线(CML)，就是在预期收益率$E(r)$和标准差σ组成的坐标系中，将无风险资产(以r_f表示)和市场组合M相连所形成的射线。所谓市场组合是指由所有证券构成的组合，在这个组合中，每一种证券的构成比例等于该证券的相对市值。资本市场线上的每一点都对应着某种由无风险资产和市场组合M构成的新组合。

资本市场线(CML)表示对所有投资者而言是最好的风险收益组合。任何不利用全市场组合或者不进行无风险借贷的其他投资组合都位于资本市场线的下方。

资本市场线(CML)的公式为：

$$E(r_p)=r_f+\frac{E(r_M)-r_f}{\sigma_M}\sigma_p$$

2. 证券市场线

证券市场线是在资本市场线的基础上，进一步说明了单个风险资产的收益与风险之间的关系。在考虑市场组合的风险时，重要的不是各种证券自身的整体风险，而是其与市场组合的协方差。由于市场组合的预期收益率$E(r_M)$是各种证券预期收益率$E(r_i)$的加权平均数，市场组合的标准差σ_M是各种证券与全市场组合的协方差σ_{iM}的加权平均数的平方根，其权数都等于各种证券在全市场组合中的比例。因此，我们可以得出如下结论：单个证券的预期收益率水平应取决于其与市场组合的协方差。

在均衡状态下，单个证券风险和收益的关系可以写为：

$$E(r_i)-r_f+\frac{E(r_M)-r_f}{\sigma_M^2}\sigma_{iM}$$

$$\beta_i=\frac{\sigma_{iM}}{\sigma_M^2}$$

【例 2-22】 如果某证券的β值为1.5，若市场投资组合的风险溢价水平为10%，则该证券的风险溢价水平为(　　)。(2012年单选题)

A. 5%　　B. 15%　　C. 50%　　D. 85%

【解析】B 证券市场线的表达式$E(r_i)=r_f+[E(r_M)-r_f]\times\beta_i$，其中$[E(r_M)-r_f]$是证券的风险溢价水平，即市场投资组合的风险溢价水平。所以，该证券的风险溢价水平=1.5×10%=15%。

3. 系统风险和非系统风险

资产风险一般有系统性风险和非系统性风险两类。

(1) 系统性风险是由宏观经济营运状况或市场结构所引致的风险，又称市场风险。它在市场上永远存在，不可能通过资产组合来消除。资产定价模型(CAPM)研究不可消除系统性风险的指标，即风险系数β。

β值还提供了一个衡量证券的实际收益率对市场投资组合的实际收益率的敏感度的比例指标。β值高(大于1)的证券被称为“激进型”证券，这是因为它们的收益率趋向于放大全市场的收益率；β值低(小于1)的证券被称为“防卫型”证券；而β值为1的证券被称为具有“平均风险”的证券。

(2) 非系统性风险是指具体的经济单位自身投资方式所引致的风险，又称特有风险。它可由不同的资产组合予以降低或消除，属于可分散风险。

【例 2-23】 资本资产定价模型(CAPM)中的风险系数测度的是(　　)。(2011 年单选题)

A. 利率风险　　B. 通货膨胀风险　　C. 非系统性风险　　D. 系统性风险

【解析】D　在资本资产定价模型(CAPM)中的风险系数测度的是系统性风险。系统性风险是不可消除的。

(三) 期权定价理论

期权价值的决定因素主要有执行价格、期权期限、标的资产的风险度及无风险市场利率等。

1. 布莱克—斯科尔斯模型的基本假定

该模型成立的假设条件包括下面几条：

(1) 无风险利率 r 为常数；

(2) 没有交易成本、税收和卖空限制，不存在无风险套利机会；

(3) 标的资产在期权到期时间之前不支付股息和红利；

(4) 市场交易是连续的，不存在跳跃式或间断式变化；

(5) 标的资产价格波动率为常数；

(6) 假定标的资产价格遵从几何布朗运动。

2. 布莱克—斯科尔斯模型

根据布莱克—斯科尔斯模型，如果股票价格变化遵从几何布朗运动，那么欧式看涨期权的价格 C 为：

$$C=SN(d_1)-X\mathrm{e}^{-rT}N(d_2)$$

其中：

$$d_1=\frac{\ln(S/X)+(r+\frac{\sigma^2}{2})T}{\sigma\sqrt{T}}$$

$$d_2=\frac{\ln(S/X)+(r-\frac{\sigma^2}{2})T}{\sigma\sqrt{T}}=d_1-\sigma\sqrt{T}$$

式中，S 为股票价格，X 为期权的执行价格，T 为期权期限，r 为无风险利率，e 为自然对数的底(2.71828)，σ 为股票价格波动率，$N(d_1)$和 $N(d_2)$为 d_1 和 d_2 标准正态分布的累积概率。

第五节　我国的利率市场化

考点九　我国的利率市场化

(一) 我国的利率市场化改革

我国的利率市场化改革的整体思路为：先放开货币市场利率和债券市场利率，再逐步推进存、贷款利率的市场化。其中，存、贷款利率市场化的总体思路为“先外币、后本币；先贷款、后存款；先长期、大额，后短期、小额”。

【例 2-24】 我国利率市场化改革的总体思路包括(　　)。（2014 年多选题）

A. 先外币、后本币　　B. 先贷款、后存款　　C. 先本币、后外币

D. 先存款、后贷款　　E. 先大额、长期，后小额、短期

【解析】ABE　本题考查我国的利率市场化改革。存款利率市场按照先外币、后本币；先贷款、后存款；先大额、长期，后小额、短期的顺序进行。

(二) 我国利率市场化的进程

1. 市场利率体系的建立

在国际货币市场上，比较典型的、有代表性的同业拆借利率有三种：伦敦银行同业拆借利率、新加坡银行同业拆借利率和香港银行同业拆借利率。其中，伦敦银行同业拆借利率是浮动利率融资工具的发行依据和参照。

放开银行间同业拆借市场利率是整个金融市场利率市场化的基础，我国利率市场化改革以同业拆借利率为突破口。中国人民银行于 1996 年建立了全国银行间同业拆借市场，将同业拆借交易纳入全国统一的同业拆借网络进行监督管理。

2. 债券市场利率的市场化

1991 年，国债发行开始采用承购包销这种具有市场因素的发行方式。1996 年，财政部通过证券交易所市场平台实现了国债的市场化发行，这是中国债券发行利率市场化的开端，为以后的债券利率市场化改革积累了经验。

放开银行间债券回购和现券交易利率。1997 年 6 月 5 日，中国人民银行下发了《关于银行间债券回购业务有关问题的通知》，决定利用全国统一的同业拆借市场开办银行间债券回购业务。借鉴拆借利率市场化的经验，银行间债券回购利率和现券交易价格同步放开，由交易双方协商确定。

放开银行间市场政策性金融债、国债发行利率。1998 年以前，政策性金融债的发行利率以行政方式确定，由于在定价方面难以同时满足发行人、投资人双方的利益要求，商业银行

购买政策性金融债的积极性不高。1998年，鉴于银行间拆借、债券回购利率和现券交易利率已实现市场化，政策性银行金融债券市场化发行的条件已经成熟，同年9月，国家开发银行首次通过人民银行债券发行系统以公开招标方式发行了金融债券，随后中国进出口银行也以市场化方式发行了金融债券。

3. 存贷款利率的市场化

2004年11月，中国人民银行在调整境内小额外币存款利率的同时，决定放开1年期以上小额外币存款利率，商业银行拥有更大的外币利率决定权，外币存贷款利率已完全放开。中国人民银行在分步放开外币存贷款利率。

为进一步推进利率市场化，中国人民银行决定自2013年7月20日起全面放开金融机构贷款利率管制，取消金融机构贷款利率0.7倍的下限，由金融机构根据商业原则自主确定贷款利率水平，放开贷款利率管制是推进利率市场化改革非常重要的一步。

目前，我国除存款外的利率管制已全面放开，存款利率浮动区间上限不断扩大，差异化竞争的存款利率定价格局基本形成，市场化利率形成和传导机制逐步健全。自2015年5月11日起，中国人民银行决定下调金融机构贷款及存款基准利率各0.25个百分点，为经济结构调整和转型升级营造中性适度的货币金融环境，同时，为稳妥有序地推进利率市场化改革，中国人民银行决定结合下调存贷款基准利率，将金融机构存款利率浮动区间的上限由存款基准利率的1.3倍调整为1.5倍，存款利率浮动区间上限的进一步扩大，有利于进一步锻炼金融机构的自主定价能力，促进其加快经营模式转型并提高金融服务水平，为最终放开存款利率上限打下更为坚实的基础。

4. 推动整个金融产品与服务价格体系的市场化

2007年10月，中国人民银行发布公告，推出远期利率协议业务。它是指交易双方约定在未来某一日期，交换协议期间内一定名义本金基础上分别以合同利率和参考利率计算的利息的金融合约。我国金融衍生品市场发展时间不长，在远期利率协议业务推出之前，只有债券远期、利率互换两个品种。

(三) 进一步推进利率市场化改革的条件

2013年7月20日起，中国人民银行决定取消金融及贷款利率0.7倍的下限，全面放开金融机构贷款利率管制。目前，中国人民银行仅对金融机构人民币存款利率实行上限管理，货币市场、债券市场利率和境内外币存款利率已实现市场化。利率市场化改革与其他改革都有关联。为进一步推进利率市场化改革，需要培育以下条件：

(1) 要营造一个公平的市场竞争环境；

(2) 要推动整个金融产品与服务价格体系的市场化；

(3) 需要进一步完善货币政策传导机制。

当前，我国推进利率市场化工作的任务主要集中在四个方面：一是建立市场利率定价自律机制，提高金融机构的自主定价能力；二是继续推进同业存单发行与交易，逐步扩大金融机构负债产品市场化定价范围；三是继续培育上海银行间同业拆放利率和贷款基准利率，培育较为完善的市场利率体系；四是建立健全中央银行的利率调整框架，强化价格型调控和传导机制。

【例 2-25】 假定 2000 年 5 月 1 日发行面额为 1000 元、票面利率 10%、10 年期的债券，每年付息一次。甲于发行日以面值买进 1000 元，后甲准备于 2005 年 5 月 1 日以 1550 元转让给乙。(2011 年案例分析题)

根据上述资料，回答下列问题。

1. 若甲确以 1550 元的价格转让给乙，则甲投资者在持有期间的收益率为(　　)。

A. 21%　　B. 11%　　C. 37%　　D. 21.57%

【解析】A 　甲投资者在持有期间的收益率=[1000×10%+(1550−1000)/5]/1000=21%。

2. 若乙希望获得 15%的收益率，则乙购买该债券的价格应该是(　　)元。

A. 1200　　B. 1023.5　　C. 832.4　　D. 1656

【解析】C 　年利息=1000×10%=100 元，$P=100/(1+15\%)+100/(1+15\%)^2+100/(1+15\%)^3+100/(1+15\%)^4+100/(1+15\%)^5+1000/(1+15\%)^5=832.4$ 元，也可以使用教材中的结论，当市场利率(预期收益率)高于息票利率时，债券的市场价格<债券面值。

3. 下列影响到期收益率的主要因素是(　　)。

A. 债券出售价格　　B. 债券购入价格

C. 债券持有期间　　D. 债券种类

【解析】ABC 　到期收益率的计算公式为：$r=\dfrac{C+\dfrac{M-P}{T}}{P}\times100\%$，其中，$r$ 为到期收益率，C 为票面收益(年利息)，M 为债券的偿还价格，P 为债券的买入价格，T 为买入债券到债券到期的时间(以年计算)。

4. 本题中该债券的发行方式为(　　)。

A. 平价发行　　B. 折价发行　　C. 贴现发行　　D. 溢价发行

【解析】A 　本题考查债券的发行方式。

5. 您认为乙是否会以 1550 元的价格从甲手中购买该债券(　　)。

A. 会　　B. 不会　　C. 无法确定　　D. 以上都有可能

【解析】B 　乙希望获得 15%的收益率，与 15%对应的购买价格是 832.4 元，1550 元的价格远远超出了乙希望出的购买价格 832.4 元，所以这笔交易不可能成交。

同 步 自 测

一、单项选择题

1. 某投资银行存入银行 1000 元，一年期利率是 4%，每半年结算一次利息，按复利计算，则这笔存款一年后税前所得利息是(　　)元。

A. 40.2　　B. 40.4　　C. 80.3　　D. 81.6

2. 某证券的 β 值是 1.5，同期市场上的投资组合的实际利率比预期利润率高 10%，则该证券的实际利润率比预期利润率高(　　)。

A. 5%　　B. 10%　　C. 85%　　D. 15%

3. 某人在银行存入 10 万元，期限 2 年，年利率为 6%，每半年支付一次利息，如果按复利计算，2 年后的本利和是(　　)万元。

A. 11.2　　B. 10.23　　C. 10.26　　D. 11.26

4. 名义利率扣除(　　)之后即为实际利率。

A. 利率变动率　　B. 汇率变动率　　C. 通货变动率　　D. 物价变动率

5. 某地贷款的市场利率为 8%，复利采用每季度支付一次，则其有效利率为(　　)。

A. 8.24%　　B. 9.75%　　C. 10.58%　　D. 12.24%

6. 有效利率是指按复利支付利息条件下的一种复合利率，当每年计息次数为一次以上时，有效利率与一般市场利率的关系是(　　)。

A. 有效利率低于市场利率　　B. 有效利率高于市场利率

C. 有效利率等于市场利率　　D. 不能确定

7. 现有一张永久债券，其市场价格为 20 元，永久年金为 2 元，该债券的到期收益率为(　　)。

A. 8%　　B. 10%　　C. 12.5%　　D. 15%

8. 利率与有价证券价格呈负相关关系，当利率上升时，有价证券价格下降，且(　　)。

A. 长期有价证券价格下降幅度小于短期有价证券价格

B. 长期有价证券价格下降幅度与短期有价证券变化相同

C. 长期有价证券价格下降幅度大于短期有价证券价格

D. 长期有价证券价格下降幅度与短期有价证券价格变化无关

9. 设某国定期存款年利率为5%，计息周期为 1 年。若按照复利计息，5 年后的本利和是按照单利计息的(　　)。

A. 1.02 倍　　B. 1.04 倍　　C. 1.12 倍　　D. 1.22 倍

10. 债券当期收益率的计算公式是(　　)。

A. 票面收益/债券面值　　B. 票面收益/市场价格

C. (出售价格-购买价格)/债券面值　　D. (出售价格-购买价格)/市场价格

11. 某银行以 900 元的价格购入 5 年期的票面额为 1000 元的债券，票面收益率为 10%，银行持有 3 年到期偿还，那么债券的到期收益率为(　　)。

A. 3.3%　　B. 14.81%　　C. 3.7%　　D. 10%

12. 流动性偏好利率理论的提出者是( )。

A. 俄林 B. 凯恩斯 C. 罗伯逊 D. 弗里德曼

13. 在通货膨胀的情况下，实际利率是5%，当时的物价变动率是2%，则名义利率是( )。

A. 7% B. 3% C. 5% D. 2%

14. 信用工具的名义收益率是( )。

A. 资本损益与票面金额的比率 B. 票面收益与市场价格的比率

C. 票面金额与市场价格的比率 D. 票面收益与票面金额的比率

15. 如果市场投资组合的实际收益率比预期收益率大5%，而某证券的β值为1，则该证券的实际收益率比预期收益率大( )。

A. 85% B. 50% C. 10% D. 5%

16. ( )是指按借贷协议在一定时期可以变动的利率，其具有一定的科学合理性。

A. 名义利率 B. 实际利率 C. 固定利率 D. 浮动利率

17. 三种证券组成一个投资组合，在投资组合中所占投资权重各为30%、20%、50%，且各自的预期收益率相对应为10%、15%、20%，这个投资组合的预期收益率是( )。

A. 10% B. 12% C. 16% D. 20%

18. 凯恩斯把货币供应量的增加并未带来利率的相应降低，而只是引起人们手持现金增加的现象称为( )。

A. 现金偏好 B. 货币幻觉 C. 流动性陷阱 D. 流动性过剩

19. 一笔按10%利率为期三年的投资，在三年内分别支付本金和付息，其中第一年支付450元，第二年600元，第三年650元，则该笔投资的到期值为( )元。

A. 1754.4 B. 1554.5 C. 1854.5 D. 1954.5

20. 根据资产组合理论，有价证券组合预期收益率是( )。

A. 每种有价证券收益率的几何平均值 B. 每种有价证券收益率的方差

C. 每种有价证券收益率的加权平均值 D. 每种有价证券收益率的简单平均值

21. 面额1000元的两年期零息债券，购买价格为950元，如果按半年复利计算，那么债券的到期收益率是( )。

A. 2.58% B. 2.73% C. 5% D. 5.26%

22. ( )的放开是人民币存贷款利率改革的先声，中国的利率将由此逐步实行市场化。

A. 短期商业票据 B. 浮动利率票据

C. 外币存贷款利率 D. 证券利率

23. 有价证券理论价格是以一定市场利率和预期收益为基础计算得出的( )。

A. 到期值 B. 现值 C. 升值 D. 贬值

24. 收益曲线是指那些( )不同，却有着相同流动性、税率结构和信用风险的金融资产的利率曲线。

A. 有效性 B. 期限 C. 可比性 D. 利润水平

25. (　　)能够反映投资于有效风险资产组合和无风险资产的收益与风险关系。

A. 资产组合　B. 资本市场线　C. 资产风险度　D. 资产定价理论

26. 资产估计收益率与(　　)的偏离程度称为资产风险度。

A. 加权收益率　B. 固定收益率　C. 预期收益率　D. 前期收益率

二、多项选择题

1. 资本资产定价理论提出的自身理论假设有(　　)。

A. 市场上存在一种无风险资产　B. 市场是有效的

C. 市场效率边界曲线只有一条　D. 风险是可以测量的

E. 交易费用为零

2. 在债券发行时如果市场利率高于债券票面利率，则(　　)。

A. 债券为平价发行

B. 债券的购买价低于面值

C. 债券为溢价发行

D. 按面值出售时投资者对该债券的需求增加

E. 按面值出售时投资者对该债券的需求减少

3. 对利率与有价证券市场价格的关系表述正确的是(　　)。

A. 利率下降，有价证券收益下降，有价证券价格上涨

B. 利率上升，有价证券收益下降，有价证券价格上涨

C. 利率上升，有价证券收益下降，有价证券价格下跌

D. 利率下降，能加大对有价证券投资的需要，有价证券价格上升

E. 利率上升，有价证券投资需求锐减，有价证券价格下降

4. 到期期限相同的债权工具利率不同是由(　　)原因引起的。

A. 违约风险　B. 操作风险　C. 外汇风险

D. 所得税　E. 流动性

5. 债券在二级市场上的流通转让价格依不同的经济环境决定，但有一个基本的“理论价格”决定公式，它由(　　)因素决定。

A. 债券的票面金额　B. 债券的发行者　C. 票面利率

D. 债券发行量　E. 实际持有期限

6. 期权价值的决定因素主要有(　　)。

A. 执行价格　B. 期权期限　C. 标的资产的风险度

D. 无风险市场利率　E. 标的资产的发行日期

7. 关于期权价格的决定，布莱克—斯科尔斯模型的基本假设包括(　　)。

A. 无风险利率 r 为常数

B. 没有交易成本、税收和卖空限制，存在无风险套利机会

C. 标的资产在期权到期时间之前不支付股息和红利

D. 市场交易是连续的，不存在跳跃式或间断式变化

E. 假定标的资产价格遵从几何布朗运动

8. 在马科维茨的投资组合分析中，三个假设是指(　　)。

A. 市场是有效的　　B. 有价证券价格是真实的

C. 风险是不可避免的　　D. 风险是可以规避的

E. 组合是在预期和风险基础上进行的

9. 股票的价格由(　　)因素决定。

A. 预期收入　　B. 流通数量　　C. 当期市场利率

D. 发行价格　　E. 承销商

10. 强式有效市场假说的信息集由(　　)构成。

A. 历史价格信息　　B. 故意散播的假消息

C. 对投资者信心造成影响的小道消息　　D. 内幕信息

E. 所有能公开获得的信息

11. 在我国，已经基本市场化的利率有(　　)等。

A. 人民币存款利率　　B. 企业债券发行利率

C. 部分金融市场利率　　D. 银行同业拆借市场利率

E. 外币市场存款利率

12. 运用利率杠杆的宏观经济条件包括(　　)。

A. 发育健全的金融市场体系　　B. 相对成熟的货币市场

C. 健全的银行制度　　D. 健全的企业制度

E. 充足的外汇储备

13. 利率市场化所产生的社会效应包括(　　)。

A. 利率水平可能大幅攀升　　B. 高利率的贷款需求可能得到满足

C. 信贷资金分流　　D. 中小企业贷款需求全部得到满足

E. 商业银行拥有信贷价格制定权

14. 我国利率市场化改革采取渐进模式的原因是(　　)。

A. 金融危机的爆发说明应采用渐进模式

B. 利率市场化改革应只考虑利率因素，不应考虑资本项目开放、汇率自由化等因素

C. 利率市场化改革进程应与一国宏观经济背景相适应

D. 从我国实际情况出发，应采取渐进模式

E. 从国际经验来看，一国货币资本项目可兑换必须具备一定的前提条件

15. 利率市场化的作用包括(　　)。

A. 利率市场化有利于提高资源配置效率

B. 利率市场化有助于提高企业的投融资质量

C. 利率市场化有助于促进金融机构管理模式的转变

D. 利率市场化有助于促进金融机构经营管理水平的提高

E. 利率市场化有利于更好地发挥财政政策的宏观调控作用

16. 下列关于有效资本市场理论的表述，正确的是(　　)。

A. 如果市场是有效的，那么有价证券价格就是真实的

B. 如果市场是完全、开放、无限制的，信息是完整的、对称的，那么市场就是有效的

C. 有价证券价格的真实性是市场有效性的基础

D. 市场有效性是有价证券价格真实性的基础

E. 市场有效性说明有价证券价格可以得到完整的信息

三、案例分析题

(一) 2006 年 1 月某企业发行一种票面利率为 6%、每年付息一次、期限 3 年、面值 100 元的债券。假设 2006 年 1 月至今的市场利率是 4%。2009 年 1 月，该企业决定永久延续该债券期限，即实际上实施了债转股。假设此时该企业的每股税后盈利是 0.5 元，该企业债转股后的股票市价是 22 元。

请根据以上资料，回答下列问题。

1. 2007 年 1 月，该债券的购买价应是(　　)元。

A. 90.2　　B. 103.8　　C. 105.2　　D. 107.4

2. 在债券发行时如果市场利率高于债券票面利率，则(　　)。

A. 债券的购买价高于面值

B. 债券的购买价低于面值

C. 按面值出售时投资者对该债券的需求减少

D. 按面值出售时投资者对该债券的需求增加

3. 债转股后的股票静态定价是(　　)元。

A. 8.5　　B. 12.5　　C. 22　　D. 30

4. 以 2009 年 1 月该股票的静态价格为基准，债转股后的股票当时市价为(　　)。

A. 低估　　B. 合理　　C. 高估　　D. 不能确定

5. 按照 2009 年 1 月的市场状况，该股票的市盈率是(　　)。

A. 10 倍　　B. 24 倍　　C. 30 倍　　D. 44 倍

(二) 上海证券交易所上市交易的某只股票，2009 年年末的每股税后利润为 0.2 元，市场利率为 2.5%。

根据上述内容，回答下列问题。

6. 该只股票的静态价格是(　　)元。

A. 4　　B. 5　　C. 8　　D. 20

7. 该只股票的市盈率是(　　)倍。

A. 20　　B. 40　　C. 60　　D. 80

8. 股票动态价格主要是指股票持有期间的价格，其确定方法与(　　)的价格确定基本相同。

A. 分期付息到期还本债券　　B. 到期一次还本付息债券

C. 分期还本到期一次付息债券　　D. 分期付息债券

9. 根据股票静态价格分析，投资者的行为选择是(　　)。

A. 当股票市价<P_0时，可继续持有该只股票

B. 当股票市价<P_0时，可买进该只股票

C. 当股票市价>P_0时，可卖出该只股票

D. 当股票市价=P_0时，可继续持有或抛出该只股票

同步自测解析

一、单项选择题

1. 【解析】B　半年利率=4%÷2=2%，这笔存款一年后税前所得利息=1000×(1+2%)^2−1000=40.4 元。

2. 【解析】D　1.5×10%=15%，如果市场投资组合的实际收益率比预期收益率大 Y%，则证券 i 的实际收益率比预期大 $\beta\times Y$%。

3. 【解析】D　年利率是 6%，每半年支付一次利息，那么 2 年后的本利和就是 10×(1+6%)^4=11.26 万元。

4. 【解析】D　实际利率是指在通货膨胀条件下，名义利率扣除物价变动率后的利率。

5. 【解析】A　1+有效利率=$(1+\frac{市场利率}{4})^4$，则有效利率=$(1+\frac{8\%}{4})^4-1$=8.24%。

6. 【解析】B　假设 r_e 为有效利率，r 为市场利率，m 为计息次数，$1+r_e=(1+\frac{r}{m})^m$，由此得出 r_e>r。

7. 【解析】B　永久债券到期收益率的计算公式可简写为：$r=\frac{C}{P}$，到期收益率=2÷20=10%。

8. 【解析】C　利率风险对不同偿还期有价证券的影响是不尽相同的。由于长期有价证券对利率变动的敏感度要大于短期有价证券，因而利率对长期有价证券的影响要大于短期有价证券。当利率上升时，有价证券价格下降，而长期有价证券价格下降幅度大于短期有价证券。反之，当利率下降时，长期有价证券自然较短期有价证券能获得更多的收益。

9. 【解析】A　单利计息：$S=P(1+r\cdot n)$；复利计息：$S=P(1+r)^n$。经计算，单利计息 $S=P$(1+5%×5)=1.25P；复利计息 $S=P$(1+5%)^5=1.276P。复利是单利的 1.02 倍。

10. 【解析】B　债券当期收益率=票面收益/市场价格。

11. 【解析】B　年利息=1000×10%=100 元，每年可分摊的债券折价=(偿还价格−买入价

格)÷买入债券到债券到期的时间=(1000−900)÷3=33.33 元，到期收益率=(100+33.33)÷900=14.81%。

12. 【解析】B　凯恩斯提出了流动性偏好利率理论。

13. 【解析】A　实际利率等于名义利率扣除物价变动率。名义利率=实际利率+物价变动率=5%+2%=7%。

14. 【解析】D　名义收益率，是信用工具的票面收益与票面金额的比率。

15. 【解析】D　证券 i 的实际收益率比预期收益率大 $\beta \times Y\%=1\times 5\%=5\%$。

16. 【解析】D　浮动利率是指按借贷协议在一定时期可以变动的利率。它是借贷双方为了保护各自利益，根据市场变化情况可以调整的利率。

17. 【解析】C　投资组合的预期收益率应根据加权平均值的计算方法进行计算：30%×10%+20%×15%+50%×20%=16%。

18. 【解析】C　当利率下降到某一水平的时候，市场就会产生未来利率上升的预期，这样，货币的投资需求就会达到无穷大，无论中央银行供给多少货币都会被相应的投机需求所吸收，从而使利率不能继续下降而被锁定在这一水平，这就是所谓的流动性陷阱。

19. 【解析】C　该笔投资的到期值=$450\times(1+10\%)^2+600\times(1+10\%)+650=1854.5$ 元。

20. 【解析】C　根据资产组合理论，有价证券组合预期收益率就是每种有价证券收益率的加权平均值。

21. 【解析】A　$1000=950\left(1+\frac{r}{2}\right)^4$，$r=2.58\%$。

22. 【解析】C　2000 年 9 月 21 日起放开外币贷款利率和大额外币存款利率。它们的放开是人民币存贷款利率改革的先声，它向国际金融市场传达了这样的一个信号——中国的利率将逐步实行市场化。

23. 【解析】B　有价证券理论价格是以一定市场利率和预期收益为基础计算得出的现值。

24. 【解析】B　收益曲线是指那些期限不同，却有着相同流动性、税率结构和信用风险的金融资产的利率曲线。

25. 【解析】B　资本市场线反映了投资于有效风险资产组合和无风险资产的收益与风险关系。

26. 【解析】C　资产风险度是指资产估计收益率与预期收益率的偏离程度。

二、多项选择题

1. 【解析】ACE　资本资产定价的理论假设：①市场上存在一种无风险资产，投资者可以按无风险利率借进或借出任意数额的无风险资产；②市场效率边界曲线只有一条；③交易费用为零。

2. 【解析】BE　在市场利率(或债券预期收益率)高于债券收益率(息票利率)时，债券的市场价格(购买价)低于债券面值，即债券为贴现或打折发行，此时，如果该债券按面值出售，投资者对该债券的需求将减少。

3. 【解析】CDE 利率与有价证券收益成反比，与有价证券价格成反比。

4. 【解析】ADE 到期期限相同的债权工具利率却不相同的现象称为利率的风险结构。到期期限相同的债权工具利率不同是由三个原因引起的：违约风险、流动性和所得税因素。

5. 【解析】ACE 债券在二级市场上的流通转让价格依不同的经济环境决定，但有一个基本的“理论价格”决定公式，它由债券的票面金额、票面利率和实际持有期限三个因素决定。

6. 【解析】ABCD 期权价值的决定因素主要有执行价格、期权期限、标的资产的风险度及无风险市场利率等。

7. 【解析】ACDE 布莱克—斯科尔斯模型的基本假定：①无风险利率 r 为常数；②没有交易成本、税收和卖空限制，不存在无风险套利机会；③标的资产在期权到期时间之前不支付股息和红利；④市场交易是连续的，不存在跳跃式或间断式变化；⑤标的资产价格波动率为常数；⑥假定标的资产价格遵从几何布朗运动。

8. 【解析】ADE 马科维茨在阐述如何构造投资组合时，做了三个假设：①市场是有效的；②风险是可以规避的；③组合是在预期和风险基础上进行的。

9. 【解析】AC 股票一般都是永久性投资，没有偿还期限，因此其价格确定主要取决于收益与利率两个因素。

10. 【解析】ADE 强式有效市场假说是有效市场假说的一种极端或理想的情况。在强式有效市场中，投资者能得到的所有信息均反映在证券价格上。在这里，所有信息包括历史价格信息、所有能公开获得的信息和内幕信息。

11. 【解析】CDE 已经基本市场化的利率包括除企业债券发行利率以外的各类金融市场利率、银行同业拆借市场利率、外币市场存款利率等。

12. 【解析】ABCD 运用利率杠杆的宏观经济条件包括：发育健全的金融市场体系；相对成熟的货币市场；健全的银行制度和企业制度。

13. 【解析】ABCE 利率市场化的社会效应包括：利率水平可能大幅攀升；高利率的贷款需求可能得到满足；信贷资金分流；商业银行拥有信贷价格制定权。

14. 【解析】ACDE 我国利率市场化改革的方式应为渐进模式，采取先外币、后本币；先贷款、后存款的步骤。利率市场化改革不能单纯考虑利率因素，而应当结合资本项目开放、汇率自由等因素全盘考虑。

15. 【解析】ABCD 利率市场化的作用包括：利率市场化有利于提高资金资源的配置效率；利率市场化有助于提高企业的投融资质量、促进金融机构管理模式的转变与经营管理水平的提高；利率市场化有利于更好地发挥货币政策的宏观调控作用。

16. 【解析】ABDE 市场有效性是有价证券价格真实性的基础，但绝不是说有价证券价格也是市场有效性的基础。

三、案例分析题

(一)

1. 【解析】B　2007 年 1 月，该债券的购买价=$\frac{100\times6\%}{1+4\%}+\frac{100\times(1+6\%)}{(1+4\%)^2}$=103.8 元。

2. 【解析】BC　在债券发行时如果市场利率高于债券票面利率，则债券的购买价应该低于面值，按面值出售时投资者对该债券的需求减少。

3. 【解析】B　债转股后的股票静态定价=每股税后盈利/市场利率=0.5/4%=12.5 元。

4. 【解析】C　企业债转股后的股票市价是 22 元，大于其静态定价 12.5 元，所以债转股后的股票当时市价被高估了。

5. 【解析】D　市盈率=股票价格/每股税后盈利。按照 2009 年 1 月的市场状况，该股票的市盈率=22/0.5=44 倍。

(二)

6. 【解析】C　股票静态价格=每股税后盈利/市场利率=0.2/2.5%=8 元。

7. 【解析】B　市盈率=股票价格/每股税后盈利=8/0.2=40，该只股票的市盈率为 40 倍。

8. 【解析】A　股票交易在二级市场是不断易手的过程，属于动态交易的过程。因此，股票动态价格主要指股票持有期间的价格，其确定方法与分期付息到期还本债券的价格确定基本相同。

9. 【解析】ABCD　当股票市价<P_0 时，股票价格被低估，可买进或继续持有该股票；当股票市价>P_0 时，股票价格被高估，可卖出该只股票；当股票市价=P_0 时，可继续持有或抛出该只股票。

第三章 金融机构与金融制度

大纲解读

本章考试目的在于考查应试人员是否掌握了有关金融机构的性质与类型、各类不同金融机构的特点，金融制度的相关知识，我国金融机构的类型、演变与功能。从近三年的考题情况来看，本章主要考查金融体系的构成、金融制度的基本理论以及我国的金融机构与金融制度等，平均分值是 4 分。具体考试内容如下。

1. 金融机构

金融机构的性质、职能、种类与构成；存款性金融中介、投资性金融机构、契约性金融机构、政策性金融机构的特点及种类。

2. 金融制度

金融制度的含义和构成要素。中央银行制度、商业银行制度、政策性金融制度、金融监管制度。

3. 我国的金融机构体系与金融制度

我国的金融机构体系及其制度安排；我国的金融调控监管机构体系及其制度安排。

4. 互联网金融

互联网金融的概念及特点；互联网金融的模式；我国的互联网金融。

第一节 金 融 机 构

考点一 金融机构的性质与职能

（一）金融机构的性质

金融机构是指所有从事各类金融活动及为金融活动提供相关金融服务的各类金融机构，包括直接融资领域中的金融机构和间接融资领域中的金融机构：直接融资领域中金融机构的主要职能是充当投资者和筹资者之间的经纪人；间接融资领域中金融机构的主要职能是作为资金余缺双方进行货币借贷交易的媒介。

从金融机构产生的历史过程看，金融机构是为实质经济部门提供融资、投资等服务的金融机构，通过提供金融服务产品而成为一种特殊的企业和行业，其经营活动具有内在的风险性并对国民经济有巨大的影响。

(二) 金融机构的职能

金融机构的职能作用见表 3-1。

表 3-1 金融机构的职能作用

作　用	相关说明
促进资金融通	间接金融机构借助于信用，一方面通过负债业务，动员和集中社会闲散货币资金；另一方面则通过资产业务把这些资金投向有关经济部门，实现资金盈余方和资金短缺方的资金融通，从而使资金得到有效利用，在不改变社会资本总量的条件下，推动扩大再生产的规模，提高生产率。直接金融机构的职能则体现在为投融资提供各种服务
便利支付结算	金融机构发挥支付中介职能，大大减少了现金的使用，节约了社会流通费用，加速了结算过程和货币资本的周转，促进了社会再生产的扩大
降低交易成本	任何金融交易都会产生交易成本，即在金融交易中花费的时间和金钱。金融机构由于具有规模经济的优势、专业技术以及风险分担机制，因而能够有效地降低交易成本
减少信息成本	金融机构有专门的信息处理能力，具有信息搜寻和核实优势，可以有效解决信息生产中的可信度，可以节约道德风险中的监督成本，从而减少投资者和筹资者之间由于信息不对称而导致的逆向选择和道德风险，降低信息成本
转移和管理风险	金融机构可以通过各种业务、技术和管理分散、转移、控制、减轻各种金融风险。这种管理风险的职能体现在金融机构可以利用各种金融风险合约的有效组合，以最低成本在不同参与者之间重新分配风险，运用其专业化的优势管理风险

【例 3-1】 金融机构最基本、最能反映其经营活动特征的职能是(　　)。(2011 年单选题)

A. 信用中介　　B. 金融服务　　C. 支付中介　　D. 创造信用工具

【解析】A　信用中介是金融机构最基本、最能反映其经营活动特征的职能。这一职能的实质，是金融机构借助于信用，一方面通过负债业务，动员和集中社会闲散货币资金；另一方面则通过资产业务把这些资金投向有关经济部门。

【例 3-2】 金融机构的职能有(　　)。(2011 年多选题)

A. 将货币收入和储蓄转化为资本　　B. 创造信用工具

C. 信用中介　　D. 制定国家金融政策

E. 支付中介

【解析】ABCE　金融机构的职能有信用中介、支付中介、将货币收入和储蓄转化为资本、创造信用工具及金融服务。

【例 3-3】 金融机构在办理转账服务、汇兑和代客支付等业务时，其所承担的职能是(　　)。(2014 年单选题)

A. 信用中介　　B. 支付中介

C. 创造信用工具　　D. 将货币收入转化为资本

【解析】B　本题考查金融机构的职能之一——支付中介职能。支付中介是指金融机构在为客户开立存款账户吸收存款的基础上，通过办理存款在账户上的资金转移、代理客户支付，以及在存款的基础上为客户兑付现款等。

(三) 金融机构的类型

国民经济核算体系(SNA)从经济统计的角度对金融机构进行了分类。这种分类是以交易主体或资金收支的角度作为划分标准，将金融机构分为：中央银行；存款类公司；不是通过吸收存款的方式，而是通过在金融市场上筹集资金并利用这些资金获取金融资产的其他金融中介机构，如投资公司、金融租赁公司以及消费信贷公司等；金融辅助机构，如证券经纪人、贷款经纪人、债权发行公司、保险经纪公司，以及经营各种套期保值的衍生工具的公司等；保险公司和养老基金。

金融机构的分类，如表 3-2 所示。

表 3-2 金融机构的分类

<table>
<tr><th>划分方式</th><th colspan="2">类别与定义</th><th>说明</th></tr>
<tr><td rowspan="2">按融资方式的不同划分</td><td>直接金融机构</td><td>在直接融资领域，为投资者和筹资者提供中介服务的金融机构。主要业务包括：证券的发行、经纪、保管、登记、清算、资信评估等
典型代表：投资银行、证券公司</td><td rowspan="2">直接金融机构在中介融资中一般不发行以自己为债务人的融资工具；间接金融机构发行以自己为债务人的融资工具来筹集资金</td></tr>
<tr><td>间接金融机构</td><td>一方面以债务人的身份从资金盈余者的手中筹集资金；另一方面又以债权人的身份向资金短缺者提供资金，以间接融资为特征的金融机构
典型代表：商业银行</td></tr>
<tr><td rowspan="2">按从事金融活动的目的划分</td><td>金融调控监管机构</td><td colspan="2">承担金融宏观调控和金融监管的重任，不以营利为目的的金融机构，如中央银行、银行监督委员会、证券监督委员会、保险监督委员会等</td></tr>
<tr><td>金融运行机构</td><td colspan="2">以营利为目的，通过向公众提供金融产品和金融服务而开展经营的金融机构，如商业银行、投资银行或证券公司、保险公司、信托公司等</td></tr>
<tr><td rowspan="2">按金融机构业务的特征划分</td><td>银行</td><td colspan="2">以存款、放款、汇兑、结算为核心业务的金融机构就是银行，如商业银行、储蓄银行等</td></tr>
<tr><td>非银行金融机构</td><td colspan="2">一般泛指除银行以外的其他各种金融机构，包括保险、证券、信托、租赁和投资等机构</td></tr>
<tr><td rowspan="2">按是否承担政策性业务划分</td><td>政策性金融机构</td><td colspan="2">一个国家为加强政府对经济的干预能力，实现政府的产业政策，保证宏观经济协调发展而设立，不以营利为目的，但可以获得政府资金或税收方面支持的金融机构</td></tr>
<tr><td>商业性金融机构</td><td colspan="2">一般性金融业务的经营机构，其经营目标是获得利润</td></tr>
<tr><td>按金融机构所经营金融业务的基本特征及其发展趋势划分</td><td colspan="3">可以分为存款性金融机构、投资性金融机构、契约性金融机构和政策性金融机构</td></tr>
</table>

【例 3-4】 在各类金融机构中，最典型的间接金融机构是(　　)。(2013 年单选题)

A. 投资银行　　B. 商业银行

C. 证券公司　　D. 中央银行

【解析】B　商业银行是最典型的间接金融机构。

考点二　金融机构体系的构成

现代金融机构体系通常是以中央银行为核心，由以经营信贷业务为主的银行和以提供各类融资服务的非银行金融机构，以及相关金融监管机构共同构成的系统。

(一) 存款性金融机构

存款性金融机构的定义及种类见表 3-3。

表 3-3　存款性金融机构的定义及种类

定　义	吸收个人或机构存款，并发放贷款的金融机构	
种　类	商业银行	以经营存款、贷款和金融服务为主要业务，以盈利为经营目标的金融企业。与其他金融机构相比，吸收活期存款，创造信用货币，是商业银行最明显的特征
	储蓄银行	专门吸收居民储蓄存款，将资金主要投资于政府债券和公司股票、债券等金融工具，并为居民提供其他金融服务的金融机构
	信用合作社	城乡居民集资合股而组成的合作金融组织，是为合作社社员办理存、贷款业务的金融机构，其资金主要来源于社员缴纳的股金和存入的存款，放款的对象主要是本社的社员

【例 3-5】 在下列金融机构中，可以吸收个人和机构存款的有(　　)。(2012 年多选题)

A. 商业银行　　B. 储蓄银行　　C. 证券公司

D. 信用合作社　　E. 小额贷款公司

【解析】ABD　商业银行、储蓄银行和信用合作社都可以吸收个人和机构存款。

(二) 投资性金融机构

投资性金融机构的定义、特点及种类见表 3-4。

表 3-4　投资性金融机构的定义、特点及种类

定　义	在直接金融领域内为投资活动提供中介服务或直接参与投资活动的金融机构，主要包括投资银行、证券经纪和交易公司、金融公司和投资基金等	
特　点	业务内容都以证券投资活动为核心	
种　类	投资银行	以从事证券投资业务为主要业务内容的金融机构，它是典型的投资性金融机构 基本特征：综合性，即其业务几乎包括了全部资本市场业务
	投资基金	通过向投资者发行股份或受益凭证募集资金，再以适度分散的组合方式投资于各类金融产品，为投资者以分红的方式分配收益，并从中牟取自身利润的金融组织机构 优势：投资组合、分散风险、专家理财和规模经济

(三) 契约性金融机构

契约性金融中介的定义、特点及种类如表 3-5 所示。

表 3-5　契约性金融机构的定义、特点及种类

<table>
<tr><td>定　义</td><td colspan="2">以契约方式吸收持约人的资金，而后按契约规定承担向持约人履行赔付或资金返还义务的金融机构</td></tr>
<tr><td>特　点</td><td colspan="2">资金来源可靠稳定，资金运用主要是投资，资金的流动性较弱</td></tr>
<tr><td rowspan="2">种　类</td><td>保险公司</td><td>主要依靠投保人缴纳保险费的形式建立起保险基金，对那些因发生自然灾害或意外事故而造成经济损失的投保人予以经济补偿的金融机构</td></tr>
<tr><td>养老基金和退休基金</td><td>以契约形式组织预交资金，再以年金形式向参加养老金计划者提供退休收入的金融组织形式。这类基金的资金主要来自于劳资双方的积聚，即雇主的缴款和从雇员工资中扣除或雇员的自愿缴纳，以及运用积聚资金的收益，如投资于公司债券、股票以及政府债券的收益等</td></tr>
</table>

(四) 政策性金融机构

政策性金融机构的定义及种类如表 3-6 所示。

表 3-6　政策性金融机构的定义及种类

<table>
<tr><td>定　义</td><td colspan="4">为贯彻实施政府的政策意图，由政府或政府机构发起、出资设立、参股或保证，不以利润最大化为经营目的，在特定的业务领域内从事政策性金融活动的金融机构</td></tr>
<tr><td rowspan="3">种　类</td><td rowspan="3">经济开发政策性金融机构</td><td rowspan="3">专门为经济开发提供长期投资或贷款的金融机构，这类机构多以配合国家经济发展振兴计划或产业振兴战略为目的而设立，贷款和投资方向主要是基础设施、基础产业、支柱产业的大中型基本建设项目和重点企业</td><td>国际性开发银行</td><td>代表：世界银行集团。世界银行集团由国际复兴开发银行(简称世界银行)、国际开发协会和国际金融公司组成。世界银行的宗旨：对用于生产目的的投资提供贷款或贷款担保，以协助成员国的复兴与开发，鼓励不发达国家的生产和资源开发；鼓励国际投资，促进成员国国际贸易的平衡发展等</td></tr>
<tr><td>区域性开发银行</td><td>宗旨、业务与世界银行集团基本相同，只是服务对象限于某一区域的会员国，旨在促进该地区经济发展的政府间多边开发银行机构</td></tr>
<tr><td>本国性开发银行</td><td>主要对国内企业和建设项目提供长期性贷款支持。各国开发性金融机构的名称各异：日本称作开发银行，德国称作复兴信贷银行，美国称作复兴金融公司，我国称作国家开发银行等</td></tr>
</table>

(续表)

种　类	农业政策性金融机构	专门向农业提供中长期低息贷款，以配合贯彻国家农业扶持和保护政策的金融机构，如我国的农业发展银行。资金来源：政府拨款、发行债券、吸收特定存款和借款。向农业发放贷款的范围：农业机器设备购置、种子、化肥、农药等的购买等
	进出口政策性金融机构	一国为促进对外贸易发展，改善国际收支状况，由政府支持设置的向外贸部门提供优惠出口信贷的政策性金融机构。旨在配合政府的产业政策和外贸政策，通过提供政策性金融，承担一般金融机构不愿意或无力承担的风险，促进进出口，增强本国外贸部门的出口竞争能力
	住房政策性金融机构	为配合和贯彻政府住房发展政策和房地产市场调控政策，由政府出资设立，专门扶持住房消费，尤其是扶持低收入者进入住房消费市场的金融机构。资金来源：政府出资，发行债券、吸收住房储蓄存款等。资金运用：住房消费贷款等相关的信贷业务

【例 3-6】 按照是否承担政策性业务，金融机构分为(　　)。(2014 年多选题)

A. 政策性金融机构　　B. 商业性金融机构　　C. 存款性金融机构

D. 投资性金融机构　　E. 契约性金融机构

【解析】AB　本题考查金融机构的分类。按照是否承担政策性业务，金融机构分为政策性金融机构和商业性金融机构。

第二节　金融制度

考点三　金融制度的概念

(一) 金融制度的概念

金融制度是指一个国家以法律形式所确定的金融体系结构，以及组成该体系的各类金融机构的职责分工和相互关系的总和。

(二) 金融机构的构成要素

从广义上说，金融制度的内涵包括金融中介机构、金融市场和金融监管制度三个方面的内容，具体为：

第一，各类金融机构的地位、作用、职能和相互关系；

第二，金融市场的结构和运行机制；

第三，金融监管制度，包括中央银行或金融监管当局，金融调控、金融管理的法律法规，金融调控、金融监管的组织形式、运作体制等。

考点四　中央银行制度与商业银行制度

中央银行是国家赋予其制定和执行货币政策，监督管理金融业和规范金融秩序，防范金融风险和维护金融稳定，为商业银行等普通金融机构和政府提供金融服务，调控金融和经济运行的宏观管理机构。

(一) 中央银行的组织形式

中央银行的组织形式即中央银行的存在形式或组成形式。中央银行的组织形式主要有四种类型，如表 3-7 所示。

表 3-7　中央银行的组织形式

类　型	内　容	特　点	举　例
一元式中央银行制度	一个国家只设立一家统一的中央银行执行中央银行职能	① 机构设置一般采取总分行制，逐级垂直隶属 ② 制度形式比较完善、成熟，组织完善、机构健全、权力集中、职能齐全	大多数国家都实行这种制度
二元式中央银行制度	又称为二元复合式的中央银行制度，是指一国建立中央与地方两级相对独立的中央银行机构，分别行使金融调控和管理职能，不同等级的中央银行共同组成一个复合式统一的中央银行体系	权力与职能相对分散、分支机构较少	一般为实行联邦制的国家所采用，如美国、德国等
跨国的中央银行制度	由若干国家联合组建一家中央银行，由这家中央银行在其成员国范围内行使全部或部分中央银行职能	不属于任何一个国家所独有，而是成员国共同的中央银行，对所有的成员国发行共同的货币，制定和执行统一的货币政策，开展金融宏观调控等	欧洲中央银行、西非货币联盟、中非货币联盟、东加勒比海货币区等
准中央银行制度	在一个国家或地区不设置真正专业化、具备完全职能的中央银行，而是设立若干类似中央银行的金融管理机构执行部分中央银行的职能，并授权若干商业银行也执行部分中央银行职能	中央银行的职能是由不同的机构从不同的角度分别执行，中央银行权力分散、职能分解	新加坡、中国香港等国家或地区，以及利比里亚、莱索托、斯威士兰等发展中国家

【例 3-7】 实行准中央银行制度的典型国家和地区是(　　)。(2011 年单选题)

A. 英国　　B. 韩国　　C. 美国　　D. 新加坡

【解析】 D　本题考查中央银行的组织形式。实行准中央银行制度的典型国家和地区主要有新加坡、中国香港特别行政区，以及利比里亚、莱索托、斯威士兰等。

【例 3-8】 中央银行的组织形式包括(　　)。(2012 年多选题)

A. 一元式中央银行制度　　B. 二元式中央银行制度　　C. 三元式中央银行制度

D. 跨国的中央银行制度　　E. 准中央银行制度

【解析】ABDE　中央银行的组织形式即中央银行的存在形式或组成形式。中央银行的组织形式主要有四种类型：一元式中央银行制度；二元式中央银行制度；跨国的中央银行制度；准中央银行制度。

(二) 中央银行的资本构成

中央银行的资本金一般由实收资本、在经营活动中的留存利润、财政拨款等构成。中央银行资本金构成的结构形式主要有五种类型，如表 3-8 所示。

表 3-8　中央银行资本金构成的结构形式

资本结构类型	内　容	举　例
全部资本为国家所有的资本结构	中央银行的资本是由政府拨款形成，或是政府通过收购股份的方式将私营商业银行改组成为中央银行，因而中央银行的资本金全部属于国家所有，是国有化性质的中央银行	目前大多数国家中央银行的资本结构都是国有形式，如英国、法国、德国、加拿大、中国、印度、俄罗斯、印度尼西亚等
国家和民间股份混合所有的资本结构	中央银行的资本一部分是由国家投资所形成的国家资本；另一部分是由私人投资所形成的私人资本共同构成	日本、墨西哥、巴基斯坦、比利时、卡塔尔等
全部资本非国家所有的资本结构	中央银行的资本全部由民间资本形成，国家政府不持有股份的中央银行资本构成形式	美国、意大利、瑞士等少数国家的中央银行
无资本金的资本结构	中央银行自身无资本金，中央银行的运行是由政府授权，依照国家法律履行中央银行各项职责的资本构成形式	韩国的中央银行是目前唯一一个没有资本金的中央银行
资本为多国共有的资本结构	在跨国的中央银行制度下，中央银行的资本金是由货币联盟成员国共同出资构成的形式。货币联盟各成员国一般按商定比例认缴资本，并以认缴比例拥有对中央银行的所有权	—

【例 3-9】 目前唯一没有资本金的中央银行是(　　)。(2011 年单选题)

A. 美国联邦储备银行　　B. 英格兰银行

C. 韩国中央银行　　D. 德国中央银行

【解析】C　韩国的中央银行是目前唯一没有资本金的中央银行。

【例 3-10】 目前大多数国家中央银行的资本结构都是(　　)形式。(2013 年单选题)

A. 国有　　B. 多国共有　　C. 无资本金　　D. 混合所有

【解析】A 全部资本为国家所有的资本结构形式是中央银行资本结构的主要形式，为目前大多数国家所采用。

【例 3-11】 欧洲中央银行是为了适应欧元发行流通而设立的金融机构。从组织形式上看，其属于(　　)。(2012 年单选题)

A. 一元式中央银行制度　　B. 二元式中央银行制度

C. 跨国的中央银行制度　　D. 准中央银行制度

【解析】C 本题考查各国的中央银行制度。1998 年 6 月 1 日成立的欧洲中央银行是一个典型的跨国式中央银行。

(三) 商业银行制度

商业银行是以追逐利润为目标，能够吸收存款，以经营金融资产和金融负债为对象，从事经营活动的金融企业。商业银行的相关制度如表 3-9 所示。

表 3-9 商业银行的制度

<table>
<tr><th>制度名称</th><th colspan="4">分类及特点</th></tr>
<tr><td rowspan="5">组织制度</td><td>单一银行制度</td><td colspan="3">又称为单元银行制或独家银行制，就是银行业务完全由各自独立的商业银行经营，不设或者不允许设分支机构。采取单一银行制度的商业银行，风险独自承担，利润独自分享</td></tr>
<tr><td rowspan="2">分支银行制度</td><td rowspan="2">又称为总分行制，是指法律上允许在总行(或总管理处)之下，在国内外各地普遍设立分支机构，形成以总机构为中心的庞大的银行网络系统。它是各国商业银行普遍采用的组织形式</td><td>总行制</td><td>商业银行的总行不仅监督管理、指挥和协调各分支机构，而且其本身也对外开展经营活动</td></tr>
<tr><td>总管理处制</td><td>总管理处作为银行的管理机构，只是监督管理、指挥和协调各分支机构，本身并不对外开展经营活动，一般在总管理处所在地通过另行设立分行或营业部对外营业</td></tr>
<tr><td>持股公司制度</td><td colspan="3">又称集团银行制度，是由某一集团成立持股公司，由该公司控制或收购两家以上的若干银行的组织制度。这些被收购的或控制的银行在法律上仍然是独立的，但它们的经营策略和业务受持股公司的控制</td></tr>
<tr><td>连锁银行制度</td><td colspan="3">又称为联合银行制度，指两家或更多的银行由某一个人或某一集团通过购买多数股票的形式，形成联合经营的组织制度。这些被控制的银行在法律上仍然保持其独立性，但其经营政策与业务要受到控股方的控制</td></tr>
<tr><td rowspan="2">业务经营制度</td><td>分业经营银行制度</td><td colspan="3">亦称为专业化银行制度或分离银行制度，指商业银行业务与证券、保险等业务相分离，商业银行只能从事存贷款及结算等银行业务，不得经营证券保险等其他金融业务的制度安排</td></tr>
<tr><td>综合性银行制度</td><td colspan="3">亦称为全能银行制度或混业经营银行制度，是指商业银行能够向客户提供存款、贷款、证券投资、结算，甚至信托、租赁、保险等全面金融业务的银行制度</td></tr>
</table>

【例 3-12】 如果在总行之下设立若干机构，形成以总行为中心的银行网络系统，则该商业银行组织制度是(　　)。(2013 年单选题)

A. 一元式银行制度　　B. 综合式银行制度

C. 分支式银行制度　　D. 分支经营银行制度

【解析】C　分支式银行制度又称为总分行制，是指法律上允许在总行(或总管理处)之下，在国内外各地普遍设立分支机构，形成以总机构为中心的、庞大的银行网络系统。

【例 3-13】 (　　)制度会加速银行的垄断与集中。(2012 年单选题)

A. 连锁银行　　B. 持股公司

C. 分支银行　　D. 单一银行

【解析】C　分支银行制度的缺点：①加速银行的垄断与集中，由于拥有庞大的分支机构体系，规模较大、实力雄厚，容易形成对中小银行的兼并、收购，会加速金融垄断；②监管难度大，由于分支机构分布广、内部层级多，加大了银行管理控制的难度，要求总行或总管理处具有有效的管理控制手段和先进的通信系统等，否则会造成银行经营效益下降。

【例 3-14】 目前，我国商业银行最主要的组织制度是(　　)。(2011 年单选题)

A. 单一银行制度　　B. 分支银行制度

C. 持股公司制度　　D. 连锁银行制度

【解析】B　本题考查商业银行的组织制度。分支银行制度又称总分行制，是指法律上允许在总行之下，在国内外各地普遍设立分支机构，形成以总机构为中心的庞大银行网络系统。它是各国商业银行普遍采用的组织形式。

考点五　政策性金融制度与金融监管制度

政策性金融是一种特殊的金融活动，具有政策性和金融性双重特征。政策性表现在其业务活动对国家经济政策的贯彻支持配合上，表现在融资的非盈利性，对产业政策需要“倾斜”支持的行业、领域的贷款实行低息或无息的补贴性，以及经营风险的硬担保上。金融性则表现在资金运动坚持遵循信贷资金的运动规律，体现出有偿性、效益性和安全性。

(一) 政策性金融机构的职能

政策性金融机构的职能主要有如下几个方面，如表 3-10 所示。

表 3-10　政策性金融机构的职能

倡导性职能	又称诱导性职能，是指政策性金融机构以直接或间接的资金投放，吸引商业性金融机构或民间资金从事符合经济政策意图的投资和贷款，以发挥其首倡、引导功能，引导资金的流向
选择性职能	指政策性金融机构具有通过主动选择融资领域或部门以实现其融资意图的职能
补充性职能	又称弥补性职能，是指政策性金融机构以政策性融资补充商业性融资在一些领域或部门的不足，完善以商业性金融机构为主体的金融体系整体功能的职能
服务性职能	是指政策性金融机构依据长期从事政策性专业融资业务所积累的实践经验和专业技能，为业务对象和政府提供各方面服务的职能

(二) 政策性金融机构的经营原则

政策性金融机构的政策性和金融性的双重特征，决定了政策性金融机构具有不同于商业性金融机构的经营原则。

1. 政策性原则

政策性原则是指政策性金融机构的经营活动必须贯彻国家的社会经济政策、区域政策和产业政策，对需要政策支持的区域、产业、部门开展政策性金融业务，提供政策性投资和贷款。

2. 安全性原则

安全性原则是指在银行经营活动中要注重资产安全。

3. 保本微利原则

政策性金融机构必须加强经营管理，讲求经济核算，实现保本微利，以保持政策性金融机构的生存与持续发展。

【例 3-15】 政策性金融机构的经营原则是(　　)。(2011 年多选题)

A. 政策性原则　　B. 财政性原则　　C. 安全性原则

D. 盈利性原则　　E. 保本微利原则

【解析】ACE　政策性金融机构的经营原则是政策性原则、安全性原则和保本微利原则。

(三) 金融监管制度

金融监管制度是指金融监管当局基于信息不对称、逆向选择与道德风险等因素，对金融机构、金融市场、金融业务等进行监督管理的体制模式。

按照金融监管机构的监管范围划分，金融监管制度可分为集中统一的监管体制、分业监管体制和不完全集中统一的监管体制，见表 3 11。

表 3-11　金融监管制度

<table>
<tr><th>分　类</th><th colspan="3">含义及其分类</th><th>典型例子</th></tr>
<tr><td>集中统一的监管体制</td><td colspan="3">又称为单一的、一元化的监管模式。它是将不同的金融业作为一个相互联系的整体，由中央银行或另外设立的专门监管机构承担对金融业集中统一监管职责的体制模式。又称为混业监管模式</td><td>一般是金融业混业经营的国家，如英国、日本、新加坡、瑞典、丹麦等</td></tr>
<tr><td>分业监管体制</td><td colspan="3">由多个监管机构对金融业的不同主体及其业务范围分别进行监管的组织形式。分业监管体制主要是在银行、证券和保险等不同金融领域分别设立专职的监管机构，负责对各行业进行审慎监管</td><td>大多是金融业实行分业经营的国家或地区</td></tr>
<tr><td rowspan="2">不完全集中统一的监管体制</td><td rowspan="2">对集中统一监管体制和分业监管体制的改进型体制</td><td>“牵头式”</td><td>在多重监管主体之间建立磋商与协调机制，指定一个监管机构作为牵头机构负责不同监管主体之间的协调工作</td><td>巴西</td></tr>
<tr><td>“双峰式”</td><td>根据监管目标设立两类金融监管机构，一类负责对所有金融机构进行审慎监管，防范与控制金融体系的系统性风险；另一类监管机构负责对不同的金融业务经营活动进行具体监管</td><td>澳大利亚</td></tr>
</table>

【例 3-16】 从世界各国的传统来看，金融监管模式主要有(　　)。(2014 年多选题)

A. 分业经营、分业监管　　B. 分业经营、集中监管

C. 混业经营、集中监管　　D. 混业经营、分业监管

E. 分业与混业相结合

【解析】AC　在世界范围内，金融监管模式主要有分业经营、分业监管和混业经营、集中监管两种模式。

【例 3-17】 巴西的金融监管体制是典型的“牵头式”监管体制，由国家货币委员会牵头，负责协调对不同金融行业监管机构的监管活动。这属于(　　)的监管体制。(2014 年单选题)

A. 集中统一　　B. 分业监管

C. 不完全集中统一　　D. 完全不集中统一

【解析】C　不完全集中统一的监管体制可以分为“牵头式”和“双峰式”两类监管体制，巴西是典型的“牵头式”监管体制。

【例 3-18】 在我国，负责对期货市场进行监管的机构是(　　)。(2013 年单选题)

A. 中国人民银行　　B. 中国银行业协会

C. 中国证券监督管理委员会　　D. 中国银行业监督管理委员会

【解析】C　中国证券监督管理委员会统一管理证券期货市场，按规定对证券期货监督机构实行垂直领导。

第三节　我国的金融机构体系与金融制度

考点六　我国的金融机构体系及其制度安排

目前，我国的金融机构体系主要包括商业银行、政策性银行、证券机构、保险公司、金融资产管理公司、农村信用社、信托投资公司、财务公司、金融租赁公司和小额贷款公司等。

(一) 商业银行

在我国的金融中介体系中，商业银行是主体，并且以银行信贷为主的间接融资在社会总融资中占主导地位。目前，我国的商业银行体系分为以下几个方面，如表 3-12 所示。

表 3-12　中国的商业银行体系

类　型	性质及具体例子	
国家控股的四大商业银行	国家控股的商业银行系从国家专业银行演变而来	中国工商银行、中国农业银行、中国银行、中国建设银行
股份制商业银行	采取股份制的企业组织形式，股本金来源除了有的部分来自国家投资外，主要来自境内外企业法人投资和社会公众投资	交通银行(新中国成立以来的第一家股份制商业银行)、深圳发展银行、中信银行、中国光大银行、华夏银行、招商银行、广东发展银行、兴业银行、上海浦东发展银行、中国民生银行、恒丰银行以及浙商银行、渤海银行

(续表)

类　型	性质及具体例子
城市商业银行	前身是城市合作银行，其服务领域是：依照商业银行经营原则为地方经济发展服务，为中小企业发展服务
农村银行机构	包括农村商业银行、农村合作银行和村镇银行三种形式。农村商业银行和农村合作银行是在农村信用社产权制度及经营机制改革的基础上成立的。2007 年 3 月 1 日，我国第一家村镇银行——四川仪陇惠民村镇银行开业，标志着一类崭新的农村金融机构正式诞生
中国邮政储蓄银行	中国邮政集团公司以全资方式出资组建的有限责任性质的银行。在原邮政储蓄机构的基础上改革建立的，市场定位为充分依托和发挥网络优势，完善城乡金融服务功能，以零售业务和中间业务为主，为城市社区和广大农村地区居民提供基础金融服务，与其他商业银行形成互补关系，支持社会主义新农村建设
外资商业银行	可分为四类： ① 外资独资银行，即在中国境内注册，拥有全部外国资本股份的银行 ② 中外合资银行，即在中国境内注册，拥有部分外国资本股份的银行 ③ 外国银行在中国境内的分行 ④ 外国银行驻华代表机构
民营银行	为引导和扩大民间资本进入银行业，2014 年三季度，5 家民营银行获准筹建，分别是深圳前海微众银行、温州民商银行、天津金城银行、上海华瑞银行和浙江网商银行。2014 年 12 月 12 日，深圳前海微众银行获准开业；2015 年 1 月 28 日，上海华瑞银行获准开业

【例 3-19】 作为金融机构，商业银行的经营对象是(　　)。(2014 年单选题)

A. 内控和风险　　　　B. 信贷和风险

C. 货币和信用　　　　D. 资产和负债

【解析】C 本题考查商业银行的经营对象。商业银行是以货币和信用为经营对象的金融机构。

(二) 政策性银行

政策性银行是由政府出资创立、参股或保证的，以配合、贯彻政府社会经济政策或意图为目的，在特定的业务领域内，规定特殊的融资原则，不以营利为目的的金融机构。

政策性银行面临的市场环境随着经济的发展在迅速发生变化，因此，我国以国家开发银行先行试点，对政策性银行进行改革。

【例 3-20】 国家开发银行的贷款包括(　　)两部分。(2014 年多选题)

A. 硬贷款　　　　B. 基本建设贷款　　　　C. 技术改造贷款

D. 外汇贷款　　　　E. 软贷款

【解析】AE 国家开发银行的贷款分为两部分：一是软贷款；二是硬贷款。

1. 中国进出口银行

中国进出口银行实行自主、保本经营和企业化管理的经营方针，主要任务是：贯彻执行国家产业政策和外贸政策，为扩大我国机电产品和成套设备及高新技术产品进出口，推动有比较优势的企业开展对外承包工程和境外投资，促进对外关系发展及为国际经贸合作提供政策性金融支持。

中国进出口银行的业务范围主要包括：办理进口信贷和出口信贷，办理对外承包工程和境外投资贷款，提供对外担保。转贷外国政府和金融机构提供的贷款，办理中国政府对外优惠贷款等。

2. 中国农业发展银行

中国农业发展银行实行独立核算，自主、保本经营，企业化管理的经营方针。主要任务是：按照国家有关法律、法规、方针、政策，以国家信用为基础，筹集农业政策性信贷资金，承担国家规定的农业政策性金融业务，代理财政性支农资金的拨付。

中国农业发展银行的业务范围主要是向承担粮棉油收储任务的国有粮食收储企业和供销社棉花收储企业提供粮棉油收购、储备和调销贷款。此外，还办理中央和省级政府财政支农资金的代理拨付，为各级政府设立的粮食风险基金设立专户并代理拨付。

2004 年以来，随着我国农业发展的需求变化，经中国银监会批准同意，中国农业发展银行的业务范围也逐步扩大。

3. 国家开发银行

国家开发银行是 1994 年 3 月经国务院批准成立的政策性银行。2008 年 12 月 16 日，国家开发银行转制为国家开发银行股份有限公司，成为第一家由政策性银行转型而来的开发性金融机构，标志着我国政策性银行改革取得重大进展。

国家开发银行主要通过开展中长期信贷与投资等金融业务，为国民经济重大中长期发展战略服务。国家开发银行贯彻国家宏观经济政策，筹集和引导社会资金，缓解经济社会发展的瓶颈制约和薄弱环节，致力于以融资推动市场建设和规划先行，支持国家基础设施、基础产业、支柱产业以及战略性新兴产业等领域发展和国家重点项目建设，促进区域协调发展和城镇化建设，支持保障性安居工程、中小企业、“三农”、教育、医疗卫生以及环境保护等领域的发展，支持国家“走出去”战略，拓展国际合作业务。

2015 年 3 月，国务院批复同意《国家开发银行深化改革方案》，目标是紧紧围绕服务国家经济重大中长期发展战略，建立市场化运行、约束机制，努力建设成为资本充足、治理规范、内控严密、运营安全、服务优质、资产优良的开发性金融机构，进一步发挥开发性金融在重点领域、薄弱环节、关键时期的功能和作用，促进国民经济持续健康发展。

【例 3-21】 政策性银行与商业银行比较，有其共性的方面包括(　　)。(2013 年多选题)

A. 严格审查贷款程序　　B. 经营目标的非盈利性　　C. 贷款要偿还本金

D. 贷款要付利息　　E. 资金来源主要为吸收存款

【解析】ACD 政策性银行与商业银行比较，其共性的方面包括严格审查贷款程序，贷款要还本付息、周转使用等。

【例 3-22】政策性金融机构与商业性金融机构之间最根本的区别在于是否(　　)。(2012 年单选题)

A. 由政府出资　　B. 以政府的政策旨意发放贷款

C. 以营利为目的　　D. 自主选择贷款对象

【解析】C　政策性银行一般是指政府出资或参股设立，以贯彻国家产业政策、区域发展政策为目的，不以盈利为目的，在特定的业务领域内从事融资活动的金融机构。它与商业银行最根本的区别在于不以盈利为目的。

(三) 证券机构

我国的证券机构主要包括：证券公司、证券交易所、证券登记结算公司、证券投资咨询公司、投资基金管理公司等，见表 3-13。

表 3-13　中国的证券机构

名　称	含义及其性质			主要职能
证券公司	又称证券商，是经由证券主管部门批准设立的在证券市场上经营证券业务的非银行金融机构	综合类证券公司	可从事证券承销、经纪、自营三种业务	推销政府债券、企业债券和股票，代理买卖和自营买卖已上市流通的各类有价证券，参与企业收购、兼并，充当企业财务顾问等
		经纪类证券公司	只能从事证券经纪类业务	
证券交易所	依法设立的，不以营利为目的，为证券的集中和有组织的交易提供场所、设施，并履行相关职责，实行自律性管理的会员制事业法人。目前我国经国务院批准设立的证券交易所有两家：上海证券交易所、深圳证券交易所			提供证券交易的场所和设施；制定证券交易所的业务规则；接受上市申请、安排证券上市；组织、监督证券交易；对会员和上市公司进行监督；设立证券登记结算公司；管理和公布市场信息及中国证监会许可的其他职能
证券登记结算公司	在每个交易日结束后负责清算。我国上海和深圳证券交易所已实现了无纸化和电子化交易，建立了相应的高效、快捷、安全的结算系统，每日的结算和交收于次日上午开市前即可完成，即目前两市均实行 T+1 的交割方式完成清算交易			对证券和资金进行清算、交收和过户，使买入者得到证券，卖出者得到资金

【例 3-23】我国对证券公司实行分类管理，其中，经纪类证券公司只能从事证券交易的(　　)业务。(2011 年单选题)

A. 承销　　B. 经纪　　C. 直营　　D. 做市

【解析】B　1999 年 7 月以后，根据《中华人民共和国证券法》规定，对证券公司实行分类管理，分为综合类证券公司和经纪类证券公司，综合类证券公司可从事证券承销、经纪、自营三种业务，而经纪类证券公司只能从事证券经纪类业务，即它只能充当证券交易的中介，不得从事证券的承销和自营买卖业务。

【例 3-24】 证券公司的职能主要有(　　)。(2011 年多选题)

A. 推销政府债券、企业债券和股票

B. 代理买卖和自营买卖已上市流通的各类有价证券

C. 参与企业收购、兼并

D. 充当企业财务顾问等

【解析】ABCD　证券公司的主要职能是：推销政府债券、企业债券和股票，代理买卖和自营买卖已上市流通的各类有价证券，参与企业收购、兼并，充当企业财务顾问等。

(四) 保险公司

保险公司是指以经营保险业务为主的非银行金融机构，是金融机构体系的重要组成部分。1949 年 10 月 20 日，中国人民保险公司宣告成立。

随着我国改革开放进程的不断加快和经济实力的不断增强，外资保险公司也纷纷进入我国保险市场。尤其是我国加入世贸组织以来，外资保险公司在我国得到迅猛发展，成为我国保险业体系中的重要力量。

(五) 其他金融机构

1. 金融资产管理公司

金融资产管理公司是指在特定时期，政府为解决银行业不良资产，由政府出资专门收购和集中处置银行业不良资产的机构。

金融资产管理公司以最大限度地保全被剥离资产、尽可能减少资产处置过程中的损失为主要经营目标，依法独立承担民事责任。

2. 农村信用社

我国农村信用社是以社员互助合作、民主管理和服务社区社员为特点具有法人资格的金融机构，是我国金融体系的重要组成部分。农村信用社实行自主经营、独立核算、自负盈亏。

3. 信托公司

信托是指在信任的基础上，委托人将其财产权委托给受托人，受托人按委托人的意愿，以自己的名义，为受益人的利益或者特定目的，对信托财产进行管理或者处分的行为。信托是随着商品经济的发展而出现的一种财产管理制度，其本质是“受人之托，代人理财”。

为建立信托行业市场化风险处置机制，保护信托当事人合法权益，有效防范信托业风险，促进信托业持续健康发展，2014 年 12 月，信托业保障基金和中国信托业保障基金有限责任公司正式成立。银监会与财政部联合制定了《信托业保障基金管理办法》，对保障基金的筹集、管理、使用和监督做出明确规定。中国信托业保障基金有限责任公司作为保障基金的管理人，不追求利润最大化，以化解和处置信托业风险为主要任务和目标。

【例 3-25】 信托投资公司的监管机构是(　　)。(2011 年单选题)

A. 中国人民银行　　B. 中国证监会

C. 中国保监会　　D. 中国银监会

【解析】D　中国银监会成立后，于 2005 年 1 月发布《信托投资公司信息披露管理暂行办法》，对信托业发展进一步加强了规范管理。

【例 3-26】 信托是随着商品经济的发展而出现的一种财产管理制度，其本质是(　　)。(2012 年单选题)

A. 吸收存款，融通资金　　B. 受人之托，代人理财

C. 项目融资　　D. 规避风险，发放贷款

【解析】B 信托是随着商品经济的发展而出现的一种财产管理制度，其本质是“受人之托，代人理财”。

4. 财务公司

我国的财务公司亦称为企业集团财务公司，是以加强企业集团资金集中管理和提高企业集团资金使用效率为目的，为企业集团成员单位提供财务管理服务的非银行金融机构。

我国企业集团财务公司的主要业务有：对成员单位办理财务和融资服务、信用鉴证及相关的咨询、代理业务；协助成员单位实现交易款项的收付；经批准的保险代理业务；对成员单位提供担保；办理成员单位之间的委托贷款及委托投资；对成员单位办理票据承兑与贴现；办理成员单位之间的内部转账结算及相应的结算、清算方案设计；吸收成员单位的存款；对成员单位办理贷款及融资租赁；从事同业拆借；中国银监会批准的其他业务。

5. 金融租赁公司

金融租赁公司是指专门承办融资租赁业务的非银行金融机构。所谓融资租赁，是指出租人根据承租人对租赁物和供货人的选择或认可，将其从供货人处取得的租赁物按合同约定出租给承租人占有、使用，向承租人收取租金的交易活动。适用于融资租赁交易的租赁物为固定资产。

金融租赁公司经营的主要业务有：融资租赁业务；吸收股东 1 年期(含)以上定期存款；接受承租人的租赁保证金；向商业银行转让应收租赁款；经批准发行金融债券；同业拆借；向金融机构借款；境外外汇借款；租赁物品残值变卖及处理业务；经济咨询；中国银行业监督管理委员会批准的其他业务。

【例 3-27】 金融租赁公司属于(　　)。(2012 年单选题)

A. 非金融机构　　B. 非银行类金融机构

C. 政策性金融机构　　D. 投资性金融机构

【解析】B 我国的金融机构分为商业银行、政策性银行、证券机构、保险公司和其他金融机构，金融租赁公司属于其他金融机构。

6. 汽车金融公司

汽车金融公司是指经中国银行业监督管理委员会批准设立的，为中国境内的汽车购买者及销售者提供金融服务的非银行金融机构。2004 年 8 月 18 日，《汽车金融公司管理办法》正式实施。为加强对汽车金融公司的监督管理，促进我国汽车金融业的健康发展，2008 年，中国银行业监督管理委员会发布了新的《汽车金融公司管理办法》。汽车金融公司现已成长为我国汽车金融市场的主要力量之一，对推动汽车消费升级、支持汽车产业发展、促进金融服务水平提升发挥着积极作用。

7. 小额贷款公司

小额贷款公司是由自然人、企业法人与其他社会组织投资设立，不吸收公众存款，经营小额贷款业务，以有限责任公司或股份有限公司形式开展经营活动的金融机构。

小额贷款公司在坚持为农民、农业和农村经济发展服务的原则下自主选择贷款对象。小额贷款公司发放贷款，应坚持“小额、分散”的原则，鼓励小额贷款公司面向农户和微型企业提供信贷服务。

8. 消费金融公司

消费金融公司是指经中国银行业监督管理委员会批准，在中华人民共和国境内设立的，不吸收公众存款，以小额、分散为原则，为中国境内居民个人提供以消费为目的的贷款的非银行金融机构。2010 年，北银消费金融有限公司、中银消费金融公司、四川锦程消费金融公司和捷信消费金融有限公司相继成立。在城镇化进程加快和鼓励消费的大背景下，消费金融公司有利于更好地满足中低收入群体的合理消费信贷需求，推动普惠金融政策的贯彻落实。

【例 3-28】 我国的小额贷款公司是由自然人、企业法人与其他社会组织投资设立的机构，可以经营小额贷款业务，但不得(　　)。(2014 年单选题)

A. 发放企业贷款　　B. 发放涉外贷款

C. 吸收公众存款　　D. 从商业银行融入资金

【解析】C　小额贷款公司是由自然人、企业法人与其他社会组织投资设立，不吸收公众存款，经营小额贷款业务，以有限责任公司或股份有限公司的形式开展经营活动的金融机构。

【例 3-29】 小额贷款公司从银行业金融机构获得融入资金的余额，不得超过其资本净额的(　　)。(2011 年单选题)

A. 25%　　B. 30%　　C. 50%　　D. 55%

【解析】C　在法律、法规规定的范围内，小额贷款公司从银行业金融机构获得融入资金的余额，不得超过其资本净额的 50%。

【例 3-30】 我国小额贷款公司的主要资金来源是股东缴纳的资本金、来自少数银行的融入资金以及(　　)。(2014 年单选题)

A. 公众存款　　B. 政府出资　　C. 发行债券　　D. 捐赠资金

【解析】D　本题考查我国小额贷款公司的相关知识。小额贷款公司的主要资金来源为股东共同缴纳的资本金、捐赠资金，以及来自不超过两家银行业金融机构的融入资金。

考点七　我国的金融调控监管机构及其制度安排

我国的金融调控监管机构主要有中国人民银行、中国银行业监督管理委员会、中国证券业监督管理委员会、中国保险业监督管理委员会、国家外汇管理局、国有重点金融机构监事会、金融机构行业自律组织等。

(一) 中国人民银行

中国人民银行是中华人民共和国的中央银行。中国人民银行在国务院领导下，制定和执行货币政策，防范和化解金融风险，维护金融稳定。其性质及职责见表 3-14。

表 3-14　中国人民银行的性质及职责

性质	① 中国人民银行作为我国的中央银行，享有人民币发行的垄断权，管理人民币流通，它是发行的银行 ② 中国人民银行代表政府进行金融宏观调控，维护国家金融稳定与安全，经理国库，是政府的银行 ③ 中国人民银行负责全国支付、清算系统的正常运行，承担最后贷款人的责任，是银行的银行
职责	① 拟定金融业改革和发展战略规划，承担综合研究并协调解决金融运行中的重大问题、促进金融业协调健康发展的责任，参与评估重大金融并购活动对国家金融安全的影响并提出政策建议，促进金融业有序开放 ② 起草有关法律和行政法规草案，完善有关金融机构运行规则，发布与履行职责有关的命令和规章 ③ 依法制定和执行货币政策；制定和实施宏观信贷指导政策 ④ 完善金融宏观调控体系，负责防范、化解系统性金融风险，维护国家金融稳定与安全 ⑤ 负责制定和实施人民币汇率政策，不断完善汇率形成机制，维护国际收支平衡，实施外汇管理，负责对国际金融市场的跟踪监测和风险预警，监测和管理跨境资本流动，持有、管理和经营国家外汇储备及黄金储备 ⑥ 监督管理银行间同业拆借市场、银行间债券市场、银行间票据市场、银行间外汇市场和黄金市场及上述市场的有关衍生产品交易 ⑦ 负责会同金融监管部门制定金融控股公司的监管规则和交叉性金融业务的标准、规范，负责金融控股公司和交叉性金融工具的检测 ⑧ 承担最后贷款人的责任，负责对因化解金融风险而使用中央银行资金机构的行为进行检查监督 ⑨ 制定和组织实施金融业务综合统计制度，负责数据汇总和宏观经济分析与预测，统一编制全国金融统计数据、报表，并按国家有关规定予以公布 ⑩ 组织制定金融业信息化发展规划，负责金融标准化的组织管理协调工作，指导金融业信息安全工作 ⑪ 发行人民币，管理人民币流通 ⑫ 制定全国支付体系发展规划，统筹协调全国支付体系建设，会同有关部门制定支付结算规则，负责全国支付、清算系统的正常运行 ⑬ 经理国库 ⑭ 承担全国反洗钱工作的组织协调和监督管理的责任，负责涉嫌洗钱及恐怖活动的资金监测 ⑮ 管理征信业，推动建立社会信用体系 ⑯ 从事与中国人民银行业务有关的国际金融活动 ⑰ 按照有关规定从事金融业务活动 ⑱ 承办国务院交办的其他事项

【例 3-31】 中国人民银行负责国家的金融稳定，防范和化解(　　)。(2013 年单选题)

A. 银行风险　　B. 信用风险　　C. 非系统性风险　　D. 系统性风险

【解析】D　中国人民银行的职责之一就是防范和化解系统性金融风险，维护国家金融稳定。

【例 3-32】 根据《中国人民银行法》的规定，中国人民银行可以(　　)。(2014 年单选题)

A. 经营国家黄金储备　　B. 确定市场利率

C. 代理工商信贷业务　　D. 代理政策性银行业务

【解析】A 根据新修正的《中国人民银行法》的规定，中国人民银行履行以下职责：发行人民币，管理人民币流通，实施外汇管理，持有、管理、经营国家的外汇储备、黄金储备以及经理国库等。

【例 3-33】 根据《中华人民共和国中国人民银行法》，中国人民银行的主要职责有(　　)。(2013 年多选题)

A. 承担最后贷款人的职责　　B. 依法制定和执行货币政策

C. 负责制定和实施人民币汇率政策　　D. 对银行金融机构实行并表监督管理

E. 发行人民币、管理人民币流通

【解析】ABCE 本题考查中国人民银行的主要职责。选项 D 属于银监会的职责。

(二) 中国银行业监督管理委员会

中国银行业监督管理委员会的性质及职责见表 3-15。

表 3-15 中国银行业监督管理委员会的性质及职责

性质	中国银监会是国务院直属正部级单位。它根据国务院授权，统一监督管理商业银行、城市信用合作社、农村信用合作社、政策性银行等银行业金融机构，以及金融资产管理公司、信托投资公司、财务公司、金融租赁公司和由中国银监会批准设立的其他金融机构
职责	① 依照法律、行政法规制定并发布对银行业金融机构及其业务活动监督管理的规章、规则 ② 依照法律、行政法规规定的条件和程序，审查批准银行业金融机构的设立、变更、终止以及业务范围 ③ 对银行业金融机构的董事和高级管理人员实施任职资格管理 ④ 依照法律、行政法规制定银行业金融机构的审慎经营规则 ⑤ 对银行业金融机构的业务活动及其风险状况进行非现场监管，建立银行业金融机构监督管理信息系统，分析、评价银行业金融机构的风险状况 ⑥ 对银行业金融机构的业务活动及其风险状况进行现场检查，制定现场检查程序，规范现场检查行为 ⑦ 对银行业金融机构实行并表监督管理 ⑧ 会同有关部门建立银行业突发事件处置制度，制定银行业突发事件处置预案，明确处置机构和人员及其职责、处置措施和处置程序，及时、有效地处置银行业突发事件 ⑨ 负责统一编制全国银行业金融机构的统计数据、报表、并按照国家有关规定予以公布 ⑩ 开展与银行业监督管理有关的国际交流、合作活动 ⑪ 对已经或者可能发生信用危机，严重影响存款人和其他客户合法权益的银行业金融机构实行接管或者促成机构重组 ⑫ 对有违法经营、经营管理不善等情形的银行业金融机构予以撤销 ⑬ 对涉嫌金融违法的银行业金融机构及其工作人员以及关联行为人的账户予以查询 ⑭ 对擅自设立银行业金融机构或非法从事银行业金融机构业务活动的予以取缔 ⑮ 负责国有重点银行业金融机构监事会的日常管理工作 ⑯ 承办国务院交办的其他事项

【例 3-34】 2003 年我国金融监管的发展进入新的阶段，其标志是全国人大批准国务院成立(　　)。(2014 年单选题)

A. 中国证监会　　B. 中国保监会

C. 中国银监会　　D. 中国银行业协会

【解析】C　2003 年我国金融监管的发展进入新的阶段，其标志是全国人大批准国务院成立中国银监会。

【例 3-35】 在下列金融机构中，由中国银行业监管委员会负责监管的有(　　)。(2014 年多选题)

A. 财务公司　　B. 期货公司　　C. 信托投资公司

D. 金融租赁公司　　E. 金融资产管理公司

【解析】ACDE　期货公司分类监管评审委员会负责期货公司的监管。

(三) 中国证券监督管理委员会

中国证券监督管理委员会的性质及职责如表 3-16 所示。

表 3-16　中国证券监督管理委员会的性质及职责

性质	依照法律、法规和国务院授权，中国证监会统一监督管理全国证券期货市场，维护证券期货市场秩序，保障其合法运行
职责	① 研究和拟定证券期货市场的方针政策、发展规划；起草证券期货市场的有关法律、法规；制定证券期货市场的有关规章制度 ② 统一管理证券期货市场，按规定对证券期货监督机构实行垂直领导 ③ 监督股票、可转换债券、证券投资基金的发行、交易、托管和清算；批准企业债券的上市；监管上市国债和企业债券的交易活动 ④ 监督境内期货合约上市、交易和清算；按规定监督境内机构从事境外期货业务 ⑤ 监管上市公司及其按法律法规必须履行有关义务的股东的证券市场行为 ⑥ 管理证券期货交易所；按规定管理证券期货交易所的高级管理人员；归口管理证券业、期货业协会 ⑦ 监管证券期货经营机构、证券投资基金管理公司、证券登记结算公司、期货结算机构、证券期货投资咨询机构、证券资信评级机构；审批基金托管机构的资格并监管其基金托管业务；制定有关机构高级管理人员任职资格的管理办法并组织实施；指导中国证券业、期货业协会开展证券期货从业人员资格管理工作 ⑧ 监管境内企业直接或间接到境外发行股票、上市以及在境外上市的公司到境外发行可转换债券；监管境内证券、期货经营机构到境外设立证券、期货机构；监管境外机构到境内设立证券、期货机构，从事证券、期货业务 ⑨ 监管证券期货信息传播活动，负责证券期货市场的统计与信息资源管理 ⑩ 会同有关部门审批会计师事务所、资产评估机构及其成员从事证券期货中介业务的资格，并监管其相关的业务活动 ⑪ 依法对证券期货违法违规行为进行调查、处罚 ⑫ 归口管理证券期货行业的对外交往和国际合作事务 ⑬ 国务院交办的其他事项

【例 3-36】 在我国，负责对期货市场进行监管的机构是(　　)。(2014 年单选题)

A. 中国人民银行　　B. 中国银行业协会

C. 中国证券监督管理委员会　　D. 中国银行业监督管理委员会

【解析】C　统一管理证券期货市场，按规定对证券期货监督机构实行垂直领导的是中国证券监督管理委员会的职责之一。

(四) 中国保险监督管理委员会

中国保险监督管理委员会的性质及职责如表 3-17 所示。

表 3-17　中国保险监督管理委员会的性质和职责

性质	中国保险监督管理委员会是我国保险业的监管机构
职责	① 拟定保险业发展的方针政策，制定行业发展战略和规划；起草保险业监管的法律、法规；制定业内规章 ② 审批保险公司及其分支机构、保险集团公司、保险控股公司的设立；会同有关部门审批保险资产管理公司的设立；审批境外保险机构代表处的设立；审批保险代理公司、保险经纪公司、保险评估公司等保险中介机构及其分支机构的设立；审批境内保险机构和非保险机构在境外设立保险机构；审批保险机构的合并、分立、变更、解散、决定接管和指定接收；参与、组织保险公司的破产、清算 ③ 审查、认定各类保险机构高级管理人员的任职资格；制定保险从业人员的基本资格标准 ④ 审批关系社会公众利益的保险险种、依法实行强制保险的险种和新开发的人寿保险险种等的保险条款和保险费率，对其他保险险种的保险条款和保险费率实施备案管理 ⑤ 依法监管保险公司的偿付能力和市场行为；负责保险保障基金的管理，监管保险保证金；根据法律和国家对保险资金的运用政策，制定有关规章制度，依法对保险公司的资金运用进行监管 ⑥ 对政策性保险和强制保险进行业务监管；对专属自保、相互保险等组织形式和业务活动进行监管。归口管理保险行业协会、保险学会等行业社团组织 ⑦ 依法对保险机构和保险从业人员的不正当竞争等违法、违规行为以及对非保险机构经营或变相经营保险业务进行调查、处罚 ⑧ 依法对境内保险及非保险机构在境外设立的分支机构进行监管 ⑨ 制定保险行业信息化标准；建立保险风险评价预警和监控体系，跟踪分析、监测、预测保险市场运行状况，负责统一编制全国保险业的数据、报表，抄送中国人民银行，并按照国家有关规定予以发布 ⑩ 承办国务院交办的其他事项

(五) 国家外汇管理局

国家外汇管理局的性质及职责如表 3-18 所示。

表 3-18 国家外汇管理局的性质和职责

性质	国家外汇管理局是国务院直属、归口中国人民银行管理的副部级国家局，是实施国家外汇管理的职能机构
职责	① 设计、推行符合国际惯例的国际收支统计体系，拟定并组织实施国际收支统计申报制度，负责国际收支统计数据的采集，编制国际收支平衡表 ② 分析研究外汇收支和国际收支状况，提出维护国际收支平衡的政策建议，研究人民币在资本项目下的可兑换 ③ 拟定外汇市场的管理办法，监督管理外汇市场的运作秩序，培育和发展外汇市场；分析和预测外汇市场的供需形势，向中国人民银行提供制定汇率政策的建议和依据 ④ 制定经常项目汇兑管理办法，依法监督经常项目的汇兑行为；规范境内外外汇账户管理 ⑤ 依法监督管理资本项目下的交易和外汇的汇入、汇出及兑付 ⑥ 按规定经营管理国家外汇储备 ⑦ 起草外汇行政管理规章，依法检查境内机构执行外汇管理法规的情况、处罚违法违规行为 ⑧ 参与有关国际金融活动 ⑨ 承办国务院和中国人民银行交办的其他事项

(六) 国有重点金融机构监事会

国有重点金融机构监事会的性质及职责见表 3-19。

表 3-19 国有重点金融机构监事会的性质和职责

性质	国有重点金融机构监事会对国务院负责，代表国家对国有重点金融机构的资产质量及国有资产保值增值状况实施监督；监事会与国有重点金融机构是监督与被监督的关系，监事会不参与、不干预国有重点金融机构的经营决策和经营管理活动；监事会以财务监督为核心，根据有关法律、行政法规和财政部的有关规定，对国有重点金融机构的财务活动及主要责任人的经营管理行为进行监督，确保国有资产及其权益不受侵犯
职责	① 检查国有重点金融机构贯彻执行国家有关金融、经济的法律、法规和行政规章制度的情况 ② 检查国有重点金融机构的财务，查阅其财务会计资料及与其经营管理活动有关的其他资料，验证其财务报告、资金营运报告的真实性、合法性 ③ 检查国有重点金融机构的经营效益、利润分配、国有资产保值增值、资金营运等情况 ④ 检查国有重点金融机构的董事、行长(经理)等主要负责人的经营行为，并对其经营管理业绩进行评价，提出奖惩、任免建议

【例 3-37】 我国国有重点金融机构监事会的核心工作是(　　)。(2011 年单选题)

A. 财务监督　　B. 人事监督　　C. 合规监督　　D. 经营监督

【解析】 A 国有重点金融机构监事会以财务监督为核心。

(七) 金融机构行业自律组织

我国的金融机构行业自律组织如表 3-20 所示。

表 3-20　金融机构行业自律组织

组　织	职 责 作 用
中国银行业协会	依据法律法规，认真履行自律、维权、协调、服务职能，维护银行业合法权益，维护银行业市场秩序，提高银行业从业人员素质，提高为会员服务的水平，促进银行业的健康发展
中国证券业协会	在国家对证券业实行集中统一监督管理的前提下，进行证券业自律管理；发挥政府与证券行业间的桥梁作用；为会员服务，维护会员的合法权益；维持证券业的正当竞争秩序，促进证券市场的公开、公平、公正，推动证券市场的健康稳定发展
中国财务公司协会	接受主管机关委托，组织财务公司贯彻执行国家的金融方针政策和法律法规，对财务公司进行同业自律管理，发挥财务公司与主管机关之间的桥梁作用，维护财务公司的合法利益，促进财务公司的健康发展，服务我国经济建设

同 步 自 测

一、单项选择题

1. 直接融资领域中金融机构的主要职能是(　　)。

A. 充当投资者和筹资者之间的经纪人

B. 作为资金余缺双方进行货币借贷交易的媒介

C. 作为投资者

D. 作为筹资者

2. 金融机构最基本、最能反映其经营活动特征的职能是(　　)。

A. 金融服务　　B. 支付中介

C. 将货币收入和储蓄转化为资本　　D. 信用中介

3. 典型的投资性金融机构是(　　)。

A. 证券经纪和交易公司　　B. 投资银行

C. 金融公司　　D. 投资基金

4. 二元式中央银行制度具有权力与职能相对分散、分支机构较少等特点，一般实行这种中央银行组织形式的国家和地区是(　　)。

A. 英国　　B. 美国

C. 新加坡　　D. 中国香港

5. 目前，大多数国家实行的中央银行制度为(　　)。

A. 一元式中央银行制度　　B. 二元式中央银行制度

C. 准中央银行制度　　D. 跨国的中央银行制度

6. 在准中央银行制度下，中央银行的职能是由不同的机构从不同的角度分别执行，具有中央银行的权力分散、职能分解的特点。实行准中央银行制度的国家和地区有(　　)。

A. 中国澳门　　B. 德国

C. 新加坡　　D. 欧盟

7. 全部资本非国家所有的资本结构是指中央银行的资本全部由民间资本形成，国家政府不持有股份的中央银行资本构成形式。少数国家的中央银行实行此类资本结构，其中包括(　　)。

A. 英国　　B. 法国　　C. 德国　　D. 美国

8. 与其他金融机构相比，商业银行最明显的特征是(　　)。
A. 以盈利为经营目标　　B. 进行金融监管
C. 提供金融服务　　D. 吸收活期存款，创造信用货币
9. 各国商业银行普遍采用的组织形式是(　　)。
A. 单一银行制度　　B. 分支银行制度
C. 持股公司制度　　D. 连锁银行制度
10. 软贷款是国家开发银行(　　)的运用。
A. 存款　　B. 借入资金　　C. 注册资本金　　D. 金融债券
11. 目前国家开发银行的贷款主要是(　　)。
A. 软贷款　　B. 硬贷款　　C. 农业贷款　　D. 出口贷款
12. 国家开发银行的经营方针是(　　)。
A. 自主、保本经营和企业化管理
B. 既要支持经济建设，又要防范金融风险
C. 独立核算，自主、保本经营，企业化管理
D. 为人民服务
13. 中国进出口银行的经营方针是(　　)。
A. 自主、保本经营和企业化管理
B. 既要支持经济建设，又要防范金融风险
C. 独立核算，自主、保本经营，企业化管理
D. 为人民服务
14. 中国农业发展银行的经营方针是(　　)。
A. 自主、保本经营和企业化管理
B. 既要支持经济建设，又要防范金融风险
C. 独立核算，自主、保本经营，企业化管理
D. 为人民服务
15. 在我国，信托投资公司的监管机构是(　　)。
A. 中国证监会　　B. 中国银监会
C. 中央银行　　D. 国家外汇管理局
16. 中国人民银行作为最后贷款人，在商业银行资金不足时，向其发放贷款，因此是(　　)。
A. 银行的银行　　B. 发行的银行
C. 结算的银行　　D. 政府的银行
17. 目前我国上海和深圳证券交易所实行(　　)交割方式完成清算交易。
A. T+2　　B. T+0　　C. T+1　　D. T+3
18. 目前国家控股的大型商业银行都是一级法人的总分行制，其分支机构(　　)。
A. 应按行政区划设立　　B. 独立经营，自负盈亏
C. 不是独立的法人　　D. 是独立的法人
19. 以下属于银行金融机构的是(　　)。
A. 信用合作机构　　B. 证券公司
C. 保险机构　　D. 金融资产管理公司

20. 在下列金融机构中，能对我国期货清算机构进行监管的是(　　)。

A. 中国证监会　　B. 中国银监会

C. 中国保监会　　D. 中国人民银行

21. 国有重点金融机构监事会与国有重点金融机构的关系是(　　)。

A. 上级与下级的关系　　B. 监督与被监督的关系

C. 指导与被指导的关系　　D. 领导与被领导的关系

22. 出口信贷是指由(　　)而提供的中长期贷款。

A. 由政府支持的，为扩大进口　　B. 由银行支持的，为扩大进口

C. 由银行支持的，为扩大出口　　D. 由政府支持的，为扩大出口

23. (　　)是集贸易和保险于一体的贸易金融服务手段。

A. 出口信贷　　B. 经理国库　　C. 准备金存款　　D. 货币发行

24. 当前，(　　)担负着我国银行业主要的监管职能。

A. 中国人民银行　　B. 政策性银行　　C. 国库　　D. 中国银监会

25. 下列选项中，属于国家外汇管理局职责的是(　　)。

A. 设定汇率　　B. 经营外汇储备　　C. 经营国库　　D. 外汇存款

26. 我国第一家由政策性银行转型而来的商业银行是(　　)。

A. 中国进出口银行　　B. 中国工商银行

C. 中国农业发展银行　　D. 国家开发银行

27. 养老基金和退休基金属于(　　)。

A. 投资性金融机构　　B. 存款性金融机构

C. 契约性金融机构　　D. 政策性金融机构

28. 在法律、法规规定的范围内，小额贷款公司从银行业金融机构获得融入资金的余额，不得超过其资本净额的(　　)。

A. 8%　　B. 20%　　C. 30%　　D. 50%

二、多项选择题

1. 根据规定，小额贷款公司的资金来源主要包括(　　)。

A. 吸收储蓄存款　　B. 股东缴纳的资本金

C. 从银行业金融机构融入资金　　D. 买卖政府债券

E. 捐赠资金

2. 分支银行制度作为商业银行的一种组织形式，它的优点主要有(　　)。

A. 加速银行的垄断与集中　　B. 规模效益高

C. 管理难度大　　D. 竞争力强

E. 易于监管

3. 住房政策性金融机构的资金来源主要有(　　)。

A. 借用贷款　　B. 政府出资　　C. 发行股票

D. 发行债券　　E. 吸收住房储蓄存款

4. 中国人民银行履行的职能包括(　　)。

A. 防范、化解系统性金融风险　　B. 依法制定和执行货币政策

C. 向各级政府部门提供贷款　　D. 承担最后贷款人职责

E. 包销国债

5. 金融机构的职能有(　　)。
A. 将货币收入和储蓄转化为资本
B. 创造信用工具
C. 信用中介
D. 制定国家金融政策
E. 支付中介

6. 目前，我国的金融中介机构包括(　　)等。
A. 证券机构
B. 中央银行
C. 政策性银行
D. 商业银行
E. 保险公司

7. 非银行金融机构主要包括(　　)。
A. 证券机构
B. 保险机构
C. 金融资产管理公司
D. 信用合作机构
E. 邮政储蓄所

8. 商业银行区别于其他金融机构最明显的特征是(　　)。
A. 创造信用货币
B. 国家控股
C. 金融监管
D. 吸收活期存款
E. 不以盈利为目的

9. 根据国务院授权，中国银监会统一监管的金融机构包括(　　)。
A. 金融资产管理公司
B. 基金公司
C. 财务公司
D. 金融租赁公司
E. 城市信用合作社

10. 下列机构中属于契约性金融机构的是(　　)。
A. 保险公司
B. 证券公司
C. 养老基金
D. 退休基金
E. 财务公司

11. 我国的政策性银行包括(　　)。
A. 中国进出口银行
B. 中国工商银行
C. 中国银行
D. 国家开发银行
E. 中国农业发展银行

12. 政策性银行的特征主要表现在(　　)。
A. 业务领域的竞争性
B. 政策的控制性
C. 业务范围的确定性
D. 经营目标的非盈利性
E. 融资原则的非商业性

13. 政策性金融机构主要包括(　　)。
A. 经济开发政策性金融机构
B. 农业政策性金融机构
C. 非银行类金融机构
D. 进出口政策性金融机构
E. 住房政策性金融机构

14. 中央银行的组织形式即中央银行的存在形式或组成形式。中央银行的组织形式主要有(　　)。
A. 一元式中央银行制度
B. 二元式中央银行制度
C. 复合式中央银行制度
D. 跨国的中央银行制度
E. 准中央银行制度

15. 下列属于我国国家开发银行的资金来源与筹措办法的有(　　)。
A. 资本金
B. 财政贴息资金
C. 财政担保建设债券
D. 收购金银外汇
E. 再贴现

三、案例分析题

金融监管不力是当前国际金融危机爆发和蔓延的重要根源之一。危机发生后国际社会强烈呼吁强化金融监管，改革国际金融秩序。2009 年 6 月 17 日，美国奥巴马政府公布金融监管改革计划，意在构建新的监管体制框架：成立金融服务管理理事会(FSOC)，负责宏观审慎监管；强化美联储的监管权力，由美联储对一级金融控股公司进行并表监管；在财政部设立全国保险办公室(ONI)，弥补保险业监管在联邦层面的真空；取消证券交易委员会对投资银行的监管，并将监管权力转移至美联储。证券交易委员会和商品期货交易委员会专注于市场监管和投资者保护；成立消费者金融保护局，以此来加强对消费者的金融保护。奥巴马政府的改革计划一经推出，便引起激烈的争论和多方面的批评。奥巴马希望国会在年底前通过该计划，但能否如其所愿，仍有待观察。

请根据以上资料，回答下列问题。

1. 当前美国的金融监管体制属于(　　)。

A. 集中统一　　B. 分业监管

C. 不完全集中统一　　D. 完全不集中统一

2. 该监管体制的缺陷是(　　)。

A. 监管成本高　　B. 缺乏金融监管的竞争性

C. 容易导致金融监管的官僚主义　　D. 容易出现重复交叉监管或监管真空

3. 近年来一些发达国家转向了(　　)监管体制。

A. 集中统一　　B. 分业监管

C. 不完全集中统一　　D. 完全不集中统一

4. 2003 年 9 月以来，我国对金融控股集团的监管采取(　　)制度。

A. 中央银行监管　　B. 主监管

C. 统一监管　　D. 集体监管

同步自测解析

一、单项选择题

1. 【解析】A　直接融资领域中金融机构的主要职能是充当投资者和筹资者之间的经纪人；间接融资领域中金融机构的主要职能是作为资金余缺双方进行货币借贷交易的媒介。

2. 【解析】D　信用中介是金融机构最基本、最能反映其经营活动特征的职能。这一职能的实质，是金融机构借助信用，一方面通过负债业务，动员和集中社会闲散货币资金；另一方面则通过资产业务把这些资金投向有关经济部门。

3. 【解析】B　投资银行是典型的投资性金融机构，与其他经营某一方面证券业务的金融机构相比，投资银行的基本特征是其综合性，即投资银行业务几乎包括了全部资本市场业务。

4. 【解析】B　二元式中央银行制度具有权力与职能相对分散、分支机构较少等特点，一般是被实行联邦制的国家所采用，如美国、德国等。

5. 【解析】A　一元式中央银行制度是比较完善、成熟的制度形式，具有组织完善、机构健全、权力集中、职能齐全的特点，大多数国家都实行这种制度。

6.【解析】C　实行准中央银行制度的国家和地区主要有新加坡、中国香港特别行政区，以及利比里亚、莱索托、斯威士兰等发展中国家。

7.【解析】D　美国、意大利、瑞士等少数国家的中央银行实行全部资本非国家所有的资本结构。

8.【解析】D　与其他金融机构相比，商业银行最明显的特征是吸收活期存款，创造信用货币。

9.【解析】B　分支银行制度又称为总分行制，是指法律上允许在总行(或总管理处)之下，在国内外各地普遍设立分支机构，形成以总机构为中心的庞大银行网络系统。它是各国商业银行普遍采用的组织形式。

10.【解析】C　国家开发银行的贷款分为两种：其一，软贷款，即国家开发银行注册资本金的运用。其主要按项目配股需要贷给国家控股公司和中央企业集团，由其对企业参股、控股。其二，硬贷款，即国家开发银行利用借入资金(在国外发行的债券和利用的外资)发放的贷款，包括基本建设贷款和改造贷款。

11.【解析】B　目前国家开发银行的贷款主要是硬贷款。

12.【解析】B　国家开发银行贯彻既要支持经济建设，又要防范金融风险的经营方针。

13.【解析】A　中国进出口银行实行自主、保本经营和企业化管理的经营方针。

14.【解析】C　中国农业发展银行实行独立核算，自主、保本经营，企业化管理的经营方针。

15.【解析】B　中国银监会根据国务院授权，统一监督管理商业银行、城市信用合作社、农村信用合作社、政策性银行等银行业金融机构，以及金融资产管理公司、信托投资公司、财务公司、金融租赁公司和由中国银监会批准设立的其他金融机构。

16.【解析】A　中国人民银行作为最后贷款人，在商业银行资金不足时，向其发放贷款。这是中央银行“银行的银行”的职能。

17.【解析】C　目前我国上海和深圳证券交易所均实行 T+1 的交割方式完成清算交易。

18.【解析】C　目前，国家控股的四家大型商业银行采取的都是一级法人的总分行制，分支机构不是独立的法人。

19.【解析】A　信用合作机构属于银行金融机构。证券公司属于证券机构。金融资产管理公司属于其他金融机构。

20.【解析】A　对期货清算机构的监管是中国证监会的主要职责之一。

21.【解析】B　国有重点金融机构监事会与国有重点金融机构是监督与被监督的关系。

22.【解析】D　出口信贷专指由政府支持的，为扩大出口而提供的中长期贷款。

23.【解析】A　出口信贷以出口信贷保险为基础，是集信贷和保险于一体的贸易金融服务手段。

24.【解析】D　2003 年 4 月，全国人民代表大会批准设立中国银行业监督管理委员会(简称中国银监会)，银行业的主要监管职能由中国人民银行划转给了中国银监会，这使我国的分业监管体制进一步得到完善。

25.【解析】B　按规定经营管理国家外汇储备是国家外汇管理局的职责之一。

26.【解析】D　2008 年 12 月 16 日，国家开发银行股份有限公司在北京挂牌成立，其成为我国第一家由政策性银行转型而来的商业银行，标志着我国政策性银行改革取得重大进展。

27. 【解析】C　契约性金融机构包括保险公司、养老基金和退休基金。

28. 【解析】D　在法律、法规规定的范围内，小额贷款公司从银行业金融机构获得融入资金的余额，不得超过其资本净额的50%。

二、多项选择题

1. 【解析】BCE　根据有关规定，小额贷款公司的主要资金来源为股东缴纳的资本金、捐赠资金，以及来自不超过两个银行业金融机构的融入资金。

2. 【解析】BDE　分支银行制度作为商业银行的一种组织形式，亦兼有其优缺点，优点主要表现在：①规模效益高；②竞争力强；③易于管理与控制。

3. 【解析】BDE　住房政策性金融机构的资金来源主要由政府出资、发行债券、吸收住房储蓄存款等，资金运用主要是住房消费贷款等相关的信贷业务。

4. 【解析】ABD　中国人民银行履行的职能包括：防范、化解系统性金融风险，依法制定和执行货币政策，承担最后贷款人职责等。

5. 【解析】ABCE　金融机构的职能是由其性质决定的。金融机构主要具有以下职能：信用中介，支付中介，将货币收入和储蓄转化为资本，创造信用工具，金融服务。

6. 【解析】ACDE　目前，我国的金融中介机构主要包括商业银行、政策性银行、证券机构、保险公司、金融资产管理公司、农村信用社、信托投资公司、财务公司、金融租赁公司和小额贷款公司等。

7. 【解析】ABC　非银行金融机构一般泛指除银行以外的其他各种金融机构，包括保险、证券、信托、租赁和投资等机构。

8. 【解析】AD　与其他金融机构相比，吸收活期存款、创造信用货币是商业银行最明显的特征。

9. 【解析】ACDE　中国银监会根据国务院授权，统一监督管理商业银行、城市信用合作社、农村信用合作社、政策性银行等银行业金融机构，以及金融资产管理公司、信托投资公司、财务公司、金融租赁公司和由中国银监会批准设立的其他金融机构。

10. 【解析】ACD　契约性金融机构是以契约方式吸收持约人的资金，而后按契约规定承担向持约人履行赔付或资金返还义务的金融机构。这类机构包括保险公司、养老基金和退休基金。

11. 【解析】ADE　我国于1994年年初设立了三家政策性银行，即国家开发银行、中国进出口银行和中国农业发展银行。

12. 【解析】BCDE　政策性银行作为政策性金融机构具有其独特性，主要表现在：政策的控制性、经营目标的非营利性、融资原则的非商业性和业务范围的确定性。

13. 【解析】ABDE　政策性金融机构主要包括经济开发政策性金融机构、农业政策性金融机构、进出口政策性金融机构、住房政策性金融机构。

14. 【解析】ABDE　中央银行的组织形式主要有一元式中央银行制度、二元式中央银行制度、跨国的中央银行制度、准中央银行制度。

15. 【解析】ABC　我国国家开发银行的资金来源与筹措办法主要包括资本金、财政贴息资金、向金融机构发行金融债券、向社会发行一定数量的财政担保建设债券、向境外筹集资金、国务院划转开发银行的专项建设基金和专项资金，以及向中国人民银行申请再贷款。

三、案例分析题

1. 【解析】B　分业监管体制主要是在银行、证券和保险等不同金融领域分别设立专职的监管机构，负责对各行业进行审慎监管。从案例资料看，美国目前存在美联储、金融服务管理理事会、全国保险办公室、证券交易委员会和商品期货交易委员会、消费者金融保护局等多个机构，分别对金融业不同主体及业务范围进行监管。

2. 【解析】AD　分业监管体制具有分工明确、不同监管机构之间存在竞争性、监管效率高等优点。同时也存在由于监管机构多，使得监管成本较高、机构协调困难、容易出现重复交叉监管或监管真空问题等缺陷。

3. 【解析】A　20世纪90年代末，英国、日本等国的金融监管逐步转变为集中监管模式。

4. 【解析】B　早在2003年9月，银监会、证监会、保监会已采取主监管制度来实行对金融控股集团的监管。

第四章　商业银行的经营与管理

大纲解读

本章考试目的在于考查应试人员是否掌握了有关商业银行及我国现有商业银行经营与管理的知识。从近三年考题情况来看，本章主要考查商业银行的经营方式、商业银行的管理等，平均分值是 5 分。具体考试内容如下。

1. 商业银行的经营与管理的含义

商业银行的经营与管理的含义、内容和原则，我国商业银行的经营与管理原则及我国商业银行的审慎经营原则的基本内容。

2. 商业银行的经营

商业银行的经营概述，商业银行业务运营的传统模式与新型模式的性质及优缺点，市场营销、存款经营、贷款经营的基本内容，以及我国现代商业银行中间业务经营观念的变化及中间业务经营的基本内容。

3. 商业银行的管理

资产负债管理的概念，资产管理、负债管理及资产负债管理理论的相关内容。商业银行资产负债管理的基本原理及其内容，商业银行风险管理，商业银行财务管理，以及人力资源开发与管理的含义与相关内容。

4. 改善和加强我国商业银行的经营与管理

商业银行法人治理结构的含义、我国商业银行法人治理结构的现存问题及完善措施、商业银行内控机制的含义和特征、我国商业银行建立和完善内控机制的方法，以及建立科学的激励约束机制的含义、必要性及方法。

考点精讲

第一节　商业银行的经营与管理概述

考点一　商业银行的经营与管理的基本概念

（一）商业银行的经营与管理

商业银行经营与商业银行管理的含义、内容及关系，见表 4-1。

表 4-1　商业银行经营与商业银行管理的含义、内容及关系

名　称	商业银行的经营	商业银行的管理
含　义	商业银行对所开展的各种业务活动的组织和营销	商业银行对所开展的各种业务活动的控制与监督
内　容	① 负债业务的组织和营销 ② 资产业务的组织和营销 ③ 中间业务和表外业务的组织和营销	① 资产负债管理 ② 资本管理 ③ 风险管理 ④ 财务管理 ⑤ 人力资源开发与管理
关　系	银行的管理是对经营活动的管理，银行的经营靠管理来规划、发展，经营是管理的对象和出发点。进一步讲，经营是现代商业银行生存发展的根本，管理是为了确保经营的效率，服务于经营，是为了能够更好地经营	

【例 4-1】 商业银行的经营是其对所开展的各种业务活动的(　　)。(2014 年单选题)

A. 组织和营销　　B. 调整和监督

C. 组织和控制　　D. 控制和监督

【解析】 A　本题考查商业银行经营的概念。商业银行的经营是对其所开展的各种业务活动的组织和营销。组织就是经营活动在机构、人员、设施等方面的组合、构成，其表现形式就是业务的运营，包括前台的服务、后台的核算，以及前后台的关系等，更多地表现为物质方面的组合；而营销则是经营活动在市场开拓，新产品创造、推销、新客户争取等方面的体现，更多地表现为脑力活动和无形资产的创造。

(二) 商业银行的经营与管理的原则

商业银行的经营与管理的三大原则：安全性原则、流动性原则和盈利性原则。三大原则是商业银行经营与管理必须遵循的行为准则，在商业银行的各项业务活动中都要体现出来，三大原则的具体内容见表 4-2。

表 4-2　商业银行经营与管理三大原则的具体内容

原　则	含　义	相关说明	原则之间的关系
安全性原则	银行的资产、收入、信誉，以及所有经营、生存、发展条件免遭损失的可靠性程度	安全性原则被视为三大原则的首要原则	三原则既有联系又相互制约： ① 流动性与安全性成正比。流动性越强，风险越小，安全就越有保障 ② 流动性、安全性与盈利性成反比。流动性越强，安全性越好，银行盈利能力越弱，反之盈利能力越强 ③ 安全性是经营的前提，流动性是实现安全的必要手段，盈利性是商业银行经营的目标
流动性原则	商业银行在业务运营过程中必须始终保持所必需的一定量的现金或变现能力强的资产，以备客户提取，防止出现兑付不了的情况	银行的流动性体现在资产和负债两个方面	
盈利性原则	商业银行获得利润的能力	商业银行作为企业，追求盈利是其经营的核心目标，也是其不断改进服务，扩大业务经营的内在动力	

【例 4-2】 在商业银行经营管理的三大原则中，被视为首要原则的是(　　)原则。(2013 年单选题)

A. 安全性　　B. 盈利性　　C. 非盈利性　　D. 流动性

【解析】A　安全性原则是指银行的资产、收入、信誉，以及所有经营、生存、发展条件免遭损失的可靠性程度，被视为三大原则的首要原则。

【例 4-3】 商业银行经营的核心目标是(　　)。(2012 年单选题)

A. 安全性　　B. 流动性　　C. 稳健性　　D. 盈利性

【解析】D　商业银行作为企业，追求盈利是其经营的核心目标，也是其不断改进服务，扩大业务经营的内在动力。

考点二　我国商业银行的经营与管理原则

我国银行的经营与管理原则，随着社会主义计划经济向社会主义市场经济的转变和金融体制的不断改革，大体经历了以下四个阶段。

(一) 单一的贷款“三原则”

新中国成立后至 20 世纪 80 年代初，我国在计划经济条件下，实行贷款三原则：一是贷款必须按计划发放和使用；二是贷款必须有适用适销的物资作为保证；三是贷款必须按期归还。

(二) 专业银行的贷款管理原则

改革开放以来，我国对过去的贷款三原则进行了修订，制定了新的贷款管理原则，即一是区别对待，择优扶持；二是贷款按计划发放和使用；三是贷款按期归还，分别计息。

(三) 商业银行经营与管理“三原则”的初步确定

1995 年 7 月 1 日起施行的《中华人民共和国商业银行法》总则第四条规定：“商业银行以效益性、安全性、流动性为经营原则，实行自主经营、自担风险、自负盈亏、自我约束。”至此，统揽商业银行整个经营活动的经营管理原则在我国初步得到确立。

(四) 商业银行经营与管理“三原则”的调整

在 2003 年 12 月 17 日通过的《关于修改〈中华人民共和国商业银行法〉的决定》将原来的条款修改为“商业银行以安全性、流动性、效益性为经营原则，实行自主经营、自担风险、自负盈亏、自我约束”。

【例 4-4】 (　　)是指银行的资产、收入、信誉，以及所有经营、生存、发展条件免遭损失的可靠性程度。(2012 年单选题)

A. 安全性原则　　B. 流动性原则

C. 盈利性原则　　D. 稳定性原则

【解析】A　安全性原则是指银行的资产、收入、信誉，以及所有经营、生存、发展条件免遭损失的可靠性程度，安全性原则被视为三大原则的首要原则。

【例 4-5】 2003 年修改通过的《中华人民共和国商业银行法》规定，商业银行以安全性、流动性和(　　)为经营原则。(2011 年单选题)

A. 政策性　　B. 公益性

C. 效益性　　　　　　　　　　　　D. 审慎性

【解析】C　2003 年 12 月 17 日商业银行的经营原则修改为“商业银行以安全性、流动性、效益性为经营原则，实行自主经营，自担风险，自负盈亏，自我约束”。

考点三　我国商业银行的审慎经营原则

《中华人民共和国银行业监督管理法》要求“银行业金融机构应当严格遵守审慎经营原则”。审慎经营包括风险管理、内部控制、资本充足率、资产质量、损失准备金、风险集中、关联交易、资产流动性等各个方面。商业银行的审慎经营是指以审慎会计原则为基础，真实、客观、全面地反映金融机构的情况，真实、客观、全面地判断和评估金融机构的实际风险，及时监测、预警和控制风险，从而有效地防范和化解金融风险，维护金融体系安全、稳定的经营模式。

第二节　商业银行的经营

考点四　商业银行经营

(一) 商业银行经营概述

商业银行的经营是对其所开展的各种业务活动的组织和营销。组织就是经营活动在机构、人员、设施等方面的组合、构成；营销则是经营活动在市场开拓、新产品创造、推销、新客户争取等方面的体现。

【例 4-6】 商业银行的经营是指对其所开展的各项业务活动的(　　)。(2011 年单选题)

A. 组织和控制　　　　　　　　　B. 组织和营销

C. 控制和监督　　　　　　　　　D. 计划和组织

【解析】B　商业银行的经营是指其对所开展的各项业务活动的组织和营销；控制、监督和计划均属于管理的范畴。

(二) 商业银行经营的组织：业务运营

商业银行的经营主要体现在业务如何运营上。传统与新型的业务运营模式的性质与优缺点见表 4-3。

表 4-3　商业银行业务运营的模式比较

业务运营的模式	性　质	优 缺 点
传统的业务运营模式	以层级管理为特征，以层级中的每一个业务单位(网点)为基础，以业务前后台一体为核心的方式。其特点是网点的会计核算型	优点：前后台紧密结合，在空间上实现一体化，业务处理快捷，管理半径短，方便灵活，适应了计算工具简单、业务种类不多、业务处理程序不复杂的状况 缺点：由于风险控制的要求，后台各个流程环节都必须配备人员，单人业务量不饱满，人工成本高

(续表)

业务运营的模式	性　质	优 缺 点
新型的业务运营模式	在信息技术有效支持下，实现营业网点业务操作规范化、工序化，后台交易处理集中化、专业化，以达到提高服务质量和业务运营的整体效率、强化风险控制的目的。新型的业务运营模式的核心就是前后台分离	优点：前台营业网点业务操作规范化、工序化，实现业务集约化处理，实现效率提升，高风险防范能力，大大降低成本
商业银行业务运营模式的最新发展：电子银行	电子银行是依托于现代通信技术、计算机技术和网络信息技术，利用面向社会公众开放的通信通道或开放型公众网络，以及银行用特定自助服务设施或客户专用网络，向客户提供的离柜式银行服务的一种银行经营模式	优点：促进商业银行实现经营模式变革与创新；有效降低经营成本，提高经营效率；促进商业银行提供更多优质服务

【例 4-7】 商业银行的新型业务运营模式区别于传统业务运营模式的核心点是(　　)。(2013 年单选题)

A. 集中核算　　B. 业务外包

C. 前后台分离　　D. 设综合业务窗口

【解析】C 新型业务运营模式的核心就是前后台分离。

(三) 商业银行经营的核心：市场营销

1. 商业银行市场营销的含义

商业银行市场营销是指商业银行以金融市场为导向，利用自己的资源优势，通过运用各种营销手段，把可赢利的银行金融产品和服务销售给客户，以满足客户的需求并实现银行盈利最大化目标的一系列活动。商业银行市场营销的中心是客户。

2. 商业银行的关系营销

进入 21 世纪之后，关系营销成为商业银行营销中备受重视的一种新的观念和做法。关系营销就是将商业银行与客户关系的建立、培养、发展作为营销的对象，不断发现和满足顾客的需求，帮助顾客实现和扩大其价值，并建成一种长期的良好的关系基础。

以竞争为导向的“4R”营销组合策略，即关联(Relativity)、反应(Reaction)、关系(Relation)和回报(Retribution)。

【例 4-8】 商业银行致力于与客户建立更加稳定的关系，属于商业银行市场营销中的(　　)。(2014 年单选题)

A. 关系营销　　B. 用户管理

C. 传统营销　　D. 产品营销

【解析】A 关系营销是近年来在西方商业银行营销中备受重视的一种新的观念和做法。所谓关系营销就是将商业银行与客户关系的建立、培养、发展作为营销的对象，以推动其中间产品销售的一种理念。

(四) 商业银行的负债经营

负债包括存款和借款，其中最重要的是存款。有关存款经营的基本内容、影响因素和现金管理如表 4-4 所示。

表 4-4　商业银行的存款经营

基本内容	在一定的金融法规监管条件下，充分组织银行的人力、物力来创造吸引存款的金融产品并将其销售出去的过程
影响因素	① 支付机制的创新。支付机制是指一种用于资金转账，进行支付和债务结算的系统 ② 存款创造的调控。商业银行通过贷款而进行存款的创造，即以倍数扩张的方式来创造活期存款，对其存款经营具有重要意义 ③ 政府的监管措施。政府的监管对于存款经营有重要的影响，主要包括央行对利率的规定、电子资金转账和信用卡业务所产生的法制责任规定等
衍生服务：现金管理	现金管理服务就是商业银行向存款人提供包括告知其账户中的可用资金情况，建议他们的投资选择、整合存款人的各个账户余额以实现其利息收益的最大化等方面的服务

(五) 商业银行的贷款经营

商业银行贷款经营就是选择贷款客户，不断创新贷款产品及相关产品，使之适应客户需要，并与客户合作，最终收回所发放的贷款，为商业银行创造利润的过程。

商业银行的贷款经营主要有以下四个方面的内容：

(1) 选择贷款客户。

从两方面着手：客户所在的行业、客户自身情况及贷款用途。

完成三个步骤：贷款面谈、信用调查(5C 标准)以及财务分析。

(2) 培养贷款客户的战略。

(3) 创造新的贷款品种和进行合适的贷款结构安排。

(4) 在贷款经营中推销银行的其他产品。这是贷款经营中重要的内容。除了为客户创造贷款的新品种，使之更加适合客户的需要之外，在与客户进行贷款谈判过程中还可能为银行创造更多的商机。

推销银行其他产品主要有两类：一类是由贷款发放本身所引起的；另一类是通过贷款谈判了解到新的要求和其他的客户。

(六) 商业银行的中间业务经营

1. 西方商业银行中间业务的经营观念变化

西方商业银行中间业务的经营观念在不断更新、发展，其变化经历了如下三个阶段：

第一阶段是 20 世纪 80 年代以前，中间业务缓慢发展的阶段。在该阶段，中间业务是作为存贷业务的补充而存在的，主要是存贷业务服务，如结算类、担保类业务。

第二阶段是 20 世纪 80—90 年代后期，中间业务快速发展、业务范围越来越广的阶段。这一阶段金融环境发生了巨大变化，商业银行为了生存、竞争与发展，必然在经营方式、观念、战略上进行主动调整。

第三阶段是 20 世纪 90 年代后期至今。这个阶段中间业务继续深入发展，由重视产品推销到重视客户、与客户建立更为稳定的关系，使中间业务产品的效能得到更深的挖掘，使其价值更大化。

2. 我国商业银行的中间业务的经营观念变化

我国商业银行经营在改革开放之前仅以传统的存贷业务为主，中间业务没有受到重视，业务发展严重滞后。在改革开放至 1994 年国有专业银行向商业银行转化期间，各商业银行陆续开展中间业务，但总体上发展不快，仍然局限在传统的中间业务范围上。

2001年中国人民银行发布了《商业银行中间业务暂行规定》，进一步拓宽了中间业务的概念，并首次将中间业务作为银行正常业务加以规范。

发展中间业务是今后商业银行提高盈利水平、改善客户结构、增强核心竞争能力的重要手段。

3. 商业银行中间业务经营的基本内容

商业银行中间业务经营的基本内容如下：

(1) 不断提升中间业务的金融创新能力。

(2) 不断提升中间业务的金融科技化、金融信息化水平。

(3) 重视开展关系营销，与客户建立更加稳定的关系。

(4) 注重人才培养，提高专业人员素质。

【例4-9】 (　　)把顾客看作有着多重利益关系和需求，存在潜在价值的人。(2011 年单选题)

A. 市场营销　　B. 品牌营销

C. 传统营销　　D. 关系营销

【解析】D 关系营销就是将商业银行与客户关系的建立、培养、发展作为营销的对象，以推动其中间产品销售的一种理念。关系营销把顾客看作有着多重利益关系、多重需求、存在潜在价值的人。

【例 4-10】 商业银行经营的核心是(　　)。(2012 年单选题)

A. 市场营销　　B. 利润最大化

C. 股东价值最大化　　D. 稳定经济

【解析】A 商业银行经营的核心是市场营销。

(七) 理财业务经营

1. 商业银行理财业务的概念与分类

理财业务是商业银行一项重要的业务，是指商业银行本着为客户利益服务的原则，以客户需求为导向，以客户资产保值增值为目标，为客户提供的资产管理、财务分析、财务规划、投资顾问等专业化服务活动。其中，资产管理活动是银行理财业务的核心，银行理财产品是资产管理的载体。

按照是否接受客户委托和授权对客户资金进行投资和管理，银行理财业务可分为理财顾问服务和综合理财服务。理财顾问服务是指商业银行向客户提供财务分析与规划、投资建议、投资产品推介等专业化服务，客户接受银行提供的理财顾问服务后，自行管理和运用资金，并获取和承担由此产生的收益和风险。综合理财服务是指商业银行在向客户提供理财顾问服务的基础上，接受客户的委托和授权，按照与客户事先约定的投资计划和方式进行投资和资产管理的业务活动。两者的一个重要区别是：在综合理财服务活动中，投资收益与风险由客户或客户与银行按照约定方式获取或承担。

2. 商业银行理财业务开展应遵循的基本原则

(1) 遵守客户利益至上原则。

(2) 遵守公平、公正、公开原则。

(3) 遵守风险隔离的“栅栏”原则。

(4) 遵守统一经营管理原则。

(5) 遵守专业化原则。

(6) 遵守产品独立性原则。

(7) 遵守成本可算、风险可控、信息充分披露原则。

(8) 遵守市场化原则和公平交易原则。

(9) 遵循“卖者有责，买者自负”的原则。

(10) 遵守国家宏观调控与审慎监管政策的原则。

3. 商业银行理财产品的分类与管理

(1) 理财产品的类型

商业银行理财产品的类型如表 4-5 所示。

表 4-5 理财产品的类型

产 品 类 型	具 体 分 类
按照商业银行是否保证产品本金兑付	非保本型理财产品和保本型理财产品 保本型理财产品又分为保本浮动收益型理财产品和保证收益型理财产品
按照是否估值	非估值型理财产品和估值型理财产品
按照存续期内是否开放	封闭式理财产品和开放式理财产品
按照所有受益人是否享有同样的产品收益	分级产品和非分级产品

(2) 理财产品的开发与销售

① 理财产品开发。研发设计是商业银行理财产品管理的重要环节。银行研发设计创新理财产品的流程包括：根据客户需求，形成产品方案；论证产品方案，包括产品结构、投资策略、操作流程、风险控制措施、会计核算、信息技术系统支持等；履行内部审批程序，确定产品方案。

② 理财产品销售。商业银行销售理财产品要坚持“按照风险匹配原则，将适合的产品卖给适合的客户”的指导思想。

4. 我国商业银行理财业务的发展现状及趋势

(1) 我国商业银行理财业务现状

根据我国投资理财服务市场兴起与发展的背景特点，我国商业银行理财业务的发展可分为以下四个阶段：

① 萌芽起步阶段(1996—2001 年)。1996 年我国经济成功“软着陆”之后，通货膨胀得到有效控制。从 1996 年下半年到 2001 年，中国人民银行将存款利率累计下调了 5.73%，并从 1999 年起开征 20%的利息税。这导致储蓄资金开始在市场中寻找新的投资产品，以获得更高收益。在此期间，国内少数银行尝试开展了个人理财业务，但由于居民对理财产品的需求尚未形成、理财市场制度平台存在缺失，该业务并未大规模开展，仅处于萌芽起步阶段。

② 拓展与规范阶段(2002—2005 年)。2001 年年底加入 WTO 之后，我国金融业改革开放快速推进，对金融创新活动的管制逐步被取消，各领域的市场竞争日趋激烈，这为金融机构的创新和发展提供了良好的环境，为理财市场的发展和壮大提供了动力。2005 年，中国银监会出台了《商业银行个人理财业务管理暂行办法》和《商业银行个人理财业务风险管理指引》，结束了银行个人理财业务无法可依的局面。

③ 创新与加速发展阶段(2006—2009 年)。当社会财富达到一定水平后，以存款为主的单一财富结构将不能满足居民日益丰富的理财需求，财富结构多元化势在必行。2006 年正是这一转型的开端，理财产品发售规模和数量开始高速增长、产品种类日益丰富。

④ 行业转型阶段(2010 年至今)。随着产品发行数量和资金规模的急剧膨胀，银行理财业务的结构性问题日益凸显，资产运用和资金来源出现双重失衡，加之长期以来风险管控机制缺失，银行理财业务的风险不断积聚。尤其是在我国经济增速下降、监管趋严的背景下，银行防范理财业务风险已成为当务之急。为此，2011 年银监会先后出台了《商业银行理财产品销售管理办法》《关于进一步加强商业银行理财业务风险管理有关问题的通知》。

(2) 我国商业银行理财业务发展趋势

随着我国社会财富的快速增长、社会融资结构的深刻变化、利率市场化的持续推进、大资管时代的到来，商业银行理财业务也面临着前所未有的发展机遇和挑战。

从负债端看，存款利率市场化将对传统保本理财产品产生冲击。

从资产端看，资产证券化和理财直接融资工具的推出加速，将明显改变理财资金的运用形态。

从客户端看，理财客户群将加速向高净值个人客户与机构投资者迁移。

从渠道端看，未来电子渠道理财业务的发展，将更加注重客户体验的提升。

第三节　商业银行管理

考点五　商业银行资产负债管理

(一) 商业银行资产负债管理理论

资产负债管理是商业银行对其资金运用和资金来源的综合管理，是现代商业银行的基本管理制度。

西方商业银行的资产负债管理理论经历了如下三个主要的发展阶段，如表 4-6 所示。

表 4-6 西方商业银行的资产负债管理理论的发展阶段

<table>
<tr><th>名　称</th><th colspan="2">定义及其内容</th></tr>
<tr><td>资产管理理论</td><td>以商业银行资产的安全性和流动性为重点的经营管理理论</td><td>该理论认为，商业银行的利润主要来源于资产业务，负债主要取决于客户的存款意愿，商业银行只能被动地接受负债。因此，商业银行经营管理的重点是资产业务，通过对资产结构的安排，求得安全性、流动性、盈利性的均衡</td></tr>
<tr><td>负债管理理论</td><td>以商业银行负债为经营重点来保证流动性的经营管理理论</td><td>该理论认为，商业银行在保持流动性方面，没有必要完全依赖建立分层次的流动性储备资产，一旦需要资金周转，可以向外举借，只要能从市场上借到资金，就可以大胆放款争取高盈利。这一理论弥补了资产管理理论只能在既定负债规模内经营资产业务，难以满足经济迅速发展对资金需求扩大的局限性</td></tr>
<tr><td>资产负债管理理论</td><td colspan="2">该理论认为，在商业银行经营管理中，不能偏重资产和负债的某一方，高效的银行应该是资产和负债管理双方并重。该理论的基本要求是通过资产、负债结构的共同调整，协调资产、负债项目在利率、期限、风险和流动性等方面的合理配置，以实现安全性、流动性、盈利性的最佳组合</td></tr>
</table>

(二) 商业银行资产负债管理的基本原理与内容

1. 资产负债管理的基本原理

资产负债管理的原理是指从总体上管理银行资产和负债时，应当注意或遵循的一些带有普遍意义的原则和关系。资产负债管理的基本原理，如表 4-7 所示。

表 4-7 资产负债管理的基本原理

名　称	含　义
规模对称原理	商业银行资产运用的规模必须与负债来源的规模相对称、相平衡
结构对称原理	与规模对称原理一样，是一种动态资产结构与负债结构的相互对称和统一平衡
速度对称原理	亦即偿还期对称原理，是指银行资产分配应根据资金来源的流转速度来决定，银行资产与负债偿还期应保持一定程度的对称关系
目标互补原理	银行经营目标中的安全性、流动性和盈利性三方面的均衡不是绝对的平衡，而是可以互相补充的
利率管理原理	差额管理和利率灵敏性资产与负债管理
比例管理原理	通过各类比例指标体系约束资金运营。比例指标一般分为三类，即安全性指标、流动性指标和盈利性指标

2. 资产负债管理的内容

资产负债管理的具体内容如表 4-8 所示。

表 4-8　资产负债管理的内容

资产管理	贷款管理	贷款管理是商业银行资产管理的重点。其主要内容有：贷款风险管理；贷款利率管理、贷款期限结构管理；信用贷款和抵押贷款比例管理；对内部人员和关系户的贷款予以限制
	债券投资管理	随着债券市场的迅速发展，债券投资已成为我国商业银行的一种重要资产形式。与贷款相比，债券的流动性要强得多，与现金资产相比，债券的盈利性要高得多，因此，债券投资是商业银行平衡银行流动性和盈利性的重要工具
	现金资产管理	现金资产是指商业银行持有的库存现金，以及与现金等同的可随时用于支付的银行资产。我国商业银行的现金资产主要有三项：一是库存现金，是指商业银行保存在金库中的现钞和硬币，用来应付客户提现和银行本身的日常零星开支；二是存放中央银行款项，是指商业银行存放在中央银行的资金，即存款准备金；三是存放同业及其他金融机构款项，是指商业银行和非银行金融机构将存款用于同业之间开展代理业务和结算收付
负债管理	存款管理	存款管理是商业银行负债管理的重点。主要内容有三个方面： ①对吸收存款方式的管理。其目的是扩大存款来源，优化存款结构，使存款与相应的资产相匹配 ②存款利率管理。其目的是在吸引存款客户与降低吸收存款成本之间寻求一个最佳均衡点 ③存款保险管理。商业银行参加存款保险，可以在破产时及时清偿债务，从而保护存款人的利益并维护金融秩序的稳定
	借入款管理	其总的管理内容是：严格控制特定目的的借款人 分散借入款的偿还期和偿还金额，以减轻流动性过于集中的压力 借入款应控制适当的规模和比例，并以增加短期债券为主，增强借入款的流动性 在保证信誉的前提下，努力扩大借入款的渠道或后备渠道，以保证必要时能扩大资金来源

(三) 我国商业银行的资产负债管理

1. 资产负债管理制度的建立

我国商业银行资产负债管理制度是随着经济体制、金融体制改革的深化而演变发展的。

1994 年，国有商业银行包括城市、农村信用社，遵照中国人民银行《信贷资金管理暂行办法》要求，开始全面推行资产负债比例管理制度，即以比例加限额控制的办法，对商业银行资产负债实行综合管理。其基本要求是资产与负债的期限、数量结构相对应，提高资产的流动性，坚持效益性、安全性、流动性的统一，降低不良资产比例，提高经营效益。

为了确保这一制度的实施，国家在 1995 年先后颁布的《中国人民银行法》和《商业银行法》中做出了法律规定。1998 年 1 月 1 日起，中国人民银行将国有商业银行贷款增加量管理的指令性计划改为指导性计划，在逐步推行资产比例管理和风险管理的基础上，实行“计划指导、自我平衡、比例管理、间接控制”的信贷资金管理体制。

2. 资产负债比例管理的指标体系

1994 年，中国人民银行出台了《商业银行资产负债比例管理考核暂行办法》，对商业银行的资本充足率、存贷比等资产负债指标实施比例管理。1996 年，中国人民银行又进一步发布了《商业银行资产负债比例管理监控、监测指标和考核办法》，该办法正式发布并使用了我国的第一套监管指标体系，将考核指标分为监控性指标和监测性指标，并把外币业务、表外项目纳入考核体系。

2005 年，中国银监会发布了《商业银行风险监管核心指标》(以下简称《监管核心指标》，内容详见本书十一章)，废止了《商业银行资产负债比例监控、检测指标和考核办法》。《监管核心指标》分为三个层次，即风险水平、风险迁徙和风险抵补。其中反映资产负债比例方面的指标主要体现在风险水平这一层次上。风险水平指标包括流动性风险指标、信用风险指标、市场风险指标和操作风险指标，详见表 4-9。

表 4-9　风险水平类指标

流动性风险监管指标	衡量商业银行流动性状况及其波动性，包括流动性比例、核心负债比例和流动性缺口率指标
信用风险监管指标	包括不良资产率、单一集团客户授信集中度、全部关联度等几项指标
市场风险类指标	衡量商业银行因汇率和利率变化而面临的风险，包括累计外汇敞口头寸比例和利率风险敏感度

【例 4-11】 根据中国银行业监督管理委员会 2005 年发布的《商业银行风险监管核心指标》(以下简称《风险监管核心指标》)，风险监管核心指标分为风险水平、风险迁徙和(　　)三个层次。(2014 年单选题)

A. 风险控制　　B. 风险抵补　　C. 风险识别　　D. 风险测度

【解析】B　2005 年中国银监会发布了《商业银行风险监管核心指标》，废止了《商业银行资产负债比例监控、监测指标和考核办法》，监管核心指标分为三个层次，即风险水平、风险迁徙和风险抵补。

【例 4-12】 根据《商业银行风险监管核心指标》，不良资产率是我国衡量商业银行资产安全的指标，它是指(　　)。(2013 年单选题)

A. 不良信用资产与信用资产总额之比　　B. 不良信用资产与加权资产总额之比

C. 不良贷款与资产总额之比　　D. 不良贷款与风险资产总额之比

【解析】A　本题考查不良资产率的概念。不良资产率是不良信用资产与信用资产总额之比。

2008 年金融危机之后，在巴塞尔委员会及各国监管当局进行了一系列监管制度变革的大背景下，我国银监会明确将大型银行确定为国内系统重要性银行，并于 2010 年初探索创立了“腕骨”(CARPALs)监管指标体系。该体系由资本充足性、贷款质量、大额风险集中度、拨备状况、附属机构、流动性、案件防控七大类十三项指标构成。

3. 资产负债管理的方法和工具

目前国际银行业较为通行的资产负债管理方法主要包括缺口分析、久期分析、外汇敞口与敏感性分析三种基础管理办法，以及情景模拟和流动性压力测试两种前瞻性动态管理办法，详见表 4-10。

表 4-10 资产负债管理的方法

基础管理方法	缺口分析	商业银行衡量资产与负债之间重定价期限和现今流量到期期限匹配情况的一种方法，主要用于利率敏感性缺口和流动性期限缺口分析
	久期分析	商业银行衡量利率变动对全行经济价值影响的一种方法 商业银行通过改变资产、负债的久期，实现资产负债组合的利率免疫，提高全行的市场价值和收益水平
	外汇敞口与敏感性分析	商业银行衡量汇率变动对全行财务状况影响的一种方法 商业银行采用敞口限额管理和资产负债币种结构管理等方式控制外汇敞口产生的汇率风险
前瞻性动态管理方法	情景模拟	商业银行结合设定的各种可能情景的发生概率，研究多种因素同时作用可能产生的影响
	流动性压力测试	以定量分析为主的流动性风险分析方法，商业银行通过流动性压力测试测算全行在遇到小概率事件等极端不利情况下可能发生的损失，进而做出评估判断并采取必要措施

【例 4-13】 我国商业银行的风险加权资产指标是指(　　)与资产总额之比。(2012 年单选题)

A. 表内风险加权资产　　B. 贷款风险加权总额

C. 表内、外风险加权资产　　D. 不良贷款风险加权总额

【解析】C 风险加权资产指标是表内、外风险加权资产与资产总额之比。

【例 4-14】 根据中国银行业监督管理委员会 2005 年发布的《商业银行风险监管核心指标》，下列指标中，属于衡量市场风险的指标是(　　)。(2014 年单选题)

A. 核心负债比例　　B. 单一集团客户授信集中度

C. 流动性缺口率指标　　D. 累计外汇敞口头寸比例

【解析】D 市场风险类指标是用于衡量商业银行因汇率和利率变化而面临的风险的指标，包括累计外汇敞口头寸比例和利率风险敏感度。

考点六　资本管理

(一) 银行资本的含义与类型

银行资本的含义与类型的具体情况详如表 4-11 所示。

表 4-11　银行资本的含义与类型

<table>
<tr><td rowspan="1">银行资本的含义</td><td colspan="2">商业银行从事经营活动必须注入的资金，可以用来吸收银行的经营亏损，缓冲意外损失，保护银行的正常经营，为银行的注册、组织经营以及存款进入前的经营提供启动资金等
从保护存款人的利益和提高银行体系安全性的角度看，商业银行资本的核心功能是吸收损失</td></tr>
<tr><td rowspan="3">银行资本的分类</td><td>账面资本</td><td>商业银行持股人的永久性资本投入，即出资人在商业银行资产中享有的经济利益，代表了商业银行的全部净价值</td></tr>
<tr><td>监管资本</td><td>商业银行持有的、符合监管要求的资本
监管者负责制定计算资本充足程度的标准方法，根据风险状况判断银行的资本充足性，并采取相应的监管措施使银行持有充足的资本</td></tr>
<tr><td>经济资本</td><td>商业银行在一定的置信水平下，为了应对未来一定期限内的非预期损失而应该持有的资本金
经济资本是一种“虚拟”资本，它并不存在于资产负债表的某一个或几个科目中</td></tr>
</table>

【例 4-15】 在商业银行的资本管理中，能够切实反映银行因承担风险而真正需要的资本是(　　)。(2014 年单选题)

A. 账面资本　　B. 经济资本

C. 监管资本　　D. 会计资本

【解析】B　在商业银行的资本管理中，经济资本能够切实反映银行因承担风险而真正需要的资本，其最主要的功能是防范风险和创造价值。经济资本是指商业银行在一定的置信水平下，为了应对未来一定期限内的非预期损失而应该持有的资本金。

(二) “巴塞尔资本协议”的演进与资本管理要求

1. “巴塞尔协议”及其资本管理要求

1988 年，巴塞尔委员会通过了《关于统一国际银行资本衡量和资本标准的协议》(简称“巴塞尔协议”)。在该协议中，将银行资本分为核心资本和附属资本。核心资本主要包括永久性的股东权益和公开储备；附属资本是指银行的长期次级债务等债务性资本，其规模不得超过核心资本的 100%。协议规定，银行的核心资本充足率和总资本充足率分别不能低于 4%和 8%。“巴塞尔协议”有助于消除各国银行间的不平等竞争，成为全球银行业监管的统一准则。

2. “新巴塞尔资本协定”简称“巴塞尔新资本协议”及其资本管理要求

2004 年，巴塞尔委员会推出了“巴塞尔新资本协议”，又称“巴塞尔协议Ⅱ”。与“巴塞尔协议”相比，“巴塞尔新资本协议”在统一银行业的资本及其计量标准方面做出了改进，全面覆盖对信用风险、市场风险和操作风险的资本要求，并提出了有效资本监管的“三个支柱”，即最低资本充足率要求、监管当局的监督检查和市场纪律。

3.“巴塞尔协议Ⅲ”及其资本管理要求

2008 年，美国次贷危机引发了全球金融危机，在此背景下，2010 年底，巴塞尔委员会正式公布了“巴塞尔协议Ⅲ”，进一步强化了银行资本充足率监管要求，提高了资本质量、一致性和透明度，加大了风险覆盖范围，引入了杠杆率要求，建立了流动性标准，并成为国际金融监管领域的新基准。

(三) 我国的监管资本要求与管理

1. 我国实施“巴塞尔协议Ⅲ”新监管标准的安排

2011 年 4 月，中国银监会发布了《中国银行业实施新监管标准指导意见》，确立了我国银行业实施新监管标准的政策框架，明确了资本充足率、杠杆率、流动性、贷款损失准备监管标准，并根据不同机构情况设置差异化的过渡期安排。

中国银监会从 2011 年起陆续发布了《商业银行贷款损失准备管理办法》《商业银行杠杆率管理办法》《商业银行流动性风险管理办法(征求意见稿)》以及《商业银行资本管理办法(试行)》，初步构建了以资本充足水平、拨备、杠杆率、流动性指标为一体的新四大监管工具，奠定了宏观审慎监管框架的基础。其中，2012 年 6 月中国银监会发布的《商业银行资本管理办法(试行)》(以下简称《资本办法》)，建立了与“巴塞尔协议Ⅲ”接轨且符合我国银行业实际的资本监管制度，于 2013 年起开始实施，并要求商业银行在 2018 年底前达到规定的资本充足率要求。

2. 我国的监管资本与资本充足率要求

(1) 监管资本的构成。根据《资本办法》，我国商业银行的监管资本由核心一级资本、其他一级资本和二级资本组成，详情参见表 4-12。

表 4-12　监管资本

监管资本	含　义	包　括
核心一级资本	在银行持续经营条件下无条件用来吸收损失的资本工具，具有永久性、清偿顺序排在所有其他融资工具之后的特征	实收资本或普通股、资本公积可计入部分、盈余公积、一般风险准备、未分配利润、少数股东资本可计入部分
其他一级资本	非累积性的、永久性的、不带有利率跳升及其他赎回条款。本金和收益都应在银行持续经营条件下参与吸收损失的资本工具	其他一级资本工具及其溢价(优先股及其溢价)、少数股东资本可计入部分
二级资本	在破产清算条件下可以用于吸收损失的资本工具，二级资本的受偿顺序列在普通股之前、在一般债权人之后，不带赎回机制，不允许设定利率跳升条款，收益不具有信用敏感性特征，必须含有减计或转股条款	二级资本工具及其溢价、超额贷款损失准备可计入部分、少数股东资本可计入部分。此外，商业银行在计算资本充足率时，监管资本中需要扣除一些项目，称为扣除项

(2) 资本充足率的计算及监管要求。资本充足率是指商业银行持有的符合监管规定的资

本与风险加权资产之间的比率。根据《资本办法》，我国商业银行资本充足率的计算公式如下：

$$资本充足率=\frac{总资本-对应资本扣减项}{风险加权资产}\times100\%$$

$$一级资本充足率=\frac{一级资本-对应资本扣减项}{风险加权资产}\times100\%$$

$$核心一级资本充足率=\frac{核心一级资本-对应资本扣减项}{风险加权资产}\times100\%$$

其中，商业银行总资本包括核心一级资本、其他一级资本和二级资本；商业银行风险加权资产包括信用风险加权资产、市场风险加权资产和操作风险加权资产。

根据《资本办法》，商业银行资本充足率监管要求分为四个层次：第一层次为最低资本要求，即核心一级资本充足率、一级资本充足率和资本充足率分别为5%、6%和8%；第二层次为储备资本要求和逆周期资本要求，分别为2.5%和0～2.5%；第三层次为系统重要性银行附加资本要求，为1%；第四层次为根据单家银行风险状况提出的第二支柱资本要求。

(四) 经济资本管理的内容

经济资本管理的具体内容如表4-13所示。

表4-13　经济资本管理的内容

经济资本	是银行为了承担风险而真正需要的资本，其最主要的功能是防范风险和创造价值
优　点	保证了一定的资本水平以避免灾难并满足监管要求
	保证风险已被适当地加以管理，同时保证风险管理政策和风险监控手段的有效性
	保证资本得以最有效地运用以获得最佳收益，同时可以用于评价银行战略并支持决策
经济资本管理内容	经济资本的计量 经济资本计量的核心是对信用风险、市场风险和操作风险三类风险的量化
	经济资本的分配 经济资本分配是通过年度计划、限额管理、参数设置等方式将经济资本科学分解到分支机构、业务部门和产品，并通过资本约束风险
	经济资本的评价 经济资本评价是建立以风险调整后资本回报率为核心的指标体系，对各分支机构、业务部门和产品维度的经营绩效进行考核评价，属于银行绩效考核的范畴

【例4-16】 我国一家商业银行2011年以来的业务基本情况如下：普通股4亿元，未分配利润1.5亿元，计提各项损失准备2亿元，长期次级债券2.5亿元，贷款余额180亿元，在中央银行存款24亿元，加权风险总资产120亿元，吸收存款240亿元，该行计划在2012年新吸收存款30亿元，新发放贷款20亿元。(2014年案例分析题)

要求：根据以上资料，回答下列问题。

1. 该行2011年年末核心资本为(　　)亿元。

A. 4.5　　B. 5.5　　C. 6.5　　D. 7.5

【解析】B　把未分配利润和普通股相加即可。

2. 假定按8%的资本充足率规定，在上述条件下，该行2011年年末的加权风险总资产不得超过(　　)亿元。

A. 115　　B. 120　　C. 125　　D. 130

【解析】C　银行的总资本是10亿元，根据8%的资本充足率标准，可以倒求出风险资产不得超过125亿元。

3. 2012年该行新吸收存款30亿元后即存入中央银行10亿元，假定2012年法定存款准备金率由2011年的10%上调到12%，该行可动用的中央银行的存款是(　　)亿元。

A. 1　　B. 1.6　　C. 2.4　　D. 5

【解析】B　本题要分开来算。2011年的法定准备是240×10%=24亿元，在央行存款正好是24亿元，因此2011年没有超额准备。2012年法定准备应该是30×12%=3.6亿元。2012年在银行存款是10亿元，因此超额准备是10−3.6=6.4亿元。但是不要忘记由于准备金率上调，2011年所缴纳的法定准备不够，需要从6.4亿元中扣除，因此最终可用的超额准备是6.4−240×2%=1.6亿元。

4. 在该行资本金构成中，属于附属资本的有(　　)。

A. 普通股　　B. 未分配利润　　C. 各项损失准备　　D. 长期次级债券

【解析】CD　附属资本包括各项损失准备；次级债务资本工具；法定可转换债券；中期优先股；未分配股利的累积永久优先股；股本债券。

考点七　商业银行风险管理

(一) 商业银行风险的成因

商业银行风险的成因，如表4-14所示。

表4-14　商业银行风险

定　义	银行在经营过程中，由于各种不确定因素的影响，使其实际收益和预期收益产生背离，从而导致银行蒙受经济损失或少获取额外收益的可能性
主观原因	商业银行的每项业务都有一个为确定未来行为目标选择最优方案进行决策、实施管理的过程，在这个过程中任何一个环节出现问题都会形成银行风险，包括决策环节；管理环节和风险控制环节
客观原因	现代银行是经济活动的核心和枢纽，受外部客观环境制约程度高，任何客观形势的变化都会对商业银行经营产生影响，造成银行经营困难，形成银行风险。如政治体制变革，经济政策调整，宏观金融政策变动，利率、汇率、中央银行再贷款、贴现率的变化，金融监管当局的监管，同业竞争，国际经济环境变化，自然灾害、意外事故等

(二) 商业银行的主要风险

与一般的工商企业相比，商业银行的风险特征具有显著的差异性，突出表现在：风险具有一定的杠杆性；一旦出现危机，容易形成连锁反应；发生风险后容易产生很大的负外部效应。

商业银行的主要风险可以按产生的环境和原因划分为不同的类型，具体内容见表4-15。

表4-15 商业银行的主要风险

划分方式	类别
按风险发生范围	系统性风险、非系统性风险
按风险的来源	外部风险、内部风险
巴塞尔委员会按业务特征及诱发风险的原因	信用风险、市场风险、操作风险、流动性风险、国家风险、声誉风险、法律风险、战略风险

(三) 我国商业银行的风险管理内容

1. 商业银行风险管理的基本流程

商业银行风险管理是指运用风险控制手段和方法，对在经营过程中所承受的风险进行识别、计量、监测和控制的行为过程。我国商业银行的风险管理流程主要包括以下几个环节，参见表4-16。

表4-16 商业银行风险管理流程

流程	含义	内容或意义
风险识别	适时、准确、有效地识别风险是风险管理的基本要求。商业银行根据外部形势变化和自身发展战略及经营状况，识别出可能影响其战略实施或经营活动目标的潜在风险，并分析引起风险事件原因的过程	风险识别包括识别风险和分析风险两个环节
风险计量	全面风险管理、资本监管和经济资本配置得以有效实施的基础和关键环节 商业银行应根据不同的业务性质、规模和复杂性，对各类风险选择适当的计量方法，基于合理的假设前提和参数，计量承担的所有风险	风险计量有助于商业银行分析和评估风险发生的可能性、风险将导致的后果及严重程度，从而准确确定风险水平
风险监测	商业银行通过各种监控技术，动态捕捉风险指标的异常变动，判断其是否已达到引起关注的水平或已超过阈值	风险监测的一个重要内容是通过对一些关键的风险指标和环节进行监测，关注银行风险变化的程度，建立风险预警机制
风险控制	对经过识别和计量的风险采取分散、对冲、转移、规避、控制等策略和措施，进行有效管理和控制的过程	商业银行风险控制可以分为事前控制和事后控制

2. 商业银行风险管理的主要策略

商业银行常用的风险管理策略主要包括以下6种，如表4-17所示。

表 4-17 风险管理策略

策略	含义和内容
风险预防	商业银行针对面临的风险，事先设置多层预防措施，防患于未然 风险预防措施包括：一是充足的自有资本金；二是适当的准备金
风险分散	商业银行通过实现资产结构多样化，尽可能选择多样的、彼此不相关或负相关的资产进行搭配，以降低整个资产组合的风险程度
风险转移	当风险分散之后仍有较大的风险存在时，商业银行可以利用某些合法的交易方式或业务手段将风险转移出去。风险转移分为保险转移和非保险转移两类
风险对冲	商业银行通过投资或购买与标的资产收益波动负相关的某种资产或衍生产品，来冲销标的资产潜在损失的一种风险管理策略
风险抑制	商业银行在经营过程中，主动性地选择拒绝或退出高风险的经营活动
风险补偿	商业银行采取各种措施对风险可能造成的损失加以弥补 银行常用的风险补偿方法有：合同补偿、保险补偿、法律补偿

【例 4-17】 根据《商业银行风险监管核心指标》，我国商业银行的流动性比例，即流动性资产与流动性负债之比，不应低于(　　)。(2014 年单选题)

A. 25%　　　　B. 35%

C. 50%　　　　D. 60%

【解析】 A　根据《商业银行风险监管核心指标》，我国衡量银行机构流动性的指标主要有：其一，流动性比例，即流动性资产与流动性负债之比，衡量商业银行流动性的总体水平，不应低于 25%；其二，流动负债依存度，即核心负债与总负债之比，不应低于 60%；其三，流动性缺口率，即流动性缺口与 90 天内到期表内外流动性资产之比，不应低于-10%。

【例 4-18】 我国某商业银行在信贷业务中没有实行审贷分离，信贷审查与批准的权力都集中在信贷部，信贷部负责人及其下属在收受某借款企业贿赂的情况下，向该企业违规发放了贷款，导致该笔贷款最终不能收回。这种情形是该商业银行承受的(　　)。(2014 年单选题)

A. 市场风险　　　　B. 国家风险

C. 信用风险　　　　D. 操作风险

【解析】 C　广义的信用风险是指交易对方所有背信弃义、违反约定的风险。例如，不仅在金融机构经营的信贷业务中，而且在金融机构经营的担保、承兑、信用证、信用卡、证券投资、信托、租赁、外汇交易和金融衍生产品交易中，都广泛地存在着交易对方到期不履行自己承诺义务的情况。这对金融机构而言，承担的就是广义的信用风险。

(四) “巴塞尔资本协议”的发展与商业银行全面风险管理

1. “巴塞尔资本协议”的发展与商业银行业全面风险管理

“巴塞尔新资本协议”于 2004 年 6 月正式出台，将风险由信用风险扩大到市场风险和操作风险等方面，要求银行的资本充足率水平应该与银行面临的各种风险结合起来。2004 年美国 COSO 发布的《企业风险管理——整合框架》，构建了全面风险管理的三位架构体系。“巴塞尔新资本协议”也吸收了该理念和框架，加强银行业全面风险管理是实施“巴塞尔新资本协议”的关键。

2.“巴塞尔协议Ⅲ”与我国商业银行的风险管理

2004 年中国银监会要求国内商业银行的资本充足率在 2007 年 1 月 1 日前达到 8%的最低标准，并以“巴塞尔新资本协议”的基本原则来监管我国的银行业。

2011 年 4 月，中国银监会发布《中国银行业实施新监管标准指导意见》，提出包括资本充足率、杠杆率、流动性、贷款损失准备的一整套审慎监管标准和制度安排。2012 年 6 月，中国银监会发布了《资本办法》，建立了与“巴塞尔协议Ⅲ”接轨的资本与风险监管制度。

【例 4-19】“巴塞尔新资本协议”规定，最低资本充足率为(　　)。(2011 年单选题)

A. 4%　　B. 8%　　C. 10%　　D. 15%

【解析】B 2004 年中国银监会要求国内商业银行的资本充足率在 2007 年 1 月 1 日前达到 8%的最低标准，并以“巴塞尔新资本协议”的基本原则来监管我国的银行业。

【例 4-20】 为使资本充足率与银行面对的主要风险更紧密地联系在一起，“巴塞尔新资本协议”在最低资本金计量要求中，提出(　　)。(2012 年单选题)

A. 外部评级法　　B. 流动性状况评价法

C. 内部评级法　　D. 资产安全状况评价法

【解析】C “巴塞尔新资本协议”在最低资本金要求中，提出内部评级法，使资本充足率与银行面对的主要风险更加紧密地联系在一起。

考点八　商业银行财务管理

(一) 商业银行财务管理概述

关于商业银行财务管理的概述如表 4-18 所示。

表 4-18　商业银行财务管理概述

定　义	财务管理是指利用价值形式对银行经营活动和资金运动进行的综合管理，是商业银行经营管理的重要组成部分 它是对财务活动进行计划组织、调节控制等一系列管理工作的总称
核心内容	基于价值的管理(所谓价值是指股东的投资价值，其计算方法有多种模式，主要包括经济增加值、现金增加值和投资的现金流收益)
目　标	银行价值最大化
功　能	传统的会计。银行要遵守信息公开披露的要求，同时要为管理者及时提供信息以监控、管理银行业绩，分解为监督控制、反映信息和规范反映信息
	财务。主要体现在为计划制订、决策选择和资源分配提供支持。财务是资本预算、业务计划和激励机制等银行关键管理制度的纽带
	公司财务。着眼点在于企业的价值、股权的价值，是通过业务经营和股权交易来实现银行价值的最大化。先进的财务管理经常评估创新方法，为银行创造价值
原　则	必须坚持科学、统一、审慎、规范的管理原则

(二) 商业银行财务管理的内容

商业银行财务管理包括成本管理、利润管理、财产管理、财务报告与分析、绩效评价等方面。

1. 成本管理

(1) 成本的概念。商业银行的成本主要包括六个方面：利息支出、经营管理费用、税费支出、补偿性支出、营业外支出和其他支出。

(2) 成本管理的基本原则。成本管理是商业银行财务管理的核心内容，而成本核算又是银行经济核算的重要环节。在成本管理中要遵守以下基本原则：成本最低化原则、全面成本管理原则、成本责任制原则和成本管理的科学化原则。

【例 4-21】 商业银行在成本管理中要遵守的基本原则包括成本最低化原则、全面成本管理原则和(　　)。(2012 年多选题)

A. 成本管理的科学化原则　　B. 成本结构合理化原则
C. 成本价值化原则　　D. 成本补偿原则
E. 成本责任制原则

【解析】AE　商业银行成本管理是商业银行财务管理的核心内容，而成本核算又是银行经济核算的重要环节。在成本管理中要遵循以下基本原则：成本最低化原则、全面成本管理原则、成本责任制原则和成本管理的科学化原则。

2. 利润管理

(1) 利润的概念。商业银行利润是在一定时期内业务经营中所取得的最终财务成果，是衡量商业银行经营管理成效大小的重要综合指标。

商业银行利润总额由三部分构成：营业利润、投资收益和营业外收支净额。

(2) 利润分配。商业银行实现的利润总额按照国家规定进行调整后，首先依法交纳所得税。税后利润再按以下顺序进行分配：①抵补已交纳的、在成本和营业外支出中无法列支的有关惩罚性或赞助性支出；②弥补以前年度亏损；③按照税后利润(减除前两项后的剩余利润)的 10%提取法定盈余公积金；④提取公益金；⑤向投资者分配利润。

(3) 增加利润的途径。商业银行增加利润有以下途径：①扩大资产规模，增加资产收益；②降低成本；③加强经营管理，健全和完善内部经营机制，提高银行的工作效率，以较少投入取得较多产出；④灵活地调度资金；⑤提高资产质量，减少资产风险损失。

【例 4-22】 商业银行利润总额的构成包括(　　)。(2014 年多选题)

A. 购买企业股票利得　B. 证券交易佣金收入　C. 营业利润
D. 投资收益　E. 营业外收支净额

【解析】CDE　商业银行利润总额由以下三部分构成：一是营业利润，它是反映银行在一定时期内获利能力的重要财务指标，是在一定营业周期内提供劳务所获收入超过提供劳务所发生成本的差额部分。具体为营业收入减去营业税及城市维护建设税、教育费附加和成本后的净额。二是投资收益，它是通过投资(如购买有价证券等)所获得的收益。三是营业外收支净额，它是银行发生的非常项目收支净额。

【例 4-23】 下列收入中属于商业银行营业外收入的是(　　)。(2013 年单选题)

A. 违约金　B. 投资收益　C. 赔偿金　D. 罚没收入

【解析】D　营业外收入的内容包括：固定资产盘盈、固定资产出售净收益、抵债资产处置超过抵债金额部分、罚没收入、出纳长款收入、证券交易差错收入、教育费附加返还款以及因债权人的特殊原因确实无法支付的应付款项等。选项 AC 属于营业外支出内容。

3. 财产管理

财产管理主要是指对固定资产和低值易耗品的管理。要进行分类管理，分别计算，正确计提折旧，严格控制基本建设，加强在建工程管理。

4. 财务报告及其分析

财务报告主要由会计报表与财务状况说明书组成。

(1) 会计报表。会计报表按其经济内容可分为资产负债表、损益表、财务状况变动表；按主从关系可分为主表、附表；按时点不同可分为月报、季报、年报。年报反映的种类和揭示的信息最为完整。具体分为：

① 资产负债表，是综合反映商业银行某一特定时点全部资产、负债与所有者权益情况的财务报表。

② 损益表，是综合反映商业银行在一定时期利润实现和亏损的实际情况的报表。

③ 财务状况变动表，是反映商业银行在一定时期内资产、负债和所有者权益各项目增减变化的动态报表。

(2) 财务分析。财务分析是财务管理的重要组成部分，是揭示矛盾、探索规律、改善管理的重要途径。财务分析分为资金分析和财务分析两大部分，这两部分均应并重。

资金分析应着重对资产负债比例管理的各项指标的执行情况进行分析，了解资产、负债的结构变化，分析比例关系是否符合管理办法和考核指标的要求，效益性、安全性、流动性原则是否体现于资金营运之中，进而发现问题，提出改进措施。

财务分析主要是对经营收支和利润及其分配做出分析，其中包括利息收支分析。成本费用率通常以成本率、成本降低率、费用率、费用降低率等指标来分析，主要考察营业收入与总成本和业务管理之间的变量关系，以发现问题，寻求增收减支的途径。

利润分析则主要通过各项收益率、利润率来衡量。目前，商业银行分析财务成果主要的指标有：净利息差率、资产收益率、资本收益率、利润率及资本金利润率。通过分析来评价商业银行在业务经营中的盈利能力和盈利水平。这项分析带有综合性质，应当结合利息收支和成本费用一道分析。

【例 4-24】 现代商业银行财务管理的核心是(　　)。(2014 年单选题)

A. 基于利润最大化的管理　　B. 基于投入产出的最大化管理

C. 基于价值的管理　　D. 基于核心资本的效率管理

【解析】C　基于价值的管理是现代商业银行财务管理的核心。

【例 4-25】 商业银行财务管理的核心内容是(　　)。(2013 年单选题)

A. 资本金管理　　B. 利润管理　　C. 财产管理　　D. 资本管理

【解析】B　商业银行的企业属性要求其以追逐利润最大化为目的，因而其财务管理的核心应当体现在利润管理方面。

5. 绩效评价

商业银行需要建立科学合理的绩效评价和考核机制，对各级机构、业务单元、部门、岗位和人员等的经营绩效和管理状况进行客观公正的考核和评价，并建立相应的激励约束机制，充分调动各方积极性、主动性和创造性。

现代商业银行绩效考核体系以引导提高价值创造能力和核心竞争力为目标，以经济增加值为核心考核业绩指标，从效益、风险、竞争力等多方面进行考核评价，落实经营主体责任，客观衡量分支机构等的经营管理绩效，引导科学发展，增强可持续发展能力。

考点九　人力资源开发与管理

(一) 人力资源开发与管理概述

人力资源是指人口中具有为社会创造物质财富和精神财富的能力，并从事智力劳动和体力劳动的人们的总称。

人力资源开发与管理是指为了实现组织目标，由具体的管理主体根据人力资源的生理和心理特点，运用现代化的科学方法，对与一定物质相结合的人力进行培训、配置、使用、评价等诸环节的总和。它的目的在于充分挖掘人力资源的潜力，使人力、物力经常保持最佳比例，力求做到人尽其才、人事相宜，实现劳动投入和经济产出的高效率。它在现代化管理中居于核心地位。人力资源开发与管理实际上由两部分内容构成：一是人力资源的开发；二是人力资源的管理。

(二) 商业银行人力资源开发与管理

1. 商业银行人力资源开发与管理的必要性

商业银行人力资源开发与管理的必要性在于：

(1) 人力资源开发与管理是商业银行业务经营的需要。商业银行经营具有负债性、风险性、盈利性、竞争性的特点，这些特点就要求商业银行重视人力资源的开发与管理；

(2) 人力资源开发与管理是商业银行适应不断变化的外部环境，求得自身发展的需要。

2. 商业银行人力资源开发与管理的主要内容

商业银行人力资源开发与管理的主要内容体现在以下几条规定中：

(1) 人力资源规划；

(2) 员工的考核和任用；

(3) 人力资源的激励制度；

(4) 员工绩效评价；

(5) 人力资源的心理及智能开发；

(6) 人力资源的环境开发。

(三) 商业银行人力资源管理的科学化

我国的商业银行进行人力资源管理科学化的内容要求为：

(1) 改革人事制度，建立激励约束机制，包括实行全员劳动合同制；专业技术职务管理。

(2) 实行行长负责制。

(3) 加强对员工的培养和教育。

【例 4-26】 商业银行人力资源管理的科学化的内容要求是(　　)。(2012 年多选题)

A. 实行全员劳动合同制　　　　B. 专业技术职务管理

C. 实行行长负责制　　　　　　　　　D. 加强对员工的培养和教育

E. 实行员工负责制

【解析】ABCD　我国的商业银行进行人力资源管理科学化的内容要求为：(1)改革人事制度，建立激励约束机制。①实行全员劳动合同制。②专业技术职务管理。(2)实行行长负责制。(3)加强对员工的培养和教育。

第四节　改善和加强我国商业银行的经营与管理

考点十　改善和加强我国商业银行的经营与管理

(一) 建立规范的公司治理结构

1. 商业银行公司治理的含义

商业银行公司治理应遵循各治理主体独立运作、有效制衡、相互合作、协调运转的原则，建立合理的激励、约束机制，科学、高效地进行决策、执行和监督。

《商业银行公司治理指引 (征求意见稿)》要求良好的银行公司治理应至少包括以下内容：健全的组织架构，清晰的职责边界，科学的发展战略、价值准则与良好的社会责任，有效的风险管理与内部控制，合理的激励约束机制，完善的信息披露制度。

2. 我国商业银行公司治理存在的问题

商业银行公司治理的完善是一个长期的过程，任重而道远。从我国商业银行公司治理情况看，各地分支机构的客户服务、风险内控和战略执行的实际水平参差不齐，制度和决策的执行随意性较大，制衡机制不能同等落实，距离真正意义上的公司治理结构还有一定差距。

改革发展的实践证明，必须坚持把公司治理建设作为中国银行业改革发展的核心要义，做到“决策科学、战略明晰、执行高效、经营稳健、激励有效、监督有力”，使新机制、新体制在银行内部有效运行。

3. 进一步完善我国国有商业银行治理结构的路径

我国国有商业银行必须通过改革来建立规范的法人治理结构。国有商业银行改革要按照“产权清晰，权责明确，政企分开，管理科学”的要求，把国有商业银行改组为国家控股的股份制商业银行，主要应抓好以下几项工作：

(1) 要进一步提高各银行董事会的战略把握能力和决策水平，加大监事会的监督职能，强化高管层对全行经营工作的领导、协调、管理职能。

(2) 各银行上下要进一步增强统一法人意识。

(3) 要强化各行业务条线的管理力度。

(4) 继续调整完善激励约束机制。

(二) 建立严密的内控机制

1. 内控机制的含义

商业银行为实现经营管理目标，通过制定和实施一系列制度、程序和方法，对风险进行事前防范、事中控制、事后监督和纠正的动态过程和机制。

一个有效的内部控制体系是银行组织机构安全良好运行的基础，有助于确保银行实现其长期利润目标和维持可靠的财务及管理报告体系，有助于减小银行声誉受损或发生意外损失的风险。

2. 内控机制的基本特征

从内部控制的角度来看，成功的银行在内控上一般具有以下共同的特征：

(1) 审慎经营的理念和内部控制的文化氛围；

(2) 职责分离、相互制约的部门和岗位设置；

(3) 纵向的授权与审批制度；

(4) 系统内部控制和业务活动融为一体的控制活动；

(5) 完善的信息系统。

3. 内控机制的原则

(1) 全面性原则；

(2) 审慎性原则；

(3) 有效性原则；

(4) 独立性原则。

4. 建立和完善我国商业银行内控机制的路径

(1) 建立合理的组织结构。

(2) 建立完善的内控体制。

(3) 完善内部稽核制度。

(4) 建立健全各项内部管理机制。内部管理机制是实行内控的基础，必须建立和完善。

【例 4-27】 根据中国银行业监督管理委员会 2011 年 7 月发布的《商业银行公司治理指引》，良好的商业银行公司治理内容不包括(　　)。(2014 年单选题)

A. 健全的组织架构　　B. 较快的发展速度

C. 清晰的职责边界　　D. 有效的风险管理

【解析】B　本题考查商业银行公司治理的内容。《商业银行公司治理指引(征求意见稿)》要求良好的公司治理应包括：健全的组织架构，清晰的职责边界，科学的发展战略、价值准则与良好的社会责任，有效的风险管理与内部控制，合理的激励约束机制，完善的信息披露制度。

【例 4-28】 改善我国商业银行经营与管理的主要条件是建立规范的法人治理结构和(　　)。(2013 年单选题)

A. 提高金融监管能力　　B. 建立完善的金融市场法规

C. 建立严格的内控机制　　D. 完善市场经济体制

【解析】C　改善我国商业银行经营与管理的主要条件是：建立规范的法人治理结构；建立严格的内控机制；建立科学的激励约束机制。

【例 4-29】 从内部控制的角度看，成功的商业银行基本特征有(　　)。(2012 年多选题)

A. 职责分离、相互制约的部门和岗位设置　　B. 纵向的授权与审批制度

C. 完善的激励约束机制　　D. 完善的信息系统

【解析】ABD　从内部控制的角度看，成功的银行在内控上一般具有以下共同的特征：①审慎经营的理念和内部控制的文化氛围；②职责分离、相互制约的部门和岗位设置；

③纵向的授权与审批制度；④系统内部控制和业务活动融为一体的控制活动；⑤完善的信息系统。

(三) 建立科学的激励约束机制

建立科学的激励约束机制，见表 4-19。

表 4-19　建立科学的激励约束机制

含　　义	激励约束机制是商业银行对员工实行的一种管理制度，这种制度可以使员工勤奋工作、提高素质、勇于创新、提高业绩；同时，又对员工的行为产生约束作用，使其自觉遵守银行的规章制度，杜绝不良行为
必要性	① 科学的激励约束机制是商业银行搞好经营与管理的基础 ② 建立科学的激励约束机制是商业银行深化改革的需要 ③ 建立科学的激励约束机制是我国商业银行业参与国际竞争，面对入世后金融全面开放的挑战的需要
路　　径	最根本的是充分借鉴发达国家商业银行的薪酬制度 发达国家商业银行员工的薪酬结构可以分为三个部分：科学的工资和奖金制度、各种福利计划、长期激励机制。其中长期激励机制尤其重要，如高级经理层的年薪制、经理人员股票期权制度、内部职工持股制度等，这些都可以根据我国的国情加以借鉴和采用

同步自测

一、单项选择题

1. 按照“巴塞尔协议”的规定，商业银行总资本与加权风险总资产的比率不得低于(　　)。
   A. 4%　　B. 8%　　C. 10%　　D. 50%
2. 在以下商业银行现金管理服务中，属于资金控制类服务的是(　　)。
   A. 账户调节服务　　B. 应付汇票服务
   C. 余额报告服务　　D. 锁箱服务
3. 商业银行新的业务运营模式的核心是(　　)。
   A. 前后台分离　　B. 设大堂经理
   C. 前后台合并　　D. 设综合业务窗口
4. 国外商业银行实行的高级经理层的年薪制、经理人员股票期权等属于(　　)。
   A. 科学的工资制度　　B. 长期激励机制
   C. 各种福利计划　　D. 科学的奖金制度
5. 商业银行的表外业务不包括(　　)。
   A. 金融衍生工具业务　　B. 承诺业务
   C. 担保业务　　D. 汇兑结算业务
6. 反映商业银行在一定时期内资产、负债和所有者权益各项目增减变化情况的报表是(　　)。
   A. 现金流量表　　B. 财务状况变动表

C. 损益表　　D. 资产负债表

7. 商业银行附属资本最高不得超过(　　)的100%。

A. 营运资本　　B. 普通资本　　C. 实收资本　　D. 核心资本

8. 按风险产生环境划分，商业银行风险有(　　)。

A. 经营风险与投机风险　　B. 信用风险与市场风险

C. 投资风险与财务风险　　D. 静态风险与动态风险

9. 商业银行的主要业务不包括(　　)。

A. 经营存款　　B. 经营贷款　　C. 向政府贷款　　D. 办理转账结算

10. 商业银行经营的核心和灵魂是(　　)。

A. 市场细分　　B. 市场营销　　C. 市场管理　　D. 市场优化

11. 商业银行风险产生的客观因素不包括(　　)。

A. 政治体制变革　　B. 宏观金融政策变动

C. 疏于管理　　D. 经济政策调整

12. 在下列选项中，(　　)既是财务管理的重要组成部分，又是揭示矛盾、探索规律、改善管理的途径。

A. 会计报告　　B. 财务分析　　C. 资产评估　　D. 财务状况调查

13. 商业银行经营的核心目标是(　　)。

A. 安全性　　B. 流动性　　C. 稳健性　　D. 盈利性

14. 对同一借款客户的贷款余额与银行资本净额的比例不得超过(　　)。

A. 8%　　B. 10%　　C. 2%　　D. 30%

15. 在商业银行经营管理的各项原则中，成正比的一组是(　　)。

A. 安全性与稳定性　　B. 安全性与盈利性

C. 安全性与流动性　　D. 盈利性与流动性

16. 我国商业银行的核心资本即所有者权益，下列不属于我国商业银行核心资本的是(　　)。

A. 资本公积金　　B. 盈余公积金

C. 长期次级债券　　D. 未分配利润

17. 商业银行三大经营原则中流动性原则是指(　　)。

A. 资产流动性　　B. 负债流动性

C. 资产和负债流动性　　D. 贷款和存款流动性

18. 商业银行中间业务经营中的关系营销与传统营销的区别是(　　)。

A. 营销对象不同　　B. 组织方式不同

C. 对顾客的理解不同　　D. 交易方式不同

19. 在国际银行业，被视为银行经营管理三大原则之首的是(　　)。

A. 盈利性原则　　B. 流动性原则

C. 安全性原则　　D. 效益性原则

20. 资产管理理论是以商业银行资产的(　　)为重点的经营管理理论。

A. 效益性和稳定性　　B. 盈利性和原则性

C. 安全性和流动性　　D. 流动性和盈利性

21. 下列属于商业银行资产管理内容的是( )。

A. 资本管理　B. 存款管理　C. 借入款管理　D. 准备金管理

22. ( )业务是资产经营中的核心部分。

A. 贷款　B. 存款　C. 现金　D. 投资

23. 根据 2005 年中国银行业监督管理委员会发布的《商业银行风险监管核心指标》，反映银行在资产负债比例方面的指标，主要体现在( )层次上。

A. 风险水平　B. 风险分散　C. 风险迁徙　D. 风险抵补

24. 商业银行财务管理的核心内容是( )。

A. 财产管理　B. 资本金管理　C. 成本管理　D. 利润管理

25. 反映商业银行一定时期内资产、负债和所有者权益各项目增减变化的报表是( )。

A. 资金平衡表　B. 资产负债表　C. 损益表　D. 财务状况变动表

26. 银行营销要通过交换发挥作用，即金融产品必须存在( )的可能性。

A. 价格交换　B. 货币交换　C. 商品交换　D. 价值交换

27. 商业银行资产管理的重点是( )。

A. 贷款管理　B. 存款管理　C. 证券投资管理　D. 准备金管理

28. 商业银行负债管理的重点是( )。

A. 贷款管理　B. 存款管理　C. 证券投资管理　D. 准备金管理

29. 在商业银行资产负债管理中，规模对称原理的动态平衡基础是( )。

A. 合理经济体制　B. 合理经济结构

C. 合理经济规模　D. 合理经济增长

二、多项选择题

1. 下列属于附属资本的是( )。

A. 中期优先股　B. 可转换债券　C. 一般准备

D. 实收资本　E. 长期次级债券

2. 影响存款经营的因素包括( )。

A. 货币政策　B. 支付机制的创新　C. 存款创造的调控

D. 政府的监管措施　E. 政治体制变革

3. 选择贷款客户的实质是( )。

A. 选择市场　B. 选择贷款人　C. 选择项目

D. 开拓市场　E. 选择领导人

4. 提高商业银行利润的途径不包括( )。

A. 缩小资产规模　B. 提高成本　C. 加强经营管理

D. 灵活地调度资金　E. 提高资产质量

5. 信贷类不良资产的处置手段主要有( )。

A. 资产证券化　B. 贷款重组　C. 协议处置

D. 催讨清收　E. 债权核销

6. 下列属于商业银行营业外支出的项目有( )。

A. 固定资产盘亏　B. 违约金　C. 坏账准备金

D. 非常损失　E. 证券交易差错损失

7. 下列选项属于商业银行经营内容的有(　　)。
A. 对风险投资业务的组织与营销　B. 对资产业务的组织和营销
C. 对负债业务的组织和营销　D. 对所有者权益业务的组织与营销
E. 对中间业务和表外业务的组织与营销

8. 商业银行现金管理服务的内容有(　　)。
A. 资金控制类服务　B. 账户完善类服务　C. 资金管理类服务
D. 再贴现服务　E. 贴现服务

9. 以下属于商业银行财务管理基本内容的是(　　)。
A. 成本管理　B. 资本金管理　C. 贷款管理
D. 存款管理　E. 财产管理

10. 商业银行贷款经营的主要内容包括(　　)。
A. 选择贷款客户　B. 创造贷款新品种和安排合适的贷款结构
C. 评估和控制贷款风险　D. 在贷款经营中推销银行其他产品
E. 制定和实施培养客户的战略

11. 商业银行负债管理的内容包括(　　)。
A. 证券投资管理　B. 资本管理　C. 存款管理
D. 借入款管理　E. 贷款人管理

12. 会计报表按其经济内容可分为(　　)。
A. 主表　B. 资产负债表　C. 损益表
D. 季报　E. 财务状况变动表

13. 我国欲建立健全商业银行的内控机制，应做到(　　)。
A. 完善内部稽核制度　B. 建立完善的内控制度体系
C. 建立合理的组织结构　D. 严格岗位责任制
E. 建立健全各项内部管理机制

14. 贷款的五级分类中，属于不良贷款的是(　　)。
A. 正常类　B. 关注类　C. 次级类
D. 可疑类　E. 损失类

同步自测解析

一、单项选择题

1. 【解析】B　按照“巴塞尔协议”的规定，商业银行总资本与加权风险总资产的比例不得低于8%。

2. 【解析】B　资金控制类服务包括控制支付的服务、应付汇票服务等。

3. 【解析】A　商业银行新的业务运营模式的核心是前后台分离。

4. 【解析】B　西方商业银行员工的薪酬结构可以分三个部分：科学的工资和奖金制度、各种福利计划、长期激励机制。其中长期激励机制尤其重要，如高级经理层的年薪制、经理人员股票期权制度、内部职工持股制度等，这些都可以根据我国的国情加以借鉴和采用。

5. 【解析】D　表外业务主要包括三类：承诺业务、担保业务和金融衍生工具业务。

6. 【解析】D 资产负债表是综合反映商业银行某一特定时点全部资产、负债与所有者权益情况的财务报表。

7. 【解析】D 附属资本不能超过核心资本的100%。

8. 【解析】D 按风险产生环境划分，商业银行风险有静态风险与动态风险。

9. 【解析】C 商业银行是以经营存款、贷款和金融服务为主要业务的。

10. 【解析】B 商业银行经营的核心和灵魂是市场营销。

11. 【解析】C 疏于管理是商业银行风险产生的主观因素。

12. 【解析】B 财务分析是财务管理的重要组成部分，是揭示矛盾、探索规律、改善管理的重要途径。

13. 【解析】D 商业银行的企业属性要求其以追逐利润最大化为目标，因而商业银行经营的核心目标是盈利性。

14. 【解析】B 对同一借款客户的贷款余额与银行资本净额的比例不得超过10%。

15. 【解析】C 商业银行经营管理的三原则(安全性、流动性、盈利性)既有联系又有矛盾。一般来说，流动性和安全性成正比，流动性越强，风险越小，安全越有保障；流动性、安全性与盈利性成反比，流动性越高，安全性越好，银行盈利水平就越低，反之银行盈利能力越强。

16. 【解析】C 核心资本包括普通股及溢价、未分配利润、非累计性永久优先股、附属机构的少数股东权益，以及少数经选择可确认的无形资产，包括购买抵押服务权、购买信用卡关系等。

17. 【解析】C 商业银行的流动性包括资产的流动性和负债的流动性。资产的流动性是指资产的变现能力；负债的流动性是指银行以适当的价格取得可用资金的能力。

18. 【解析】C 关系营销要求与客户建立更加稳定的关系，与传统营销的区别是对顾客的理解不同。

19. 【解析】C 商业银行经营与管理的原则是安全性、流动性、盈利性。而安全性被视为三大原则的首要原则，因为资金经营安全是商业银行生存发展的基础，也是实现资金流动和盈利、保持良好信誉的前提，所以被视为首要原则。

20. 【解析】C 资产管理理论是以商业银行资产的安全性和流动性为重点的经营管理理论。

21. 【解析】D 资产管理一般由准备金管理、贷款管理和投资管理三部分组成。

22. 【解析】A 资产业务包括现金业务、贷款业务和投资业务，其中业务量最大的是贷款业务。贷款业务是资产经营中的核心部分。

23. 【解析】A 《商业银行风险监管核心指标》分为三个层次，即风险水平、风险迁徙和风险抵补。其中，反映资产负债比例方面的指标，主要体现在风险水平这一层次上。

24. 【解析】C 成本管理是商业银行财务管理的核心内容。成本包括商业银行在筹集资金、运用资金、回收资金及其他经营活动中所发生的耗费。

25. 【解析】D 财务状况变动表是会计报表内容之一，它是反映银行在一定时期内资产、负债和所有者权益各项增减变化的动态报表。

26. 【解析】D 银行营销要通过交换发生作用。换句话说，必须存在价值交换的可能性。因此，银行一般用其支票、储蓄和贷款等产品换取客户的手续费、服务费和利息。

27. 【解析】A　资产管理由准备金管理、贷款管理和证券投资管理组成。其中贷款管理是商业银行资产管理的重点。

28. 【解析】B　负债管理由资本管理、存款管理和借入款管理组成。其中存款管理是商业银行负债管理的重点。

29. 【解析】D　规模对称原理是指商业银行资产运用的规模必须与负债来源的规模相对称、相平衡。这种对称是一种建立在合理经济增长基础上的动态平衡。

二、多项选择题

1. 【解析】ABCE　附属资本包括各项损失准备、次级债务资本工具、法定可转换债券、中期优先股，未分配股利的累积永久优先股及股本债券。

2. 【解析】BCD　影响存款经营的因素很多，其中主要的有以下三个方面：支付机制的创新、存款创造的调控、政府的监管措施。

3. 【解析】AD　选择贷款客户的实质是选择市场和开拓市场。

4. 【解析】AB　商业银行提高利润有以下途径：扩大资产规模、降低成本、加强经营管理、灵活地调度资金、提高资产质量。

5. 【解析】ABDE　信贷类不良资产的处置手段包括：催讨清收、法律追索、贷款重组、抵(质)押物处置、债权转让、委外处置、以物抵债、抵债返租、债转股、打包出售、资产证券化、申请破产(重整)、债权核销。

6. 【解析】ABDE　营业外支出内容包括：固定资产盘亏和毁损报损的净损失、抵债资产处置发生的损失额及处置费用、出纳短款、赔偿金、违约金、证券交易差错损失、非常损失、公益救济性捐赠等。

7. 【解析】BCE　商业银行经营主要包括以下几方面的内容：对负债业务的组织和营销；对资产业务的组织和营销以及中间业务和表外业务的组织与营销。

8. 【解析】ABC　在商业银行负债管理中，现金管理是从存款经营派生出来的服务，其服务内容包括：资金管理类服务；资金控制类服务；账户完善类服务。

9. 【解析】ABE　商业银行财务管理的基本内容是：资本金管理、成本管理、利润管理、财产管理、财务报告。

10. 【解析】ABDE　商业银行贷款经营的主要内容包括：选择贷款客户、培养客户的战略、创造贷款新品种和进行合适的贷款结构安排、在贷款经营中推销银行其他产品。

11. 【解析】BCD　负债管理是以负债为经营重点来保证流动性的经营管理理论。负债管理的内容包括资本管理、存款管理和借入款管理。

12. 【解析】BCE　会计报表按其内容可分为资产负债表、损益表、财务状况变动表。

13. 【解析】ABCE　建立健全我国商业银行的内控机制，重点要从以下几个方面入手：建立合理的组织结构、建立完善的内控制度体制、完善内部稽核制度、建立健全各项内部管理机制。

14. 【解析】CDE　在贷款的五级分类中，次级类、可疑类、损失类属于不良贷款。

第五章　投资银行业务与经营

大纲解读

本章考试目的在于考查应试人员是否掌握了有关资本市场直接金融业务、投资银行与商业银行性质上的区别、投资银行的主要业务等知识，并能够对当前及今后全球和我国投资银行业的发展趋势做出把握和判断。从近三年考题情况来看，本章主要考查全球投资银行的发展，以及我国投资银行的发展趋势等，平均分值是 4 分。具体考试内容如下。

1. 投资银行概述

投资银行的含义、主要业务及其特征和功能。

2. 投资银行的主要业务

投资银行的证券发行和承销业务，以及相应的证券承销方式；投资银行的证券经纪业务的含义、要素、特点和流程；投资银行的并购业务。

3. 全球投资银行的发展趋势

2008 年金融危机后美国投资银行业的变化；全球投资银行的发展趋势；我国投资银行业的发展现状及趋势。

考点精讲

第一节　投资银行概述

考点一　投资银行概述

（一）资本市场、直接金融与投资银行

资本市场是指经营期限在一年以上代表股权和债权关系的金融工具，如股票、债券和长期抵押信贷的金融市场。

按照交易中介作用的不同，金融市场可以划分为直接金融市场和间接金融市场，见表 5-1。

表 5-1　金融市场的分类

<table>
<tr><th>分　类</th><th>含　义</th><th>两 者 区 别</th><th>代表性金融中介机构</th></tr>
<tr><td>直接金融市场</td><td>是指政府、企业等通过发行债券或股票的方式在金融市场上直接向资金供给者融通资金的市场</td><td rowspan="2">差别并不在于是否有中介机构参与，而在于中介机构在交易中的地位和性质
间接金融中，金融机构分别与经济体中的最终资金盈余者和最终资金赤字者建立债权债务关系，并以赚取利差为主要收入
而直接金融中的金融机构并不介入投资者和筹资者之间的权利和义务之中，而仅仅是充当信息中介和服务中介，以收取服务费为主要收入</td><td>投资银行</td></tr>
<tr><td>间接金融市场</td><td>资金供给者将闲置资金贷放给银行等中介机构，再由这些信用中介机构转贷给资金需求者</td><td>商业银行</td></tr>
</table>

(二) 投资银行与商业银行的经营机制区别

从本质上来讲，投资银行和商业银行都是资金盈余者与资金短缺者之间的中介，都致力于解决经济活动中最终资金盈余者和赤字者的跨时资源配置矛盾。但是，作为直接金融机构代表的投资银行和作为间接金融机构代表的商业银行存在经营机制上的根本区别。

投资银行作为直接融资的中介，仅充当中介人的角色，它为筹资者寻找合适的融资机会，为投资者寻找合适的投资机会。但在一般情况下，投资银行并不介入投资者和筹资者之间的权利和义务之中，只是收取佣金服务费，投资者与筹资者直接拥有相应的权利和承担相应的义务，社会最终资金盈余者和赤字者间通过一次金融合约(或者股权关系或者债务关系)完成投融资过程。投资银行以提供交易机制和价格信号机制等金融服务解决跨时资源配置矛盾。

商业银行作为间接融资的中介，同时具有资金需求者和资金供给者的双重身份。对于存款人来说它是资金的需求方，存款人是资金的供给者；对于借款人而言它是资金供给者，借款人是资金的需求者。在这种情况下，资金存款人与借款人之间并不直接发生权利与义务，而是通过商业银行间接发生关系，双方不存在直接的金融合同约束，商业银行分别与最终资金盈余者和赤字者间有债务借贷关系。因此，社会最终资金盈余者和赤字者间通过两次金融合约完成资金融通过程。商业银行用资产转移机制，即将社会上所有资金盈余者的资产转化为自己的资产来解决资源跨时配置矛盾。

【例 5-1】 投资银行最本源的业务是(　　)。(2013 年单选题)

A. 兼并收购　　B. 证券发行与承销　　C. 证券经纪与交易　　D. 风险投资

【解析】 B　证券发行与承销是投资银行最本源、最基础的业务活动，是投资银行为公司或政府机构等融资的主要手段之一。

【例 5-2】 将未来具有可预见的现金流量的非流动性存量资产转变为在资本市场可销售和流通的金融产品，是投资银行的(　　)业务。(2012 年单选题)

A. 证券发行　　B. 证券经纪　　C. 基金管理　　D. 资产证券化

【解析】 D　资产证券化是指将资产原始权益人或发起人(卖方)具有可预见的未来现金流量的非流动性存量资产，构造和转变成为资本市场可销售和流通的金融产品的过程。

【例 5-3】 资产证券化最早的产品类型是(　　)担保证券。(2011 年单选题)

A. 信用卡应收款　B. 住房抵押贷款　　　　C. 商业贷款　　　　D. 汽车贷款

【解析】B 资产证券化的工具被称为资产担保证券。它是以住房抵押贷款、应收账款等资产为担保的金融产品。这类证券最早的发端是住房抵押担保证券。

(三) 投资银行的功能

作为资本市场的直接金融机构，投资银行有四个基本功能：媒介资金供求、构造证券市场、优化资源配置、促进产业集中。

1. 资金供求的媒介

与商业银行相似，投资银行也是沟通资金供求两方面的桥梁。

投资银行是通过以下四个中介作用来发挥其媒介资金供求功能的：

(1) 期限中介；

(2) 风险中介；

(3) 信息中介；

(4) 流动性中介。

2. 证券市场的构造者

证券市场的构成可以分为证券发行市场和证券交易市场。

在证券发行市场中，投资银行通过咨询、信息披露、定价、证券销售等方式帮助构建证券发行市场。

在证券交易市场中，投资银行以多重身份参与。

(1) 投资银行以证券经纪商的身份接受顾客委托，进行证券买卖，提高了交易效率，稳定了交易秩序，使得交易活动得以顺利进行。

(2) 投资银行在证券发行完成以后的一段时间内，常常以证券做市商的身份买卖证券，以维持其承销的证券上市流通后的价格稳定。

(3) 投资银行以证券自营商和做市商的身份活跃于交易市场，起到了活跃并稳定交易市场的作用。

在证券市场上，投资银行所从事的多种证券业务的创新，为市场创造了多样化的金融衍生工具，极大地便利了交易的进行。本着分散风险、保持最佳流动性的追求和最大利益的原则，投资银行面对客户的需求，应不断推出创新的金融工具。

3. 资源配置的优化者

(1) 投资银行的证券发行业务与优化资源配置。投资银行使资金流入效益较好的行业和企业，达到促进资源优化配置的目的。

(2) 投资银行的并购业务与优化资源配置。在资源有效配置中的功能可以从宏观和微观两个层面看。

4. 产业集中的促进者

投资银行适应资本市场中投资者的评价标准，通过募集资本的投向和并购方案的设计，引导资金流向效率较高的企业，从而促进了产业集中的过程。

【例 5-4】 为客户提供各种票据、证券以及现金之间的互换机制，投资银行所发挥的作用是(　　)。(2012 年单选题)

A. 期限中介　　B. 风险中介　　C. 信息中介　　D. 流动性中介

【解析】D　流动性中介是投资银行为客户提供各种票据、证券以及现金之间的互换机制。

【例 5-5】 投资银行发挥其媒介资金供求的功能，具体表现在充当(　　)。(2011 年多选题)

A. 期限中介　　B. 成本中介　　C. 信息中介

D. 风险中介　　E. 流动性中介

【解析】ACDE　投资银行是通过四个中介作用来发挥其媒介资金供求功能的：第一，期限中介；第二，风险中介；第三，信息中介；第四，流动性中介。

第二节　投资银行的主要业务

考点二　证券发行与承销业务

(一) 证券发行承销的概念

1. 证券发行承销的含义

证券发行是指商业组织或政府组织为了筹集资金而向社会投资人出售有价证券的行为。

证券承销是指在证券发行过程中，投资银行按照协议帮助发行人对所发行的证券进行定价和销售的活动。

2. 证券承销的方式

(1) 包销，即投资银行按议定价格直接从发行者手中购进将要发行的全部证券，然后再出售给投资者。承销商要承担销售和价格的全部风险，如果证券没有在指定的期限内全部销售出去，承销商只能自己“吃进”。

(2) 尽力推销，也称为代销。即承销商只作为发行公司的证券销售代理人，按照规定的发行条件尽力推销证券，发行结束后未售出的证券退还给发行人，承销商不承担发行风险。投资银行与发行人之间纯粹是代理关系，投资银行为推销证券而收取代理手续费。

(3) 余额包销。通常发生在股东行使其优先认股权时，即需要在融资的上市公司增发新股前，向现有股东按其目前所持有股份的比例提供优先认股权，在股东按优先认股权认购股份后若还有余额，承销商有义务全部买进这部分剩余股票，然后再转售给投资公众。

3. 首次公开发行与股权再融资

股票的公开发行包括首次公开发行和股权再融资。

(1) 首次公开发行，是指股票发行者第一次将其股票在公开市场发行销售。其机制是以股票为客观对象，由发行主体、中介机构、投资主体三者通过市场而形成有机联系。

(2) 股权再融资，是指股票已经公开上市，在二级市场流通的公司再次增发新股。

【例 5-6】 由于股票市场低迷，在某次发行中股票未被全部售出，承销商在发行结束后将未售出的股票退还给了发行人，这表明此次股票发行选择的承销方式是(　　)。(2014 年单选题)

A. 全额包销　　B. 尽力推销

C. 余额包销　　D. 混合推销

【解析】B　尽力推销，即承销商只作为发行公司的证券销售代理人，按规定的发行条件尽力推销证券，发行结束后将未售出的证券退还给发行人，承销商不承担发行风险。

【例 5-7】 (　　)是指投资银行按议定价格直接从发行者手中购进将要发行的全部证券，然后再出售给投资者。(2013 年单选题)

A. 包销　　　　B. 尽力推销

C. 余额包销　　　　D. 混合推销

【解析】A　包销，即投资银行按议定价格直接从发行者手中购进将要发行的全部证券，然后再出售给投资者。承销商要承担销售和价格的全部风险，如果证券没有在指定的期限内全部销售出去，承销商只能自己“吃进”。

(二) 首次公开发行股票的估值和定价

1. 首次公开发行股票的估值

对拟发行股票的合理估值是首次公开发行股票定价的基础。估值的方法主要有相对估值法和绝对估值法。

(1) 相对估值法。相对估值法，也称可类比上市公司估值法，将拟首发股票公司与具有相同行业和财务特征的上市公司比较进行估值的方法。可类比公司要选择同类公司如产业、产品、主要经营地域、增长特点、赢利能力、资金需求、周期性等。

相对估值法采用比率指标进行比较，其结果一般都是倍数。主要有 P/E(市盈率)倍数估值法、P/B(市净率)倍数估值法、EV/EBIT(企业价值与利息、所得税前收益)倍数法估值法、EV/EBITDA(企业价值与利息、所得税、折旧、摊销前收益)倍数估值法、EV/EBITDAR(企业价值与利息、所得税、折旧、摊销、租金前收益)倍数估值法等。其中常用的是市盈率和市净率倍数估值法。

① 市盈率的计算公式是：

市盈率=股票市场价格/每股收益

此处每股收益指的是每股净利润。

② 市净率的计算公式是：

市净率=股票市场价格/每股净资产

通过市盈率倍数法估值时，首先计算出发行人的每股收益，然后根据二级市场同行业的平均市盈率、发行人的经营情况及成长性等拟定估值市盈率，然后依据估值市盈率乘以发行人的每股收益决定估值。

通过市净率倍数法估值时，首先应计算出发行人的每股净资产，然后根据二级市场同行业的平均市净率、发行人的经营情况及其净资产收益率等拟定估值市净率，然后依据估值市净率乘以发行人的每股净资产决定估值。

(2) 绝对估值法。绝对估值法是着眼于企业未来的经营业绩，通过估算企业未来的预期收益并以适当的折现率折算成现值，借以进行企业估值的方法。

2. 首次公开发行股票的定价方法

首次公开发行股票的定价方式是指在估值的基础上对新股定价和以一定的方式将股票销售给投资者的整个机制和过程。可以将其分为簿记方式、竞价方式、固定价格方式、混合方式四种类型，见表 5-2。

表 5-2　首次公开发行股票的方式

簿记方式	又称累计订单定价方式，指主承销商通过对拟首次公开发行股票企业的全面、深入研究，先确定新股发行价格区间，通过召开路演推介会，征集需求量和需求价格信息建立簿记，绘出需求曲线，然后承销商和发行人据此一起确定最终新股发行价格，同时承销商有自由配售股份给机构投资者的权利
竞价方式	也称拍卖方式，是指所有投资者申报价格和数量，主承销商对所有有效申购按价格从高到低进行累计，累计申购量达到新股发行量的价位就是有效价位。在其之上的所有申报都中标。在统一价格拍卖中，这一有效价位即为新股的发行价格；而在差别价格拍卖中，这一价位则是最低价格，各中标者的购买价格就是自己的出价。因此，竞价方式的显著特征是投资方有较大的定价新股和购买新股股份的主动权
固定价格方式	承销商事先确定发行价格，投资者根据这一价格申购，如果出现超额申购，承销商或拥有较大的分配权利，或采取按比例配发的方式
混合方式	多种招股方式同时混合使用，如我国香港地区采用的模式是将簿记方式与固定价格公开认购相结合；台湾地区的模式则是簿记方式、竞价方式与固定价格公开申购三者的结合

【例 5-8】 如果某次股票定价和销售定价采取“荷兰式”拍卖方式，竞价中有效价位为 a，最高价位为 b，则该新股发行价格是(　　)。(2013 年单选题)

A. 有效价位 a 和最高价位 b 的加权平均值　　B. 有效价位 a

C. 有效价位 a 和最高价位 b 的算数平均值　　D. 最高价位 b

【解析】B 在统一价格拍卖(“荷兰式”拍卖)中，有效价位即为新股的发行价格。

【例 5-9】 对拟发行股票的合理估值是首次公开发行股票定价的基础、下列估值方法中，属于相对估值法的有(　　)。(2012 年多选题)

A. 市盈率倍数估值法　　B. 市净率倍数估值法

C. 股利折现模型　　D. 折现现金流模型

E. 企业价值与利息、所得税、折旧、摊销前收益倍数估值法

【解析】ABE 本题考查相对估值法包括的内容。相对估值法包括市盈率倍数估值法；市净率倍数估值法；企业价值与利息、所得税前收益倍数估值法；企业价值与利息、所得税、折旧、摊销前收益倍数估值法；企业价值与利息、所得税、折旧、摊销、租金前收益倍数估值法等。

3. 我国首次公开发行股票的询价制

2013 年 12 月 13 日，证监会颁布了新修订的《证券发行与承销管理办法》，可以看出我国的询价制是结合了簿记方式和竞价方式二者主要特征的一种新股定价方式，其主要变化有：

一是取消行政限价手段，引入主承销商自主配售机制；

二是提高网下配售比例，发挥公募基金、社保基金定价作用；

三是调整回拨机制，改进网上配售方式；

四是提高信息披露要求，强化社会监督；

五是进一步加强监管，强化事后问责。

新股定价和配售的主要规定如下：

首次公开发行股票，可以通过向网下投资者(以下称询价对象)询价的方式确定股票发行价格。参与网下报价和申购的投资者应为依法可以进行股票投资的主体，其中机构投资者应当依法设立并具有良好的信用记录，个人投资者应具备至少5年投资经验。

采用询价方式的，网下投资者报价后，发行人和主承销商应当剔除拟申购总量中报价最高的部分，剔除部分不得低于所有网下投资者拟申购数量的10%，然后根据剩余报价确定发行价格。具体规定如表5-3所示。

表5-3　询价制有关规定

	公开发行股票数量在4亿股(含)以下的	公开发行股票数量在4亿股以上的	筹资数额巨大的
剔除后的有效报价的投资者数量(不足的应当中止发行)	不少于10家，不多于20家	不少于20家，不多于40家	可适当增加，但不得多于60家
其他规定		可以向战略投资者配售股票。战略投资者不参与网下询价，且应当承诺获得本次配售的股票持有期限不少于12个月，自本次公开发行的股票上市之日起计算 可以在发行方案中采用“绿鞋期权”	

首次公开发行股票后总股本4亿股(含)以下的，网下初始发行比例不低于本次公开发行股票数量的60%；发行后总股本超过4亿股的，此比例为70%。其中，应安排不低于本次网下发行股票数量的40%优先向通过公开募集方式设立的证券投资基金和由社保基金投资管理人管理的社会保障基金配售。

网上发行：按照询价制的方式向社会公众投资者公开发行销售股票。

网下发行和网上发行同时进行，投资者应当全额缴付申购资金，投资者不得同时参与。

发行人及其主承销商应当在网下发行和网上发行之间建立双向回拨机制，网上投资者有效申购倍数超过50倍、低于100倍(含)的，应当从网下向网上回拨，回拨比例为本次公开发行股票数量的20%；网上投资者有效申购倍数超过100倍的，回拨比例为40%；网上投资者申购数量不足网上初始发行量的，可回拨给网下；网下申购数量低于初始发行量的，不得向网上回拨，应当中止发行。

“绿鞋期权”：发行人授予主承销商有权自主执行超过计划融资规模15%的配售新股的权力。具体的操作是：在“绿鞋期权”行使期内，若市场股价高于发行价，主承销商根据授权要求发行人按发行价额外配发多达该次募集总量15%的股票，主承销商将其配售给投资者；若市场股价低于发行价，则主承销商用超额的15%的资金从集中竞价交易市场价购进发行人的股票，再配售给投资者。

【例 5-10】 若公开发行股数在(　　)股以上的，参与初步询价的询价对象应不少于 50 家。(2011 年单选题)

A. 1 亿　　B. 4 亿　　C. 5000 万　　D. 50 亿

【解析】B　若公开发行股数在 4 亿股以上的，参与初步询价的询价对象应不少于 50 家。

【例 5-11】 根据我国《证券发行与承销管理办法》，股份有限公司首次公开发行股票时，可以通过向询价对象询价的方式确定股票发行价格。下列机构中，不属于询价对象的是(　　)。(2012 年单选题)

A. 证券投资基金管理公司和证券公司　　B. 金融租赁公司和商业银行

C. 财务公司和投资管理机构投资者　　D. 信托投资公司和合格境外机构投资者

【解析】B　本题考查询价对象的相关知识。询价对象是指符合规定条件的证券投资基金管理公司、证券公司、信托投资公司、财务公司、保险机构投资者、合格境外机构投资者、主承销商自主推荐的机构和个人投资者，以及经中国证监会认可的其他投资者。

【例 5-12】 在 IPO 中的“绿鞋期权”行使期内，若市场股价高于股票发行价，则主承销商应当做出的操作是(　　)。(2011 年单选题)

A. 用 15%的超额资金在市场按市场价购进股票并按发行价配售给投资者

B. 按发行价额外配发募集总量 15%的股票并将其按原来认购比例配售给机构投资者

C. 用 15%的超额资金在市场按市场价购进股票并持有至股价上涨至发行价时

D. 按发行价额外配发募集总量 15%的股票并按竞价方式销售给公众投资者

【解析】B　本题考查股票定价和销售中的“绿鞋期权”的相关知识。

4. 股票发行监管制度

(1) 股票发行监管核准制度的一般形势。从各国证券市场的实践来看，股票发行监管核准制度主要有三种类型：审批制、核准制和注册制。

审批制是一种带有强烈计划经济和行政干预色彩的股票首次公开发行监管核准制度。

注册制又称备案制或存档制，是一种市场化的股票首次公开发行监管核准制度，发行人在公开发行股票时，应按照要求将所有应该公开的信息向证券发行监管机构申报注册和披露，并对该信息的真实性、准确性、完整性承担法律责任，证券监管机构只对申报材料进行“形式审查”。发行人向证券监管机构申报并公开披露法定信息资料，经过一段时间后，若监管机构未提出异议，就可以发行股票而无须监管机构的批准。

核准制介于审批制和注册制之间。它吸取了注册制强制性信息披露原则，同时要求发行股票的公司必须符合有关法律和证券监管机构规定的必备条件。证券监管机构除进行注册制要求的形式审查外，还对发行公司治理结构、营业性质、资本结构、发展前景、管理人员素质、公司竞争力等进行实质性审查，并据此做出发行人是否符合发行条件的判断。遵循的是强制性信息披露和合规性管理相结合的原则。

【例 5-13】 证券监管机构只对申报材料进行“形式审查”的股票发行监管核准制度类型是(　　)。(2014 年单选题)

A. 审批制　　B. 核准制　　C. 注册制　　D. 登记制

【解析】C　证券监管机构只对申报材料进行“形式审查”的股票发行审核制度类型是注册制。

(2) 我国股票首次公开发行监管核准制度。我国的首次公开发行核准监管制度经历了以下两个阶段的演变：

第一阶段，行政审批制(1990—2000 年)。这一阶段又分为两个时期："额度管理"和"指标管理"。

第二阶段，核准制(2001 年至今)。这一阶段也分为两个时期："通道制"时期(2001 年 3 月—2005 年底)，"保荐制"时期(2006年1月至今)。保荐(sponsoring)即有资格的保荐人推荐符合条件的公司公开发行和上市证券，并对所推荐的证券发行人所披露的信息的质量和所做出的承诺提供法定的持续训示、督促、指导和信用担保。与通道制相比，保荐制增加了由保荐人承担发行上市过程中的连带责任的制度内容。保荐人的保荐责任期包括发行上市全过程，以及上市后的一段时期(比如两个会计年度)。

【例 5-14】 目前，我国的股票首次公开发行监管制度处于(　　)阶段。(2011 年单选题)

A. 额度管理　　B. 指标管理　　C. 通道制　　D. 保荐制

【解析】 D　2004 年 4 月我国开始推出保荐人制度，于 2005 年 1 月正式实施。

(三) 债券发行

1. 国债发行方式

目前，凭证式国债发行完全采用承购包销的方式，记账式国债完全采用公开招标方式。

2. 企业债券发行方式

企业债券的发行需要满足一系列的条件：

(1) 发行主体须通过《企业债券管理条例》和《公司法》的资格审查；

(2) 债券必须由专业信用评级机构进行信用评级；

(3) 债券发行人须找到为债券发行提供担保的保证人；

(4) 企业债券发行须通过额度申请和发行申报并符合我国债券上市交易的资格审查方可由承销商向债券市场投资者发售。

3. 金融债券发行方式

金融债券是由银行和非银行金融机构发行的债券。我国发行金融债券的主体必须是政策性银行，且全部采用市场化招标方式进行。

(四) 证券私募发行

证券私募发行也称内部发行或不公开发行，是面向少数特定投资者的发行方式。私募发行的对象通常是仅以与证券发行者具有某种密切关系者为认购对象，见表 5-4。

表 5-4 证券私募发行

名　称	分类及其性质	
股票私募发行	股东分摊	又称股东配股，是指股份公司按照股票面值向原有股东分配该公司新股认购权，动员股东认购，这种新股发行价格往往低于市场价格
	第三者分摊	又称为私人配股，即股份公司将新售股票分售给除股东以外的本公司职员、往来客户等与公司有特殊关系的第三者

(续表)

名　称	分类及其性质
债券私募发行	发行对象：个人投资者和机构投资者 特征：可以节省承销费用 不必向证券管理机关办理发行注册手续，可以节省发行时间和注册费用 因有确定的投资人，不必担心发行失败 私募发行的债券一般不允许转让 由于私募债券转让受限制，所以债券的发行条件由发行人和投资人直接商定

【例 5-15】 私募发行的优点有(　　)。(2012 年多选题)

A. 简化了发行手续

B. 避免公司商业机密泄露

C. 缩短了发行时间

D. 节省发行费用

【解析】ABCD　私募发行相对于公募发行有以下优点：简化了发行手续；避免公司商业机密泄露；节省发行费用；缩短了发行时间；发行条款灵活，较少受到法律法规约束，可以制定更为符合发行人要求的条款；比公开发行更有成功的把握等。

【例 5-16】 国泰世华股份有限公司首次公开发行人民币普通股 A 股的申请获得中国证券监督管理委员会批准许可。本次新股发行规模为18 亿元，发行的保荐机构为中银证券股份有限公司和国泰证券股份有限公司。本次发行采用对战略投资者定向配售、网下询价对象询价配售与网上资金申购发行相结合的方式进行，参加本次网下初步询价的机构投资者共 70 家，其中 68 家提供了有效报价，最终股票发行定价为 5.4 元/股。(2011 年案例分析题)

根据以上资料，回答下列问题。

1. 根据保荐制的核心内容，在此次新股发行中，中银证券股份有限公司和国泰证券股份有限公司承担发行上市过程中的(　　)。

A. 申购义务　　B. 连带责任　　C. 投资者责任　　D. 融资者义务

【解析】B　保荐制增加了由保荐人承担发行上市过程中的连带责任的制度内容，这是该制度设计的初衷和核心内容。保荐人的保荐责任期包括发行上市全过程，以及上市后的一段时期(两个会计年度)。

2. 根据我国 2010 年 10 月修订以前的《证券发行与承销管理办法》，此次新股发行向询价对象网下配售股份数为(　　)。

A. 16 亿股　　B. 12 亿股　　C. 10 亿股　　D. 8 亿股以下

【解析】D　此次新股发行向询价对象网下配售股份数为 8 亿股以下。

3. 根据我国 2010 年 10 月修订以前的《证券发行与承销管理办法》，询价对象除证券投资管理公司、证券公司、信托投资公司、保险机构投资者以外，还有(　　)。

A. 商业银行

B. 财务公司

C. 合格境外投资者

D. 主承销商自主推荐的具有较高定价能力和长期投资取向的机构投资者

【解析】BCD　询价对象除证券投资管理公司、证券公司、信托投资公司、保险机构投资者以外，还有财务公司、合格境外投资者和主承销商自主推荐的具有较高定价能力和长期投资取向的机构投资者。

4. 根据有关规定，在此次新股发行网下初步询价阶段，参与询价的机构投资者不得少于(　　)家。

A. 20　　B. 30　　C. 50　　D. 70

【解析】C　发行数量在4亿股以上的，询价对象应当不少于50家。

考点三　证券经纪业务

(一) 证券经纪业务的含义

证券经纪业务是指具备证券经纪商资格的投资银行通过证券营业部接受客户委托，按照客户要求，并代理客户买卖证券的业务。在此过程中投资银行收取一定的佣金作为收入。

【例5-17】 下列关于证券账户的开立，说法正确的是(　　)。(2013年单选题)

A. 投资银行开展证券自营业务并非必须以本公司名义开立自营账户

B. 投资银行开展证券自营业务可以以其他公司名义开立证券账户

C. 投资银行开展证券自营业务必须以本公司名义开立自营账户

D. 以上说法都不正确

【解析】C　法人投资者不得使用个人证券账户进行交易，投资银行开展证券自营业务必须以本公司名义开立自营账户。

【例5-18】 下列关于证券账户的开立，说法正确的是(　　)。(2012年多选题)

A. 个人投资者只能凭本人身份证开设一个证券账户，不得重复开户

B. 个人投资者可以凭本人身份证开设多个账户

C. 法人投资者不得使用个人证券账户进行交易

D. 投资银行开展证券自营业务必须以本公司名义开立自营账户

【解析】ACD　按照开户人的不同，可以分为个人账户(A字账户)和法人账户(B字账户)。个人投资者只能凭本人身份证开设一个证券账户，不得重复开户；法人投资者不得使用个人证券账户进行交易，投资银行开展证券自营业务必须以本公司名义开立自营账户。

【例5-19】 关于证券经纪业务的说法，正确的是(　　)。(2011年单选题)

A. 证券经纪商遵照客户委托指令进行证券买卖，并承担价格风险

B. 证券账户中的股票仅可以用于买卖股票，不能买卖债券和基金

C. 在交易委托中，与限价委托相比，市价委托的优点是保证即时成交

D. 投资银行通过现金账户从事信用经纪业务

【解析】C　证券经纪业务是指具备证券经纪商资格的投资银行通过证券营业部接受客户委托，按照客户要求，并代理客户买卖证券的业务。在此过程中，投资银行收取一定的佣金作为收入。所有上市交易的股票和债券都是证券经纪业务的对象，证券经纪业务是一种代理活动，证券经纪商不以自己的资金进行证券买卖，也不承担交易中证券价格涨跌的风险，而是充当证券买方和卖方的代理人，发挥着沟通买卖双方和按一定的要求和规则迅速、准确地执行指令并代办手续，同时尽量使买卖双方都按照自己的意愿成交的媒介作用，因此具有中介性的特点。

【例 5-20】 投资银行从事证券信用经纪业务，主要包括(　　)等类型。(2011 年多选题)

A. 融资或称买空　　B. 融资或称卖空

C. 融券或称卖空　　D. 融券或称买空　　E. 证券现货交易

【解析】AC　证券信用经纪业务主要包括融资和融券。

(二) 证券经纪业务的基本要素

证券经纪业务的基本要素包括委托人、证券经纪商、证券交易场所、证券交易的标的物等，详见表 5-5。

表 5-5　证券经纪业务的基本要素

<table>
<tr><td>委托人</td><td colspan="3">依国家法律、法规的规定，可以进行证券买卖的自然人或法人</td></tr>
<tr><td>证券经纪商</td><td colspan="3">在证券交易中接受客户委托、代理买卖证券并收取佣金的投资银行。证券经纪商并不承担交易中的价格风险</td></tr>
<tr><td rowspan="2">证券交易场所</td><td>证券交易所</td><td colspan="2">又称为“场内交易市场”，是挂牌上市证券进行交易的场所，是在一定的场所、一定的时间、按一定的规则集中买卖已发行证券而形成的市场。证券交易所的组织形式分为会员制和公司制两种，我国采用会员制</td></tr>
<tr><td>其他交易场所</td><td>又称为“场外交易市场”，是证券交易所以外的证券交易市场</td><td>(1) 柜台交易市场：按标购标售方式进行交易，是在证券交易所以外的各种证券交易机构柜台上进行股票交易的市场，简称 OTC。特点：每个证券商行大都同时具有经纪人和自营商的双重身份
(2) 第三市场：又称为“店外市场”，它是靠交易所会员直接从事大宗上市股票交易而形成的市场。特点：业务成本低，成交迅速。主要客户：机构投资者
(3) 第四市场：投资者完全绕过证券商，相互之间直接进行证券交易而形成的市场。主要客户：大企业、大公司</td></tr>
<tr><td>证券交易的标的物</td><td colspan="3">所有上市交易的股票和债券
目前，我国证券交易的标的物可以是 A 股、B 股、基金、债券(可转换债券)等</td></tr>
</table>

【例 5-21】 以下不属于证券经纪业务基本要素的是(　　)。(2011 年单选题)

A. 证券经纪商　　B. 证券交易的标的物

C. 委托人　　D. 证券交易方式

【解析】D　证券经纪业务基本要素包括委托人、证券经纪商、证券交易场所、证券交易的标的物等。

【例 5-22】 证券经纪商接受客户委托，按照客户委托指令，尽可能以最有利的价格代理客户买卖股票，证券经纪商(　　)。(2014 年单选题)

A. 承担交易中的价格风险　　B. 不承担交易中的价格风险

C. 承担交易中的利率风险　　D. 不承担交易中的利率风险

【解析】B　本题考查证券经纪商的相关知识。证券经纪商以代理人的身份从事证券交易，与客户是委托代理关系，证券经纪商必须遵照客户发出的委托指令进行证券买卖，并尽可能以最有利的价格使委托指令得以执行，但证券经纪商并不承担交易中的价格风险。

(三) 证券经纪业务的特点

(1) 业务对象的广泛性和价格波动性。

(2) 证券经纪商的中介性。

(3) 客户指令的权威性。

(4) 客户资料的保密性。

(四) 证券经纪业务的流程

(1) 开立证券账户。按照开户人的不同，可分为个人账户(A 字账户)和法人账户(B 字账户)。按照目前上市品种和证券账户用途，可以分为股票账户、债权(回购)和基金账户。

(2) 开立资金账户。投资者持证券账户卡与证券经纪商签订证券交易委托代理协议，开立用于证券交易资金清算的专用资金账户。在多数国家，客户可以选择开设现金账户和保证金账户两种，如图 5-1 所示。

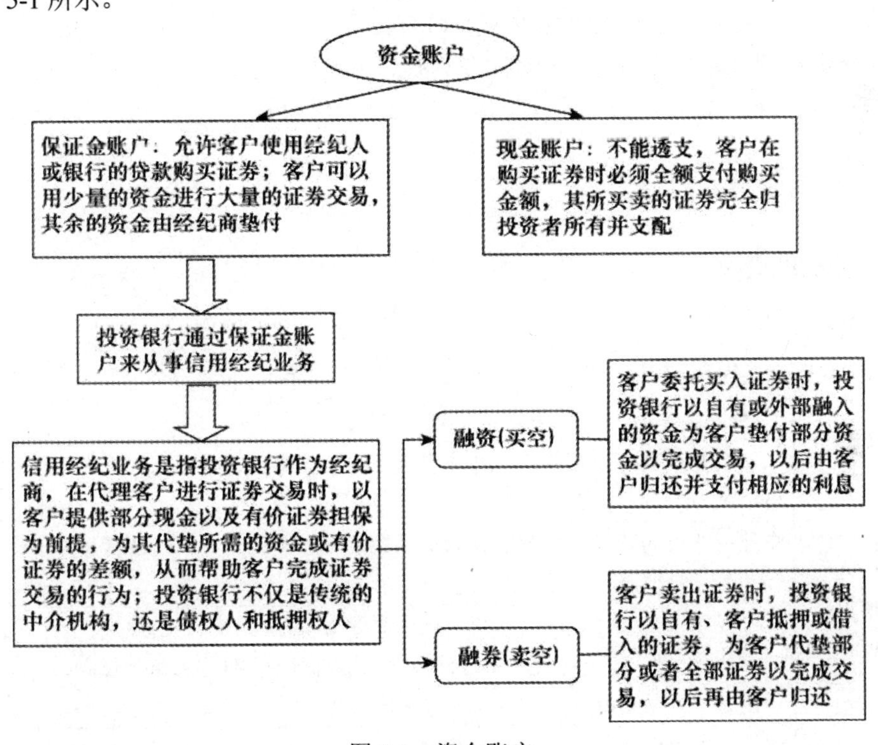

图 5-1 资金账户

(3) 进行交易委托。

(4) 委托成交。

(5) 股权登记、证券存管、清算交割交收。

【例 5-23】 (　　)指客户卖出证券时，投资银行以自有、客户抵押或借入的证券，为客户代垫部分或者全部证券以完成交易，以后再由客户归还。(2013 年单选题)

A. 融资(买空)　　　　　　　　B. 融券(卖空)

C. 融资(卖空)　　D. 融券(买空)

【解析】B　融券是指客户卖出证券时，投资银行以自有、客户抵押或借入的证券，为客户代垫部分或者全部证券以完成交易，以后再由客户归还。

【例 5-24】 信用经纪业务是投资银行(　　)功能的结合。(2012 年单选题)

A. 融资功能与经纪业务　　B. 筹资功能和经纪业务

C. 经纪业务和保险业务　　D. 融券功能和经纪业务

【解析】A　信用经纪业务是投资银行的融资功能与经纪业务相结合而产生的，是投资银行传统经纪业务的延伸。

【例 5-25】信用经纪业务是投资银行的融资功能与经纪业务相结合而产生的，是投资银行传统经纪业务的延伸。关于此项业务描述正确的是(　　)。(2011 年多选题)

A. 信用经纪业务的对象必须是委托投资银行代理证券交易的客户

B. 信用经纪业务主要有融资和融券两种类型

C. 投资银行对其所提供的信用资金承担交易风险

D. 投资银行通过信用经纪业务可以增加佣金收入

E. 投资者可以通过信用经纪业务的财务杠杆作用扩大收益

【解析】ABDE　选项 C 应该是投资银行对其所提供的信用资金不承担交易风险。

考点四　并购业务

(一) 并购的含义

1. 狭义的并购

企业并购通常被称为兼并与收购。在狭义上，企业并购的性质见表 5-6。

表 5-6　狭义的并购

<table>
<tr><td rowspan="2">并购的分类</td><td>兼并</td><td>一家企业对另一家企业的合并或吸收行为，至少一家企业法人资格消失</td><td rowspan="2">区别：两者的法律后果不同</td></tr>
<tr><td>收购</td><td>企业控制权的转移，二者之间只形成控制与被控制的关系，两者仍然是各自独立的企业法人</td></tr>
<tr><td rowspan="3">并购的结果</td><td>吸收合并</td><td>一个或几个公司并入一个存续公司的商业交易行为，因而也称为存续合并，即 A 公司兼并 B 公司，A 公司保留存续(称为兼并公司)，B 公司解散(并入 A 公司，称为被兼并公司)，丧失法人地位</td><td>用公式表示：A+B=A</td></tr>
<tr><td>新设合并</td><td>两个或两个以上企业合成一个新的企业，其特点是伴有产权关系的转移，多个法人变成一个新法人(新设公司)，原合并各方法人地位都消失</td><td>用公式表示：A+B=C</td></tr>
<tr><td>控股</td><td colspan="2">控股与被控股的关系是 A 公司通过收购 B 公司股权的方式，掌控 B 公司的经营管理和决策权，但 A 公司与 B 公司仍旧是相互独立的企业法人</td></tr>
</table>

2. 广义的并购

从广义上看，企业并购的性质见表 5-7。

表 5-7 广义的并购

并购的含义	并购实际上是通过资本市场对企业进行一切有关资本经营和资产形式重组的代称
并购的主要形式	① 扩张，包括兼并与收购 ② 售出，包括分立、子股换母股、完全析产分股、资产剥离、股权切离 ③ 公司控制，包括溢价购回、停滞协议、反接管条款、代表权争夺 ④ 所有权结构变更，包括交换发盘、股票回购、转为非上市公司、杠杆收购、管理层收购

(二) 并购的基本类型

如表 5-8 所示，并购可以按五个方式划分。

表 5-8 并购的基本类型

按并购前企业间的市场关系	横向并购	并购企业的双方或多方原属同一产业、生产或经营同类产品，并购使得资本在同一市场领域或部门集中
	纵向并购	并购企业的双方或多方之间有原料生产、供应和加工及销售的关系，分别处于生产和流通过程的不同阶段
	混合并购	同时发生横向并购和纵向并购，或并购双方或多方是属于无关联产业的企业，是对处于不同产业领域、不同产品市场，且与其产业部门之间不存在特别的生产技术联系的企业进行并购
按并购的出资方式	用现金购买资产	并购公司支付一定数量的现金，购买目标公司的资产，以实现对目标公司的控制
	用现金购买股票	并购公司支付一定数量的现金，购买目标公司的股票，以实现对目标公司的控制。一旦拥有目标公司大部分或者全部股本，目标公司就被并购了
	用股票购买资产	并购公司向目标公司发行并购公司自己的股票，以交换目标公司的资产，并购公司在有选择的情况下承担目标公司的全部或部分责任
	用股票交换股票	又称“换股”，并购公司采取直接向目标公司的股东增加发行本公司的股票，以新发行的股票交换目标公司的股票
按收购的动机	善意收购	又称为“白衣骑士”，收购公司通常事先与目标公司经营者接触，愿意给目标公司提出比较公道的价格，提供较好的条件，双方在相互认可的基础上通过谈判达成收购条件的一致意见，协商制订收购计划而完成收购活动的并购方式
	恶意收购	又称为“黑衣骑士”，收购公司首先通过秘密收集被收购的目标公司分散在外的股票等非公开手段对之进行隐蔽而有效的控制，然后在事先未与目标公司协商的情况下突然提出收购要约，使目标公司最终不得不接受苛刻的条件把公司出售

(续表)

按持股对象针对性	要约收购	收购人为了取得上市公司的控股权，向所有的股票持有人发出购买该上市公司股份的收购要约，收购该上市公司的股份。并购公司通过证券交易所的证券交易，持有一个上市公司(目标公司)已发行的股份的 30%时，就可依法向该公司所有股东发出公开收购要约，按符合法律的价格以货币付款方式购买股票，获得目标公司股权。恶意收购多采取要约收购的方式
	协议收购	由收购人和上市公司特定的股票持有人就收购该公司股票的条件、价格、期限等有关事项达成协议，由公司股票的持有人向收购者协议转让股票，收购人则按照协议条件支付价款，达到收购的目的
按收购融资渠道	杠杆收购(LBO)	由一家或几家公司在金融信贷支持下进行的并购。经常采用的形式是收购公司先成立一家置于完全控制之下的“空壳公司”，而空壳公司以其自身少量的资本以及未来买下的目标公司的资产和收益为担保来进行举债，比如通过发行高利率风险债券即“垃圾债券”来筹资。由此形成的巨额债务用未来被买下的目标公司的资产及收益来偿还
	管理层收购(MBO)	杠杆收购的一种，是指公司经理层利用借贷资本收购本公司股权的行为。通过收购，企业经营者变成了企业所有者，企业管理层集所有权与经营权于一身

【例 5-26】 2009 年 3 月 1 日，宝钢集团公司与杭州钢铁集团公司签约，宝钢集团收购宁波钢铁，可以获得其 400 万吨熟轧板卷的产能。这是宝钢集团又一次实现跨地区重组的重大举措。按并购前企业间的市场关系，此次并购属于(　　)。(2013 年单选题)

A. 纵向并购　　B. 横向并购　　C. 混合并购　　D. 垂直并购

【解析】 B　横向并购是并购企业的双方或多方原属同一产业、生产或经营同类产品，并购使得资本在同一市场领域或部门集中。

【例 5-27】 按出资方式，并购可分为(　　)。(2012 年多选题)

A. 用现金购买资产　　B. 用现金购买股票

C. 用股票交换股票　　D. 用股票购买资产

【解析】 ABCD　按出资方式，并购可分为：用现金购买资产、用现金购买股票、用股票购买资产、用股票交换股票。

(三) 投资银行在企业并购中的作用

现代投资银行的业务能力包括以下几个方面：

(1) 良好的产业分析能力；

(2) 强大的金融产品配销能力；

(3) 敏锐的经济、社会与政治动向的研判能力；

(4) 丰富的金融知识和应变能力；

(5) 正确的设计及执行投资计划的能力；

(6) 专业的会计、税务与法律方面的知识能力。

考点五　自营证券投资和私募股权、风险投资

(一) 自营证券投资

投资银行从事证券自营业务是以自有资金和合法筹集的资金，用自己名义开设的证券账户，限于买卖依法公开发行的或者经证券监督管理机构认可的证券，以赚取证券买卖差价为公司自身获利的证券交易行为。

可以买卖的证券范围包括：

第一，已经和依法可以在境内证券交易所上市交易的证券，包括股票、债券、权证和证券投资基金等；

第二，已经在全国中小企业股份转让系统挂牌转让的证券；

第三，已经和依法可以在境内银行间市场交易的证券。主要包括政府债券、国际开发机构人民币债券、央行票据、金融债券、短期融资券、公司债券中期票据和企业证券；

第四，经国家金融监管部门或者其授权机构依法批准或备案发行并在境内金融机构柜台交易的证券，主要包括开放式基金、证券公司理财产品等。

证券公司可以设立子公司进行上述品种以外的金融产品的投资。注册资本金不低于1亿元人民币，净资本不低于5000万元人民币，并经中国证监会批准经营证券自营的证券公司才能从事证券自营业务。

【例5-28】根据2011年4月发布的《关于证券公司债券自营业务投资范围及有关事项的规定》，我国证券公司可以投资已经和依法可以在境内银行间市场交易的债券，其中有(　　)。(2014年多选题)

A. 政府债券　　B. 股票　　C. 短期融资券

D. 央行票据　　E. 金融债券

【解析】ACDE　本题考查我国证券公司从事证券自营业务，可以买卖的证券范围。已经和依法可以在境内银行间市场交易的证券，主要有：政府债券、国际开发机构人民币债券、央行票据、金融债券、短期融资券、公司债券中期票据和企业债券。

(二) 私募股权和风险投资

私募股权投资是指通过非公开形式募集资金，主要是对非上市企业但不限于非上市企业的股权投资，涵盖企业首次公开发行前各阶段的权益投资，即对处于种子期、初创期、发展期、扩展期、成熟期和Pre-IPO各个时期企业所进行的投资，以及上市后的私募投资等。

近年来，私募股权和风险投资已成为全球各大投资银行的重要业务之一。私募股权和风险投资主要以成立私募股权和风险投资基金为载体进行投资，但也可以采取不成立基金直接投资方式。直投子公司从事的与私募股权和风险投资相关的投资业务有：①使用自有资金对境内企业进行股权投资；②为客户提供股权投资的财务顾问服务；③设立直投基金，筹集资金进行股权投资并管理客户。

考点六　资产管理

资产管理业务是指投资银行作为资产管理人，接受客户委托，按照资产管理合同约定的方式、条件、要求和限制，对客户资产进行证券相关投资运作，为客户提供证券投资管理服务的行为。

中国证监会在 2013 年 6 月发布了新修订的《证券公司客户资产管理业务管理办法》，规定证券公司可以从事的客户资产管理业务有：①为单一客户办理定向资产管理业务；②为多个客户办理集合资产管理业务；③为客户办理特定目的的专项资产管理业务。

取得客户资产管理业务资格的证券公司，可以办理定向资产管理业务；办理专项资产管理业务的，还须按照相关规定，向中国证监会逐项提出申请。

第三节　证券投资基金概述

考点七　证券投资基金的概念和特点

(一) 证券投资基金的概念

证券投资基金是指通过发售基金份额，将众多投资者的资金集中起来，形成独立财产，由基金托管人托管，基金管理人管理，以投资组合的方式进行证券投资的一种利益共享、风险共担的集合投资方式。

(二) 证券投资基金的特点

(1) 集合理财，专业管理。

(2) 组合投资，分散风险。

(3) 利益共享，风险共担。

(4) 严格监管，信息透明。

(5) 独立托管，保障安全。

考点八　证券投资基金的参与主体

基金市场的参与主体分为基金当事人、基金市场服务机构、基金监管机构和自律组织三大类。

(一) 基金当事人

1. 基金份额持有人

基金份额持有人即基金投资者，是基金的出资人、基金资产的所有者和基金投资回报的受益人。

2. 基金管理人

基金管理人是基金产品的募集者和管理者，其最主要的职责就是按照基金合同的约定，负责基金资产的投资运作，在有效控制风险的基础上为基金投资者争取最大的投资收益。

3. 基金托管人

为了保证基金资产的安全，《证券投资基金法》规定，基金资产必须由独立于基金管理人的基金托管人保管，从而使基金托管人成为基金的当事人之一。

【例 5-29】基金合同是规范基金当事人权利义务关系的基本法律文件，这些当事人不包括(　　)。(2013 年单选题)

A. 基金代销机构　　B. 基金管理人

C. 基金托管人　　D. 基金份额持有人

【解析】A　每只基金都会订立基金合同，基金管理人、基金托管人和基金投资者(即基金份额持有人)的权利义务在基金合同中有详细约定。

(二) 基金市场服务机构

1. 基金销售机构

基金销售机构是指基金管理人以及经中国证监会认定的可以从事基金销售的其他机构。目前可以申请从事基金销售的机构包括商业银行、证券公司、证券投资咨询机构、独立基金销售机构。

2. 基金注册登记机构

基金注册登记机构是指办理基金份额的登记过户、存管和结算业务的机构。基金注册登记机构可办理投资人基金账户的建立和管理基金份额注册登记、基金销售业务的确认、清算和结算、代理发放红利、建立并保管基金份额持有人名册等业务。

3. 律师事务所和会计师事务所

律师事务所和会计师事务所作为专业、独立的中介服务机构，为基金提供法律、会计服务。

4. 基金投资咨询机构与基金评级机构

基金投资咨询机构是向基金投资者提供基金投资咨询建议的中介机构；基金评级机构则是向投资者以及其他市场参与主体提供基金评价业务、基金资料与数据服务的机构。

(三) 基金监管机构和自律组织

1. 基金监管机构

基金监管机构通过依法行使审批或核准权：依法办理基金备案，对基金管理人、基金托管人及其他从事基金活动的中介机构进行监督管理，对违法违规行为进行查处。

2. 基金自律组织

证券交易所是基金的自律管理机构之一。基金行业自律组织是由基金管理人、基金托管人或基金销售机构等组织成立的同业协会。

考点九　证券投资基金的法律形式和运作形式

(一) 证券投资基金的法律形式

根据法律形式的不同，基金可分为契约型基金与公司型基金。

契约型基金是依据基金合同设立的基金。基金合同是规定基金当事人之间权利义务的基本法律文件。公司型基金在法律上是具有独立法人地位的股份投资公司。公司型基金依据基金公司章程设立，基金投资者是基金公司的股东，享有股东权，按所持有的股份承担有限责任，分享投资收益。

契约型基金与公司型基金的区别主要在于：首先，法律主体资格不同。契约型基金不具有法人资格；公司型基金具有法人资格。其次，投资者的地位不同。契约型基金依据基金合同成立。基金投资者尽管也可以通过持有人大会表达意见，但与公司型基金的股东大会相比，契约型基金持有人大会赋予基金持有者的权利相对较小。最后，基金营运依据不同。契约型基金依据基金合同营运基金；公司型基金依据基金公司章程营运基金。公司型基金的优点是法律关系明确清晰，监督约束机制较为完善；但契约型基金在设立上更为简单易行。两者之间的区别主要表现在法律形式的不同并无优劣之分。

(二) 证券投资基金的运作方式

根据运作方式的不同，可以将基金分为封闭式基金与开放式基金。

封闭式基金是指基金份额在基金合同期限内固定不变，基金份额可以在依法设立的证券交易所交易，但基金份额持有人不得申请赎回的一种基金运作方式。开放式基金是指基金份额不固定，基金份额可以在基金合同约定的时间和场所进行申购或者赎回的一种基金运作方式。

封闭式基金与开放式基金主要有以下区别，如表 5-9 所示。

表 5-9　封闭式基金与开放式基金的区别

期限不同	封闭式基金一般有一个固定的存续期；而开放式基金一般是无期限的
份额限制不同	封闭式基金的基金份额是固定的，在封闭期限内未经法定程序认可不能增减；开放式基金规模不固定，投资者可以随时提出申购或赎回申请，基金份额会随之增加或减少
交易场所不同	封闭式基金份额固定，在完成募集后，基金份额在证券交易所上市交易。投资者买卖封闭式基金份额，只能委托证券公司在证券交易所按市价买卖，交易在投资者之间完成 开放式基金份额不固定，投资者可以按照基金管理人确定的时间和地点向基金管理人或者其销售代理人提出申购、赎回申请，交易在投资者和基金管理人之间完成
价格形成方式不同	封闭式基金的交易价格主要受二级市场供求关系的影响 开放式基金的买卖价格以基金份额净值为基础，不受市场供求关系的影响
激励约束机制与投资策略不同	与封闭式基金相比，一般开放式基金向基金管理人提供了更好的激励约束机制

考点十　证券投资基金的类别

(一) 证券投资基金的分类概述

基金构成要素有多种，因此可以依据不同的标准对基金进行分类，如表 5-10 所示。

表 5-10　证券投资基金的分类

分类依据	证券投资基金的分类
根据运作方式不同	封闭式基金、开放式基金
根据法律形式的不同	契约型基金、公司型基金等
根据投资对象的不同	股票基金、债券基金、货币市场基金、混合基金等
根据投资目标的不同	增长型基金、收入型基金和平衡型基金
根据募集方式的不同	公募基金和私募基金

(二) 股票基金

1. 股票基金与股票的差异

(1) 股票价格在每一交易日内始终处于变动之中；股票基金净值的计算每天只进行一次，因此每一交易日股票基金只有一个价格。

(2) 股票价格会由于投资者买卖股票数量的多少和强弱的对比而受到影响；股票基金份额净值不会由于买卖数量或申购、赎回数量的多少而受到影响。

(3) 人们在投资股票时，一般会根据上市公司的基本情况，如财务状况、产品的市场竞争力、盈利预期等方面的信息对股票价格高低的合理性做出判断，但不能对股票基金份额净值进行合理与否的评判。对基金份额净值高低进行合理与否的判断是没有意义的，因为基金份额净值是由其持有的证券价格复合而成的。

(4) 单一股票的投资风险较为集中，投资风险较大；股票基金由于分散投资，投资风险低于单一股票的投资风险。但从风险来源看，股票基金增加了基金经理投资的委托代理风险。

2. 股票基金的投资风险

股票基金所面临的投资风险主要包括系统风险、非系统风险以及管理运作风险。

(1) 系统性风险是指由整体政治、经济、社会等环境因素对证券价格所造成的影响。这种风险不能通过分散投资加以消除，因此又称为不可分散风险。

(2) 非系统性风险是指个别证券特有的风险，包括企业的信用风险、经营风险、财务风险等。非系统性风险可以通过分散投资加以规避，因此又称为可分散风险。

(3) 股票基金通过分散投资可以大大降低个股投资的非系统性风险，但却不能回避系统性投资风险，而管理运作风险则因基金而异。

【例 5-30】 下列风险中属于系统风险的是(　　)。(2014 年单选题)

A. 自然灾害或核事故所带来的损失

B. 本国个别银行破产产生多米诺骨牌效应和连锁反应

C. 金融机构因受公众的负面评价而蒙受相应经济损失

D. 金融机构与雇员或客户签署的合同等文件违反有关法律或法规而蒙受经济损失

【解析】B 系统风险主要表现为本国政府政策、法律或法规发生变化，本国出现经济危机或金融危机，本国个别银行破产产生多米诺骨牌效应和连锁反应，外国的经济危机或金融危机向本国传递，等等。

3. 股票基金的分析

(1) 反映基金经营业绩的指标。主要有基金分红、已实现收益、净值增长率等指标。最简单的净值增长率指标计算如下：

净值增长率=［(份额净值-期初份额净值+基金分红) / 期初份额净值］×100%

(2) 反映基金风险大小的指标。常用来反映股票基金风险大小的指标有标准差、贝塔值、持股集中度、行业投资集中度、持股数量等指标。

通常用贝塔值(β)的大小衡量一只股票基金面临的市场风险的大小。

β＝基金净值增长率 / 股票指数增长率

持股集中度=(前十大重仓股投资市值 / 基金股票投资总市值)×100%

持股集中度越高，说明基金在前十大重仓股的投资越多，基金的风险越多。

【例 5-31】 反映股票基金风险大小的指标是(　　)。(2013 年单选题)

A. 凸度　　　　B. 久期

C. 安全垫　　　　D. 贝塔值

【解析】D 常用来反映股票基金风险大小的指标有标准差、贝塔值、持股集中度、行业投资集中度、持股数量等指标。

(三) 债券基金

1. 债券基金与债券的差异

(1) 债券基金的收益不如债券的利息固定。

(2) 债券基金没有确定的到期日。

(3) 债券基金的收益率比买入并持有到期的单个债券的收益率更难以预测。

(4) 投资风险不同。

2. 债券基金的投资风险

(1) 利率风险。债券的价格与市场利率变动密切相关，且呈反向变动。通常，债券的到期日越长，债券价格受市场利率的影响越大。与此相类似，债券基金的价值会受到市场利率变动的影响。债券基金的平均到期日越长，债券基金的利率风险越高。

(2) 信用风险。信用风险是指债券发行人没有能力按时支付利息、到期归还本金的风险。

(3) 提前赎回风险。提前赎回风险是指债券发行人有可能在债券到期日之前回购债券的风险。

(4) 通货膨胀风险。

3. 债券基金的分析

分析股票基金的许多指标可以很好地用于对债券基金的分析，净值增长率、标准差、费用率、周转率等都是较为通用的分析指标。但由于债券基金的风险来源与股票基金有所不同，债券基金的表现与风险主要受久期与债券信用等级的影响，因此对债券基金的分析也主要集中于对债券基金久期与基金所持债券信用等级的分析。

久期是指一只债券贴现现金流的加权平均到期时间。它综合考虑了到期时间、债券现金流以及市场利率对债券价格的影响，可以用以反映利率的微小变动对债券价格的影响，因此是一个较好的债券利率风险衡量指标。债券基金的久期等于基金组合中各个债券的投资比例与对应债券久期的加权平均。与单个债券久期一样，债券基金的久期越长，净值的波动幅度就越大，所承担的利率风险就越高。久期在计算上比较复杂，但其应用却很简单。要衡量利率变动对债券基金净值的影响，只要用久期乘以利率变化即可。因此，一个厌恶风险的投资者应选择久期较短的债券基金，而一个愿意接受较高风险的投资者则应选择久期较长的债券基金。

久期可以较准确地衡量利率的微小变动对债券价格的影响，但当利率变动幅度较大时，则会产生较大的误差，这主要是由债券所具有的凸性引起的。

尽管久期是一个有用的分析工具，但也应注重对债券基金所持有的债券的平均信用等级加以考虑。在其他条件相同的情况下，信用等级较高的债券，收益率较低；信用等级较低的债券，收益率较高。

【例 5-32】 债券的久期是指(　　)。(2012 年单选题)

A. 债券的票面到期时间　　　　B. 债券的信用等级

C. 债券的加权到期时间　　　　D. 债券的价格波动

【解析】C 久期是指一只债券的加权到期时间。它综合考虑了到期时间、债券现金流以及市场利率对债券价格的影响，可以用以反映利率的微小变动对债券价格的影响，因此是一个较好的债券利率风险衡量指标。

(四) 货币市场基金

货币市场基金是以货币市场工具为投资对象的基金。货币市场基金是厌恶风险、对资产流动性和安全性要求较高的投资者进行短期投资的理想工具，或是暂时存放现金的理想场所。货币市场基金具有风险低、流动性好的特点，但长期收益率较低，并不适合长期投资。

目前我国货币市场基金能够进行投资的金融工具主要包括：

(1) 现金；

(2) 1 年以内(含 1 年)的银行定期存款、大额存单；

(3) 剩余期限在 397 天以内(含 397 天)的债券；

(4) 期限在 1 年以内(含 1 年)的债券回购；

(5) 期限在 1 年以内(含 1 年)的中央银行票据；

(6) 剩余期限在 397 天以内(含 397 天)的资产支持证券。

货币市场基金不得投资于以下金融工具：

(1) 股票；

(2) 可转换债券；

(3) 剩余期限在 397 天的债券；

(4) 信用等级在 AAA 级以下的企业证券；

(5) 国内信用评级机构评定的 A-1 级或相当于 A-1 级的短期信用级别及该标准以下的短期融资券；

(6) 流通受限的证券。

(五) 混合基金

混合基金的风险低于股票基金，预期收益则要高于债券基金。它为投资者提供了一种在不同资产类别之间进行分散投资的工具，比较适合较为保守的投资者。

混合基金尽管会同时投资于股票、债券等，但常常会依据基金投资目标的不同而进行股票与债券的不同配比。因此，通常可以依据资产配置的不同将混合基金分为偏股型基金、偏债型基金、股债平衡型基金、灵活配置型基金等。

混合基金的投资风险主要取决于股票与债券配置的比例大小。一般而言，偏股型基金、灵活配置型基金的风险较高，但预期收益率也比较高；偏债型基金的风险较低、预期收益率也比较低；股债平衡型基金的风险与收益则较为适中。

第四节　证券投资基金的基金管理人和托管人

考点十一　证券投资基金的基金管理人和托管人

(一) 基金管理人的职责

我国《证券投资基金法》规定，基金管理人只能由依法设立的基金管理公司担任。基金管理人是基金的组织者和管理者，在整个基金的运作中起着核心作用。它不仅负责基金的投资管理，而且承担着产品设计、基金营销、基金注册登记、基金估值、会计核算以及客户服务等多方面的职责，基金持有人利益的保护也与基金管理人的行为密切相关。

(二) 基金管理公司的主要业务

目前除证券投资基金的募集与管理业务外，我国基金管理公司已被允许从事其他资产管理业务和提供投资咨询服务。基金管理公司已有向综合资产管理机构发展的趋势。

1. 证券投资基金业务

(1) 基金募集与销售。

(2) 基金的投资管理。

(3) 基金运营服务。

2. 特定客户资产管理业务

特定客户资产管理业务，又称“专户理财业务”，是指基金管理公司向特定客户募集资金或者接受特定客户财产委托担任资产管理人，由商业银行担任资产托管人，为资产委托人的利益，运用委托财产进行证券投资的活动。

3. 投资咨询服务

2006 年 2 月，中国证监会基金部《关于基金管理公司向特定对象提供投资咨询服务有关问题的通知》规定，基金管理公司不需报经中国证监会审批，就可以直接向合格境外机构投资者、境内保险公司及其他依法设立运作的机构等特定对象提供投资咨询服务。

(三) 基金托管人概述

1. 基金托管人及基金资产托管业务

基金托管人是根据法律法规的要求，在证券投资基金运作中承担资产保管、交易监督、信息披露、资金清算与会计核算等相应职责的当事人。根据我国法律法规的要求，基金资产托管业务或者托管人承担的职责主要包括资产保管、资金清算、资产核算、投资运作监督等方面。

2. 基金托管人的职责

按照《证券投资基金法》第三十七条规定，基金托管人应当履行的职责如下：

(1) 安全保管基金财产；

(2) 按照规定开设基金财产的资金账户和证券账户；

(3) 对所托管的不同基金财产分别设置账户，确保基金财产的完整与独立；

(4) 保存基金托管业务活动的记录、账册、报表和其他相关资料；

(5) 按照基金合同的约定，根据基金管理人的投资指令，及时办理清算、交割事宜；

(6) 办理与基金托管业务活动有关的信息披露事项；

(7) 对基金财务会计报告、中期和年度基金报告出具意见；

(8) 复核、审查基金管理人计算的基金资产净值和基金份额申购、赎回价格；

(9) 按照规定召集基金份额持有人大会；

(10) 按照规定监督基金管理人的投资运作；

(11) 中国证监会规定的其他职责。

3. 基金托管人在基金运作中的作用

基金托管人在基金运作中具有非常重要的作用，主要体现在以下方面：

(1) 基金资产由独立于基金管理人的基金托管保管，可以防止基金挪作他用，有利于保障基金资产的安全。

(2) 基金托管人对基金管理人的投资运作进行监督，可以促使基金管理人按照有关法律法规和基金合同的要求运作基金财产，有利于保护基金份额持有人的权益。

(3) 基金托管人对基金资产所进行的会计复核和净值计算，有利于防范和减少基金会计核算中的差错，保证基金份额净值和会计核算的真实性和准确性。

【例 5-33】 证券投资基金会计核算责任人为(　　)。(2011 年单选题)

A. 会计师事务所　　B. 基金托管人

C. 基金管理人　　D. 基金管理人与基金托管人

【解析】D 基金管理公司是证券投资基金会计核算的责任主体，对所管理的基金应当以每只基金为会计核算主体，独立建账、独立核算，保证不同基金在名册登记、账户设置、资金划拨、账簿记录等方面相互独立。同时，由于基金托管人对基金管理公司计算的基金资产净值以及基金业绩报告负有复核责任，因此基金托管人也需要对所托管的证券投资基金进行会计核算，并将有关结果同基金管理公司相核对。

同 步 自 测

一、单项选择题

1. 投资银行按议定价格直接从发行者手中购进将要发行的全部证券，然后再出售给投资者，投资银行必须在指定的期限内将所筹集的资金交付给发行人，这种承销方式叫作(　　)。

A. 营销　　B. 包销　　C. 代销　　D. 尽力推销

2. 下列证券承销方式中，如果采用( )，承销商要承担销售和价格的全部风险，如果证券没有全部销售出去，承销商只能自己“吃进”。

A. 营销 B. 包销 C. 代销 D. 尽力推销

3. 客户卖出证券时，投资银行以自有、客户抵押或借入的证券，为客户代垫部分或者全部证券以完成交易，以后由客户归还。这种信用经济业务叫作( )。

A. 融资 B. 融券 C. 买空 D. 贷款

4. 对投资者而言，通过投资银行的( )业务，投资者可以及时地把握投资机会，在缺少资金或证券的情况下，进行证券买卖，而不必被动等待。

A. 证券发行 B. 证券承销 C. 信用经纪 D. 并购

5. 在首次公开发行中的“绿鞋期权”是指发行人授予主承销商有权自主执行炒股计划融资规模( )的配售新股的权力。

A. 5% B. 10% C. 15% D. 20%

6. 在“绿鞋期权”行使期内，若市场股价( )发行价，则主承销商用超额的资金在市场按市场价购进股票再按发行价配售给投资者。

A. 高于 B. 低于 C. 等于 D. 不等于

7. 证券结算时，能够将在同一清算期内且同一证券合并计算，这种证券结算方式是( )。

A. 净额结算 B. 逐笔结算 C. 余额结算 D. 清算

8. 并购企业的双方或多方之间有原料生产、供应和加工及销售的关系，并分处于生产和流通过程中的不同阶段，是大企业全面控制原料生产、销售的各个环节，建立垂直结合控制体系的基本手段。这种并购属于( )。

A. 横向并购 B. 纵向并购 C. 混合并购 D. 交叉并购

9. 按照( )，并购分为杠杆收购和管理层收购。

A. 收购的动机 B. 并购的出资方式

C. 持股对象针对性 D. 收购融资渠道

10. 由一家或几家公司在金融信贷支持下进行的并购，由此而形成的债务用未来被买下的目标公司的资产及收益来偿还。这种并购叫作( )。

A. 杠杆收购 B. 管理层收购 C. 要约收购 D. 协议收购

11. 证券监管机构只对申报材料进行“形式审查”的股票发行审核制度类型是( )。

A. 审批制 B. 核准制 C. 注册制 D. 登记制

12. 封闭式基金价格主要受( )的影响。

A. 二级市场供求关系 B. 银行存贷款利率

C. 基金资产总值 D. 基金份额净值

13. 在股票定价和销售中的“绿鞋期权”行使期内，若市场股价高于股票发行价，则主承销商应当进行的操作是( )。

A. 用15%的超额资金在市场按市场价购进股票并按发行价配售给投资者

B. 按发行价额外配发募集总量15%的股票并将其按原来认购比例配售给机构投资者

C. 用15%的超额资金在市场按市场价购进股票并持有至股价上涨至发行价

D. 按发行价额外配发募集总量15%的股票并按竞价方式销售给公众投资者

14. 在公司并购业务中，公式 A+B=A 表示的并购结果是(　　)。

A. 新设合并　　B. 控股与被控股　　C. 交换发盘　　D. 吸收合并

15. 投资银行的主要利润来源不包括(　　)。

A. 佣金　　B. 资金运营收入

C. 利息收入　　D. 表外业务收入

16. 投资风险最低的基金是(　　)基金。

A. 债券　　B. 股票　　C. 指数　　D. 货币市场

17. 投资银行证券经纪业务的资金账户中，允许客户使用经纪人或银行的贷款购买证券的账户是(　　)。

A. 现金账户　　B. 保证金账户　　C. 结算账户　　D. 证券账户

18. 以下不属于证券经纪业务基本要素的是(　　)。

A. 证券经纪商　　B. 证券交易的标的物

C. 委托人　　D. 证券交易方式

19. 在资本市场上，投资银行有义务为证券创造一个流动性较强的二级市场，并维持市场价格的稳定性和连续性，这时投资银行扮演的角色是(　　)。

A. 证券经纪商　　B. 证券发行商　　C. 证券交易商　　D. 证券做市商

20. 我国证券交易所的组织形式是(　　)。

A. 公司制　　B. 俱乐部制　　C. 会员制　　D. 委员会制

21. 在我国证券交易过程中，证券交易所撮合主机对接受的委托进行合法性检验依照的原则是(　　)。

A.“集合竞价，连续竞价”原则　　B.“自愿、平等、公平、诚实”原则

C.“损失最小化、收益最大化”原则　　D.“价格优先、时间优先”原则

22. 在保证金交易中，投资银行可以以客户的证券作为抵押，贷款给客户购进股票，这体现了投资银行在媒介资金供需过程中的(　　)。

A. 流通性中介作用　　B. 期限中介作用

C. 信息中介作用　　D. 风险中介作用

二、多项选择题

1. 投资银行在项目融资中的主要工作包括(　　)。

A. 项目的可行性与风险的全面评估

B. 确定项目的资金来源、承担的风险、筹措成本

C. 估计项目投产后的成本超支及项目完工后的投产风险和经营风险

D. 通过贷款人或从第三方获得承诺，转移或减少项目风险

E. 以融资主体的身份充当领头谈判人，在设计项目融资方案中起关键作用

2. 私募发行相对于公募发行有以下优点(　　)。

A. 简化了发行手续　　B. 避免公司商业机密泄露

C. 节省发行费用　　D. 发行条款灵活，较少受到法律法规约束

E. 发行价格和交易价格可能会比较低

3. 按持股对象针对性，并购可以分为(　　)。

A. 横向并购　　B. 纵向并购　　C. 混合并购

D. 要约收购　　E. 协议收购

4. 我国首次公开发行股票监管制度经历的阶段有(　　)。
A.“额度管理”阶段　B.“指标管理”阶段　C.“通道制”阶段
D.“保荐制”阶段　E.“分配制”阶段
5. 管理层收购(MBO)的融资渠道主要有(　　)。
A. 证券回购　B.银行借款　C. 民间借贷
D. 延期支付及 MBO 基金　E. 担保融资
6. 当前全球投资银行的发展趋势包括(　　)。
A. 投资银行监管出现放松倾向
B. 投资银行业务仍然是金融市场中最重要的金融业务
C. 投资银行交易驱动特征会减弱
D. 以综合化金融集团方式经营投资银行业务
E. 投资银行监管有加强倾向
7. 证券经纪业务的特点有(　　)。
A. 业务对象的广泛性　B. 价格的稳定性　C. 证券经纪商的中介性
D. 客户指令的权威性　E. 客户资料的保密性
8. 投资银行的功能有(　　)。
A. 媒介资金供求　B. 构造证券市场　C. 优化资源配置
D. 促进产业集中　E. 稳定物价水平
9. 管理层收购(MBO)价格确定方法有(　　)。
A. 成本加成定价法　B. 边际效益定价法　C. 贴现现金流量法(DCF 模型)
D. 经济增加值法(EVA)　E. 市盈率法
10. 投资银行是通过(　　)作用来发挥其媒介资金供求功能的。
A. 信用中介　B. 期限中介　C. 风险中介
D. 信息中介　E. 流动性中介
11. 投资银行与商业银行的区别包括(　　)。
A. 资金媒介机制不同　B. 经营根本目的不同
C. 本源业务不同　D. 利润来源和构成不同
E. 经营管理风格不同
12. 投资银行最本源、最基础的业务活动包括(　　)。
A. 证券发行与承销　B. 证券经纪与交易
C. 兼并收购　D. 基金管理
E. 风险投资
13. 下列选项中，(　　)属于投资银行的主要业务。
A. 存款业务　B. 项目融资
C. 金融衍生产品创新与交易　D. 财务顾问和投资咨询
E. 资产证券化
14. 在证券市场上，投资银行所从事的多种证券业务的创新，不断推出创新的金融工具。在这个过程中，投资银行遵循的原则是(　　)。
A. 分散风险　B. 保持最佳流动性

C. 稳健性　　　　　　　　　　　　　　D. 保本性

E. 追求最大利益

15. 首次公开发行方式是指股票定价和将股票分配出售给投资者的整个机制和过程。可以分为(　　)类型。

A. 固定价格方式　　　　　　　　　　　B. 浮动价格方式

C. 询价方式　　　　　　　　　　　　　D. 竞价方式

E. 混合方式

三、案例分析题

以下资料选自2009年7月中国建筑股份有限公司首次公开发行A股的发行公告。中国建筑首次公开发行不超过120亿股人民币普通股(A股)的申请已获中国证券监督管理委员会证监许可〔2009〕627号文核准。本次发行的保荐人是中国国际金融有限公司。

本次发行采用网下向询价对象询价配售与网上资金申购发行相结合的方式进行，其中网下初始发行规模不超过48亿股，约占本次发行数量的40%；网上发行数量为本次发行总量减去网下最终发行量。

对网下发行采用询价制，分为初步询价和累计投标询价。发行人及保荐人通过向询价对象和配售对象进行预路演和初步询价确定发行价格区间，在发行价格区间内通过向配售对象累计投标询价确定发行价格。

网上申购对象是持有上交所股票账户卡的自然人、法人及其他机构。各地投资者可在指定的时间内通过与上交所联网的各证券交易网点，以发行价格区间上限和符合本公告规定的有效申购数量进行申购委托，并足额缴付申购款。

根据上述内容，回答下列问题。

1. 股份有限公司首次公开发行股票时，通常由投资银行充当金融中介，因此，中国国际金融公司是此次股票发行的(　　)。

A. 做市商　　　　　　　　　　　　　　B. 承销商

C. 交易商　　　　　　　　　　　　　　D. 经纪商

2. 从公告中可知，我国目前对企业首次公开发行股票所采取的监管制度是(　　)。

A. 审批制中的指标管理　　　　　　　　B. 核准制中的保荐制

C. 注册制　　　　　　　　　　　　　　D. 备案制

3. 下列机构中属于我国新股发行的询价对象的有(　　)。

A. 商业银行　　　　　　　　　　　　　B. 证券公司

C. 财务公司　　　　　　　　　　　　　D. 证券投资基金管理公司

4. 竞价方式与累计投标咨询方式的共同之处是发行方与投资者进行信息沟通，发行方由此便可了解投资者需求信息，但是二者在发行价格的确定上存在区别，即(　　)。

A. 在竞价方式中，发行价格最终由做市商确定

B. 在竞价方式中，发行价格最终由投资方确定

C. 在累计投标询价中，发行价格最终由发行方确定

D. 在累计投标询价中，发行价格最终由承销商确定

同步自测解析

一、单项选择题

1. 【解析】B　包销即投资银行按议定价格直接从发行者手中购进将要发行的全部证券，然后再出售给投资者。

2. 【解析】B　采用包销这种销售方式，承销商要承担销售和价格的全部风险。

3. 【解析】B　信用经纪业务主要有两种类型：融资(买空)和融券(卖空)。融券是指客户卖出证券时，投资银行以自有、客户抵押或借入的证券，为客户代垫部分或者全部证券以完成交易，以后由客户归还。

4. 【解析】C　通过投资银行的信用经纪业务，投资者可以及时地把握投资机会，在缺少资金或证券的情况下，进行证券买卖，而不必被动等待。

5. 【解析】C　在首次公开发行中的“绿鞋期权”是指发行人授予主承销商有权自主执行炒股计划融资规模 15%的配售新股的权力。

6. 【解析】B　在“绿鞋期权”行使期内，若市场股价高于发行价，主承销商根据授权要求发行人按发行价额外配发多达该次募集总量 15%的股票，主承销商将其配售给投资者；若市场股价低于发行价，则主承销商用超额的 15%的资金在市场上按市价购进股票再按发行价配售给投资者。

7. 【解析】A　证券结算主要有两种结算方式：净额结算和逐笔结算。净额结算方式又称为差额结算，就是在一个结算期内，对每个经纪商价款的结算只计其各笔应收、应付款项相抵之后的净额，对证券的结算只计每一种证券应收、应付相抵后的净额。

8. 【解析】B　纵向并购是指并购企业的双方或多方之间有原料生产、供应和加工及销售的关系，并分处于生产和流通过程中的不同阶段，是大企业全面控制原料生产、销售的各个环节，建立垂直结合控制体系的基本手段。如加工制造企业并购与其有原材料、运输、贸易联系的企业。其主要目的是组织专业化生产和实现产销一体化。

9. 【解析】D　按收购融资渠道，并购分为杠杆收购和管理层收购。

10. 【解析】A　杠杆收购(LBO)是指由一家或几家公司在金融信贷支持下进行的并购。

11. 【解析】C　注册制又称备案制或存档制，是一种市场化的股票发行制度，发行人在公开发行股票时，按照要求将所有应该公开的信息向证券发行监管机构申报注册和披露，并对该信息的真实性、准确性、完整性承担法律责任，证券监管机构只对申报材料进行形式审查。

12. 【解析】A　封闭式基金的交易价格主要受二级市场供求关系的影响。当需求旺盛时，封闭式基金二级市场的交易价格会超过基金份额净值而出现溢价交易现象;反之，当需求低迷时，交易价格会低于基金份额净值而出现折价交易现象。

13. 【解析】B　在“绿鞋期权”行使期内，若市场股价高于发行价，主承销商会根据授权要求，发行人按发行价额外配发多达该次募集总量 15%的股票，然后由主承销商将其配售给投资者。

14. 【解析】D　吸收合并是一个或几个公司并入一个存续公司的商业交易行为。即A 公司兼并 B 公司，A 公司保留存续(称为兼并公司)，B 公司解散(并入 A 公司，称为被兼并公司)，丧失法人地位，用公式表示就是 A+B=A。

15. 【解析】D　投资银行的利润来源包括三个方面：佣金、资金运营收入、利息收入。

16. 【解析】D　货币市场基金同样会面临利率风险、购买力风险、信用风险、流动性风险。但由于我国货币市场基金不得投资于剩余期限高于 397 天的债券，投资组合的平均剩余期限不得超过 180 天，相比较而言，实际上货币市场基金的风险是较低的。

17. 【解析】B　保证金账户允许客户使用经纪人或银行的贷款购买证券。在保证金账户下，客户可以用少量的资金进行大量的证券交易，其余的资金由经纪商垫付，作为给投资者的贷款，所有的信用交易和期权交易均在保证金账户中进行，称为保证金交易。

18. 【解析】D　证券经纪业务的基本要素包括委托人、证券经纪商、证券交易场所、证券交易的标的物等。证券交易方式不属于证券经纪业务基本要素。

19. 【解析】D　作为证券做市商，投资银行有义务为该证券创造一个流动性较强的二级市场，并维持市场价格的稳定。

20. 【解析】C　证券交易所的组织形式分为会员制和公司制两种，我国采用会员制。

21. 【解析】D　证券交易所撮合主机对接受的委托进行合法性检验，按照“价格优先、时间优先”的原则，自动撮合以确定成交价格。

22. 【解析】A　在保证金交易中，投资银行可以以客户的证券作为抵押，贷款给客户购进股票。通过这个方式，投资银行为金融市场的交易者提供了流动性中介。

二、多项选择题

1. 【解析】ABCD　投资银行在项目融资中的主要工作是：项目的可行性与风险的全面评估；确定项目的资金来源、承担的风险、筹措成本；估计项目投产后的成本超支及项目完工后的投产风险和经营风险；通过贷款人或从第三方获得承诺，转移或减少项目风险；以项目融资专家的身份充当领头谈判人，在设计项目融资方案中起关键作用。

2. 【解析】ABCD　发行价格和交易价格可能会比较低，不利于筹资者，这是证券私募的缺点。

3. 【解析】DE　按持股对象针对性，并购分为要约收购和协议收购。

4. 【解析】ABCD　我国的首次公开发行股票的监管制度经历了以下两个阶段的演变：第一阶段，行政审批制阶段(1993—2000 年)。这一阶段又分为“额度管理”(1993—1995 年)；“指标管理”(1996—2000 年)。第二阶段，核准制阶段(2001 年至今)。这一阶段分为：通道制时期(2001 年 3 月—2005 年年底)和保荐制时期(2006 年 1 月至今)。

5. 【解析】BCDE　MBO 融资渠道主要有：银行借款、民间借贷、延期支付及 MBO 基金、担保融资等。

6. 【解析】DE　当前全球投资银行的发展趋势包括：投资银行业务的综合化、投资银行的国际化、投资银行业务的网络化、投资银行业务的多样化和专业化、对投资银行业加强监管的趋势。

7. 【解析】ACDE　证券经纪业务的特点包括：业务对象的广泛性和价格波动性、证券经纪商的中介性、客户指令的权威性、客户资料的保密性。

8. 【解析】ABCD　作为资本市场的直接金融机构，投资银行有四个基本功能：媒介资金供求、构造证券市场、优化资源配置及促进产业集中。

9. 【解析】CDE　管理收购(MBO)价格确定方法有：贴现现金流量法(DCF 模型)、经济增加值法(EVA)和市盈率法等。

10. 【解析】BCDE 投资银行是通过四个中介作用来发挥其媒介资金供求功能的，这四个中介是期限中介、风险中介、信息中介和流动性中介。

11. 【解析】ACDE 投资银行与商业银行的区别包括：资金媒介机制不同、业务本源不同、利润来源和构成不同、经营管理风格不同。

12. 【解析】AB 投资银行最本源、最基础的业务活动包括：证券发行与承销与证券经纪与交易。

13. 【解析】BCDE 投资银行的主要业务包括：证券发行与承销、证券经纪与交易、兼并收购、基金管理、风险投资、项目融资、金融衍生产品创新与交易、财务顾问和投资咨询、资产证券化，而存款业务是各类存款性金融机构的主要业务。

14. 【解析】ABE 在证券市场上，投资银行从事多种证券业务的创新，其本着分散风险、保持最佳流动性和追求最大利益的原则，投资银行不断地推出创新后的金融工具。

15. 【解析】ACDE 首次公开发行方式是指股票定价和将股票分配出售给投资者的整个机制和过程。可以分为询价方式、固定价格方式、竞价方式、混合方式四种类型。

三、案例分析题

1. 【解析】B 首次公开发行简称 IPO，是指股票发行者第一次将其股票在公开市场上发行销售。因此，投资银行承销首次公开发行股票的业务，通常也称 IPO 业务。

2. 【解析】B 2004 年 4 月我国开始推出保荐人制度，于 2005 年 1 月正式实施。

3. 【解析】BCD 初步询价阶段，发行人及保荐机构应向不少于 20 家的符合证监会规定条件的证券投资基金管理公司、证券公司、信托投资公司、财务公司、保险机构投资者和合格境外机构投资者，以及其他证监会认可的机构投资者进行询价。

4. 【解析】BC 竞价方式的显著特征是价格由需求方决定。累计投标询价阶段，发行人及其保荐机构应在已确定的发行价格区间内向询价对象进行累计投标询价，并根据累计投标询价结果确定发行价格。

第六章　信托与租赁

大纲解读

本章考试目的在于考查应试人员是否掌握有关信托与租赁有关的概念，理解信托的性质、功能、起源与发展、设立及管理、市场及其体系，了解信托公司的经营与管理，理解租赁的性质、种类、特点、功能、产生与发展，理解租金管理、开展融资租赁和进行金融租赁公司的经营与管理的内容。从近三年考题情况来看，本章主要考查信托、信托公司的经营与管理、租赁、金融租赁公司的经营与管理等。平均分值是6分。具体考试内容如下。

1. 信托

信托的概念与功能、起源与发展、设立及管理、信托市场及其体系。

2. 信托公司的经营与管理

信托公司的设立、变更与终止，信托公司的业务运营，信托产品管理与客户关系管理，信托公司的财务管理与会计核算，信托公司面临的风险与管理。

3. 租赁

租赁的概念与功能、产生与发展、租金管理、融资租赁合同、融资租赁市场及其体系。

4. 金融租赁公司的经营与管理

金融租赁公司与融资租赁公司的区别，金融租赁公司的设立、变更与终止，金融租赁公司的业务运营，金融租赁公司的资金筹集与盈利模式。

考点精讲

第一节　信托概述

考点一　信托的概念与功能

(一) 信托的定义

信托(Trust)是一种以资产为核心、以信任为基础、以委托为方式的财产管理制度与法律行为。同时，信托也是一种金融制度，与银行、证券、保险等一起构成了现代金融体系的重要支柱，其核心内容是“受人之托，代人理财”。《中华人民共和国信托法》(以下简称《信托法》)对信托的定义是：信托是指委托人基于对受托人的信任，将其财产权委托给受托人，由受托人按委托人的意愿以自己的名义，为受益人的利益或者特定目的，进行管理或者处分的行为。具体来看，我国《信托法》对信托的定义包括了四方面的含义：

(1) 信任和诚信是信托成立的前提和基础。

(2) 信托财产是信托关系的核心。信托是一种以信托财产为中心的法律关系。

(3) 受托人以自己的名义管理或者处分信托财产。

(4) 受托人按委托人的意愿为受益人的利益或者特定目的管理信托事务。

(二) 信托的基本特征

1. 信托财产权利与利益相分离

信托财产拥有特殊的所有权性质，表现在所有权在受托人与受益人之间的分离。一方面，受托人可以享有信托财产的所有权，并以此为基础管理或处分信托财产，而与之进行交易的第三人将受托人作为信托财产的权利主体和法律行为的当事人来对待；另一方面，这种财产所有权是严格受限的，受托人决不允许从自己的利益出发管理或处分信托财产。这种分离使受益人无须承担管理之责就能享受信托财产的利益，这是信托成为一种优良的财产管理制度的奥秘所在。

2. 信托财产的独立性

一旦信托成立，信托财产就从委托人、受托人和受益人的固有财产中分离出来，成为一种独立的财产。具体来看，这种独立性表现为：信托财产独立于委托人未设立信托的其他财产；信托财产独立于受托人的固有财产；信托财产独立于受益人的固有财产；信托财产原则上不得强制执行。

3. 信托的有限责任

在信托关系中，受托人因处理信托事务所发生的财产责任，原则上仅以信托财产为限承担有限清偿责任。我国《信托法》也明确规定，受托人以信托财产为限向受益人承担支付信托利益的义务。

4. 信托管理的连续性

信托的管理具有连续性的特点，不会因为意外事件的出现而终止。信托管理的连续性安排，使信托成为一种具有长期性和稳定性的财产转移与财产管理制度。

(三) 信托的构成要素

信托的构成要素见表 6-1。

表 6-1　信托的构成要素

要　　素	概　　念
信托当事人	指与信托有直接利害关系或权利义务关系的人，包括委托人、受托人和受益人，他们是实施信托活动的主体。 (1)委托人是为了一定目的将其财产以信托的方式，委托给受托人经营的人，应当是具有完全民事行为能力的自然人、法人或者依法成立的其他组织 (2)受托人是接受信托财产，按约定的信托合同，对信托财产进行经营的人，应当是具有完全民事行为能力的自然人、法人 (3)受益人是在信托中享有信托受益权的人，可以是自然人、法人或者依法成立的其他组织 其中，委托人可以是受益人，也可以是同一信托的唯一受益人；受托人可以是受益人，但不得是同一信托的唯一受益人

（续表）

要　素	概　念
信托行为	指合法地设定信托的一种复合法律行为，既包括委托人和受托人设立信托的意思表示行为，也包括委托人将信托财产转移给受托人的行为。 其中，信托行为首先是信托当事人通过意思表示而实施的、产生信托权利义务后果的行为。委托人为实现一定的目的而创设信托，需要就其特定的财产做出设立信托的意思表示，并且该意思表示必须包含法律规定的有关事项。
信托财产	指受托人因承诺信托而取得的财产，是受托人按照委托人的意愿加以管理或者处分的对象。信托财产是信托的对象物或信托的客体，也是信托关系得以创立的载体。信托财产需要具备四个条件： (1)合法性，在设立信托时信托财产必须属于委托人合法所有，这是信托设立行为的有效要件 (2)确定性，设立信托的财产需要现实存在并且可以确定，一般应当能够计算其价值 (3)积极性，信托财产应当是积极财产，如果以消极财产(如债务等)设立信托，有可能成为委托人逃避或转嫁债务的一种手段 (4)流通性，信托财产应当是可以合法转让或流通的财产。此外，根据《信托法》规定，委托人及其受赡养人的生活必需品等不能作为信托财产设立信托
信托目的	指委托人希望通过信托所达到的目的，是信托行为意欲实现的具体内容。按受益对象划分，信托目的包括三类： (1)在自益信托的情形下，信托目的是为了委托人的利益 (2)在他益信托的情形下，信托目的是为了委托人以外的特定人的利益 (3)在公益信托的情形下，信托目的是为了公共的利益

(四) 信托的种类

根据分类标准和方法的不同，信托可划分为不同的种类，如表 6-2 所示。

表 6-2　信托的种类

受托人身份	民事信托
	商事信托
信托利益归属	自益信托
	他益信托
信托设立目的	私益信托
	公益信托
委托人人数	单一信托
	集合信托

(五) 信托的功能

信托是一种财产转移和管理制度，信托业的本质是财产管理机构。从信托业发展历程看，信托的功能体现为以财产管理为主，以融通资金、社会投资和社会公益服务等功能为辅。

1. 财产管理功能

信托本身就是一种财产管理的制度安排，财产管理功能是信托业首要和基本的功能。各类财产通过信托方式委托给信托公司，信托公司通过开办信托业务、提供专项服务，发挥为财产所有者经营、管理、运作、处理各种财产的作用，以此实现财产的保值、增值，进而实现社会财富的增长。

2. 融通资金功能

在货币信用经济条件下，社会财产多以货币形态出现，因此，信托实施财产管理的过程中必然伴随着货币资金的融通过程。这一功能表面上与银行信贷相似，但有质的区别：信托在融资对象上既融资又融物，在信用关系上体现了委托人、受托人和受益人多边关系，在融资形式上实现了直接融资与间接融资相结合，在信用形式上成为银行信用与商业信用的结合点，因此，在许多方面信托融资比信贷融资有显著优势。

3. 社会投资功能

通过开办信托业务参与社会投资是信托业的一项重要功能。信托业务的开拓和延伸，必然伴随着投资行为的出现，也只有信托机构在享有投资权和具有灵活的投资方式的条件下，其财产管理功能的发挥才具有可靠的基础；信托的投资功能，可以通过各类信托投资业务得到体现。

4. 风险隔离功能

信托产品具有财产独立性的特点，因此，信托业务可通过基础资产真实出售来实现风险隔离。我国《信托法》规定，当委托人将合法拥有的财产交付给信托公司，且事前不是以逃债为目的时，该财产就可以过户到信托公司名下成为信托财产，在法律层面上不再属于委托人，无论今后委托人是否破产或有债务纠纷，都不涉及该信托财产，该财产会在独立空间下正常运营。

5. 社会公益服务功能

信托业可以为欲捐款或资助社会公益事业的委托人服务，以实现其社会公益服务的功能。随着经济的发展和社会文明程度的提高，社会公益需求正逐步上升，社会公益基金等可以委托信托公司进行管理。

【例 6-1】(　　)是信托关系的核心。(单选题)

A. 信任和诚信　　B. 信托财产　　C. 信托人以自己的名义管理或者处分信托财产

D. 受托人按委托人的意愿为受益人的利益或者特定目的管理信托事务

【解析】B　信托财产是信托关系的核心，信任和诚信是信托成立的前提和基础。

【例 6-2】 以下是信托的基本特征的有(　　)。(多选题)

A. 信托财产权利与利益相分离　　B. 信托财产的独立性　　C. 信托财产的安全性

D. 信托的有限责任　　E. 信托管理的连续性

【解析】ABDE　信托的基本特征包括：信托财产权利与利益相分离、信托财产的独立性、信托的有限责任、信托管理的连续性。

【例 6-3】 根据信托设立目的的不同，可以分为(　　)。(单选题)

A. 民事信托和商事信托　　B. 自益信托和他益信托

C. 私益信托和公益信托　　D. 单一信托和集合信托

【解析】C　根据受托人身份的不同，信托可分为民事信托和商事信托；根据信托利益归属的不同，可分为自益信托和他益信托；根据信托设立目的的不同，可分为私益信托和公益信托；根据委托人人数的不同，可分为单一信托与集合信托。

考点二　信托的起源与发展

（一）信托起源及其在国外的发展

现代信托制度起源于中世纪的英国，用益制(Use)通常被认为是最初的信托形态。用益制是一种为他人持有财产权并代其管理产业的制度，其最初目的是为了维护宗教利益，回避法令限制，对象也局限于土地。后来，这种原理被广泛运用于其他领域，财产内容扩展到物品、货币等诸多方面。这样，用益制也逐渐由无偿的道德行为发展成为一种经济利益关系，演变为具有盈利目的的现代信托制度。

现代信托产生在英国、繁荣在美国、创新在日本。18 世纪末，美国从英国引进民事信托，并把信托以公司的组织形式作为一种事业来经营。随着美国国内股份公司的创立，股票、债券等有价证券大量涌现，同时为突破国内法律对银行、证券业的限制，最具创新性和个性化服务的信托业在美国获得了空前的发展和繁荣。相比之下，日本信托业务的发展注重根据国情进行创新，赋予信托新的含义。日本坚持信托的综合服务职能和长期融资职能，受托经营的信托财产扩大到货币、不动产以及股权、债权等领域，受托的业务从对财产、资金的经营管理扩大到对人的监护和赡养，以及咨询、中介服务等方面。这些创新使信托业集资金融通、代人理财、经济咨询等多项经济功能于一身。随着社会经济的发展，现代信托制度逐渐在各国发展起来，信托业已经成为各国连接货币市场、资本市场和产业市场的纽带，有效促进了经济发展。

（二）我国的信托发展历程与现状

以 1979 年中国国际信托投资公司的成立为标志，我国现代信托业至今已有 30 多年的发展历史。在 30 多年的发展过程中，信托业为我国经济建设做出了重要贡献。然而由于立法滞后、功能错位等原因，信托公司曾一度沦落为银行规避信贷规模管制的通道，成为一些部委及地方政府进行固定资产和基本建设投资的“钱袋子”，偏离了信托的本源业务，出现了普遍的违规经营现象，隐藏着巨大风险。为此，我国信托业先后经历了五次重大的清理整顿：1982 年，我国对非金融机构设立的信托投资公司进行清理，改变信托机构过多过乱的局面；1985 年，我国要求信托公司暂停办理新的信托贷款和信托投资业务，对存贷款加以清理；1989 年，国务院针对信托投资公司发展过快、管理较乱的情况进行清理整顿；1993 年，国务院开始全面清理各级人民银行越权批设的信托投资公司，要求国有商业银行与所办的信托投资公司脱钩；1999 年，中国人民银行按照“信托为本，分业管理，规模经营，严格监督”的原则，重新规范信托投资业务范围，把银行和证券业从信托业中分离出去，同时制定了严格的信托投资公司设立条件。经过多次整顿后，我国信托业步入了规范发展时期。

2001 年起，被业界称为“一法两规”的《中华人民共和国信托法》《信托投资公司管理办法》和《集合资金信托计划管理办法》相继颁布，结束了信托业多年来定位不清、发展错位、历经整顿的历史，奠定了我国信托业发展的法律基础，为我国信托业回归信托本源业务提供了根本的制度保障。尤其是2007年，我国银监会颁布实施了新的《信托公司管理办法》和《信托公司集合资金信托计划管理办法》，明确了信托公司作为财富管理机构的功能定位，为信托业实现彻底改造和科学发展奠定了基础，极大地促进了信托功能在我国的发挥和应用。2013年，银监会提出信托业要以机制建设为核心，着力完善机制建设，信托业进入了加强治理体系和能力建设的转型期，我国信托业已经回归本源，走上了健康、快速发展的道路。

【例6-4】 现代信托产生于（　　）。(单选题)

A. 美国　　B. 英国　　C. 日本　　D.法国

【解析】B　现代信托产生在英国、繁荣在美国、创新在日本。

考点三　信托的设立及管理

(一) 信托的设立

1. 设立信托的条件

(1) 合法的信托目的

在信托关系中，委托人设立信托不仅要有一定的目的，而且目的必须合法，这是信托能否成立的前提条件。

(2) 信托财产应当明确合法

信托设立时，委托人不仅要以确定的财产作为信托财产，而且该财产应是委托人合法所有的，这是信托能否设立的基本条件之一。

(3) 信托文件应当采用书面形式

根据我国《信托法》的规定，设立信托应当采用书面形式，包括合同书、信件和数据电文等可以有形地表现所载内容的形式，其中数据电文具体包括电报、电传、传真、电子数据交换和电子邮件等。

(4) 要依法办理信托登记

信托登记是指通过一定的方式将对有关财产已设立信托的事实向社会予以公布。

2. 信托的设立方式

以书面形式设立信托有两种常见的方式:合同和遗嘱。信托合同是信托设立最常见的方式，在我国，信托合同是指由委托人与受托人签订的，以设立、变更和终止信托关系为内容的书面协议。信托合同具体体现着信托当事人的信托意思，是信托当事人意思表示的载体。遗嘱信托是另外一种常见的信托设立方式，是指立遗嘱人(即委托人)将其遗产通过信托遗嘱行为而设立的信托。遗嘱信托是委托人的一种单方行为，在个人财富的积累和传承中，其财产管理功能受到了社会公众的普遍重视。

3. 信托登记

信托登记的内容大体可分为信托产品登记、信托文件登记和信托财产登记三类，其中信托财产是信托登记的核心。我国并非要求所有信托都进行登记，仅要求特定的信托进行登记。根据我国《信托法》的规定，进行登记的信托，以财产转移是否需要登记为标准。从我国现行法律规定来看，以下财产设立信托需进行信托登记：土地使用权和房屋所有权；船舶、航空器等交通工具；股票、股权；著作权、商标权、专利权。除此之外，以其他财产特别是动产设立信托，通常不要求进行信托登记。

4．信托设立文件的内容

信托文件应当载明的事项是设立信托所必须具备的要件，一旦有所欠缺可能导致信托不成立。根据我国《信托法》的规定，信托文件必须载明的事项包括：信托目的；委托人、受托人的姓名或者名称、住所；受益人或者受益人范围；信托财产的范围、种类及状况；受益人取得信托利益的方式、方法；此外，信托文件可以选择载明信托期限、信托财产的管理方式、受托人的报酬、新受托人的选任方式、信托终止事由等内容。

(二) 信托的管理

1．信托财产的管理

由于信托财产是信托存在的基础，因此，信托管理最重要的是对信托财产的管理。信托生效后，受托人可以按照信托文件的约定，采取投资、租赁、贷款等方式对信托财产进行合理运用。信托财产的运用方法很多，最常见的是利用信托财产进行投资以获取收益，这是实现信托财产保值增值的重要途径。信托财产运用的具体方式选择，通常取决于现有法律规定、信托财产形式形态以及受托人的创新能力等因素。

受托人对信托财产的管理必然涉及信托财产的处分。信托财产的处分包括事实上的处分和法律上的处分。前者是指对信托财产进行消费(包括生产和生活的消费)，后者是指对信托财产进行转让。在实践中，法律上的处分既包括各种处分财产所有权的行为，如买卖、赠予等，也包括处分债权和其他财产权的行为，如转让债权、免除债务等，还包括对财产权做出限制或设定负担的行为，如在某些财产上设立抵押、质押等。

2．委托人、受托人和受益人的权利和义务

委托人、受托人和受益人的权利和义务如表6-3所示。

表6-3 委托人、受托人和受益人的权利和义务

	权 利	义 务
受托人	处于掌握、管理和处分信托财产的中心位置。按照信托文件规定，对信托财产进行管理运用和处分的权利；为信托财产的管理运用、处分获取相应报酬的权利；因处理信托事务所支出的费用和负担的债务，要求从信托财产中优先受偿的权利，但因受托人违背管理职责或处理信托事务不当造成的除外	遵守信托文件的规定，为受益人的最大利益处理信托事务；管理信托财产必须恪尽职守，履行诚实、信用、谨慎、有效管理的义务；将固有财产与信托财产进行分别管理、分别记账，并将不同委托人的信托财产分别管理、分别记账
委托人	信托财产的原始所有者，其拥有的最主要权利是信托财产的授予权。了解信托财产的管理运用、处分及收支情况，并有要求受托人做出说明的权利；要求变更信托财产管理办法、对信托财产的强制执行提出异议的权利；准许受托人辞任及选任新受托人的权利；当委托人是信托利益的唯一受益人时，有解除信托的权利；有变更受益人或处分信托受益权的权利等	相关法律法规没有明确规定委托人的义务，但委托人地位的确立和权利的获得，先决条件就是将其合法所有的财产委托给受托人管理或处分，并签订相应的契约或合同

(续表)

	权　利	义　务
受益人	承享委托人所享有的各种权利；依法转让和继承信托受益权；将信托受益权用于清偿到期不能偿还的债务；信托终止时，信托文件未规定信托财产归属的，受益人最先取得信托财产；当信托结束时，有承认最终决算的权利，只有当受益人承认信托业务的最终决算后，受托人的责任才算完成	一般认为，当受托人在处理信托业务的过程中，由于不是因为自己的过失而蒙受损失时，受益人就有义务受受托人提出的费用要求或补偿损失的要求，在信托收益中予以扣除。但是，如果受益人放弃收益权利，就可以不履行这个义务

【例 6-5】 信托设立的条件包括（　　）。(多选题)

A. 合法的信托目的　　B. 明确合法的信托财产　　C. 信托文件可以采用口头形式

D. 依法办理信托登记　　E. 信托财产证明书

【解析】ABD　信托设立的条件包括：合法的信托目的、明确合法的信托财产、信托文件采用书面形式、依法办理信托登记。

【例 6-6】 以下关于信托委托人、受托人和受益人说法正确的是（　　）。(单选题)

A. 委托人处于掌握、管理和处分信托财产的中心位置

B. 受托人拥有的主要权利是信托财产的授予权

C. 受益人有权依法转让和继承信托的收益权

D. 受益人即使放弃收益权利，也必须接受受托人提出的费用要求或补偿损失的要求

【解析】C　受托人处于掌握、管理和处分信托财产的中心位置。委托人是信托财产的原始所有者，拥有的主要权利是信托财产的授予权。受益人如果放弃收益权利，可以不履行接受受托人提出的费用要求或补偿损失的要求的义务。

考点四　信托市场及其体系

(一) 信托市场的法律体系

2001 年 10 月，我国《信托法》颁布实施，标志着我国开始建立真正意义的信托制度。在此基础上，中国银监会于 2007 年又相继颁布了《信托公司管理办法》和《信托公司集合资金信托计划管理办法》两个部门规章。以上“一法两规”从信托关系、信托机构和信托业务等方面对信托业进行了规范，确立了我国信托活动的基本法律框架。

1. 信托基本法：《信托法》

《信托法》是调整信托市场信托关系的最基本法律，涉及信托市场的各个方面，包括自然人、法人和其他组织等各种信托主体，涵盖民事信托、商事信托、公益信托等各种信托行为，并明确了设立信托后各当事人之间的信托关系及权利义务关系。《信托法》具有所有权与收益权相分离、信托财产独立性、受托人有限责任、受益人保护、信托管理连续性等有别于其他法律关系的显著特征，赋予信托公司经营范围的广泛性、金融功能的综合性以及产品开发的灵活性。同时，《信托法》也是制定其他信托行业法律法规的基础和依据。

2. 行业管理法规

行业管理法规是指用以确保信托行业规范、高效运行的法律法规。信托行业管理法规以《信托法》为基础，主要包括《信托公司管理办法》《信托公司治理指引》和《信托公司净资本管理办法》等。

3. 业务管理法规

业务管理法规针对不同类型的信托业务提出了规范运行的要求，为信托市场的有序运行提供了保证。信托业务管理法规主要包括《信托公司集合资金信托计划管理办法》《银行与信托公司业务合作指引》等。

(二) 信托市场的监管体系

信托市场监管集中体现在对信托公司的监管。根据我国《银行业监督管理法》的规定，信托公司接受中国银监会的监督管理。2015 年 1 月，中国银监会专门设立了信托监督管理部，专司对信托业金融机构的监管职责。

从监管内容看，银监会主要突出对信托公司的风险监管，即通过识别信托公司固有的风险种类，进而对其经营管理所涉及的各类风险进行评估，以便系统、全面、持续地评价信托公司经营管理状况。2014 年，银监会发布了《关于信托公司风险监管的指导意见》，首次以止式文件的形式单独针对信托公司的风险监管提出指导意见。该指导意见以严防风险为目的，强调了信托公司在风险中应负的责任，要求信托公司建立流动性支持和资本补充机制。信托公司股东应承诺或在公司章程中约定，当信托公司出现流动性风险时，给予必要的流动性支持。信托公司经营损失侵蚀资本的，应在净资本中全额扣减，并相应压缩业务规模，或由股东及时补充资本；同时，对于风险较大的信托资金池业务，要求信托公司不得开展非标准化理财资金池等具有影子银行特征的业务。

从监管方式看，信托市场监管的手段有非现场监管和现场监管两类。非现场监管是监管人员按照风险为本的监管理念，全面、持续地收集、监测和分析被监管机构的风险信息，针对被监管机构的主要风险隐患制订监管计划，并结合被监管机构风险水平的高低和金融体系稳定的影响程度，合理配置监管资源，实施一系列分类监管措施的过程。现场检查是指监管当局派出监管人员对信托公司进行实地检查，通过查阅信托公司经营活动的账表、信托文件、管理报告等各种资料和座谈询问等方法，对信托公司经营管理情况进行分析、检查、评价和处理，督促信托公司合法稳健经营，提高经营管理水平，维护信托公司及金融体系安全，保护委托人及受益人的合法权益。

(三) 信托市场的运行体系

1. 信托市场的需求主体

信托市场的需求主体是需要通过信托方式进行财产转移和财产管理的人，即信托的委托人，主要包括个人和机构两大类。个人的信托需求主要包括个人财产管理信托、婚姻家庭信托、子女保障信托、遗产管理信托和养老保障信托等。机构的信托需求主要包括资产管理信托、股权代持信托、表决选举权信托等。

2. 信托市场的供给主体

在我国，可以担任受托人提供系统服务的主体包括个人、普通机构和信托机构。个人、普通机构担任受托人不以营利为目的，属于民事信托受托人；信托机构则以营利为目的，属于营业信托受托人。其中，信托机构主要包括信托公司和基金管理公司。目前，我国信托市场的供给主体主要是信托公司。

3．信托资金的运用主体

从信托资金运用体系看，信托资金需求者主要包括政府、金融机构和工商企业，从政府部门看，资金信托是政府主导的基础设施建设的重要融资渠道之一。从金融机构看，信托融资方式主要体现为信托公司通过资金信托募集资金后购买银行的信贷资产，以满足银行降低不良资产、缓解流动性压力、调整资产结构等的需要。从工商企业看，房地产企业一直是最主要的信托资金需求者。

【例 6-7】 信托市场的法律体系包括（　　）。(多选题)

A. 信托基本法　　B. 行业管理法规　　C. 公司管理规章
D. 业务管理法规　　E. 财产管理法规

【解析】ABD　信托市场的法律体系包括：信托基本法《信托法》、行业管理法规、业务管理法规。

【例 6-8】 信托市场的运行体系包括（　　）。(多选题)

A. 需求主体　　B. 供给主体　　C. 运用主体
D. 监管主体　　E. 管理主体

【解析】ABC　信托市场的运行体系包括：需求主体、供给主体与运用主体。

第二节　信托公司的经营与管理

考点五　信托公司的设立、变更与终止

（一）信托公司的设立形式、条件和程序

根据中国银监会 2007 年发布的《信托公司管理办法》和《非银行金融机构行政许可事项实施办法》，我国设立信托公司需要经银监会批准，领取金融许可证。信托公司可以采取有限责任公司或者股份有限公司的形式。

根据《信托公司管理办法》和《非银行金融机构行政许可事项实施办法》的规定，信托公司的设立应当具备下列条件：有符合《公司法》和银监会规定的公司章程；有具备银监会规定的入股资格的股东；注册资本最低限额为 3 亿元人民币或等值的可自由兑换货币，注册资本为实缴货币资本；有具备银监会规定任职资格的董事、高级管理人员和与其业务相适应的信托从业人员；具有健全的组织机构、信托业务操作规程和风险控制制度；有符合要求的营业场所、安全防范措施和与业务有关的其他设施等。

信托公司设立须经筹建和开业两个阶段。其中，信托公司的筹建期为批准决定之日起 6 个月；未能按期筹建的，可申请延期一次，延长期限不得超过 3 个月。同时，信托公司应当自领取营业执照之日起 6 个月内开业；不能按期开业的，可申请延期一次，延长期限不得超过 3 个月。

(二) 信托公司的变更与终止

信托公司的变更包括变更名称、变更股权或调整股权结构、变更注册资本、变更公司住所、改变组织形式、修改公司章程、合并或者分立等。信托公司终止是指公司法律主体资格消失、组织上解体并终止经营活动的行为或事实。信托公司的终止可分为任意终止和强制终止两类。信托公司终止时，其管理信托事务的职责同时终止。

【例 6-9】 根据《信托公司管理办法》和《非银行金融机构行政许可事项实施办法》，我国设立信托公司需要经 (　　)审批，领取金融许可证。(单选题)

A. 银监会　　B. 证监会　　C. 保监会　　D. 人民银行

【解析】A　我国设立信托公司需要经银监会审批。

考点六　信托公司的业务运营

(一) 信托业务

信托业务是指信托公司以营业和收取报酬为目的，以受托人身份承诺信托和处理信托事务的经营行为。在实践中、我国信托公司主要从事基础设施信托业务、房地产信托业务、证券投资信托业务和银信理财合作业务四大主流信托业务。

1．基础设施信托业务

基础设施信托是指信托公司接受委托人的委托，发起设立信托计划，将委托人合法拥有的资金用于投资大型公共基础设施项目建设，为受益人获取信托收益的业务模式。募集资金主要用于参与投资市政工程、公共设施、水务系统、道路交通或者能源通信等基础设施项目，一般采用信托贷款、应收账款投资等方式。融资主体多是评级较高的公开发债主体或拥有政府背景的大型企业集团，所投资项目也多为投资者较为熟知的、服务社会的重点市政工程。

基础设施信托主要有两种运作方式：

(1) 应收账款类基础设施信托，即信托公司接受委托人的委托，发起设立信托计划，将信托资金用于受让政府融资平台公司因代建基础设施项目而享有的对政府的应收账款债权。政府融资平台公司将应收账款债权转让给信托公司，以平台公司后续通过应收账款回购或地方政府直接向信托公司偿还债权等资金流入手段作为信托的收益来源。

(2) 贷款类基础设施信托，即信托公司接受委托人的委托，发起设立信托计划，将委托人合法拥有的资金通过贷款方式用于交通运输、城市公共设施或能源领域等基础设施建设项目，以信托贷款产生的利息作为信托收益来源。

2．房地产信托业务

房地产信托业务可划分为投资和融资两种类型：前者是指信托公司作为受托人发挥投资管理功能，将信托资产在房地产领域内进行投资运用，信托资产的收益水平主要取决于信托期限内市场的盈利状况；后者是指信托公司根据资金需求方的融资需求开展的房地产信托业务，在信托设立前，信托资产的运用方式和收益水平均可事先确定。

房地产信托业务主要有两种动作方式：

(1) 不动产信托，是指不动产所有人(委托人)为受益人的利益或特定目的，将所有权转移给受托人，由委托人依照信托合同来管理运用不动产的一种法律关系；

(2) 房地产资金信托，是指委托人基于对信托公司的信任，将自己合法拥有的资金委托给信托公司，由信托公司按委托人的意愿以自己的名义，为受益人的利益或特定目的，将资金投向房地产业并对其进行管理和处分的行为，这也是我国普遍采用的房地产融资方式。

3. 证券投资信托业务

证券投资信托业务是指信托公司将集合信托计划或者单独管理的信托产品项下资金，投资于依法公开发行并在符合法律规定的交易场所公开交易的证券的经营行为。目前，我国证券投资信托业务的投资范围主要包括国内证券交易所挂牌交易的 A 股股票、封闭式证券投资基金、开放式证券投资基金(含 ETF 和 LOF)、企业债、国债、可转换公司债券(含分离式可转债申购)、1 天和 7 天国债逆回购、银行存款以及中国证监会核准发行的基金可以投资的其他投资品种。2011 年，中国银监会发布了《信托公司参与股指期货交易业务指引》，规定信托公司可直接或间接参与股指期货交易。其中，信托公司固有业务不得参与股指期货交易；集合信托业务可以套期保值和套利为目的参与股指期货交易：信托公司单一信托业务可以套期保值、套利和投机为目的开展股指期货交易。

证券投资信托的业务模式主要有三大类：

(1) 以投资者为导向，着重宏观资产类别配置的财富管理业务；

(2) 证券化与证券融资业务；

(3) 以市场投资机会为导向，着重微观资产类别配置的资产管理业务。

4．银信理财合作业务

银信理财合作业务是指商业银行将理财计划项下的资金交付信托公司，由信托公司担任受托人并按照信托文件的约定进行管理、运用和处分的行为。2008 年银监会发布的《银行与信托公司业务合作指引》是银信合作业务开展的基本法规依据，该指引全面界定了银信理财合作以及银信信贷资产证券化合作、银行代信托公司推介信托计划、银行担任信托计划保管人、信托财产投资于金融机构股权等各类合作业务的含义，明确了各类业务的规则，并提出了一些限制性条款，例如，银行不得为银信理财合作涉及的信托产品及该信托产品项下财产运用对象等提供任何形式担保；信托公司投资于银行所持的信贷资产、票据资产等资产的，应当采取买断方式，且银行不得以任何形式回购等。

(二) 固有业务

信托公司除了按照信托计划管理委托人的财产外，还要管理自己的固有资产。信托公司运用固有财产经营的业务称为固有业务，它是与信托业务相对应的信托公司业务组成部分。固有资产状况和流动性良好、符合监管要求，是开展各类信托业务的前提条件。

根据《信托公司管理办法》的规定，信托公司在固有业务项下可以开展贷款、租赁、投资等活动，其中投资业务限定为对金融类公司股权投资、金融产品投资和自用固定资产投资。为实现受托人为受益人最大利益服务的宗旨，该办法强调“压缩固有业务，突出信托主业”，规定信托公司不得开展除同业拆入业务以外的其他负债业务，且同业拆入余额不得超过其净资产的 20%，固有财产原则上不得进行实业投资。同时，为了限制关联交易，防止利益输送，该办法还规定信托公司不得以固有财产向关联方融出资金或转移财产、为关联方提供担保或以股东持有的本公司股权作为质押进行融资。

在实践中，信托公司的固有业务以贷款、金融股权投资、金融产品投资等业务模式为主，其中长期股权投资是多数信托公司的主营业务。固有资产的金融产品投资包括股票、债券、信托产品、证券投资基金及其他金融产品。固有融资类业务主要包括贷款、同业拆借、担保业务以及租赁业务。

(三) 特别许可业务

在信托公司的业务中，有些创新资格类业务在开展之前必须取得国家相关部门的行政许可，该类业务通常被称为特别许可业务。目前这类业务主要有私人股权投资信托业务、信贷资产证券化业务、企业年金信托业务等。

1. 私人股权投资信托业务

私人股权投资信托是指信托公司将信托计划项下资金投资于未上市企业股权、上市公司限售流通股或中国银监会批准可以投资的其他股权的信托业务。根据中国银监会 2008 年发布的《信托公司私人股权投资信托业务操作指引》，信托公司以信托资金投资于境外未上市企业股权的，应经银监会及相关监管部门批准；私人股权投资信托投资于金融机构和拟上市公司股权的，应遵守相关金融监管部门的规定。信托公司以固有资金参与私人股权投资信托计划的，应当遵守信托公司净资本管理的有关规定，且在信托存续期间不转让受益权，也不得直接或间接以该受益权为标的进行融资。信托公司管理私人股权投资信托时，应按照信托文件约定将信托资金运用于股权投资，未进行股权投资的资金只能投资于债券、货币型基金和央行票据等低风险高流动性金融产品，并可以通过股权上市、协议转让、被投资企业回购、股权分配等方式，实现投资退出。

2. 信贷资产证券化业务

信托公司开展信贷资产证券化的前提是构建有效的风险隔离机制，并融入信用增级，以满足投资者对安全性的需求。我国《信托法》明确规定了信托财产的独立性与破产隔离保护机制，这使得信托公司具有作为特殊目的机构的先天制度优势。在资产证券化业务中，信托公司的职能包括：从发行金融机构处接受待证券化的信贷资产，组建隔离资产池，与信用增级机构、信用评级机构、证券承销商、会计师事务所等中介机构签订相关合同，完成证券化信贷资产的尽职调查、证券分层、评级、会计、税收等相关工作。因此，信托公司参与信贷资产证券化业务不仅可以获取较为丰厚的佣金回报，增强盈利能力，还有利于提高创新业务占比，实现转型与创新发展。

3. 企业年金信托业务

企业年金信托是指以信托方式管理企业年金的制度。2011 年 5 月开始实施的《企业年金基金管理办法》确定我国企业年金基金管理以信托为基本模式，这对信托公司开展企业年金业务带来历史机遇。我国信托型企业年金的运作架构是以受托人为责任中心，实行独立的财产托管。从我国当前的法律制度和金融业分业经营的现状看，在法律意义上，信托公司是最规范的企业年金法人受托机构主体。尤其是，信托制度的信托财产独立性和破产隔离优势、信托财产所有权与利益分离特性使得信托公司在开展企业年金信托业务上独具优势。

【例 6-10】 我国信托公司的业务中，信托业务包括(　　)。(多选题)

A. 基础设施信托业务　　B. 房地产信托业务　　C. 固有业务

D. 证券投资信托业务　　E. 私人股权投资信托业务

【解析】ABD　我国信托公司的业务中，信托业务包括：基础设施信托业务、房地产信托业务、证券投资信托业务和银信理财合作业务。

【例 6-11】 我国信托公司的业务中，特别许可业务包括(　　)。(多选题)

A. 私人股权投资信托业务　　B. 房地产信托业务　　C. 信贷资产证券化业务

D. 企业年金信托业务　　E. 证券投资信托业务

【解析】ACD　我国信托公司的业务中，特别许可业务包括：私人股权投资信托业务、信贷资产证券化业务、企业年金信托业务等。

考点七　信托产品管理与客户关系管理

(一) 信托产品的设立与管理

1. 信托产品的设立

信托产品是指信托公司为投资者提供的风险低、收入稳定回报的金融产品。信托产品的设立是一个严密、审慎、系统的过程，是信托关系成立的核心，其总体流程包括产品立项、尽职调查、内部评审、文件制作与事前报告、产品推介及募集等工作。

2. 信托产品的管理

信托产品管理是信托公司对信托业务中后端集中运营服务的管理，主要承担对信托资产存续期内的运营处理、核算估值、运营分析和监督控制等职责。信托公司管理或处分信托财产必须履行诚实、信用、谨慎、有效管理的义务，维护受益人的最大利益。因此，在信托产品设立后，信托公司应该加强对信托业务中后期的持续性管理，履行受托人尽职勤勉的管理义务。信托产品的管理方式主要有信托产品的现场检查、受益人大会和外派人员管理。

当信托产品期限届满、信托目的已经实现或信托文件规定的终止事由发生时，信托当事人间的信托关系即为结束，信托产品也将终止。信托产品终止并完成信托财产清算后，信托公司需要按照信托文件的约定，将剩余财产返还受益人或权利归属人。信托财产交付的方式可以采取现金方式、维持信托终止时财产原状方式或者两者的混合方式。

(二) 信托公司客户关系管理

客户关系管理是现代管理科学与信息技术相结合的产物，它既是一种新型的管理模式，也是一种先进的经营理念。信托公司客户关系管理是指信托公司通过不断强化与客户之间的沟通与交流，把握客户需求，并不断改进信托产品和服务以持续满足客户需求的过程。客户是维持信托公司生存和发展的重要资源，信托公司客户关系管理的核心是客户需求的管理，因此，了解、分析和满足客户的需求应始终作为信托公司客户关系管理的重中之重。

【例 6-12】 信托公司客户关系管理的核心是(　　)。(单选题)

A. 信托财产的管理　B. 客户需求的管理　C. 信托产品的管理　D. 信托公司的财务管理

【解析】B　信托公司客户关系管理的核心是客户需求的管理。

考点八　信托公司的财务管理、资本管理与会计核算

(一) 信托公司的财务管理

财务管理是信托公司企业管理的重要组成部分。与其他金融企业一样，信托公司需要按照财政部 2007 年颁布的《金融企业财务规则》的规定，建立健全内部财务管理制度，设置财务管理职能部门，配备专业财务管理人员，综合运用规划、预测、计划、预算、控制、监督、考核、评价和分析等方法，筹集资金，营运资产，控制成本，分配收益，配置资源，反映经营状况，防范和化解财务风险，实现持续经营和价值最大化。

信托公司财务管理的内容主要包括资产管理、资金管理、成本费用管理、利润及其分配管理、财务会计报告管理等。总体而言，这些管理内容与一般金融企业的财务管理差别不大，但基于信托业自身的特点，信托公司在财务管理过程中也有不同于其他金融企业的专属原则：

(1) 信托财产与固有财产分别管理、分别记账的原则。根据《信托法》和《信托公司管理办法》的相关规定，信托公司应该将信托财产与固有财产分别管理、分别记账，并将不同委托人的信托财产分别管理、分别记账；对信托业务和非信托业务分别核算，并对每项信托业务单独核算。

(2) 固有财务部门与信托财务部门相互独立的原则。信托公司自营业务与信托业务应分别建账、分别核算，信托公司应该分别设立固有财务部门和信托财务部门，分别负责固有财产和信托财产的财务管理工作。

(二) 信托公司的资本管理

2007 年，中国银监会发布的《信托公司管理办法》中明确规定要对信托公司实行净资本管理。2010 年，中国银监会发布了《信托公司净资本管理办法》，建立了以净资本为核心的风险控制指标体系，确保信托公司固有资产充足并保持必要的流动性，以满足抵御各项业务不可预期损失的需要。2010 年，银监会又下发了《信托公司净资本计算标准有关事项的通知》，对信托公司净资本、风险资本计算标准和监管指标做出了明确规定。信托公司净资本管理的本质是以净资本为核心，通过与风险资本等指标的比较，衡量公司业务规模、整体风险、流动性和兑付能力，据此建立各项业务规模与净资本水平之间的动态挂钩机制。

净资本是指根据信托公司的业务范围和公司资产结构的特点，在净资产的基础上对各固有资产项目、表外项目和其他有关业务进行风险调整后得出的综合性风险控制指标。净资本指标衡量的是流动性和资产的变现能力，目的是确保信托公司固有资产充足并保持必要的流动性，以满足抵御各项业务不可预期损失的需要。与净资本衡量流动性不同，风险资本衡量标准是各项业务所承担的综合风险程度。由于信托公司开展的各项业务存在一定风险并可能导致资本损失，所以应当按照各项业务规模的一定比例计算风险资本并与净资本建立对应关系，确保各项业务的风险资本有相应的净资本来支撑。

根据《信托公司净资本管理办法》的规定，信托公司净资本不得低于人民币 2 亿元；净资本不得低于各项风险资本之和的 100%；净资本不得低于净资产的 40%。信托公司净资本等相关风险控制指标不符合规定标准的，银监会可以视情况采取下列措施：要求信托公司制订切实可行的整改计划、方案，明确整改期限；要求信托公司采取措施调整业务和资产结构

或补充资本，提高净资本水平；限制信托公司信托业务增长速度。对未按要求完成整改的信托公司，银监会可以进一步采取下列措施：限制分配红利；限制信托公司开办新业务；责令暂停部分或全部业务。对信托公司净资本等风险控制指标继续恶化，严重危及该信托公司稳健运行的，中国银监会还可以采取下列措施：责令调整董事、监事及高级管理人员；责令控股股东转让股权或限制有关股东行使股东权利；责令停业整顿；依法对信托公司实行接管或督促机构重组，直至予以撤销。

(三) 信托公司的会计核算

信托业务会计核算是指收集、整理、加工信托项目投资运用的会计信息，准确记录信托资产变化情况，及时向相关各方提供财务数据和财务报表的过程。信托公司是信托业务会计核算的责任主体，对所管理的信托业务应该以每个信托项目为会计核算主体，独立建账、独立核算，保证不同的信托项目在名册登记、账户设置、资金划拨、账簿记录等方面相互独立。信托公司对信托业务的会计核算内容主要包括信托项目募集期的核算、信托项目存续期的核算和信托项目终止后的核算。

为提高信托业务会计信息的质量和可比性，加强信托业务风险管理，中国银监会决定自2010年起，对信托公司信托业务的会计核算执行新会计准则。与其他金融企业相比，信托公司会计核算的特点主要体现在：

(1) 委托人才是真正的会计主体。由于信托财产的实际所有权属于委托人，而不属于信托公司，信托公司作为受托人只是协助承担信托业务会计核算的责任，按照会计信息质量的实质重于形式原则，信托公司只是形式上的会计主体，而委托人才是真正的会计主体。

(2) 信托公司信托业务以信托项目为会计核算主体。信托项目应作为独立的会计核算主体，以持续经营为前提，独立核算信托财产的管理运用和处分情况。各个信托项目应单独建账，独立核算，单独编制财务会计报告。

【例 6-13】 根据《信托公司净资本管理办法》的规定，信托公司净资本不得低于人民币(　　)亿元。(单选题)

A. 2　　B. 3　　C. 5　　D. 10

【解析】A　根据《信托公司净资本管理办法》的规定，信托公司净资本不得低于人民币2亿元。

【例 6-14】 以下关于信托公司财务管理的说法中，正确的是(　　)。(单选题)

A. 信托公司应该将信托财产与固有财产分别管理、分别记账

B. 信托公司不需要将每项信托业务单独核算

C. 信托公司不需要将自营业务与信托业务分别核算

D. 信托公司不需要分别设立固有财务部门和信托财务部门

【解析】A　信托财产与固有财产分别管理、分别记账的原则。根据《信托法》和《信托公司管理办法》的相关规定，信托公司应该将信托财产与固有财产分别管理、分别记账，并将不同委托人的信托财产分别管理、分别记账；对信托业务和非信托业务分别核算，并对每项信托业务单独核算。固有财务部门与信托财务部门相互独立的原则。信托公司自营业务与信托业务应分别建账、分别核算，信托公司应该分别设立固有财务部门和信托财务部门，分别负责固有财产和信托财产的财务管理工作。

考点九　信托公司面临的风险与管理

(一) 信托公司的业务风险

信托公司的业务风险属于金融风险的一种，是指信托公司在开展信托业务的过程中，由于决策失误、客观情况变化或其他原因使信托财产存在遭受损失的可能性。信托公司在开展信托业务过程中主要面临以下风险，见表 6-4。

表 6-4　信托公司的业务风险

信用风险	指交易对手(项目)或债务人不能或不愿按时履约的风险。信托公司面临的信用风险主要来自借款、对外担保、投资等业务，主要表现为客户交易违约或借款人信用等级下降等所造成的风险
市场风险	信托公司在业务开展过程中所面临的市场的整体风险，主要包括：宏观经济风险(如财政货币政策风险、利率风险、经济周期风险等)、政策风险(突出体现在政府各种经济和非经济政策的变化给业务带来的风险)、市场供求风险等
操作风险	指信托业务开展过程中，由于制度和操作流程缺失以及操作不审慎，或者现有制度和流程不能得到有效执行而可能引起的经营风险和损失
合规与法律风险	指信托公司因未遵循法律、法规、规则和准则造成可能遭受法律制裁、监管处罚、重大财务损失和声誉损失的风险，以及公司在业务经营过程中由于不当的法律文书、违约行为或怠于行使自身法律权利等所造成的风险
兑付风险	指信托到期必须兑付的刚性特点所带来的风险
展业风险	指由于信托业近年来迅速发展，信托规模大幅增加，交易对手越发多样化，信托机构对融资企业所处的行业缺乏相关了解，展业时所存在的潜在风险

(二) 信托公司的业务风险防范

1. 信托业务风险控制的核心要点

信托公司控制信托业务风险的核心在于建立符合公司战略定位和发展方向的全面风险管理体系。信托公司的风险管理体系包括风险管理的理念、架构、制度、流程、方法和工具等，具体内容包括：持续倡导全面风险管理理念、完善风险管理架构、健全风险管理制度和流程、丰富风险管理方法和工具等。

2. 信托业务风险控制策略

信托业务风险控制策略如表 6-5 所示。

表 6-5　信托业务风险控制策略

信用风险管理策略	严格按照业务流程、制度规定和相应程序开展信托业务，确保决策者充分了解业务涉及的信用风险；对交易对手进行全面、深入的信用调查与分析，形成客观、翔实的尽职调查报告；严格落实担保等措施，注意对抵(质)押物权属有效性、合法性进行审查，客观、公正评估抵押物；通过提取信托赔偿准备金和计提资产损失准备金提高公司抵御风险的能力等

(续表)

市场风险管理策略	制定与信托业务性质、规模和风险特征相适应的，与公司业务发展战略、管理能力、资本实力和能够承担的风险水平相一致的市场风险管理原则和程序，对信托业务和产品中的市场风险因素进行分析。准确识别业务中的市场风险类别和性质
操作风险管理策略	加强内控制度建设和落实，合理设置体现制衡原则的岗位职责，建立完善的授权制度，按照公司相关管理制度，对违规人员进行问责
合规与法律风险管理策略	对信托公司所有拟开展业务进行法律风险及合规风险审查，并严格按照规定程序实施法律文件的审核、签约等。同时确保信托业务的开展符合国家相关法律法规和监管政策的规定

【例 6-15】 信托业务开展过程中，由于制度和操作流程缺失以及操作不审慎，或者现有制度和流程不能得到有效执行而可能引起的经营风险和损失所引发的风险叫作(　　)。(单选题)

A. 信用风险　　B. 市场风险　　C. 操作风险　　D. 合规与法律风险

【解析】 C　操作风险是指信托业务开展过程中，由于制度和操作流程缺失以及操作不审慎，或者现有制度和流程不能得到有效执行而可能引起的经营风险和损失所引发的风险。

【例 6-16】 信托公司在开展信托业务过程中，主要面临(　　)等业务风险。(多选题)

A. 信用风险　　B. 市场风险　　C. 操作风险　　D. 合规与法律风险

E. 兑付风险

【解析】 ABCDE　信托公司在开展信托业务过程中，主要面临信用风险、市场风险、操作风险、合规与法律风险、兑付风险、展期风险等业务风险。

第三节　租赁概述

考点十　租赁的概念与功能

(一) 租赁的定义

租赁是以商品形态与货币形态相结合的方式提供的信用活动，具有信用和贸易双重性质。由于所处的角度不同，不同的部门对租赁的含义有不同的解释。根据我国财政部《企业会计准则 21 号——租赁》的定义，租赁是指在约定的期间内，出租人将资产使用权让与承租人以获取租金的协议；根据《中华人民共和国合同法》的定义，租赁是出租人将租赁物交付承租人使用、收益，承租人支付租金的合同；根据《中国大百科全书》的定义，租赁是指出租人把出租财产交给承租人使用。承租人支付租金，并在租赁关系终止时将原租赁财产返还给出租人的交易或行为　虽然租赁的定义有不同的描述方式和角度，但这些定义都强调了租赁交易只形成物权中用益物权的转移，而不是像买卖交易那样形成物权的整体转移，也即在租赁期内，租赁转移的是资产的使用权，而不是资产的所有权，而且这种转移是有偿的，取得使用权需要以支付租金为代价。

(二) 租赁的种类

1. 租赁服务

租赁服务包括各种有形资产、非金融类无形资产的短期和长期租赁，按照国家统计局国民经济行业分类标准，租赁服务属于“租赁和商务服务业”。租赁服务可分为以下两个小类：一是短期租赁，包括机动车、休闲体育设施、个人和家庭用品的租赁；二是长期租赁，包括商业经营常用的其他机械设备、运输设备、知识产权资产及类似产品的租赁。

租赁服务是一种涉及出租人和承租人两方的简单交易，其流程通常是由承租人对出租人已有的物件交付某种质押(居民身份证、押金等)和租金后，取回使用，租赁期满后将物件完好地退还给出租人，并取回质押物或者押金。在实践中，租赁服务中最主要的是经营租赁(operating leases)，它是指出租人不仅要向承租人提供设备的使用权，还要向承租人提供设备的保养、保险、维修和其他专门性技术服务的一种租赁形式，又称服务性租赁。

2. 融资租赁

融资租赁业务是指出租人根据承租人对出卖人、租赁物的选择，向出卖人购买租赁物，提供给承租人使用，承租人支付租金的交易活动。融资租赁是一种具有融资、融物双重职能的交易，涉及出租人、承租人、出卖人三方当事人，包括租赁合同、供货合同等两个或两个以上合同。出租人根据承租人的要求和选择，与出卖人订立供货合同支付货款，与承租人订立租赁合同，将购买的设备租给承租人使用，租期大部分相当于设备寿命期。在租赁期间内，承租人按合同规定分期向出租人交付租金。租赁设备的所有权属于出租人，承租人在租期内享有设备的使用权。租赁期满，设备可由承租人留购、续租或退回出租人。融资租赁与经营租赁的根本区别在于，融资租赁的出租人通常不承担租赁物的余值风险，而经营租赁的出租人一定要承担租赁物的余值风险。由上可见，融资租赁是在实质上转移与一项资产所有权有关的全部风险和报酬的一种租赁，是以融通资金为直接目的，以技术设备等动产为租赁对象，以经济法人(企业)为承租人，具有非常浓厚的金融色彩。因此，本书在讨论租赁业务时，也以融资租赁为主要内容。

(三) 租赁的特点

(1) 所有权与使用权相分离。租赁资产的所有权与使用权分离是租赁的主要特点之一。银行信用虽然也是所有权与使用权相分离，但载体是货币资金，租赁则是资金与实物相结合基础上的分离。

(2) 融资与融物相结合。租赁是以商品形态与货币形态相结合提供的信用活动，出租人在向企业出租资产的同时，解决了企业的资金需求，具有信用和贸易双重性质，这不同于借钱还钱、借物还物的常见信用形式，而是借物还钱，并以分期支付租金的方式来体现。租赁的这一特点是将银行信贷和财产信贷融合在一起，成为企业融资的一种新形式。

(3) 租金分期支付。与银行信用大多采用到期还本付息的支付方式不同，租金的偿还一般采取分期回流的方式。出租人的资金一次投入，分期收回。对于承租人而言，通过租赁可以提前获得资产的使用价值，分期支付租金便于分期规划未来的现金流出量。

(四) 租赁的功能

(1) 融资与投资是融资租赁的基本功能。融资租赁产生之初主要是作为一种融资方式，重点是为那些难以获得银行贷款的中小企业融资。融资租赁是以融物方式提供融资，融资上的便利必然会带来投资的扩大，这一方面表现在承租企业可以通过融资租赁扩大设备投资，另一方面社会资金也可以顺利地进入这些投资领域。这两项功能使融资租赁在投融资领域具备了其他融资形式所没有的特殊作用，成为推动租赁业发展的驱动力。

(2) 产品促销与资产管理是融资租赁的扩展功能。产品促销功能与融资租赁的特殊业务形式有直接关系，由于每一笔融资租赁业务都与设备紧紧地捆绑在一起，出租人将设备出租的同时也实现了设备的销售和使用。因此，融资租赁既是融资活动，也是销售的过程，在许多国家，生产企业已成为主要的租赁机构。

资产管理功能建立在租赁业务不断创新的基础上，具体表现在以下几个方面：一是通过经营性融资租赁达到表外融资的目的。在经营性融资租赁中，租赁资产不记入承租人的资产负债表，不影响承租人的举债能力，承租人也不必承担设备残值的处理，优化了承租人的财务安排。二是通过售后回租，实现资产转换，使企业固定资产变现，减少了固定资产占用，提高了企业收益率。在企业重组购并等活动中售后回租成为企业融资的重要方式。三是通过融资租赁可以使承租人更有效地使用设备，减少设备闲置浪费，提高资产使用效率。资产管理功能使融资租赁突破了单一融资功能的局限，极大扩展了融资租赁的发展空间。

【例 6-17】 在实践中，租赁服务中最主要的是(　　)。(单选题)

A. 经营租赁　　B. 融资租赁　　C. 长期租赁　　D. 短期租赁

【解析】 A　在实践中，租赁服务中最主要的是经营租赁(Operating Leases)，它是指出租人不仅要向承租人提供设备的使用权，还要向承租人提供设备的保养、保险、维修和其他专门性技术服务的一种租赁形式，又称服务性租赁。

【例 6-18】 以下说法中，属于租赁的特点的是(　　)。(多选题)

A. 所有权与使用权分离　　B. 融资融物相结合　　C.租金分期支付

D. 借钱还钱、借物还物　　E. 到期还本付息

【解析】 ABC　属于租赁的特点的是：所有权与使用权分离、融资融物相结合、租金分期支付。

【例 6-19】 融资租赁的基本功能是(　　)。(单选题)

A. 融资与投资　　B. 产品促销　　C. 资产管理　　D. 销售管理

【解析】 A　融资租赁的基本功能是融资与投资，扩展功能是产品促销与资产管理。

考点十一　租赁的产生与发展

(一) 租赁起源及其在国外的发展

租赁是一个古老的经济范畴，始于物品所有权与使用权的分离。随着商品生产和交换规模的扩大，社会中会存在一方闲置不用而另一方急需使用的物品，在承租人不愿或无力购买的情况下，出租人可以付租为条件供承租人短期使用。租赁最早的记载可以追溯到公元前1400 年，居住在地中海沿岸的腓基人发明了租赁这种新的商业贸易模式。后来，土地、房屋、

农具、马匹等农用生产资料都成为租赁对象，租赁被广泛用于农业经济活动中。

近代租赁业始于18世纪的工业革命。工业革命使社会生产从以农业、手工业经济为主，转向以机器制造业为主。为了适应社会化生产方式和产业结构的变化，租赁业发展进入了新阶段，租赁对象也发生了明显变化。这一时期的租赁业通常称为近代设备租赁业，具有如下特征：

(1) 工业机器设备成为主要的租赁对象，租赁成为企业普遍采用的设备销售方式；

(2) 租赁期限较长；

(3) 从事租赁业务的主体是设备制造商，租赁对象主要是自己生产的设备，租赁交易在生产厂家(出租人)和用户(承租人)二者之间进行，用户把租赁作为代替购买的手段，制造商以此促进设备销售。

现代融资租赁始于20世纪50年代，以1952年美国租赁公司的成立为标志。现代融资租赁与传统租赁的本质区别在于：传统租赁按承租人租赁使用物件的时间计算租金，而融资租赁按承租人占用融资成本的时间计算租金。现代融资租赁是市场经济条件下更大规模的社会化生产分工和市场经济自由竞争的结果，具有鲜明的特征：

(1) 现代租赁是以融资租赁为重要标志的租赁信用形式，承租人不仅取得物品的使用权，更重要的是将租赁信用作为一种融资手段，具有信用和贸易的双重功能；

(2) 租赁公司以租赁信用中介机构的形式出现，这种专业化运作使租赁信用形式有了质的飞跃；

(3) 租赁的功能更完善，经济关系更广泛。

(二) 我国的融资租赁发展历程

我国融资租赁的发展始于改革开放之初。1980年年初，中国国际信托投资公司试办了第一批融资租赁业务，并取得了良好的经济效益。1981年，中国东方国际租赁公司和中国租赁有限公司两家融资租赁公司先后成立，标志着我国融资租赁业的创立。在改革开放初期，融资租赁作为一种新的交易方式，充分适应了我国当时国有企业技术改造服务的投资需求，为我国吸引外资、引进国外先进设备、支持国内企业技术改造等做出了突出贡献。

在经历了诞生初期的快速发展后，由于管理制度的缺失，在20世纪90年代融资租赁业欠租违约事件屡有发生，导致许多租赁公司陷入破产、清算或业务停滞的局面。为此，从1999年开始，《中华人民共和国合同法》《金融租赁公司管理办法》和《企业会计准则——租赁》等法律法规相继出台，为融资租赁交易构建了基本的法制基础，我国融资租赁业重获新生，步入了一个崭新的发展阶段。2007年，中国银监会发布了新的《金融租赁公司管理办法》，明确了金融租赁公司新的准入标准和监管标准，允许符合资质要求的商业银行和其他金融机构设立和参股金融租赁公司。随着这些新鲜血液的输入，我国融资租赁业进入了迅速发展的时期，融资租赁企业的经营规模和能力显著提高，服务领域日益广泛，业务范围不断拓展。尤其是党的十八大召开以来，经济增长方式的转变、传统产业的升级、新兴行业的崛起、城镇化步伐加快和基础设施建设的持续发展都需要大量的设备和固定资产的投资，融资租赁行业正面临着前所未有的发展机遇。

【例6-20】 现代融资租赁始于(　　)。(单选题)

A. 20世纪40年代　　B. 20世纪50年代　　C. 20世纪60年代　　D. 20世纪70年代

【解析】B　现代融资租赁始于20世纪50年代，以1952年美国租赁公司的成立为标志。

考点十二　租金管理

(一) 租金的构成要素和支付方式

租金是出租人因转让某种资产的使用权而获得的补偿和收益，即承租人因使用租赁物件而支付给出租人的费用。租金直接关系到租赁业务各方的经济利益。因此，确定租金的金额和支付方式是融资租赁交易的关键问题之一，

租金的确定以耗费在租赁资产上的价值为基础，取决于租赁市场的供求关系。融资租赁每期租金的多少，一般取决于以下三个因素：

(1) 设备原价及预计残值，包括设备购买价、运输费、安装调试费、保险费以及设备租赁期满后出售可得的收入；

(2) 资金成本，即租赁公司为承租企业购置设备垫付资金所应支付的利息；

(3) 租赁手续费，即租赁公司承办租赁设备所发生的业务费用和必要的利润。

通常，租金总额等于上述三个因素的总和。

支付方式也是影响租金水平的重要因素。租金的支付通常有以下三种分类方式：

(1) 按支付间隔期的长短，分为年付、半年付、季付和月付等方式；

(2) 按在期初和期末支付，分为先付和后付；

(3) 按每次支付额的大小，分为等额支付和不等额支付两种。

在融资租赁实践中，承租企业与租赁公司商定的租金支付方式，大多为后付等额年金支付。

(二) 租金的计算方法

租金的计算方法有很多种，常见的有年金法、附加率法、成本回收法、浮动利率租金计算法、不规则租金计算法等。在我国融资租赁实务中，租金的计算大多采用等额年金法。年金法是以现值理论为基础的租金计算方法，即将一项租赁资产在未来各租期内的租金按一定的利率换算成现值，使其现值总和等于租赁资产成本的租金计算方法。而所谓等额年金法，是以现值理论为基础，从租赁开始的那个年份起，每隔一段时间向出租人支付等额租金的一种租金支付方式。承租人定期支付等额租金，租赁期满，出租人收取的租金现值总额应正好等于租赁设备的本利之和。

(三) 租金的影响因素

影响租金的因素一般有以下几种，如表 6-6 所示。

表 6-6　租金的影响因素

影 响 因 素	内　　容
租赁期限	租期越长，租赁费用的总额会越大
计算方法	同一笔租赁交易，不同的租金计算方法将会直接影响租金总额的大小
利率	在租赁设备总成本一定的情况下，利率是影响租金总额最重要的因素。在固定利率条件下，若其他因素不变，利率越高，租金总额越大，反之亦然；在浮动利率条件下，若其他因素不变，基准利率加上利差之和越高，当期的租金越大，反之亦然

(续表)

影响因素	内　容
付租间隔期	一般情况下，租金支付的间隔期越长，承租人占用出租人资金的时间就越长，应支付给出租人的利息就越多，从而租金总额将越大
保证金的支付数量和方式	一般情况下，支付的保证金越多，租金总额越小；反之则越大
营业费用	对于经营租赁，由于出租人能从规模经济中得到好处，从而可以按比承租人更低的成本来维修和保养租赁资产，所以一般由出租人承担营业费用，出租人可以选定较低的租金形式，把部分节约下来的费用转让给承租人，以促成租赁交易；对于融资租赁，承租人一开始就将租入的设备作为自己的资产，相应的也要负担设备的维修、保养费用，这可以防止出租人将营业费用作为较高的租金全部转移给承租人，减轻不合理的经济负担
付租方式	付租方式有期初付租和期末付租之分。在期初付租情况下，承租人占用出租人资金的时间相对缩短，租金总额较少；相比之下，期末付租的租金要相对较高
计息日和起租日	由于计息日和起租日的确定方法不同，两者之间的时间间隔也不同，利息累积将存在差异，进而对租金总额将产生影响

此外，税收、支付币种等因素也会对租金的计算产生一定的影响。

【例 6-21】 融资租赁每期租金的多少取决于设备原价及预期残值等因素，以下属于设备原价及预期残值的有(　　)。(多选题)

A.设备购买价　　B. 安装调试费　　C. 保险费

D. 承办租赁设备的业务费用　　E.必要利润

【解析】ABC　融资租赁每期租金的多少，一般取决于以下三个因素：(1)设备原价及预计残值，包括设备购买价、运输费、安装调试费、保险费以及设备租赁期满后出售可得的收入；(2)资金成本，即租赁公司为承租企业购置设备垫付资金所应支付的利息；(3)租赁手续费，即租赁公司承办租赁设备所发生的业务费用和必要的利润。

【例 6-22】 我国的融资租赁实务中，租金的计算大多采用(　　)。(单选题)

A. 附加率法　　B.成本回收法　　C. 浮动利率租金及算法　　D. 等额年金法

【解析】D　在我国融资租赁实务中，租金的计算大多采用等额年金法。等额年金法，是以现值理论为基础，从租赁开始的那个年份起，每隔一段时间向出租人支付等额租金的一种租金支付方式。承租人定期支付等额租金，租赁期满，出租人收取的租金现值总额应正好等于租赁设备的本利之和。

【例 6-23】 以下选项中，属于影响租金的因素有(　　)。(多选题)

A. 租赁期限　　B.利率　　C. 计算方法　　D. 营业费用　　E.保证金的支付数量和方式

【解析】ABCDE　影响租金的因素一般有以下几种：租赁期限、计算方法、利率、付租间隔期、保证金的支付数量和方式、营业费用、付租方式、计息日和起租日。

考点十三 融资租赁合同

(一) 融资租赁合同及其特征

融资租赁合同是融信贷与租赁为一体的一种租赁合同，是现代商品经济发展的产物。根据我国《合同法》的定义，融资租赁合同是出租人根据承租人对出卖人、租赁物的选择，向出卖人购买租赁物，提供给承租人使用，承租人支付租金的合同。根据融资租赁合同的定义，结合其在实践中所发挥的作用，融资租赁合同主要具有以下特征：

(1) 融资租赁合同是诺成、要式合同。所谓诺成合同是指融资租赁合同经当事人意思表示一致即成立，而非以租赁物或租金的实际交付为条件。另外，我国《合同法》规定融资租赁合同应当采用书面形式：在实践中，由于融资租赁合同的订立和履行均较复杂，且涉及金额往往比较巨大，当事人未采用书面形式的，该合同应确定为无效，因此，融资租赁合同为要式合同。

(2) 融资租赁合同是双务、有偿合同。双务合同是指双方当事人相互享有权利、承担义务的合同；有偿合同是指一方当事人取得权利是以偿付代价为前提的合同。在融资租赁合同中，出租人和承租人互负对待给付义务，出租人享有的权利就是承租人负有的义务；反之亦然。同时，无论是出租人还是承租人，通过履行融资租赁合同给予对方当事人一定的利益，对方当事人在取得该利益时都必须支付相应的代价。

(3) 融资租赁合同是不可单方解除的合同。融资租赁合同一般都含有承租人不得中途解约的约定，即承租人在租赁期限内不得以任何理由解除合同，即使在发生不可抗力的情况下。此外，在融资租赁合同成立之时，承租人应支付的租金总额就已经确定，不管承租人是否提出解除合同的主张，都应该无条件地支付给出租人既定的租金。这是因为，融资租赁合同中出租人购买租赁物的资金绝大部分来自于第三方，如银行贷款，所以必须从承租人交付的租金中偿还第三方的贷款本息，不能因承租人受到租赁标的物灭失或毁损不交付租金而拒付贷款本息。

(二) 融资租赁合同的主要内容

融资租赁合同的内容包括租赁物名称、数量、规格、技术性能、检验方法、租赁期限、租金构成及其支付期限和方式、币种、租赁期间届满租赁物的归属等条款。由于融资租赁合同集买卖合同与租赁合同于一体，因此，融资租赁合同的内容包括租赁和买卖两部分，主要内容见表 6-7。

表 6-7 融资租赁合同的主要内容

租赁部分	租赁关系的当事人、租赁标的物、租赁标的物的出卖人及其制造厂家、租赁标的物的交付与验收、出租人购买标的物的成本、租赁期限、租金及支付方式、租赁物的保险等
买卖部分	买卖关系的当事人、租赁合同中约定的物、标的物的交付、标的物的担保责任和索赔、标的物的价款及支付方式、承租人对买卖合同的确认等

融资租赁合同涉及三方当事人：为租赁交易提供资金融通的出租人，选择租赁物并支付租金的承租人，为出租人提供租赁物的供应商(出卖人)。三方的权利义务见表6-8。

表6-8　融资租赁合同三方当事人的权利及义务

	权　利	义　务
出租人	在租期内享有租赁物的所有权；按合同规定收取租金的权利；合同期满，若承租人不续租或留购，有收回租赁资产的权利	购买租赁物的义务；根据租赁合同及时支付货款；保证租期内承租人对租赁物的充分使用权
承租人	对租赁标的物及供货方有选择权；在租期内享有租赁物的使用权；租赁期满取得租赁物所有权的权利	依合同规定支付租金的义务；按照正常方式使用并负责租赁物的维护与保养的义务
供应商	收取货款	出卖人在买卖合同项下的义务直接及于承租人；出卖人对租赁物的质量有保证责任；租赁物不符合合同约定条件，出卖人应按约定承担责任

(三) 融资租赁合同的签订、变更和解除

融资租赁合同的成立是指承租人和出租人就租赁物的名称、数量、用途等主要合同条款达成一致的法律行为。融资租赁合同主要是解决承租人对租赁物的需求问题，因此，融资租赁合同的订立一般由承租人发起，其具体步骤分为：

(1) 承租人选择租赁物的出卖人(供应商)，并与出卖人协商约定买卖合同的条款；

(2) 承租人选择出租人(租赁公司)，并与其签订融资租赁合同；

(3) 承租人与出租人订立委托协议，委托出租人按照自己确定的出卖人和商定的条件与出卖人订立买卖合同；

(4) 出租人以自己的名义与出卖人订立买卖合同，同时，承租人必须在买卖合同上签名盖章。

与其他合同一样，融资租赁合同一经合法成立，便具有了法律效力，此时任何一方当事人都不得随意变更或解除合同，否则就要承担相应的违约责任。但这并不等于说，合同一旦建立，便不可以变更或解除，而是说这种变更或解除必须符合一定的法定条件。按照《合同法》的规定，融资租赁合同的变更和解除应注意以下几点：

(1) 融资租赁合同中的双方当事人经协商一致，可以变更或解除合同，但不得因此损害国家利益和社会公共利益。

(2) 双方当事人协商变更融资租赁合同，应征得担保人的同意或事先通知担保人。担保人表示不同意的，如果融资租赁合同双方仍协商变更合同，则担保人的担保责任因此免除。

(3) 未经出租人同意，承租人擅自转租租赁物的，其转租合同无效，出租人有权解除融资租赁合同。因此造成出租人损失的，承租人应负责赔偿损失。

(4) 变更或解除融资租赁合同，应采用书面形式。

(5) 融资租赁合同订立后，不得因承办人或法定代表人的变动而变更或解除。

(6) 融资租赁合同解除，不影响当事人因其所受损失向有过错的对方当事人要求赔偿的权利。

【例 6-24】 以下选项中，属于融资租赁合同主要特征的有(　　)。(多选题)

A. 诺成合同　　B. 要式合同　　C. 双务合同　　D. 无偿合同　　E. 不可单方解除

【解析】ABCE　融资租赁合同主要有以下特征：①融资租赁合同是诺成、要式合同；②融资租赁合同是双务、有偿合同；③融资租赁合同是不可单方解除的合同。

【例 6-25】 以下关于融资租赁合同的说法中，正确的是(　　)。(单选题)

A. 一经合法成立，不能变更或解除合同

B. 未经出租人同意，承租人擅自转租租赁物的，转租合同无效

C. 变更合同，可以采用非书面形式

D. 承办人或法定代表人的变动需要变更合同

【解析】B　按照《合同法》的规定，融资租赁合同的变更和解除应注意以下几点：

(1) 融资租赁合同中的双方当事人经协商一致，可以变更或解除合同，但不得因此损害国家利益和社会公共利益。

(2) 双方当事人协商变更融资租赁合同，应征得担保人的同意或事先通知担保人。担保人表示不同意的，如果融资租赁合同双方仍协商变更合同，则担保人的担保责任因此免除。

(3) 未经出租人同意，承租人擅自转租租赁物的，其转租合同无效，出租人有权解除融资租赁合同。因此造成出租人损失的，承租人应负责赔偿损失。

(4) 变更或解除融资租赁合同，应采用书面形式。

(5) 融资租赁合同订立后，不得因承办人或法定代表人的变动而变更或解除。

(6) 融资租赁合同解除，不影响当事人因其所受损失向有过错的对方当事人要求赔偿的权利。

考点十四　融资租赁市场及其体系

(一) 融资租赁市场的法律体系

在我国融资租赁业初期发展的十多年里，相关法律制度一直近乎空白。直至 1996 年 5 月，最高人民法院针对审判实践中出现的融资租赁案例，印发了《关于审理融资租赁合同纠纷案件若干问题的规定》，我国才有了专门的融资租赁发展规范。此后，随着融资租赁业务的迅速发展，我国融资租赁发展的法律环境一直在不断地改善。从 1999 年开始，对我国租赁业发展具有重要影响的三部法律法规相继颁布。1999 年 3 月，全国人大通过了《中华人民共和国合同法》，其中的“融资租赁合同”部分全面规定了融资租赁交易的性质、交易当事人的权利责任等，改善了我国融资租赁业发展的法律环境。2006 年，财政部发布了《企业会计准则第 21 号——租赁》，参照国际惯例，将租赁会计划分为融资租赁会计和经营租赁会计，确定了出租人和承租人在不同交易条件下会计处理、信息披露的基本原则和方法，为我国租赁业的发展和交易形式的创新创造了条件。2014 年 3 月，中国银监会发布了新的《金融租赁公司管理办法》，对金融租赁公司的准入条件、业务范围、经营规则和监督管理等内容进行了规定和完善、对规范金融租赁公司的经营与发展具有重要作用。

(二) 融资租赁市场的监管体系

随着商务部2013年发布了《融资租赁企业监督管理办法》、银监会2014年发布了《金融租赁公司管理办法》，我国融资租赁市场监管得到了统一和完善。《融资租赁企业监督管理办法》规定由商务部对根据该部有关规定从事融资租赁业务的企业实施监督管理。《金融租赁公司管理办法》指出金融租赁公司属于非银行金融机构，由银监会负责实施监督管理。

(三) 融资租赁市场的运行体系

1. 融资租赁市场的供给主体

目前，我国融资租赁市场的供给主体主要是融资租赁公司。根据股东背景和运营主体的不同，我国融资租赁公司可分为银行系金融租赁公司、厂商系融资租赁公司和独立第三方融资租赁公司三类，具体见表6-9。

表6-9 融资租赁市场的供给主体

	定 位	优 势	劣 势
银行系	特大型企业和项目	资金实力雄厚、融资成本低、客户资源丰富、企业信用信息量大	受监管制约较多、缺少灵活性
厂商系	母公司的特定销售对象	具有较高的设备制造和维修的专业能力、完善的市场营销网络、广泛的客户群体和了解客户经营的能力	融资成本相对较高
独立第三方	中小企业	受监管约束少、灵活性高、创新能力强	融资成本相对较高、企业信用信息量较少

2. 融资租赁市场的资金运用

从融资租赁资金的运用看，政府部门和工商企业都是重要的资金运用者。从政府部门看，融资租赁是政府主导的基础设施建设的重要融资渠道。从工商企业看，航空、船舶、工程机械、医疗设备等行业具有较高的融资租赁业务渗透率(年租赁交易总额占固定资产投资总额的比率)。随着我国城市化、工业化步伐的加快，传统行业的产业升级，新兴行业和装备制造业的发展，民生工程、中西部基础设施建设以及“医改”“教改”落实等带来的融资需求，未来融资租赁的运用领域和规模将进一步快速增长。

【例6-26】 1999年开始，对我国租赁业发展具有重要影响的三部法律法规相继颁布。以下选项中，属于其中的有( )。(单选题)

A.《中华人民共和国合同法》 B.《融资租赁企业监督管理办法》

C.《关于“十二五”期间促进融资租赁业发展的指导意见》 D.《金融租赁公司管理办法》

【解析】A 从1999年开始，对我国租赁业发展具有重要影响的三部法律法规相继颁布。1999年3月，全国人大通过了《中华人民共和国合同法》，其中的“融资租赁合同”部分全面规定了融资租赁交易的性质、交易当事人的权利责任等，改善了我国融资租赁业发展的法律环境。2006 年，财政部发布了《企业会计准则第 21 号——租赁》，参照国际惯例，将租赁会计划分为融资租赁会计和经营租赁会计，确定了出租人和承租人在不同交易条件下会计处理、信息披露的基本原则和方法，为我国租赁业的发展和交易形式的创新创造了条件。2014 年 3 月，中国银监会发布了新的《金融租赁公司管理办法》，对金融租赁公司的准入条件、业务范围、经营规则和监督管理等内容进行了规定和完善、对规范金融租赁公司的经营与发展具有重要作用。

【例 6-27】 定位于服务中小企业，受监管约束少，但融资成本相对较高的租赁公司是(　　)。(单选题)

A. 银行系金融租赁公司　　B. 厂商系融资租赁公司

C. 独立第三方融资租赁公司　　D. 政府部门系融资租赁公司

【解析】C　独立第三方融资租赁公司以为中小企业服务为主，优势在于受监管约束少、灵活性高、创新能力强，劣势在于融资成本相对较高、企业信用信息量较少。

第四节　金融租赁公司的经营与管理

考点十五　金融租赁公司与融资租赁公司的区别

我国融资租赁公司主要包括一般融资租赁公司(含内资与外资)与金融租赁公司两种类型。实际上，融资租赁和金融租赁都源自于英文单词“Financial Lease”，从法律角度看，两者都属于《合同法》中的融资租赁，法理上的相同导致两者在业务操作原理、会计定义和处理等方面都基本一致。然而，由于金融监管体系的特性及对租赁内涵认识的不同，两类公司在以下方面仍存在显著的差异，见表 6-10。

表 6-10　金融租赁公司与融资租赁公司的区别

监管部门	金融租赁	中国银监会负责审批和监管，出台的《金融租赁公司管理办法》中规定了金融租赁公司准入条件、业务范围、经营规则和监督管理等内容，并强调只有银监会审批设立的租赁公司才可冠以“金融”二字
	融资租赁	商务部进行审批和监管，因为法律授权问题，商务部出台的《融资租赁企业监督管理办法》对融资租赁企业的经营行为和经营风险做出了监督管理规定，但未涉及审批事项
行业划分	金融租赁	非银行金融机构
	融资租赁	非金融机构企业
业务内容	金融租赁	吸收非银行股东 3 个月(含)以上定期存款，经营正常后可进入同业拆借市场
	融资租赁	从股东处借款，不能吸收股东存款，也不能进入银行间同业拆借市场
租赁标的物范围	金融租赁	租赁物为“固定资产”，在实际监管中还面临窗口指导，需适时调整固定资产的经营范围
	融资租赁	开展融资租赁业务以权属清晰、真实存在且能够产生收益权的租赁物为载体

（续表）

风险管理指标	金融租赁	按照金融机构的资本充足率进行风险控制，资本净额与风险加权资产的比例不得低于银监会的最低监管要求
	融资租赁	按照“风险资产不得超过净资产总额的 10 倍”的要求进行风险管理，在实际运作中，这个指标通常是出资人按照市场风险来考虑和确定

【例 6-28】 我国融资租赁公司包括一般融资租赁公司与金融融资租赁公司，主要区别包括(　　)。(多选题)

A. 会计定义　　B. 业务操作原理　　C. 行业划分

D. 租赁标的物范围　　E. 风险管理指标

【解析】BCD 一般融资租赁公司与金融融资租赁公司在业务操作原理、会计定义和处理等方面都基本一致，主要区别有：监管部门不同、行业划分不同、业务内容不同、租赁标的物范围不同、风险管理指标不同。

考点十六　金融租赁公司的设立、变更与终止

(一) 金融租赁公司的设立形式、条件和程序

金融租赁公司是指经银监会批准，以经营融资租赁业务为主的非银行金融机构，在公司名称中应当标明“金融租赁”字样。根据中国银监会 2014 年发布的《金融租赁公司专业子公司管理暂行规定》，金融租赁公司可依照相关法律法规在中国境内自由贸易区、保税地区及境外，为从事特定领域融资租赁业务而设立专业化租赁子公司。其中，特定领域是指金融租赁公司已开展，且运营相对成熟的融资租赁业务领域，包括飞机、船舶以及经银监会认可的其他租赁业务领域。

根据《金融租赁公司管理办法》的规定，在我国申请设立金融租赁公司应当具备以下条件：有符合《中华人民共和国公司法》和银监会规定的公司章程；有符合规定条件的发起人；注册资本为一次性实缴货币资本，最低限额为 1 亿元人民币或等值的可自由兑换货币；有符合任职资格条件的董事、高级管理人员，并且从业人员中具有金融或融资租赁工作经历 3 年以上的人员应当不低于总人数的 50%；建立了有效的公司治理、内部控制和风险管理体系；建立了与业务经营和监管要求相适应的信息科技架构，具有支撑业务经营的必要、安全且合规的信息系统，具备保障业务持续运营的技术与措施；有与业务经营相适应的营业场所、安全防范措施和其他设施等。金融租赁公司的发起人包括在中国境内外注册的具有独立法人资格的商业银行，在中国境内注册的、主营业务为制造适合融资租赁交易产品的大型企业，在中国境外注册的融资租赁公司以及银监会认可的其他发起人。

根据《非银行金融机构行政许可事项实施办法》的规定，金融租赁公司的设立也需经过筹建和开业两个阶段。

(二) 金融租赁公司的变更与终止

金融租赁公司对公司名称、组织形式、注册资本、业务范围、调整股权结构、公司住所

或营业场所等的变更必须报经银监会或其派出机构批准。金融租赁公司的终止主要在解散和破产两种情况下发生。其中，可以导致金融租赁公司解散的情况包括：公司章程规定的营业期限届满或者公司章程规定的其他解散事由出现；股东决定或股东(大)会决议解散；因公司合并或者分立需要解散；依法被吊销营业执照、责令关闭或者被撤销等。可以导致金融租赁公司申请破产的情况包括：不能支付到期债务，自愿或债权人要求申请破产的；因解散或被撤销而清算，清算组发现财产不足以清偿债务，应当申请破产的等。

【例 6-29】 根据《金融租赁公司管理办法》的规定，在我国申请设立金融租赁公司应当具备以下条件(　　)。(多选题)

A. 有符合《中华人民共和国公司法》和银监会规定的公司章程

B. 有符合规定条件的发起人

C. 注册资本为一次性实缴货币资本，最低限额为 2 亿元人民币或等值的可自由兑换货币

D. 建立了有效的公司治理、内部控制和风险管理体系

E. 有与业务经营相适应的营业场所、安全防范措施和其他设施

【解析】ABDE　根据《金融租赁公司管理办法》的规定，在我国申请设立金融租赁公司应当具备以下条件：有符合《中华人民共和国公司法》和银监会规定的公司章程；有符合规定条件的发起人；注册资本为一次性实缴货币资本，最低限额为 1 亿元人民币或等值的可自由兑换货币；有符合任职资格条件的董事、高级管理人员，并且从业人员中具有金融或融资租赁工作经历 3 年以上的人员应当不低于总人数的 50%；建立了有效的公司治理、内部控制和风险管理体系；建立了与业务经营和监管要求相适应的信息科技架构，具有支撑业务经营的必要、安全且合规的信息系统，具备保障业务持续运营的技术与措施；有与业务经营相适应的营业场所、安全防范措施和其他设施等。

考点十七　金融租赁公司的业务运营

(一) 业务范围

金融租赁公司的业务许可不仅仅局限于融资租赁，还可围绕融资租赁开展相关业务。根据《金融租赁公司管理办法》的规定。我国金融租赁公司可申请经营融资租赁业务、转让和受让融资租赁资产、固定收益类证券投资业务、接受承租人的租赁保证金、吸收非银行股东 3 个月(含)以上定期存款、同业拆借、向金融机构借款、境外借款、租赁物变卖及处理业务、经济咨询等基本业务。此外，对于经营状况良好、风险管控能力较强的金融租赁公司，经银监会批准，还可申请经营发行债券、在境内保税地区设立项目公司开展融资租赁业务、资产证券化、为控股子公司和项目公司对外融资提供担保等升级业务。

(二) 业务种类

金融租赁公司的主营业务是融资租赁业务。金融租赁公司主营的融资租赁业务可进一步分为公司自担风险的融资租赁业务、公司同其他机构分担风险的融资租赁业务以及公司不担风险的融资租赁业务三大类，见表 6-11。

表 6-11　金融租赁公司主营的融资租赁业务

公司自担风险的融资租赁业务	融资租赁业务(简称“直接租赁”)	金融租赁公司以收取租金为条件，按照用户企业确认的具体要求，向该用户企业指定的出卖人购买固定资产，并出租给该用户企业使用的业务。直接租赁分直接购买式和委托购买式两种类型
	转租式融资租赁业务(简称“转租赁”)	指以同一固定资产为租赁物的多层次的融资租赁业务。在转租赁交易中，上一层次的融资租赁合同的承租人同时是下一层次的融资租赁合同的出租人，在整个交易中称转租人。各个层次的融资租赁合同的租赁物和租赁期限必须完全一致。与直接租赁一样，转租赁的购买方式可以是直接购买，也可以是委托购买
	售后回租式融资租赁业务(简称“回租”)	指出卖人和承租人是同一人的融资租赁。在回租交易中，金融租赁公司以买受人的身份，同作为出卖人的用户企业订立以用户企业的自有固定资产为标的物的买卖合同或所有权转让协议。同时，金融租赁公司又以出租人的身份，同作为承租人的该用户企业订立融资租赁合同
公司同其他机构分担风险的融资租赁业务	联合租赁	指多家有融资租赁资质的金融租赁公司对同一个融资租赁项目提供租赁融资，并由其中一家租赁公司作为牵头人；无论是相关的买卖合同还是融资租赁合同，都由牵头人出面订立，各家租赁公司按照所提供的租赁融资额的比例，承担该融资租赁项目的风险和享有该融资租赁项目的收益
	杠杆租赁	指融资租赁项目中大部分租赁融资由其他金融机构以银团贷款的形式提供，但是，这些金融机构对承办该融资租赁项目的租赁公司无追索权，同时，这些金融机构按所提供的资金在该项目的租赁融资额中所占的比例，直接享有回收租金中所含的租赁收益
公司不担风险的融资租赁业务	委托租赁	指融资租赁项目中的租赁物或用于购买租赁物的资金是一个或多个法人机构提供的信托财产。租赁公司以受托人的身份，同作为委托人的这些法人机构，订立由后者将自己的财产作为信托财产委托给租赁公司，以融资租赁方式运用和处分的信托合同。该融资租赁项目的风险和收益全部归委托人，租赁公司则依据该信托合同的约定获取由委托人支付的报酬

【例 6-30】 根据《金融租赁公司管理办法》的规定，以下属于我国金融租赁公司业务范围的有(　　)。(多选题)

A. 转让和受让融资租赁资产　　B. 接受承租人的租赁保证金　　C. 同业拆借

D. 向金融机构借款　　E. 经济咨询

【解析】ABCDE　根据《金融租赁公司管理办法》的规定。我国金融租赁公司可申请经营融资租赁业务、转让和受让融资租赁资产、固定收益类证券投资业务、接受承租人的租赁保证金、吸收非银行股东 3 个月(含)以上定期存款、同业拆借、向金融机构借款、境外借款、租赁物变卖及处理业务、经济咨询等基本业务。此外，对于经营状况良好、风险管控能力较强的金融租赁公司，经银监会批准，还可申请经营发行债券、在境内保税地区设立项目公司开展融资租赁业务、资产证券化、为控股子公司和项目公司对外融资提供担保等升级业务。

【例 6-31】 以收取租金为条件，按照用户企业确认的具体要求，向该用户企业指定的出卖人购买固定资产，并出租给该用户企业使用的业务方式属于(　　)。(单选题)

A. 直接租赁　　B. 转租赁　　C. 回租　　D. 杠杆租赁

【解析】A　直接租赁是指金融租赁公司以收取租金为条件，按照用户企业确认的具体要求，向该用户企业指定的出卖人购买固定资产，并出租给该用户企业使用的业务。直接租赁分直接购买式和委托购买式两种类型。

考点十八　金融租赁公司的资金筹集与盈利模式

(一) 金融租赁公司的资金筹集

资金筹集是金融租赁公司经营与发展的前提。与其他融资租赁企业一样，金融租赁公司也可以通过自有资金(公司的注册资本金、公积金、未分配利润等)、银行信贷资金、委托租赁资金、信托资金、发行债券、上市等方式进行资金筹措，满足业务发展需要。但根据《金融租赁公司管理办法》的规定，金融租赁公司本质上属于非银行金融机构，因而，与融资租赁企业不同，金融租赁公司可以发行金融债券融资，可以吸收非银行股东 3 个月以上(含)的定期存款，还可进入银行间同业拆借市场，通过同业拆借等方式来解决资金头寸，应对不时之需。金融租赁公司通过银行间同业拆借可以获得较低价格的资金，因此，与其他融资租赁企业相比，金融租赁公司的融资成本较低，但同业拆入资金余额不得高于公司的资本净额。

(二) 金融租赁公司的盈利模式

(1) 债权收益。债权收益是指金融租赁公司通过自有资金或外部融资采购设备后，向承租人租赁设备获得的租金收益与资金成本之间的利差收益。金融租赁是以物为载体的融资服务，获取利差和租息收益是金融租赁公司最主要的盈利模式。

(2) 余值收益。余值收益是指金融租赁公司通过设备回收再出售或者再次租赁获得的价差收入。金融租赁公司往往对租赁设备使用较高的折旧率，在账面保持较低的设备净值，因此，当客户提前终止合同选择购买设备时，或金融租赁公司按照市场价格转卖或者再次租赁设备时，租赁公司就能获得高于账面价值的交易价格，产生余值收益。

(3) 服务收益。金融租赁是一种综合服务模式，服务收益也是金融租赁公司获取收益的重要途径。服务收益是指出租人为承租人提供租赁服务时收取的手续费、财务咨询费、贸易佣金等服务费。其中，租赁手续费是出租人给承租人的报价中常有的一种费用，其大小取决于租赁业务的金额、风险大小、期限长短、交易结构和出租人的风险偏好等；财务咨询费是金融租赁公司在一些大型项目或设备融资中，为客户提供全面的融资解决方案所收取的财务咨询费；贸易佣金是指金融租赁公司作为设备的购买方和投资方，促进了设备的流通，使生产厂家和供应商扩大了市场规模，金融租赁公司可收取贸易环节中的各类佣金，如销售佣金、规模采购折扣等。

(4) 运营收益。运营收益是指金融租赁公司通过资金统筹、财务杠杆运用、金融产品组合和规模经营等运营方式获得的收益。金融租赁公司营运资金的来源可以是多渠道的，自有资金在运作时通常可获取高于同期贷款利率的收益率；如果一个项目部分运用自有资金，部分源自银行借款，租赁公司即可获得财务杠杆效应，不仅自有资金可以获取略高于同期贷款的租息收益，借款部分也可以获取息差收益。此外，金融融资租赁公司还可加强与其他金融机构合作，在资金筹措、风险管理等方面开发不同的产品组合，获得合理的收益。

【例 6-32】 以下属于金融租赁公司筹集资金方式的有(　　)。(多选题)

A. 自有资金　B. 银行信贷资金　C. 信托资金　D. 金融债券融资　E. 上市

【解析】ABCDE　金融租赁公司也可以通过自有资金(公司的注册资本金、公积金、未分配利润等)、银行信贷资金、委托租赁资金、信托资金、发行债券、上市等方式进行资金筹措，满足业务发展需要。还可以发行金融债券融资，可以吸收非银行股东 3 个月以上(含)的定期存款，还可进入银行间同业拆借市场，通过同业拆借等方式来解决资金头寸，应对不时之需。

【例 6-33】 出租人为承租人提供租赁服务时收取的手续费、财务咨询费、贸易佣金等服务费属于(　　)。(单选题)

A. 债权收益　B. 余值收益　C. 服务收益　D. 运营收益

【解析】C　金融租赁是一种综合服务模式，服务收益也是金融租赁公司获取收益的重要途径。服务收益是指出租人为承租人提供租赁服务时收取的手续费、财务咨询费、贸易佣金等服务费。

考点十九　金融租赁公司的风险与监管

(一) 金融租赁公司面临的风险及管理

金融租赁公司所面临的风险主要有信用风险、操作风险、市场风险、流动性风险、政策风险和技术风险等。其中，信用风险、操作风险和市场风险是金融租赁公司面临的最主要风险类型，这三类风险的含义及其防范措施见表 6-12。

表 6-12　金融租赁公司面临的风险及管理

风险类型	含　义	防范措施
信用风险	指融资租赁合同的一方不履行义务的可能性，即租赁业务中的交易对手违约带来损失的风险	加强风险管理控制，要求交易对手保持足够的抵押品、支付保证金和在合同中规定净额结算条款等程序
操作风险	指因交易或管理系统操作不当引致损失的风险，包括因金融租赁公司内部失控而产生的风险	操作风险可以通过正确的管理程序得到控制，例如，完整的账簿和交易记录、基本的内部控制和独立的风险管理、独立的内部审计部门、清晰的人事限制和风险管理及控制政策等
市场风险	主要包括利率风险和汇率风险。利率风险来自资产负债利率重定价期限错配及市场利率的变动。此外，随着对境外租赁项目管制的逐步放松，金融租赁公司的外币业务还面临汇率风险	加强对宏观经济形势、货币政策走向和利率汇率变化的研判，特别要认真研究和应对利率汇率市场化改革对风险管理的影响

(二) 金融租赁公司的监管要求

目前，中国银监会已经对金融租赁公司建立起以资本监管为核心、适应金融租赁行业特点的监管体系。根据《金融租赁公司管理办法》的规定，金融租赁公司应遵守以下监管指标的规定：一是资本充足率。金融租赁公司资本净额与风险加权资产的比例不得低于银监会的最低监管要求。二是单一客户融资集中度。金融租赁公司对单一承租人的全部融资租赁业务余额不得超过资本净额的30%。三是单一集团客户融资集中度。金融租赁公司对单一集团的全部融资租赁业务余额不得超过资本净额的50%。四是单一客户关联度。金融租赁公司对一个关联方的全部融资租赁业务余额不得超过资本净额的30%。五是全部关联度。金融租赁公司对全部关联方的全部融资租赁业务余额不得超过资本净额的50%。六是单一股东关联度。对单一股东及其全部关联方的融资余额不得超过该股东在金融租赁公司的出资额，且应同时满足本办法对单一客户关联度的规定。七是同业拆借比例。金融租赁公司同业拆入资金余额不得超过资本净额的100%。

【例 6-34】 根据《金融租赁公司管理办法》的规定，金融租赁公司应遵守监管指标的规定，以下说法中正确的是（　　）。(单选题)

A. 对单一承租人的全部融资租赁业务余额不得超过资本净额的50%

B. 对单一集团的全部融资租赁业务余额不得超过资本净额的50%

C. 对一个关联方的全部融资租赁业务余额不得超过资本净额的50%

D. 对全部关联方的全部融资租赁业务余额不得超过资本净额的30%

【解析】B　根据《金融租赁公司管理办法》的规定，金融租赁公司应遵守以下监管指标的规定：一是资本充足率。金融租赁公司资本净额与风险加权资产的比例不得低于银监会的最低监管要求。二是单一客户融资集中度。金融租赁公司对单一承租人的全部融资租赁业务余额不得超过资本净额的30%。三是单一集团客户融资集中度。金融租赁公司对单一集团的全部融资租赁业务余额不得超过资本净额的50%。四是单一客户关联度。金融租赁公司对一个关联方的全部融资租赁业务余额不得超过资本净额的30%。五是全部关联度。金融租赁公司对全部关联方的全部融资租赁业务余额不得超过资本净额的50%。六是单一股东关联度。对单一股东及其全部关联方的融资余额不得超过该股东在金融租赁公司的出资额，且应同时满足本办法对单一客户关联度的规定。七是同业拆借比例。金融租赁公司同业拆入资金余额不得超过资本净额的100%。

同 步 自 测

一、单项选择题

1. 信托成立的前提和基础是(　　)。

A. 信任和诚信　　B. 信托财产　　C. 委托人　　D. 受托人

2. 根据受托人身份的不同，信托可以分为(　　)。

A. 自益信托和他益信托　　B. 民事信托和商事信托

C. 私益信托和公益信托　　D. 单一信托和集合信托

3. 我国现代信托业的发展以(　　)为标志。

A. 1979 年中国国际信托投资公司的成立

B. 1982 年我国清理非金融机构设立的信托投资公司

C. 1985 年我国清理存贷款

D. 1999 年中国人民银行重新规范信托投资业务范围

4. 根据我国《信托法》的规定，进行登记的信托，以(　　)是否需要登记为标准。

A. 产品转移　　B. 文件转移　　C. 财产转移　　D. 对象转移

5. 2010 年，银监会发布了《关于规范银信理财合作业务有关事项的通知》，要求融资类业务余额占银信理财合作业务余额的比例不得高于(　　)

A. 20%　　B. 30%　　C. 40%　　D. 50%

6. (　　)是指信托公司将信托计划项下资金投资于未上市企业股权、上市公司限售流通股或中国银监会批准可以投资的其他股权的信托业务。

A. 私人股权投资信托业务　　B. 信贷资产证券化业务

C. 企业年金信托业务　　D. 个人信托业务

7. 信托公司以(　　)为核心，通过与风险资本等指标的比较，衡量公司业务规划、整体风险、流动性和兑付能力，据此建立各项业务规模与净资本水平之间的动态挂钩机制。

A. 净资产　　B. 负债　　C. 资产　　D. 净资本

8. 信托公司会计核算的特点主要体现在(　　)是真正的会计主体。

A. 信托公司　　B. 受托人　　C. 委托人　　D. 受益人

9. 交易对手(项目)或债务人不能或不愿按时履约的风险叫作(　　)。

A. 信用风险　　B. 操作风险　　C. 市场风险　　D. 合规风险

10. 以下关于租赁的概念，说法正确的是(　　)。

A. 租赁具有信用和贸易双重性质　　B. 承租人将财产使用权让与出租人

C. 租赁形成物权的整体转移　　D. 租赁转移的资产的所有权

11. 以下关于现代租赁特征中，说法正确的是(　　)。

A. 现代租赁以租赁服务为重要标志　　B. 租赁公司以租赁信用中介机构的形式出现

C. 现代租赁的金融功能尚未充分发挥　　D. 租赁具有信用和服务的双重功能

12. 在融资租赁实践中，承租企业与租赁公司商定的租金支付方式，大多为(　　)。

A. 先付等额年金支付　　B. 先付不等额年金支付

C. 后付等额年金支付　　D. 后付不等额年金支付

13. 以下说法中，属于出租人的权利的有(　　)。

A. 租期内租赁物的所有权　　B. 在租期内享有租赁物的使用权

C. 收取货款　　D. 对租赁标的物及供货方有选择权

14.《金融租赁公司管理办法》指出金融租赁公司属于非银行金融机构，由(　　)负责实施监督管理。

A. 银监会　　B. 证监会　　C. 人民银行　　D. 租赁业协会

15. 融资租赁公司由(　　)进行审批和监管，出台的《融资租赁企业监督管理办法》对融资租赁企业的经营行为和经营风险做出了监督管理规定，但未涉及审批事项。

A. 银监会　　B. 证监会　　C. 商务部　　D. 租赁业协会

16. 根据《金融租赁公司管理办法》的规定，在我国申请设立金融租赁公司的注册资本应当为一次性实缴货币资本，最低限额为(　　)亿元人民币或等值的可自由兑换货币。

A. 1　　B. 2　　C. 5　　D. 10

17. 出卖人和承租人是同一人的融资租赁方式称作(　　)。

A. 转租赁　　B. 回租　　C. 直接租赁　　D. 联合租赁

18. 与其他融资租赁企业相比，金融租赁公司的融资成本(　　)，但同业拆入资金余额不得高于公司的资本净额。

A. 较高　　B. 较低　　C. 持平　　D. 无法判断

19. 金融租赁公司主要面临的市场风险包括(　　)。

A. 信用风险　　B. 操作风险　　C. 利率风险　　D. 技术风险

20. 根据《金融租赁公司管理办法》的规定，金融租赁公司对单一承租人的全部融资租赁业务余额不得超过资本净额的(　　)。

A. 20%　　B. 30%　　C. 40%　　D. 50%

二、多项选择题

1. 信托的设立需要(　　)基本要素。

A. 信托当事人　　B. 信托行为　　C. 信托财产　　D. 信托目的　　E. 信托对象

2. 信托的功能包括(　　)。

A. 财产管理　　B. 融通资金　　C. 社会投资　　D. 风险隔离　　E. 社会公益服务

3. 从我国现行法律规定来看，(　　)设立信托需进行信托登记。

A. 土地使用权　　B. 船舶、航空器等交通工具　　C. 股票、股权

D. 动产　　E. 著作权

4. 我国信托市场的运行主体主要有需求主体、供给主体和运用主体，其中属于需求主体的有(　　)。

A. 信托公司　　B. 基金公司　　C. 养老保障信托

D. 子女保障信托　　E. 股权代持信托

5. 根据《信托公司管理办法》的规定，我国信托公司可申请经营的业务包括(　　)。

A. 资金信托　　B. 不动产信托　　C. 资信调查

D. 动产信托　　E. 有价证券信托

6. 以下说法中，符合《信托公司净资本管理办法》的规定的有(　　)。

A. 信托公司净资本不得低于人民币 2 亿元

B. 净资本不得低于各项风险资本之和的 80%

C. 信托公司净资本不得低于人民币 1 亿元

D. 净资本不得低于各项风险资本之和的 100%

E. 净资本不得低于净资产的 40%

7. 关于信托公司会计核算说法中，正确的是(　　)。

A. 委托人是真正的会计主体　　B. 信托公司是形式上的会计主体

C. 信托项目作为独立的会计核算主体　　D. 信托项目不需要独立核算

E. 信托项目需要单独编制财务会计报告

8. 以下风险中，属于市场风险的是(　　)。

A. 政策风险　B. 利率风险　C. 展期风险　D. 信用风险　E. 市场供求风险

9. 信托财产需要具备的条件有(　　)。

A. 稳定性　B. 合法性　C. 确定性　D. 积极性　E. 流通性

10. 以下属于融资租赁扩展功能的有(　　)。

A. 融资　B. 投资　C. 产品促销　D. 资产管理　E. 资金流通

11. 融资租赁每期租金的多少，主要取决于(　　)。

A. 设备原价　B. 设备预计残值　C. 资金成本　D. 手续费　E. 保险费

12. 以下关于影响租金的因素中，说法正确的有(　　)。

A. 租期越长，租赁费用的总额越大

B. 利率越高，租金总额越大

C. 租金支付的间隔期越长，租金总额越小

D. 支付的保证金越多，租金总额越小

E. 期初支付比期末支付租金总额少

13. 融资租赁合同的签订，主要步骤有(　　)。

A. 承租人选择租赁物的供应商，协商约定买卖合同的条款

B. 承租人选择出租人，并与其签订融资租赁合同

C. 承租人与出租人订立委托协议

D. 出租人与出卖人订立买卖合同

E. 承租人在买卖合同上签名盖章

14. 以下关于我国融资租赁市场的供给主体中，说法正确的是(　　)。

A. 银行系金融租赁公司优势在于资金实力雄厚

B. 银行系金融租赁公司劣势在于缺少灵活性

C. 厂商系金融租赁公司优势在于广泛的客户群体

D. 厂商系金融租赁公司劣势在于企业信息较少

E. 独立第三方融资租赁公司优势在于受监管约束少

15. 我国融资租赁公司包括一般融资租赁公司与金融融资租赁公司，主要区别包括(　　)。

A. 业务操作原理　B. 监管部门　C. 业务内容

D. 租赁标的物范围　E. 风险管理指标

16. 根据《金融租赁公司管理办法》的规定，在我国申请设立金融租赁公司应当具备的条件是(　　)。

A. 有符合《中华人民共和国公司法》和银监会规定的公司章程

B. 有符合规定条件的发起人

C. 注册资本为一次性实缴货币资本，最低限额为1亿元人民币或等值的可自由兑换货币

D. 从业人员中具有金融或融资租赁工作经历3年以上的人员应当不低于总人数的50%

E. 有与业务经营相适应的营业场所、安全防范措施和其他设施

17. 以下属于公司同其他机构分担风险的融资租赁业务有(　　)。

A. 直接租赁　B. 联合租赁　C. 杠杆租赁　D. 回租　E. 转租赁

18. 金融租赁公司的盈利模式包括(　　)。

A. 债权收益　　B. 余值收益　　C. 服务收益　　D. 运营收益　　E. 利息收益

19. 金融租赁公司可以通过(　　)来最大限度降低信用风险。

A. 加强风险管理控制　　B. 要求交易对手保持足够的抵押品

C. 完整的交易记录　　D. 加强对宏观经济形势的研判

E. 加强对货币政策走向的研判

20. 根据《金融租赁公司管理办法》的规定，金融租赁公司应遵守监管指标的规定，以下说法中正确的是(　　)。

A. 对单一承租人的全部融资租赁业务余额不得超过资本净额的 30%

B. 对单一集团的全部融资租赁业务余额不得超过资本净额的 50%

C. 对一个关联方的全部融资租赁业务余额不得超过资本净额的 30%

D. 对全部关联方的全部融资租赁业务余额不得超过资本净额的 50%

E. 同业拆入资金余额不得超过资本净额的 100%

同步自测解析

一、单项选择题

1. 【解析】A　信任和诚信是信托成立的前提和基础，信托财产是信托关系的核心。

2. 【解析】B　根据受托人身份的不同，信托可分为民事信托和商事信托；根据信托利益归属的不同，信托可分为自益信托和他益信托；根据信托设立目的的不同，信托可分为私益信托和公益信托；根据委托人人数的不同，信托可分为单一信托与集合信托。

3. 【解析】A　以 1979 年中国国际信托投资公司的成立为标志，我国现代信托业至今已有 30 多年的发展历史。

4. 【解析】C　根据我国《信托法》的规定，进行登记的信托，以财产转移是否需要登记为标准。

5. 【解析】B　2010 年，银监会发布了《关于规范银信理财合作业务有关事项的通知》，要求融资类业务余额占银信理财合作业务余额的比例不得高于 30%，其中融资类银信理财合作业务主要包括信托贷款、受让信贷或票据资产、附加回购或回购选择权的投资、股票质押融资等资产证券化业务；要求商业银行和信托公司开展投资类银信理财合作业务，其资金原则上不得投资于非上市公司股权。

6. 【解析】A　私人股权投资信托是指信托公司将信托计划项下资金投资于未上市企业股权、上市公司限售流通股或中国银监会批准可以投资的其他股权的信托业务。

7. 【解析】D　信托公司净资本管理的本质是以净资本为核心，通过与风险资本等指标的比较，衡量公司业务规划、整体风险、流动性和兑付能力，据此建立各项业务规模与净资本水平之间的动态挂钩机制。

8. 【解析】C　由于信托财产的实际所有权属于委托人，而不属于信托公司，信托公司作为受托人只是协助承担信托业务会计核算的责任，按照会计信息质量的实质重于形式原则，信托公司只是形式上的会计主体，而委托人才是真正的会计主体。

9. 【解析】A　信用风险，主要是指交易对手(项目)或债务人不能或不愿按时履约的风险。信托公司面临的信用风险主要来自借款、对外担保、投资等业务，主要表现为客户交易违约或借款人信用等级下降等所造成的风险。

10.【解析】A 租赁是以商品形态与货币形态相结合的方式提供的信用活动，具有信用和贸易双重性质。但这些定义都强调了租赁交易只形成物权中用益物权的转移，而不是像买卖交易那样形成物权的整体转移，也即在租赁期内，租赁转移的是资产的使用权，而不是资产的所有权，而且这种转移是有偿的，取得使用权需要以支付租金为代价。

11.【解析】B 现代融资租赁是市场经济条件下更大规模的社会化生产分工和市场经济自由竞争的结果，具有鲜明的特征：一是现代租赁是以融资租赁为重要标志的租赁信用形式，承租人不仅取得物品的使用权，更重要的是将租赁信用作为一种融资手段，具有信用和贸易的双重功能；二是租赁公司以租赁信用中介机构的形式出现，这种专业化运作使租赁信用形式有了质的飞跃；三是租赁的功能更完善，经济关系更广泛，现代租赁的信用、贸易功能，尤其是金融功能被充分发挥和利用，企业普遍通过租赁设备来解决资金短缺、技术改造问题。

12.【解析】C 在融资租赁实践中，承租企业与租赁公司商定的租金支付方式，大多为后付等额年金支付。

13.【解析】A 出租人的权利与义务包括：购买租赁物的义务；在租期内享有租赁物的所有权；按合同规定收取租金的权利；合同期满，若承租人不续租或留购，有收回租赁资产的权利；根据租赁合同及时支付货款；保证租期内承租人对租赁物的充分使用权。

14.【解析】A 《金融租赁公司管理办法》指出金融租赁公司属于非银行金融机构，由银监会负责实施监督管理。

15.【解析】C 融资租赁公司由商务部进行审批和监管，因为法律授权问题，商务部出台的《融资租赁企业监督管理办法》对融资租赁企业的经营行为和经营风险做出了监督管理规定，但未涉及审批事项。

16.【解析】A 根据《金融租赁公司管理办法》的规定，在我国申请设立金融租赁公司的注册资本应当为一次性实缴货币资本，最低限额为 1 亿元人民币或等值的可自由兑换货币。

17.【解析】B 回租是指出卖人和承租人是同一人的融资租赁。在回租交易中，金融租赁公司以买受人的身份，同作为出卖人的用户企业订立以用户企业的自有固定资产为标的物的买卖合同或所有权转让协议。同时，金融租赁公司又以出租人的身份，同作为承租人的该用户企业订立融资租赁合同。

18.【解析】B 与其他融资租赁企业相比，金融租赁公司的融资成本较低，但同业拆入资金余额不得高于公司的资本净额。

19.【解析】C 金融租赁公司面临的市场风险主要包括利率风险和汇率风险。

20.【解析】B 金融租赁公司对单一承租人的全部融资租赁业务余额不得超过资本净额的 30%。

二、多项选择题

1.【解析】ABCD 信托的设立通常需要信托当事人、信托行为、信托财产和信托目的四个基本要素。

2.【解析】ABCDE 从信托业发展历程看，信托的功能体现为以财产管理为主，以融通资金、社会投资和社会公益服务等功能为辅。

3.【解析】ABCE 从我国现行法律规定来看，以下财产设立信托需进行信托登记：土地使用权和房屋所有权；船舶、航空器等交通工具；股票、股权；著作权、商标权、专利权。除此之外，以其他财产特别是动产设立信托，通常不要求进行信托登记。

4. 【解析】CDE　信托市场的需求主体是需要通过信托方式进行财产转移和财产管理的人，即信托的委托人，主要包括个人和机构两大类。个人的信托需求主要包括个人财产管理信托、婚姻家庭信托、子女保障信托、遗产管理信托和养老保障信托等。机构的信托需求主要包括资产管理信托、股权代持信托、表决选举权信托等。

5. 【解析】ABCDE　根据《信托公司管理办法》的规定，我国信托公司可申请经营的业务包括：资金信托；动产信托；不动产信托；有价证券信托；其他财产或财产权信托；作为投资基金或者基金管理公司的发起人从事投资基金业务；经营企业资产的重组、购并及项目融资、公司理财、财务顾问等业务；受托经营国务院有关部门批准的证券承销业务；办理居间、咨询、资信调查等业务；代保管及保管箱业务等。此外，信托公司可以根据《信托法》的有关规定开展公益信托活动。

6. 【解析】ADE　根据《信托公司净资本管理办法》的规定，信托公司净资本不得低于人民币2亿元；净资本不得低于各项风险资本之和的100%；净资本不得低于净资产的40%。

7. 【解析】ABCE　与其他金融企业相比，信托公司会计核算的特点主要体现在：一是委托人才是真正的会计主体。由于信托财产的实际所有权属于委托人，而不属于信托公司，信托公司作为受托人只是协助承担信托业务会计核算的责任，按照会计信息质量的实质重于形式原则，信托公司只是形式上的会计主体，而委托人才是真正的会计主体。二是信托公司信托业务以信托项目为会计核算主体。信托项目应作为独立的会计核算主体，以持续经营为前提，独立核算信托财产的管理运用和处分情况。各个信托项目应单独建账，独立核算，单独编制财务会计报告。

8. 【解析】ABD　市场风险，是指信托公司在业务开展过程中所面临的市场的整体风险，主要包括：宏观经济风险(如财政货币政策风险、利率风险、经济周期风险等)、政策风险(突出体现在政府各种经济和非经济政策的变化给业务带来的风险)、市场供求风险等。

9. 【解析】BCDE　信托财产需要具备四个条件：一是合法性，在设立信托时信托财产必须属于委托人合法所有，这是信托设立行为的有效要件；二是确定性，设立信托的财产需要现实存在并且可以确定，一般应当能够计算其价值；三是积极性，信托财产应当是积极财产，如果以消极财产(如债务等)设立信托，有可能成为委托人逃避或转嫁债务的一种手段；四是流通性，信托财产应当是可以合法转让或流通的财产。

10. 【解析】CD　融资与投资是融资租赁的基本功能，产品促销与资产管理是融资租赁的扩展功能。

11. 【解析】ABCDE　租金的确定以耗费在租赁资产上的价值为基础，取决于租赁市场的供求关系。融资租赁每期租金的多少，一般取决于以下三个因素：一是设备原价及预计残值，包括设备购买价、运输费、安装调试费、保险费以及设备租赁期满后出售可得的收入；二是资金成本，即租赁公司为承租企业购置设备垫付资金所应支付的利息；三是租赁手续费，即租赁公司承办租赁设备所发生的业务费用和必要的利润。通常，租金总额等于上述三个因素的总和。

12. 【解析】ABDE　一般情况下，租金支付的间隔期越长，承租人占用出租人资金的时间就越长，应支付给出租人的利息就越多，从而租金总额将越大。

13. 【解析】ABCDE　融资租赁合同的成立是指承租人和出租人就租赁物的名称、数量、用途等主要合同条款达成一致的法律行为。融资租赁合同主要是解决承租人对租赁物的需求问题，因此，融资租赁合同的订立一般由承租人发起，其具体步骤分为：第一，承租人选择租赁物的出卖人(供应商)，并与出卖人协商约定买卖合同的条款；第二，承租人选择出租人(租赁公司)，并与其签订融资租赁合同；第三，承租人与出租人订立委托协议，委托出租人按照自己确定的出卖人和商定的条件与出卖人订立买卖合同；第四，出租人以自己的名义与出卖人订立买卖合同，同时，承租人必须在买卖合同上签名盖章。

14. 【解析】ABCE　银行系金融租赁公司定位于服务特大型企业和项目，优势在于资金实力雄厚、融资成本低、客户资源丰富、企业信用信息量大，劣势在于受监管制约较多、缺少灵活性；厂商系融资租赁公司定位于服务母公司的特定销售对象，优势在于具有较高的设备制造和维修的专业能力、完善的市场营销网络、广泛的客户群体和了解客户经营的能力，劣势在于融资成本相对较高：独立第三方融资租赁公司以为中小企业服务为主，优势在于受监管约束少、灵活性高、创新能力强，劣势在于融资成本相对较高、企业信用信息量较少。

15. 【解析】BCDE　一般融资租赁公司与金融融资租赁公司在业务操作原理、会计定义和处理等方面都基本一致，主要区别有：监管部门不同、行业划分不同、业务内容不同、租赁标的物范围不同、风险管理指标不同。

16. 【解析】ABCDE　根据《金融租赁公司管理办法》的规定，在我国申请设立金融租赁公司应当具备以下条件：有符合《中华人民共和国公司法》和银监会规定的公司章程；有符合规定条件的发起人；注册资本为一次性实缴货币资本，最低限额为 1 亿元人民币或等值的可自由兑换货币；有符合任职资格条件的董事、高级管理人员，并且从业人员中具有金融或融资租赁工作经历 3 年以上的人员应当不低于总人数的 50%；建立了有效的公司治理、内部控制和风险管理体系；建立了与业务经营和监管要求相适应的信息科技架构，具有支撑业务经营的必要、安全且合规的信息系统，具备保障业务持续运营的技术与措施；有与业务经营相适应的营业场所、安全防范措施和其他设施等。

17. 【解析】BC　金融租赁公司同其他机构分担风险的融资租赁业务包括联合租赁和杠杆租赁两类。

18. 【解析】ABCD　金融租赁公司的盈利模式包括债权收益、余值收益、服务收益和运营收益。

19. 【解析】AB　金融租赁公司可以通过加强风险管理控制，要求交易对手保持足够的抵押品、支付保证金和在合同中规定净额结算条款等程序，来最大限度降低信用风险。

20. 【解析】ABCDE　根据《金融租赁公司管理办法》的规定，金融租赁公司应遵守以下监管指标的规定：一是资本充足率。金融租赁公司资本净额与风险加权资产的比例不得低于银监会的最低监管要求。二是单一客户融资集中度。金融租赁公司对单一承租人的全部融资租赁业务余额不得超过资本净额的 30%。三是单一集团客户融资集中度。金融租赁公司对单一集团的全部融资租赁业务余额不得超过资本净额的 50%。四是单一客户关联度。金融租赁公司对一个关联方的全部融资租赁业务余额不得超过资本净额的 30%。五是全部关联度。金融租赁公司对全部关联方的全部融资租赁业务余额不得超过资本净额的 50%。六是单一股东关联度。对单一股东及其全部关联方的融资余额不得超过该股东在金融租赁公司的出资额，且应同时满足本办法对单一客户关联度的规定。七是同业拆借比例。金融租赁公司同业拆入资金余额不得超过资本净额的 100%。

第七章　金融工程与金融风险

大纲解读

本章考试目的在于考查应试人员是否掌握了有关金融工程和金融风险的概念。从近三年考题情况来看，本章主要考查金融工程的含义、特点、管理风险的方式及其优势、与金融创新的关系、应用领域和分析方法，理解和应用金融远期合约、金融期货、金融期权和金融互换，理解金融风险的性质与类型，进行内部控制和全面风险管理，涉及金融风险管理的流程、进行信用风险、市场风险、操作风险、流动性风险、法律风险和合规风险、国家风险和声誉风险的管理，理解“巴塞尔协议Ⅱ”和“巴塞尔协议Ⅲ”的内容和要求，分析我国的金融风险管理。平均分值是5分。具体考试内容如下。

1. 金融工程

金融工程的含义、特点，与金融创新的关系；理解和应用金融远期合约、金融期货、金融期权和金融互换。

2. 金融风险及其管理

金融风险的含义与要素、金融风险的类型、金融风险的管理；金融风险管理的国际规则：“巴塞尔协议Ⅱ”与“巴塞尔协议Ⅲ”；我国在各种金融风险管理中的要求及做法。

考点精讲

第一节　金融工程

考点一　金融工程

（一）金融工程的含义与特点

金融工程的含义与特点如表7-1所示。

表7-1　金融工程的含义与特点

含　义	狭义：金融风险管理的技术和方法 广义：综合运用各种工程技术方法(主要有数学建模、数值计算、网络图解、仿真模拟等)，设计、开发和实施具有创新意义的金融工具和金融手段，并且对金融问题构造创造性的结构化解决方案的一门科学

(续表)

特　　点	(1)综合性。金融工程是现代金融理论和现代工程技术方法相结合的产物，工程技术进入金融领域，使金融学进入了一个新的发展阶段，从原来的描述、分析阶段进入了工程化的新阶段 (2)创造性。一是金融领域中思想的跃进，其创造性最高，如创造出第一份期权合约、第一份互换合约；二是指对已有的观念做出新的理解和应用，如期货开始推出的是商品期货，而后产生了金融期货；三是指对已有的金融产品和手段进行重新分解和组合，从而创造出新的金融工具 (3)实用性。金融科学的工程化本身就已经表明，金融学已经从抽象的理论中走了出来，开始面向客户、面向市场

(二) 金融工程与风险管理

1．金融工程管理风险的方式

规避风险是金融工程师开发品种繁多的金融工具的主要功能。风险管理在金融工程中居于核心地位。金融工程管理风险的方式主要有两种：分散风险和转移风险。

分散风险的方式就是多元化投资，马柯维茨的证券投资组合理论运用数学模型给出了证券种类的选择标准和各证券的组合占比的计算方法。通过分散化投资，投资者可以分散掉一部分风险，即个体风险，但无法分散掉证券组合中的系统性风险。

对于无法分散的风险，金融工程给出了风险转移的管理方式，通过新产品的设计，将风险转移给其他愿意承担风险的市场参与者，这就是开发衍生工具的初衷。

2．金融工程相比传统风险管理的优势

(1) 更高的准确性和时效性。因为衍生工具与其标的资产的价格之间存在强相关性，所以，金融工程通过对衍生品的精确定价和交易匹配可以准确地抵消相当一部分系统风险。例如通过个股期货可以直接抵消股票价格波动带来的风险，通过 CDS(信用违约互换)可以直接抵消公司违约带来的债券损失，针对性非常强。另一方面，成熟衍生品市场上的流动性可以对市场价格变化做出更快速的反映，较好地解决了传统风险管理工具处理风险时的时滞问题。

(2) 低成本。衍生品交易操作时多采用财务杠杆方式，即付出少量资金即可控制大额交易，定期进行差额结算，动用的资金相对于保值的对象而言比例很低，可以减少交易者管理风险的成本。对于在场内交易的衍生品而言，由于创造了一个风险转移市场，可以集中处理风险，大大降低了寻找交易对手的信息成本。

(3) 灵活性。场内的衍生品交易可以方便地由交易者随时根据需要进行买卖，不存在现货市场的卖空限制问题；场外衍生品可随时根据客户需要为其“量身订制”新的金融产品，这种灵活性是传统金融工具无法相比的。

(三) 金融工程与金融创新

根据金融创新程度不同，金融工程的金融创新从思维层次上可以分为三个层次。

(1) 原始创新。即基本金融工具的创造，这是最高层次的创新，属于思维上的飞跃，它

可以真正完善“不完全市场”，如第一份远期合约、第一份期权合约、第一次股票融资等。

(2) 吸纳创新。即对已有的概念给予新颖的解释和应用，主要表现为基本工具的复合应用。如现货期权、远期期权、互换期权、期货期权、远期期货、远期互换、信用违约互换、股权互换、商品互换等不同标的资产产品的推陈出新。

(3) 组合创新。即为满足特定环境的要求，把已有的金融工具和手段组合起来，创新出具有新的损益特征或者流动性特征的工具。如价差期权、组合期权、可转换债券、产品的复制组合等。

(四) 金融工程的运用领域

(1) 金融产品创新。这是金融工程的一个重要内容，利用创新金融产品的方式解决金融问题，如货币互换解决了外汇管制带来的换汇困难、次级债的发行保证了购并所需的资金，期货的推出降低了远期合约的交易成本、利率衍生品提供了管理利率风险的工具等。

(2) 资产定价。为创新的金融产品给出合理的估值，挖掘金融产品价值变化的内部规律，这是金融工程的核心任务，也是了解产品风险的第一步，为此金融工程开发出了多种解决定价问题的分析方法，如套利定价法、风险中性定价法、状态价格定价法等。

(3) 金融风险管理。这是金融工程最主要的应用领域，具体包括风险识别方法的开发、风险度量方法的探索和风险管理技术的创新，套期保值就是金融风险管理的一种重要方法。

(4) 投融资策略设计。金融工程师在公司的主要任务之一就是根据公司需求制定合适的融资策略，而在金融机构就是设计各种资产管理策略。其实，策略和金融产品很难分割开来，策略的规模化应用被称之为金融产品，如各种债券、基金、理财产品的发行，而小范围应用的定制策略通常被人们称之为策略，如组合期权策略、价差期权策略、量化投资策略、过渡性融资策略等。

(5) 套利。套利机会的发现和套利策略的设计是金融工程的一个重要内容，通过建立更精确的定价模型，结合统计分析手段、数据挖掘手段来寻找市场上的套利机会，利用市场的短期非有效性实施套利行为，获取无风险利润，这正是量化投资部门的工作内容。

(五) 金融工程的基本分析方法

1. 积木分析法

积木分析法是金融工程中的一种常用分析方法，主要是通过将金融产品如同积木一般的分解组合，辅助金融问题的解决和产品创新，金融工程师的基本积木包括基础资产、货币资产、远期、期货、互换和期权。

2. 套利定价法

套利定价法首先假设市场是无套利市场，然后通过复制技术构造两个损益相同的组合来进行新产品的定价。无套利是套利定价法最基本的假设。

3. 风险中性定价法

风险中性定价法与套利定价法是内在一致的，它假设任何风险资产的期望收益均为无风险收益，因此任何资产当前的价值等于未来资产的无风险贴现，它利用这种方式解决了风险溢价带来的定价困扰。

4．状态价格定价技术

该技术起源于投资组合理论中的阿罗—德布鲁证券理论，是利用假象的状态资产进行任何产品损益的复制，进而进行定价的技术。

(六) 金融产品定价的基本假设

为了分析简便，在定价时通常给出一些市场的简化假设，以剔除非本质因素的影响。具体如下：

(1) 市场不存在摩擦，即没有交易费用和税收。

(2) 市场参与者能以相同的无风险利率借入和贷出资金。

(3) 不考虑对手违约风险。

(4) 允许现货卖空行为。

(5) 市场不存在套利机会，这使得我们算出的理论价格就是无套利均衡价格。

(6) 可以买卖任意数量的资产。

【例 7-1】 对已有的概念给予新颖的解释和应用，主要表现为基本工具的复合应用的创新方式是(　　)。(单选题)

A. 原始创新　　B. 吸纳创新　　C. 组合创新　　D. 复合创新

【解析】B　对已有的概念给予新颖的解释和应用，主要表现为基本工具的复合应用属于吸纳创新。

【例 7-2】 以下属于金融工程基本分析方法的是(　　)。(多选题)

A. 积木分析法　　B. 套利分析法　　C. 均衡分析法

D. 风险中性定价法　　E. 状态价格定价技术

【解析】ABCDE　金融工程的基本分析方法有：积木分析法、套利分析法、均衡分析法、风险中性定价法、状态价格定价技术。

考点二　金融远期合约

(一) 远期价格

远期价格(Forward Price)是使得远期合约价值为零的交割价格，它依赖于标的资产的现价。远期合约签订时，买卖双方不需要交换任何现金流，因此远期合约价值为 0。

无红利股票的远期价格：

$$F_t=S_te^{r(T-t)}$$

其中，F_t 是远期价格；S_t 是股票当前的价格；r 是无风险连续复利；T 是到期时间；上式表示的是股票在[t，T]时间段的远期价格。

有现金收益资产的远期价格：

$$F_t=(S_t-I_t)e^{r(T-t)}$$

其中，I_t 是在[t，T]时间段内持有资产获得现金收益的折现值，如债券的票息、股票的现金红利的折现。

有红利率资产的远期价格：

$$F_t=S_te^{(r-q)(T-t)}$$

其中，q 表示标的资产的红利率，如外汇远期合约中外币的存款利率，股票的股票红利，股指的红利率等。该公式用于远期外汇合约时，计算出的外汇远期价格称之为远期汇率。

(二) 金融远期合约的价值

金融远期合约的价值即买卖双方在交易远期合约时买方应该向卖方支付的现金，即产品本身的价值。由于远期合约初始价值为 0，随着时间的流逝，标的资产价格变化带来远期价格的变化，导致已有的远期合约价值不再为 0，故在合约有效期期间，金融远期合约的价值可以是正的，也可以是负的。

金融远期合约在任意时点 t 的价值为：

$$f_t=(F_t-K)e^{-r(T-t)}$$

其中，f_t 是远期合约在 t 时点的价值；F_t 是标的资产在[t，T]时间段的远期价格；K 是远期合约的交割价格；T 是远期合约的到期日。

(三) 远期利率协议的交割与估值

1. 远期利率协议的交割

远期利率协议(Forward Rate Agreements，FRA)是指买卖双方同意从未来某一时刻开始在后续的一定时期内按协议利率借贷一笔数额确定、以具体货币表示的名义本金的协议。远期利率协议的买方是名义借款人，其订立远期利率协议的目的是规避利率上升的风险。远期利率协议的卖方是名义贷款人，其订立远期利率协议的目的是规避利率下降的风险。之所以称为“名义”，是因为借贷双方不必交换本金，只是在交割日根据协议利率和参考利率之间的差额，交割利息差的折现值。FRA 中涉及三个时间点，一个是协议生效日，一个是名义贷款起息日，即交割日(Settlement Date)，一个是名义贷款到期日，即到期日(Maturity Date)。远期利率协议的表示通常是交割日×到期日，如 3×9 的远期利率协议表示距离交割日为 3 个月，距离到期日为 9 个月，因此名义贷款权限为 6 个月，如图 7-1 所示。

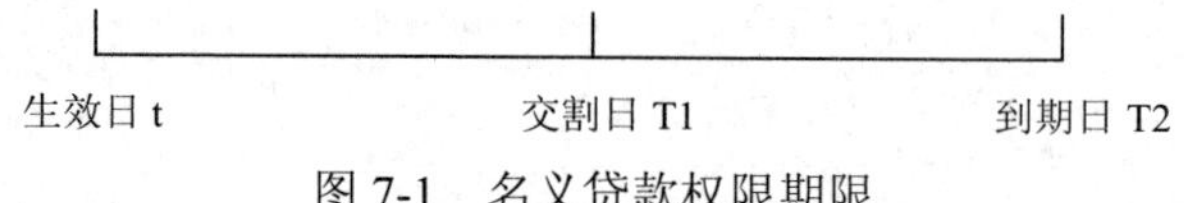

图 7-1 名义贷款权限期限

由于 FRA 的交割日是在名义贷款期初，而不是名义贷款期末，因此交割额的计算需要将利息差进行贴现，具体以 FRA 买方损益为例，计算公式如下：

$$交割额=\frac{(协议利率-参考利率)\times 名义本金\times 协议期限}{1+协议利率\times 协议期限}$$

其中，协议期限(T2-T1)以年为单位表示，即协议天数 / 年基准天数，一般美元的年基准天数取 360 天，英镑的年基准天数取 365 天。参考利率一般选取被广泛接受的市场利率，如美国是 LIBOR，我国是 SHIBOR，用以计算交割额。若协议利率>参考利率，交割额为正，卖方向买方支付交割额；若协议利率<参考利率，交割额为负，买方向卖方支付交割额。

2. 远期利率协议的估值

远期利率协议与其他远期合约一样，在签订时理论价值为 0，其协议利率等于远期利率，计算公式为：

$$i_F = \frac{i_L D_L - i_S D_S}{D_F(1 + i_S D_S / Basis)}$$

其中，$D_L=T_2-t$，$Ds=T_1-t$，$D_F=T_1-T_2$；$Basis$ 为年基准天数；i_L 为 D_L 期的即期利率；i_s 为 Ds 期的即期利率。若期初协议利率不等于远期利率，则可以通过构造套利策略获取无风险利润，在现实生活中，银行通常以远期利率为基准，将报出的买(卖)价格下浮(上浮)一定数量的基点。

(四) 金融远期合约的套期保值

1．基于远期利率协议的套期保值

当投资者担心利率上升给自己造成损失时，可以通过购买远期利率协议进行套期保值，其结果是将未来的借款利率固定在某一水平上。它适用于打算在未来融资的公司，以及打算在未来某一时间出售已持有债券的投资者。

2. 基于远期外汇合约的套期保值

类似的多头套期保值就是通过买入远期外汇合约来避免汇率上升的风险，它适用于在未来某日期将支出外汇的机构和个人，如进口商品、出国旅游、到期偿还外债、计划进行外汇投资等。空头套期保值就是通过卖出远期外汇合约来避免汇率下降的风险，它适用于在未来某日期将收到外汇的机构和个人，如出口商品、提供劳务、现有的对外投资、到期收回贷款等。

【例 7-3】 在金融衍生工具中，远期合约的最大功能是(　　)。(2014 年单选题)

A. 增加收益　　B. 增加交易量　　C. 方便交易　　D. 转嫁风险

【解析】D　远期合约的最大功能是转嫁风险。

【例 7-4】 合约的双方约定在未来某一确定日期，按照确定的价格买卖一定数量的某种金融资产称为(　　)。(2014 年单选题)

A. 金融期权　　B. 金融期货

C. 金融远期　　D. 金融互换

【解析】C　本题考查金融远期的概念。金融远期合约是最早出现的一类金融衍生品，合约的双方约定在未来某一确定日期，按确定的价格买卖一定数量的某种金融资产。

考点三　金融期货

(一) 金融期货的价格

金融期货包括个股期货、股指期货、货币期货和利率期货。由于期货是在场内进行的标准化交易，其盯市制度决定了期货在任何时间点处的理论价值为 0，即期货的报价相当于远期合约的协议价格，故期货的报价理论上等于标的资产的远期价格。

(二) 金融期货的套期保值

1．完全套期保值

类似远期合约，如果投资者希望套保的现货资产的种类和规模能够与市场上交易的期货

的标的资产种类以及期货规模相匹配，可以进行类似远期合约的完全套期保值。例如美国公司 XYZ 想为 2014 年 12 月 15 日要支付的 2500 万欧元进行套保，已知 12 月份交割的欧元期货合约规模为 125 000 欧元，则公司可以通过买入 200 份欧元期货合约进行完全套期保值。

但在实际运用中，套期保值的效果会受到以下三个因素的影响：①需要避险的资产与期货标的资产不完全一致；②套期保值者不能确切地知道未来拟出售或购买资产的时间，因此不容易找到时间完全匹配的期货；③需要避险的期限与避险工具的期限不一致。

2. 基差风险与套期保值工具的选择

基差(Basis)=待保值资产的现货价格-用于保值的期货价格

在期货到期日时，期货价格将收敛到现货价格，因此基差会趋于 0，但在到期日之前，基差可正可负。基差变动带来的风险称之为基差风险。当上述原因存在时，即使在期货到期日，基差也有可能不收敛，这会降低套期保值的效果。为了降低基差风险，我们要选择合适的期货合约，它包括两个方面：①选择合适的标的资产；②选择合约的交割月份。

选择标的资产的标准是标的资产价格与保值资产价格的相关性。相关性越好，基差风险就越小。因此选择标的资产时，最好选择保值资产本身，若保值资产没有期货合约，则选择与保值资产价格相关性最好的资产的期货合约。

在选择合约的交割月份时，要考虑是否打算实物交割。对于大多数金融期货而言，实物交割的成本并不高，在这种情况下，通常应尽量选择与套期保值到期日相一致的交割月份，从而使基差风险最小。若套期保值者不能确切地知道套期保值的到期日，也应选择交割月份靠后的期货合约。

3. 最优套期保值比率的确定

套期保值比率是指期货合约的头寸规模与套期保值资产规模之间的比率，若 Q_F 表示一份期货合约的规模，N 表示期货的份数，Ns 表示待保值资产的数量，则：

$$\text{套期保值比率}(h) = N\frac{Q_F}{N_S}$$

当套期保值资产价格与标的资产的期货价格相关系数等于 1 时，为了使套期保值后的风险最小，套期保值比率应等于 1。而当相关系数不等于 1 时，套期保值比率就可能不等于 1。

(1) 货币期货的最优套期保值比率。货币期货的套期保值方向选择与外汇远期是相同的，当面临外币汇率上升带来的损失时，可以买入该外币的期货；相反则卖出该外币的期货。货币期货在方差最小的意义下，其最优套期保值比率为：

$$h = \rho\frac{\sigma_S}{\sigma_F}$$

其中，σ_s 代表 $\triangle S$ 的标准差；σ_F 代表 $\triangle F$ 的标准差；$\triangle S$ 和 $\triangle F$ 代表套期保值期内保值即期汇率 S 的变化和外汇期货价格 F 的变化，ρ 表示二者的相关系数。当二者完全相关时，h=1，否则 h 不等于 1，它保证了用上述比率配置外汇期货进行套保，可以使组合价值变动最小，即在方差意义下风险最小，此时期货的最佳数量为：

$$N = \rho\frac{\sigma_S N_S}{\sigma_F Q_F}$$

(2) 股指期货最佳套期保值数量。当我们用股价指数期货为股票组合套期保值时，必然会存在股票组合中股票的数量和权重与股票指数不一致的问题，其最佳套期比率与 CAPM 模型中的 Beta 系数相关，最佳套期保值需要的期货数量为：

$$N = \beta \frac{V_S}{V_F}$$

其中，V_S为股票组合的价值；V_F为单位股指期货合约的价值；β为该股票组合与期货标的股指的β系数。因为股票组合没有单位价格，因此很少使用套期保值比率，直接计算套期保值需要的最佳期货数量比较合适。

例如，某公司打算运用 6 个月期的 S&P500 股价指数期货为其价值 500 万美元的股票组合套期保值，该组合的β值为 1.8，当时的期货价格为 400。由于一份该期货合约的价值为 400×500＝20 万美元，因此该公司应卖出的期货合约的数量为：

$$1.8 \times \frac{500}{20} = 45\text{份}$$

(3) 利率期货与久期套期保值。与利用远期利率协议套期保值不同的是，利用利率期货进行套期保值方向与远期利率协议是完全相反的，因为利率期货以债券或者短期存款为标的，当利率上升时，债券价格或者短期存款的价格是下跌的。因此投资者担心利率上升带来的损失时，要卖出利率期货，这样当利率上升时，利率期货价格下跌，利率期货空头可以获益，用以弥补利率上升带来的损失。相反，当投资者担心利率下降带来的损失时，要买入利率期货。

由于当市场利率变动时，债券价格的变动幅度取决于该债券的久期，而利率期货价格的变动幅度也取决于利率期货标的债券的久期，因此我们可以根据保值债券与标的债券的久期来计算套期保值比率。令 S 和 D_S 分别表示需进行套期保值资产的价格和久期，F 表示利率期货的价格，D_F 表示期货合约标的债券的久期。则为了对冲收益率变动对保值债券价值的影响，所需要的期货合约数(N)为：

$$N = \frac{SD_S}{FD_F}$$

例如，2003 年 11 月 20 日，某基金管理者持有 2 000 万美元的美国政府债券，他担心市场利率在未来 6 个月内将剧烈波动，因此他希望卖空 2004 年 6 月到期的长期国债期货合约，该合约目前市价为 94.1875 美元，该合约规模为 10 万美元面值的长期国债，因此每份合约价值 94 187.50 美元。假设需保值的债券平均久期为 8 年，长期国债期货合约的平均久期为 10.3 年。则为进行套期保值，他应卖空的期货合约数为：

$$N = \frac{20\ 000\ 000}{94\ 187.50} \times \frac{8}{10.30} = 164.93 \approx 165\text{份}$$

应该注意的是，基于久期的套期保值是不完美的，存在着较多的局限性，它没有考虑债券价格与收益率关系曲线的凸度问题，而且它是建立在收益率曲线平移的假定上，因此在实际运用时要多加注意。

4．滚动套期保值

由于期货合约的有效期通常不超过 1 年，而套期保值的期限有时又长于 1 年，在这种情况下，就必须采取滚动的套期保值策略，即建立一个期货头寸，待这个期货合约到期前将其平仓，再建立另一个到期日较晚的期货头寸直至套期保值期限届满。如果交易者通过几次平仓才实现最终的套期保值目的，则交易者将面临几个基差风险。

(三) 金融期货的套利

1．期现套利

它是利用期货价格与标的资产现货价格的差异进行套利的交易，即在现货市场买入(卖出)现货的同时，按同一标的资产，以同样的规模在期货市场上卖出(买入)该资产的某种期货合约，并在未来一段时间后同时平仓的交易。由于金融期货的价格理论上近似远期价格，而远期价格又决定于标的资产的现货价格，因此期货价格与现货价格存在强相关性，当期货价格与现货价格偏离超过理论差距时就会产生套利机会，可以通过期货和现货方向相反、头寸相同的方式进行套利。

例如，股价指数可以近似看作是支付连续收益率的资产，股指期货价格与股指现货价格之间必须保持如下关系，否则就存在套利机会：

$$F_t = S_t e^{(r-q)(T-t)}$$

如果 $F_t > S_t e^{(r-q)(T-t)}$，投资者就可以通过购买股价指数中的成份股票，同时卖出指数期货合约来获得无风险套利利润。相反，如果 $F_t < S_t e^{(r-q)(T-t)}$，投资者就可以通过卖空股价指数中的成份股票，同时买入指数期货合约来获得无风险套利利润。现实中由于买卖成份股需要花费较长的时间，而市场行情是瞬间万变的，因此在实践中人们大多利用计算机程序进行自动交易。即一旦指数现货与期货的平价关系被打破时，电脑会根据事先设计好的程序进行套利交易。

2．跨期套利

跨期套利是指在同一期货市场(如股指期货)的不同到期期限的期货合约之间进行的套利交易。具体来说，就是买入(卖出)某一较短期限的金融期货的同时，卖出(买入)另一相同标的资产的较长期限的金融期货，在较短期限的金融期货合约到期时或到期前同时将两个期货对冲平仓的交易。由于期现套利存在较多的限制，如现货市场的卖空限制、现货交易成本较高、期货和现货属于不同的账户和市场、交易时间可能不同步等，因此很多时候无法灵活的实现。而跨期套利在同一市场进行，且期货市场没有卖空限制，因此跨期套利是套利交易中使用较多的策略。跨期套利依赖的指标就是基差，当基于同一标的资产的不同期限的期货合约报价产生的基差差异超出正常范围时，可以通过跨期套利获取无风险利润。

3. 跨市场套利

跨市场套利是指利用同一种期货合约在不同交易所之间的价差而进行的套利交易。具体来说，就是在买入(卖出)某一交易所的某一金融期货合约的同时，按同一数量、同一到期期限卖出(买入)另一交易所的同一金融期货合约，并在未来某一时间同时将两种期货合约对冲平仓的交易。由于股指期货和利率期货在不同市场进行相同产品交易的较少，因此这种套利方式在货币期货中使用较多。

【例 7-5】 金融期货最主要的功能是(　　)。(单选题)

A. 风险转移和价格发现　　　　B. 风险转移和收益

C. 价格发现和收益　　　　　　　　　　D. 价值发现和风险转移

【解析】A　金融期货最主要的功能就在于风险转移和价格发现。风险转移功能是指套期保值者通过金融期货交易将价格风险转移给愿意承担风险的投机者。价格发现功能是指在一个公开、公平、高效、竞争的期货市场中，通过集中竞价形成期货价格的功能。

考点四　金融互换

(一) 利率互换的定价

利率互换(Interest Rate Swap)是指买卖双方同意在未来的一定期限内根据同种货币的同样的名义本金交换现金流，其中一方的现金流根据浮动利率计算出来，而另一方的现金流根据固定利率计算，通常双方只交换利息差，不交换本金。互换的期限通常在 2 年以上，有时甚至在 15 年以上。

普通利率互换可以由一组远期利率协议复制，也可以由固定利率债券和浮动利率债券的组合复制，因此利率互换的价值等于债券组合的价值，可以运用债券组合对互换进行定价。以利率互换的买方为例，利率互换的买方支付固定利率，获得浮动利率，因此可以将买方的收益等价于其发行了一个固定利率的债券，购买了一个浮动利率的债券，故其价值为：

$$V_{互换} = V_{fix} - V_{fl}$$

$$V_{fix} = \sum_{i=1}^{n} ke^{-r_i t_i} + Le^{-r_n t_n}$$

$$V_{fl} = (L + k^*)e^{-r_1 t_1}$$

其中，

V_{fix} 是互换合约中分解出的固定利率债券的价值；V_{fl} 是互换合约中分解出的浮动利率债券的价值；t_i 是距第 i 次现金流交换的时间($1 \leqslant i \leqslant n$)；$L$ 是利率互换合约中的名义本金额；r_i 是到期日为 t_i 的零息票债券利率；k 是支付日支付的固定利息额：k^*是下一支付日应支付的浮动利息额。

这里浮动利率债券的定价中假设：在任意付息日，浮动利率债券价格在支付利息后会回归面值。

(二) 货币互换的定价

货币互换(Currency Swap)是买卖双方将一种货币的本金和固定利息与另一货币的等价本金和固定利息进行交换的协议。货币互换的买方在期初获得外币，并将等值的本币借给卖方；在合约期限内买方支付外币利息，获取本币利息；合约到期时买方向卖方偿还外币本金，同时获得本币的本金。因此这一过程可以看作买方发行了一份外币债券，购买了一份本币债券，故互换买方的价值等于(本币债券的价值-外币债券的价值)。

定义 $V_{互换}$为货币互换买方的价值，那么：

$$V_{互换} = B_D - S_0 B_F$$

其中，B_F是用外币表示的从互换中分解出来的外币债券的价值；B_D是从互换中分解出来的本币债券的价值；S_0是即期汇率(外币兑本币，如人民币为本币，美元为外币，1 美元=6.2 人民币，则 S_0=6.2 美元 / 人民币)。对于付出本币，收入外币的那一方，即卖方的价值为：

$$-V_{互换}=S_0B_F-B_D$$

(三) 金融互换的套利

金融互换的套利运用的是比较优势原理。比较优势理论指出，在两国都能生产两种产品，且一国在这两种产品的生产上均处于有利地位，而另一国均处于不利地位的条件下，如果前者专门生产优势较大的产品，后者专门生产劣势较小(即具有比较优势)的产品，那么通过专业化分工和国际贸易，双方均能从中获益。互换是比较优势理论在金融领域最生动的运用。根据比较优势理论，只要满足以下两种条件，就可以通过互换进行套利：①双方对对方的资产或负债均有需求；②双方在两种资产或负债上存在比较优势。

1. 利率互换的套利

假设 A、B 公司都想借入 5 年期的 1000 万美元借款，A 公司想借入与 6 个月期相关的浮动利率借款，B 公司想借入固定利率借款。但两家公司信用等级不同，故市场向它们提供的利率也不同，如表 7-2 所示。

表 7-2　市场提供给 A、B 两公司的借款利率

	固定利率	浮动利率
A 公司	6.00%	6 个月期 LIBOR+0.30%
B 公司	7.20%	6 个月期 LIBOR+1.00%

注：表中的利率均为一年计一次复利的年利率。

此时 A 公司在固定利率市场上存在比较优势，因为 A 公司在固定利率市场上比 B 公司的融资成本低 1.2%，而在浮动利率市场上比 B 公司的融资成本低 0.7%，因此 A 公司在固定利率市场上比在浮动利率市场上相对 B 公司融资成本优势更大，这里存在 0.5%(1.2%-0.7%)的套利利润。A 公司和 B 公司可以通过如下互换分享无风险利润，降低双方的融资成本：A 公司作为利率互换的卖方，支付浮动利率，获得固定利率，同时在市场上借入固定利率的借款，B 公司作为利率互换的买方，支付固定利率，获得浮动利率，同时在市场上借入浮动利率的借款，如图 7-2 所示。

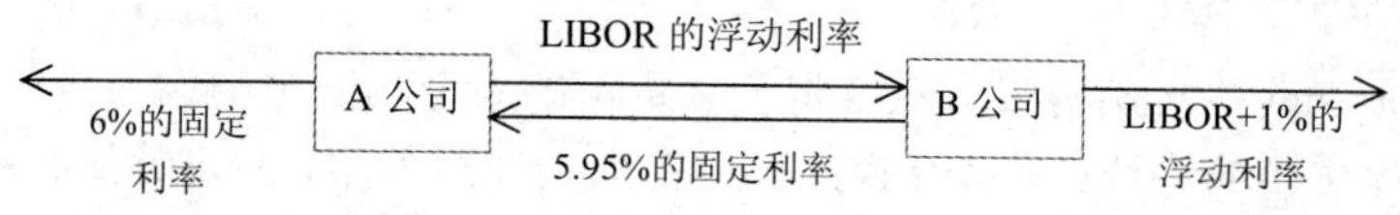

图 7-2　A、B 两公司通过互换套利

在这种情况下，A 公司最终的融资成本为 LIBOR+0.05%，达到了浮动利率借款的目的，B 公司最终融资成本为 6.95%，达到了固定利率借款的目的，同时相比直接在市场上融资，A 公司、B 公司均节约了 0.25%的成本。

2. 货币互换的套利

假设英镑和美元汇率为 1 英镑=1.5 美元。A 公司想借入 5 年期的 1000 万英镑借款，B 公司想借入 5 年期的 1500 万美元借款。市场向它们提供的固定利率如表 7-3 所示。

表 7-3　市场向 A、B 公司提供的借款利率

	美　元	英　镑
A 公司	8.00%	11. 6%
B 公司	10. 00%	12.0%
A-B	-2%	-0.40%

此时 A 公司在美元市场上存在比较优势，因为 A 公司在美元市场上比 B 公司的融资成本低 2%，而在英镑市场上比 B 公司的融资成本低 0.4%。因此 A 公司在美元市场上比在英镑市场上相对 B 公司融资成本优势更大，这里存在 1.6%(2%-0.4%)的套利利润。A 公司和 B 公司可以通过如下货币互换分享无风险利润，降低双方的融资成本：A 公司在货币互换中支付英镑利息，获得美元利息，同时在市场上借入美元借款，B 公司在货币互换中支付美元利息，获得英镑利息，同时在市场上借入英镑借款，如图 7-3 所示。

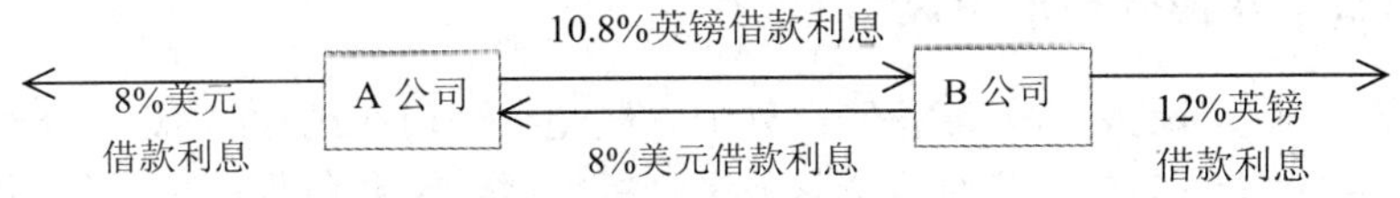

图 7-3　A、B 两公司通过货币互换套利

在这种情况下，A 公司最终融资英镑的成本为 10. 8%，达到了借英镑的目的，B 公司最终融资美元成本为 9. 2%，达到了美元借款的目的，同时相比直接在市场上融资，A 公司、B 公司均节约了 0. 8%的成本。

(四) 运用利率互换管理利率风险

利用利率互换管理资产或者负债中利率风险的方式是转换资产或者负债的利率性质，如固定利率的资产(或者负债)通过互换可以转换为浮动利率的资产(或者负债)：利用互换来调整债务时，一般为了使债务与利率敏感性资产相匹配、降低筹资成本，或者增加负债能力；利用互换来调整资产时，一般为了提高收益率。

【案例 1】匹配资产和负债的利率风险。在 2005 年 2 月 10 日国家开发银行(简称国开行)与中国光大银行进行了首笔人民币利率互换交易，名义本金为 50 亿元人民币，期限为 10 年。光大银行支付 2.95%的固定利率，国开行支付浮动利率(1 年期定期存款利率)。国开行签订此互换的目的是因为其存在资产和负债不匹配的利率风险敞口，国开行的资产主要为长期浮动利率贷款，负债以固定利率长期债券为主，资产和债务的期限结构不匹配，造成了很大的利率风险敞口，通过互换，国开行填平了利率风险敞口，可以赚取稳定的利息差；与此同时，中国光大银行的资产负债情况与国家开发银行恰恰相反，其负债主要由短期存款构成，而资产主要是长期固定利率按揭贷款构成。通过利率互换，光大银行支付固定利率就可以与固定

利率贷款相匹配，填平利率风险敞口，两家银行进行利率互换后的匹配结果如图 7-4 所示。

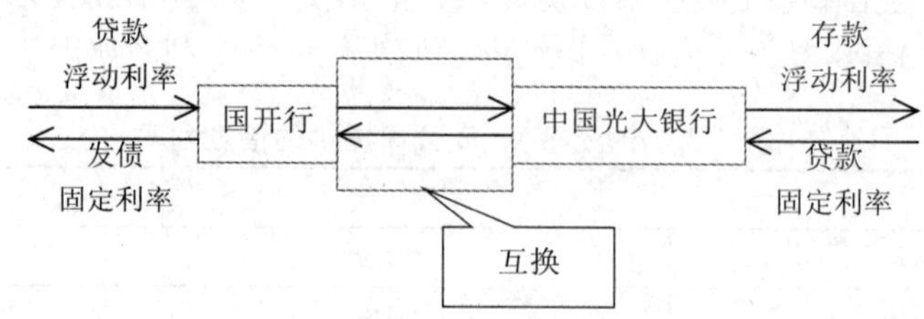

图 7-4　国家开发银行与中国光大银行利率互换匹配结果

【案例 2】降低负债成本或者提高资产收益。结合利率环境的变化，可以灵活地通过利率互换降低负债成本。假设某公司于两年前发行了七年期的固定利率债券，每年支付 9.75%的利息。现实环境利率已经大幅下跌，公司现转换成浮动利率负债，以利用当前低利率的好处，则公司根据当前市场报价签订了 5 年期每年以 7.05%交换 LIBOR 的年度互换协议，通过互换，公司的融资成本变为 LIBOR+2.7%的浮动利率，当时 LIBOR 为 4.5%，故当年支付的息票率变为 7.2%，比原来的 9.75%节省了 2.55 个百分点。

(五) 运用货币互换管理汇率风险

货币互换产生的起因是因为外汇管制，外汇管制是某公司在进行跨境交易时，货币兑换的成本非常高，因此通过最初的背对背贷款或者平行贷款，在避免货币兑换的同时，达到了各个公司在其他国家融资的目的，后来就发展成了货币互换市场，因此我们可以用货币互换来转换资产或债务组合的货币构成，在全球各市场之间进行套利，从而一方面降低筹资者的融资成本或提高投资者的资产收益，另一方面促进全球金融市场的一体化。

例如，1981 年 IBM 公司和世界银行进行了一笔瑞士法郎和德国马克与美元之间的货币互换交易。当时，世界银行在欧洲美元市场上能够以较为有利的条件筹集到美元资金，但是实际需要的却是瑞士法郎和德国马克。此时持有瑞士法郎和德国马克资金的 IBM 公司，正好希望将这两种货币形式的资金换成美元资金，以回避汇率风险。通过互换，世界银行将以低息筹集到的美元资金提供给 IBM 公司，IBM 公司将自己持有的瑞士法郎和德国马克资金提供给世界银行。通过这种互换交易，世界银行和 IBM 公司在没有改变与原来债权人之间的法律关系的情况下，以低成本筹集到了自身所需的资金。

【例 7-6】 互换是指两个或两个以上的当事人依据预先约定的规则，在未来的一段时期内互相交换某种资产(　　)的交易。(2011 年单选题)

A. 现金流量　　B. 证券组合　　C. 货币组合　　D. 衍生工具

【解析】A　互换也称为掉期，是指两个或两个以上的当事人依据预先约定的规则，在未来的一段时期内，互相交换一系列现金流量(本金、利息、价差等)的交易。

【例 7-7】 金融互换的优越性有(　　)。(2014 年多选题)

A. 互换的期限相当灵活

B. 互换能满足交易者对非标准化交易的要求

C. 互换能满足交易者对标准化交易的要求

D. 进行互换可以进行套期保值，可以省却其他产品对头寸的日常管理和经常性重组的麻烦

E. 互换的期限相对固定

【解析】ABD　本题考查金融互换的优越性。金融互换之所以备受追捧并得到广泛应用的原因，在于它作为一种创新的场外衍生金融工具，具有现存的其他金融衍生工具不可比拟的优越性。第一，互换的期限相当灵活，一般为 2 ~ 10 年，甚至可达 30 年；第二，互换能满足交易者对非标准化交易的要求；第三，也是最重要的是，使用互换进行套期保值，可以省却使用期货、期权等产品对头寸的日常管理和经常性重组的麻烦。

考点五　金融期权

(一) 金融期权的价值结构

期权的价值一般被分为内在价值和时间价值两部分，内在价值体现的是立即执行期权带来的收益，时间价值体现的是期权有效期期间标的资产价格变动带来的收益。

1．内在价值

期权的内在价值可有可无，根据期权是否存在内在价值可以将期权分为实值期权、平价期权和虚值期权。实值期权指内在价值为正的期权，如标的资产现价高于执行价的看涨期权或者当前标的资产价格低于执行价的看跌期权就是实值期权，而标的资产现价与执行价相等的期权为平价期权，标的资产现价低于执行价的看涨期权或者标的资产现价高于执行价的看跌期权为虚值期权。

2．时间价值

即期权费减去内在价值后剩余的部分，反映了交易商愿意为标的资产价格波动的不确定性所支付的代价。这部分价值一般为正，但对于接近到期日的期权或者深度实值期权和深度虚值期权其价值可能为 0。在相同执行价的情况下，平价期权的时间价值是最大的。图 7-5 展示了欧式看涨期权的时间价值与标的资产现价的关系。

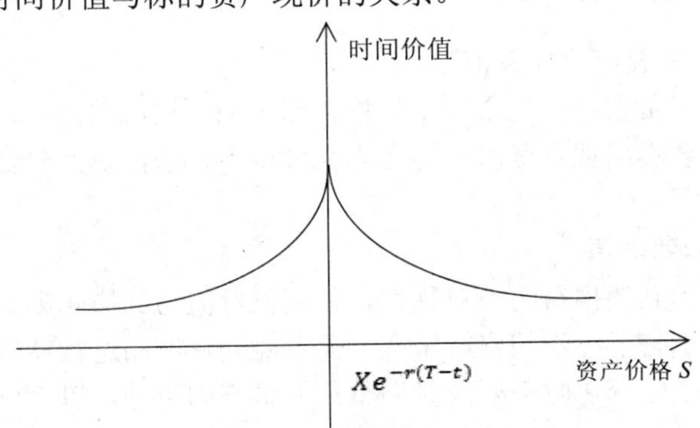

图 7-5　欧式看涨期权的时间价值

(二) 金融期权价值的合理范围

1．欧式看涨期权价值的合理范围

由于看涨期权赋予的是买入标的资产的权利，因此其价值不会超过标的资产自身的价值，

同时由于其时间价值是非负的，因此其价值也不会低于内在价值，故欧式看涨期权的期权费取值的合理范围为：

$$\max[S_t-Xe^{-r(T-t)},\ 0]\leqslant c\leqslant S_t$$

这里 S_t 为标的资产的现价；X 为期权的执行价格；r 为无风险利率；t 为当前时间；T 为当期时间；c 为欧式看涨期权的期权费。由于欧式期权不能提前执行，因此其内在价值通过折现进行了调整。当欧式看涨期权的期权费超过此范围时，可以通过买卖现货资产和看涨期权的组合进行套利。注意这里我们没有考虑标的资产支付红利、付息或者外币资产的情况。

2. 欧式看跌期权价值的合理范围

由于看跌期权赋予的是以固定价格 X 卖出标的资产的权利，X 是执行看跌期权带来的最高收益，故看跌期权的价值应低于执行价格，而欧式看跌期权无法提前执行，因此其价值要低于最高收益的折现值；同时看跌期权的时间价值也是非负的，故其期权费也不会低于其内在价值。综合上述分析，欧式看跌期权的期权费取值的合理范围为：

$$\max[Xe^{-r(T-t)}-S_t,\ 0]\leqslant p\leqslant Xe^{-r(T-t)}$$

3. 美式看涨期权价值的合理范围

在标的资产没有红利支付时，美式看涨期权虽然可以提前执行，但提前执行获得的资产不产生红利，而货币可以产生时间价值，因此提前执行美式看涨期权是不合理的，因此其价值的合理范围与欧式看涨期权相同。不过当标的资产有红利或者利息支付时，美式看涨期权是可能提前执行的。

4. 美式看跌期权价值的合理范围

由于提前执行看跌期权相当于提前卖出资产，获得现金，而现金可以产生无风险收益，因此直观上看，美式看跌期权可能提前执行，故美式看跌期权的价值通常大于欧式看跌期权，而其取值范围也相应扩大为：

$$\max[X-S_t,\ 0]\leqslant P\leqslant X$$

(三) 金融期权的套期保值

1. 利用期权为现货资产套期保值

当未来需要买入现货资产，担心未来价格上涨增加购买成本时，可以买入看涨期权进行套期保值，当未来需要卖出现货资产，担心未来价格下跌降低资产收益时，可以卖出看跌期权进行套期保值。

2. 期权的动态套期保值

由于金融期权合约到期损益的不对称性，使期权价值与其影响因素之间产生了非线性关系，因此如果投资者出售了含权的资产组合，需要对期权产品进行动态套期保值，即当影响因素如标的资产价格发生变化时需要及时调整标的资产的头寸，以达到更好的套期保值的目的。影响期权价值的因素主要包括标的资产价格、标的资产的波动率、无风险利率、到期期限、执行价格五个因素，除执行价格外其他因素都是变动的，故期权套期保值需要考虑五个因素的变动。每个因素的影响程度可以通过期权价值关于各因素的偏导数来体现，这些偏导数称之为希腊字母，故期权的套期保值也被称为希腊字母套期保值。主要应用的希腊字母是德尔塔(Delta)、伽马(Gamma)、维伽(Vega)、斯塔(Theta)和鞣(Rho)。其中德尔塔、伽马用于管理资产价格变动带来的风险；维伽用于管理波动率变化带来的风险，鞣用于反应利率变动的风险，而斯塔表示到期期限对价值的影响，通常作为伽马的镜像指标使用。

(四) 金融期权的套利

基于期权的套利属于工具套利，它是利用期权价格与标的资产(现货、期货或互换)价格之间的差异进行的套利。

1．看涨期权与看跌期权之间的套利

从前文所述看涨和看跌期权合理的价值范围可知，当看涨期权和看跌期权价值在上述价值范围之外时，就会存在套利机会，可以通过买卖标的资产和期权设计套利策略赚取无风险利润。除此以外，相同标的资产、到期日以及相同执行价格的欧式看涨期权和欧式看跌期权之间还应该满足平价关系：

$$c+Xe^{-r(T-t)}=S_t+p$$

其中，c 为欧式看涨期权价值；p 为欧式看跌期权价值。如果不能满足上述等式，就可以设计套利策略获取无风险利润。如 $c+Xe^{-r(T-t)}>S_t+p$，则以 1 单位标的资产为例，可以在期初卖出 1 单位看涨期权，同时借入 $Xe^{-r(T-t)}$的资金，买入 1 单位的看跌期权和 1 单位标的资产，剩余金额$[c+Xe^{-r(T-t)}]-(S_t+p)$即为净获利利润，到期平仓所有头寸即可。

2．水平价差套利

相同标的资产、相同期限、不同协议价格的看涨期权的价格或看跌期权的价格之间存在一定的不等关系，一旦在市场交易中存在合理的不等关系被打破，则存在套利机会，这种套利称之为水平价差套利，包括蝶式价差套利、盒式价差套利、鹰式价差套利等。

如蝶式价差套利，为简便起见，我们考虑三种协议价格 X_1、X_2 和 X_3，相同标的资产，相同到期日的看涨期权，$X_2=(X_1+X_3)\div 2$，利用套利定价原理我们可以推导出三者的期权应该满足:$2c_2<c_1+c_3$，当该关系不满足时，可以通过买入执行价格为 X_1 和 X_3 的期权，卖出执行价格为 X_2 的期权进行套利。

3．垂直价差套利

垂直价差套利是利用相同标的资产、相同协议价格、不同期限的看涨期权或看跌期权价格之间的差异来赚取无风险利润。一般说来，虽然欧式期权只能在有效期结束时执行，但期限较长的期权价格仍应高于期限较短的期权，否则就存在无风险套利机会。典型的如日历价差交易策略，即买入期限较长的期权，同时卖出期限较短的期权进行套利。

4．波动率交易套利

标的资产的波动率是期权定价中最难以确定的因素，如果我们知道期权的价格，通过期权定价公式反向求解，可以计算出标的资产的一个波动率，称之为期权的隐含波动率。隐含波动率过高则意味着期权相对昂贵，如果过低，期权就会相对便宜。由于波动率具有可预测性，因此可以通过预测波动率与隐含波动率的比较确定期权价值的涨跌，如预测波动率高于隐含波动率，则未来期权价值应该增加，反之应该降低。由于看涨期权和看跌期权价值均与波动率正相关，且相同执行价的看涨、看跌期权的隐含波动率应该相等。因此一般可以通过看涨和看跌期权的组合进行套利，即跨式组合套利。如果预测波动率高于隐含波动率，可通过买入看涨期权和看跌期权套利，即跨式组合多头套利，否则可以通过卖出看涨期权和看跌期权套利，即跨式组合空头套利。

更复杂的波动率交易策略是通过希腊字母如伽马、维伽的调整完成的。

【例 7-8】 在期权交易中，对于交易双方的损失与获利机会说法正确的是( )。(2014年单选题)

A. 从理论上讲，买方和卖方的获利机会都是无限的

B. 从理论上讲，买方的损失是有限的，卖方的获利机会是无限的

C. 从理论上讲，买方的获利机会是无限的，卖方的损失是无限的

D. 从理论上讲，买方和卖方的损失都是有限的

【解析】C 期权买卖双方的权利与义务并不对等，期权的买方有权利无义务，而卖方只有义务没有自由选择的权利。

考点六 金融创新与结构化技术

根据市场需求，设计符合要求的新型金融产品，是金融创新思想在实际问题中的具体应用，而金融工程中的“积木分析法”为金融创新思想具体化、可操作的金融产品提供了技术方法。积木分析法应用于金融创新的方式包括以下几种：

(1) 组合创新，即将基础资产与基本衍生品组合构成新产品。如可转换债券是债券与股票期权组合的结果；伞形基金允许投资者可以将本金在不同子基金间转换，这是基金与资产交换期权组合的结果，组合各种期权头寸可以产生丰富的期权交易策略。此外很多结构化理财产品就是通过此种方式将债务工具和挂钩资产的衍生品组合构造而成的。

(2) 分解创新，即基本衍生品管理风险的方式各异。可以仅借用基本衍生品的风险管理方式构建新的产品，如互换是通过转换资产或者负债的性质管理风险敞口，股权互换、商品互换则通过这种方式实现了股权、商品和固定收益的互换。也可以拆分产品的部分条款产生新的产品，如期权是通过对远期合约权利和义务的剥离产生的新产品，本息分离债券是通过将付息债券的利息和本金拆解为零息债券产生的产品。而各种奇异期权的产生是在分解期权基本条款的基础上，对某些条款进行变动的结果。如美式期权、百慕大式期权更改了欧式期权执行的时间；亚式期权修订了执行价格或用于计算的期末损益的标的资产的价格选择等。

(3) 复制创新，即利用两种或者两种以上的产品复制其他产品的损益特征产生的新产品属于通过复制方式进行的创新。这种创新可能没有产生新的风险收益，但由于产品交易机制的差距，这种创新可以提高复制产品的流动性、降低交易成本、产生市场上尚未交易的产品、规避监管限制等。如股票加权可以复制股票指数；在缺乏期权交易的情况下，投资组合保险通过买卖股票和现金可以复制看跌期权管理风险；公司债可以通过购买无风险债券和出售信用违约互换(CDS)来构造。

第二节 金融风险及其管理

考点七 金融风险的概念

(一) 风险的含义

风险是由风险因素、风险事故和损失的可能性三个要素有机构成的。风险因素是有关主体从事了一件冒险、可能蒙受损失的事情，是引起风险事故发生或增加风险事故发生机会的

因素。风险事故是导致损失发生的偶然事件，是造成损失发生的直接原因。损失的可能性在于，这里的损失是非故意的、非预期的和非计划的；这里的可能性是指损失这一结果的不确定性。

(二) 金融风险的含义与要素

金融风险的含义及其要素见表 7-4。

表 7-4　金融风险的含义与要素

含　义	有关主体在从事金融活动中因某些因素发生意外的变动，而蒙受经济损失的可能性
主　体	政府、法人和自然人。其中，法人中的金融机构特别是商业银行所承受的金融风险最为典型、多样和复杂
要　素	(1) 金融风险的风险因素是有关主体从事了金融活动 (2) 金融风险的风险事故是某些因素发生了意外的变动 (3) 金融风险中损失的可能性是经济损失的可能性

考点八　金融风险的类型

(一) 信用风险

信用风险产生于交易对方不守信用。不守信用可以从广义和狭义两个方面来认识，因此，也就可以从广义和狭义两个角度来界定信用风险。

广义的信用风险是指交易对方所有背信弃义、违反约定的风险。

狭义的信用风险是指交易对方在货币资金借贷中还款违约的风险。

信用风险的风险因素是有关主体贷出货币资金，成为债权人。信用风险的风险事故是有关债务人不能如期、足额还本付息。

债权人在信用风险上的损失是可以用货币计量的经济损失。这种经济损失首先是债权人的“收益性”损失，由直接财务损失和间接财务损失等两部分构成。直接财务损失就是未收回的本金和利息的损失；间接财务损失就是机会收益损失。债权人的经济损失还表现在“流动性”的损失上。

【例 7-9】 某国有银行人员收受贿赂后发放贷款后无法收回的风险属于(　　)。(2012 年单选题)

A. 流动性风险　　B. 操作风险　　C. 信用风险　　D. 市场风险

【解析】C　狭义的信用风险是指交易对方在货币资金借贷中还款违约的风险。

【例 7-10】 如果商业银行在外汇交易中以美元兑换客户的欧元，而客户未履行将欧元划到银行指定账户的义务，这种可能性就是商业银行承担的(　　)。(2011 年单选题)

A. 狭义的信用风险　　B. 广义的信用风险

C. 操作风险　　D. 市场风险

【解析】A　狭义的信用风险是指有关主体在享有债权时，由于债务人不能如期、足额还本付息，而使其蒙受经济损失的可能性。

【例 7-11】 我国某商业银行在信贷业务中没有实行审贷分离，信贷审查与批准的权力都集中在信贷部，信贷部负责人及其下属在收受某借款企业贿赂的情况下，向该企业违规发放了贷款，导致该笔贷款最终不能收回。这种情形是该商业银行承受的(　　)。(2014 年单选题)

A. 市场风险　　　　B. 国家风险

C. 信用风险　　　　D. 操作风险

【解析】C　广义的信用风险是指交易对方所有背信弃义、违反约定的风险。例如，不仅在金融机构经营的信贷业务中，而且在金融机构经营的担保、承兑、信用证、信用卡、证券投资、信托、租赁、外汇交易和金融衍生产品交易中，都广泛地存在着交易对方到期不履行自己承诺义务的情况。这对金融机构而言，承担的就是广义的信用风险。

(二) 市场风险

市场风险源于市场中的金融市场。有关主体在金融市场上从事金融产品、金融衍生产品交易时，因金融市场价格发生意外变动，而蒙受经济损失的可能性，就是市场风险。

市场风险的风险因素是有关主体在金融市场上从事货币资金借贷、金融产品或金融衍生品交易。市场风险的风险事故是金融市场价格发生意外变动。

市场风险包括汇率风险、利率风险和投资风险三种类型，见表 7-5。

表 7-5　市场风险

汇率风险	有关主体在不同币别货币的相互兑换或折算中，因汇率在一定时间内发生意外变动，而蒙受经济损失的可能性	交易风险，是指有关主体在因实质性经济交易而引致的不同货币的相互兑换中，因汇率在一定时间内发生意外变动，而蒙受实际经济损失的可能性
		折算风险，又称会计风险，是指有关主体(主要是跨国公司)在因合并财务报表而引致的在不同货币的相互折算中，因汇率在一定时间内发生意外变动，而蒙受账面经济损失的可能性
		经济风险，是指有关企业在长期从事年复一年、循环往复的国际经营活动中，如果未来的现金收入流和现金支出流在币种上不相匹配，则必然会发生不同货币之间的相互兑换或折算。当汇率发生始料未及的变动时，这些企业就会蒙受以本币计量的未来现金收入流减少或现金支出流增多的经济损失
利率风险	有关主体在货币资金借贷中，因利率在借贷有效期内发生意外变动，而蒙受经济损失的可能性	借方的利率风险有三种情形。一是以固定利率的条件借入长期资金后利率下降，借方蒙受相对于下降后的利率水平而多付利息的经济损失；二是以浮动利率的条件借入长期资金后利率上升，借方蒙受相对于期初的利率水平而多付利息的经济损失；三是连续不断地借入短期资金，而利率不断上升，借方蒙受不断多付利息的经济损失。贷方也有相对应的三种情形
		借贷双方组合体(如商业银行)的利率风险主要有：利率不匹配的组合利率风险以及期限不匹配的组合利率风险这两种情形

(续表)

投资风险	有关主体在股票市场、金融衍生产品市场进行投资中，因股票价格、金融衍生产品价格发生意外变动，而蒙受经济损失的可能性	从股票投资来看，如果在投资期内股票价格下降，则投资者蒙受相应的资本损失
		从金融期货投资来看，如果做金融期货多头后金融期货价格下降，或做金融期货空头后金融期货价格上升，则投资者蒙受相应的资本损失
		金融期权的投资风险，可以分别从金融期权的买方和卖方两个角度来把握

【例 7-12】 我国某企业从德国进口一批设备，以欧元计价结算，在对德国出口商进行支付时，正逢欧元兑人民币升值，结果为购买同款欧元支付的人民币金额增多。这种情形是该企业承受的(　　)。(2014 年单选题)

A. 利率风险　　B. 汇率风险　　C. 投资风险　　D. 操作风险

【解析】B　汇率风险是指有关主体在不同币别货币的相互兑换或折算中，因汇率在一定时间内发生意外变动，而蒙受经济损失的可能性。

【例 7-13】 市场风险是(　　)而蒙受经济损失的可能性。(2011 年单选题)

A. 金融市场主体发生意外变动　　B. 因内部控制缺失或疏忽

C. 金融市场价格发生意外变动　　D. 因流动性短缺

【解析】C　市场风险源于市场中的金融市场。有关主体在金融市场上从事金融产品、金融衍生产品交易时，因金融市场价格发生意外变动，而蒙受经济损失的可能性，就是市场风险。

【例 7-14】 市场风险是金融市场价格发生意外变动，而蒙受经济损失的可能性，它包括(　　)。(2011 年多选题)

A. 利率风险　　B. 投资风险　　C. 汇率风险

D. 流动性风险　　E. 信用风险

【解析】ABC　市场风险包括利率风险、投资风险、汇率风险。

【例 7-15】 某商业银行发放贷款后，中央银行宣布降低贷款利率，由此导致的风险属于(　　)。(2012 年单选题)

A. 汇率风险　　B. 利率风险　　C. 投资风险　　D. 经济风险

【解析】B　利率风险是指有关主体在货币资金借贷中，因利率在借贷有效期中发生意外变动，而蒙受经济损失的可能性。本题中中央银行宣布降低贷款利率，导致商业银行受到损失，因此属于利率风险。

【例 7-16】 我国某企业在出口收汇时正逢人民币升值，结果已收入的外汇兑换到的人民币的金额减少。此种情形说明该企业承受了汇率风险中的(　　)。(单选题)

A. 交易风险　　B. 折算风险　　C. 转移风险　　D. 经济风险

【解析】A　交易风险是指有关主体在因实质性经济交易而引致的在不同货币的相互兑换中，因汇率在一定时间内发生意外变动，而蒙受实际经济损失的可能性。

【例 7-17】 在市场风险管理中，做远期外汇交易用于(　　)管理。(单选题)

A. 信用风险　　B. 利率风险　　C. 汇率风险　　D. 投资风险

【解析】C　远期外汇交易属于汇率风险管理范畴。

【例 7-18】 根据 2013 年春季广交会传出的信息，我国很多从事加工贸易的企业在人民币对外持续升值的情况下，不敢接来自外商的长期订单业务。这是因为，如果接下外商的订单，当未来对外商交货并结汇时，如果人民币对外币升值，我国企业在将收入的外币兑换为人民币时，兑换到的人民币会减少。这种情况属于我国企业承受的(　　)。(单选题)

A. 利率风险　　B. 汇率风险　　C. 投资风险　　D. 操作风险

【解析】 B　本题考查考生对汇率风险的理解。本题属于汇率风险中的交易风险，交易风险是指有关主体在因实质性经济交易而引致的在不同货币的相互对换中，因汇率在一定时间内发生意外变动，而蒙受经济损失的可能性，如在以外币结算的对外贸易中，如果外币对本币升值，进口商会多付出本币；如果外币对本币贬值，出口商会少收入本币。本题属于“如果外币对本币贬值，出口商会少收入本币”。

(三) 流动性风险

流动性风险是指将金融机构(特别是商业银行)所掌握的现金资产，以合理价格变现资产所获得的资金，或以合理成本所筹集的资金不足以满足即时支付的需要，从而蒙受经济损失的可能性。

流动性风险表现为流动性短缺，主要现象是金融机构所持有的现金资产不足、其他资产不能在不蒙受损失的情况下迅速变现、不能以合理成本迅速借入资金等。

【例 7-19】 金融机构所持流动资金不能正常履行业已存在的对外支付义务，从而导致违约或信誉下降，从而蒙受财务损失的风险属于(　　)。(2011 年单选题)

A. 流动性风险　　B. 汇率风险　　C. 信用风险　　D. 交易风险

【解析】 A　流动性风险是指金融机构(特别是商业银行)所掌握的现金资产，以合理价格变现所获得的资金，或以合理成本所筹集的资金不足以满足即时支付的需要，从而蒙受经济损失的可能性。

【例 7-20】 在美国的次贷危机中，很多依靠从银行借入次级贷款而购买住房的人，到期不能还本付息。这种情形对于发放次级贷款的银行而言，属于银行承受的(　　)。(单选题)

A. 流动性风险　　B. 操作风险　　C. 法律风险　　D. 信用风险

【解析】 D　本题考查信用风险的概念。狭义的信用风险是指交易对方在货币资金借贷中还款违约的风险。本题“借入次级贷款来购买住房的人，到期不能还本付息”符合信用风险的概念。

(四) 操作风险

(1) 狭义的操作风险与广义的操作风险。狭义的操作风险是指金融机构的运营部门在运营的过程中，因内部控制的缺失或疏忽、系统的错误等，而蒙受经济损失的可能性。广义的操作风险是指金融机构信用风险和市场风险以外的所有风险。

在巴塞尔银行监管委员会的“巴塞尔新资本协议”中，将操作风险定义为：“由不完善或有问题的内部程序、人员及系统或外部事件所造成直接或间接损失的风险，包括法律风险，但不包括策略风险和声誉风险。”

(2) 操作性杠杆风险与操作性失误风险。操作性杠杆风险主要是指由金融机构外部因素发生变化所导致的操作风险。

操作性失误风险主要是指由金融机构内部因素变化所导致的操作风险。这些内部因素主要包括处理流程、信息系统、人事等方面的失误。

(五) 法律风险与合规风险

法律风险是指金融机构与雇员或客户签署的合同等文件违反有关法律或法规，或有关条款在法律上不具备可实施性，或其未能适当地对客户履行法律或法规上的职责，因而蒙受经济损失的可能性。

(六) 国家风险

国家风险是与国际经济金融交易伴生的。从不同的角度认识，国家风险也呈现出不同的形态，如表 7-6 所示。

表 7-6　国家风险

狭义的国家风险与广义的国家风险	从狭义来看，国家风险是指一国居民在与他国居民进行经济金融交易中，因他国经济、政治或社会等政策性或环境性因素发生意外变动，而使自己不能如期、足额收回有关资金，从而蒙受经济损失的可能性
	从广义来看，国家风险是指一国居民在与他国居民进行经济金融交易中，因他国各种政策性或环境性因素发生意外变动，而使自己蒙受各种损失的可能性
主权风险与转移风险	如果与一国居民发生经济金融交易的他国居民为政府或货币当局，政府或货币当局为债务人，不能如期足额清偿债务，而使该国居民蒙受经济损失，这种可能性就是主权风险
	如果与一国居民发生经济金融交易的他国居民为民间主体，国家通过外汇管制、罚没或国有化等政策法规限制民间主体的资金转移，使之不能正常履行其商业义务，从而使该国居民蒙受经济损失，这种可能性就是转移风险
经济风险、政治风险与社会风险	经济风险在于他国因经济状况、国际收支状况、国际储备状况、外债状况等经济因素恶化，出现外汇短缺，而实行外汇管制，限制对外支付等
	政治风险在于他国因政权更迭、政局动荡、战争等政治因素恶化，而拒绝或无力对外支付等
	社会风险在于他国因社会矛盾、民族矛盾、宗教矛盾等社会环境恶化，而不能正常实施经济政策，导致无力或拒绝对外支付等

【例 7-21】 中国某公司收购美国公司，美国政府倍加阻挠，属于(　　)。(2011 年单选题)

A. 法律风险　　B. 操作风险　　C. 系统风险　　D. 国家风险

【解析】 D　从狭义来看，国家风险是指一国居民在与他国居民进行经济金融交易中，因他国经济、政治或社会等政策性或环境性因素发生意外变动，而使自己不能如期、足额收回有关资金，从而蒙受经济损失的可能性。本题的答案比较明显。

【例 7-22】 因内部程序、人员及系统或外部事件造成的风险属于(　　)。(2011 年单选题)

A. 法律风险　　B. 操作风险　　C. 系统风险　　D. 政治风险

【解析】B 在巴塞尔银行监管委员会的“巴塞尔新资本协议”中，将操作风险定义为：“由不完善或有问题的内部程序、人员及系统或外部事件所造成的直接或间接损失的风险。”

【例 7-23】 我国某企业在海外投资了一个全资子公司。该子公司在将所获得的利润汇回国内时，其东道国实行了严格的外汇管制，该子公司无法将所获得的利润如期汇回。此种情形说明该企业承受了(　　)。(2012 年单选题)

A. 转移风险　　B. 主权风险　　C. 投资风险　　D. 系统风险

【解析】A 转移风险是指如果与一国居民发生经济金融交易的他国居民为民间主体，国家通过外汇管制、罚没或国有化等政策法规限制民间主体的资金转移，使之不能正常履行其商业义务，从而使该国居民蒙受经济损失。

【例 7-24】 金融风险的高杠杆性表现为(　　)。(2011 年多选题)

A. 金融机构的资产负债率高　　B. 金融机构的注册资本金要求高

C. 金融体系的风险传染快　　D. 金融机构资产的流动性高

E. 衍生金融工具以小搏大

【解析】AE 与工商企业相比，金融企业负债率明显偏高，财务杠杆大，导致负外部性大。此外，金融工具创新日新月异，衍生金融工具有以小搏大的高杠杆效应，但同时也伴随着高度的金融风险。

(七) 声誉风险

声誉风险是指金融机构因受公众的负面评价，而出现客户流失、股东流失、业务机遇丧失、业务成本提高等情况，从而蒙受相应经济损失的可能性。

(八) 系统风险

系统风险是指金融机构从事金融活动或交易所在的整个系统(机构系统或市场系统)因外部性因素的冲击或内部性因素的牵连而发生剧烈波动、危机或瘫痪，使单个金融机构不能幸免，从而蒙受经济损失的可能性。

【例 7-25】下列风险中属于系统风险的是(　　)。(2014 年单选题)

A. 自然灾害或核事故所带来的损失

B. 本国个别银行破产产生多米诺骨牌效应和连锁反应

C. 金融机构因受公众的负面评价而蒙受相应经济损失

D. 金融机构与雇员或客户签署的合同等文件违反有关法律或法规而蒙受经济损失

【解析】AB 系统风险主要表现为本国政府政策、法律或法规发生变化，本国出现经济危机或金融危机，本国个别银行破产产生多米诺骨牌效应和连锁反应，外国的经济危机或金融危机向本国传递，等等。

考点九　金融风险的管理

(一) 内部控制与全面风险管理

1. 内部控制及其要素

(1) 内部控制的含义。中国银监会在 2004 年 12 月 25 日颁布的《商业银行内部控制评价试行办法》中，将内部控制定义为：商业银行内部控制体系是商业银行为实现经营管理目标，通过制定并实施系统化的政策、程序和方案，对风险进行有效识别、评估、控制、监测和改进的动态过程和机制。

(2) 内部控制的要素。中国银行业监督管理委员会在《商业银行内部控制评价试行办法》中，认为商业银行内部控制的五项要素是：①内部控制环境。②风险识别与评估。③内部控制措施。④监督评价与纠正。⑤信息交流与反馈。

2. 全面风险管理及其架构

COSO 于 2004 年 9 月正式发布了《企业风险管理——整合框架》文件，这标志着拓展并内含内部控制体系的全面风险管理模式的问世。

巴塞尔银行监管委员会在 2004 年 6 月公布的“巴塞尔协议Ⅱ”中就融入了全面风险管理的理念和要求，标志着商业银行的风险管理出现了显著的变化，就是由以前单纯的信用风险管理模式转向信用风险、市场风险和操作风险管理并举，信贷资产管理与非信贷资产管理并举，组织流程再造与技术手段创新并举的全面风险管理模式。

(1) 全面风险管理的含义。全面风险管理是一个过程，它由一个主体的董事会、管理层和其他人员实施，应用于战略制订并贯穿于企业之中，用于识别那些可能影响主体的潜在事件，管理风险以使其在该主体的风险偏好之内，并为主体目标的实现提供合理的保证。

(2) 全面风险管理的架构。COSO 在《企业风险管理——整合框架》文件中认为：全面风险管理是三个维度的立体系统。这三个维度是：①企业目标，包括战略目标、经营目标、报告目标和合规目标四个目标。②风险管理的要素，包括内部环境、目标设定、事件识别、风险评估、风险对策、控制活动、信息与沟通和监控八个要素。③企业层级，包括整个企业、各职能部门、各条业务线及下属子公司。全面风险管理的八个要素都为实现目标服务，八个要素的管理活动在每个层级上展开。

(二) 金融风险管理的流程

1. 风险识别

风险识别就是要辨明所面临的风险在质上属于何种类型。用于风险识别的方法主要是“筛选—监测—诊断法”和风险树搜寻法等。

2. 风险评估

风险评估就是采用有关定量分析的方法，对风险进行量化，度量和评价所面临的风险在量上的大小。风险评估的内容包括估计经济损失发生的频率和测量经济损失的严重程度。

3. 风险分类

风险分类就是根据风险识别和评估的结果，按照所面临的每种风险发生的频率和严重性，将其分别归入不同的“风险级别”。

4. 风险控制

风险控制就是根据风险分类的结果、风险策略和对收益与成本的权衡，针对确需管理的风险，在诸多的风险管理的政策措施中做出选择，并具体实施与之相应的管理方法。

5. 风险监控

风险监控就是按照风险政策和程序，对风险控制的运作进行监督和控制，具体包括对风险政策的建议、对是否超过经济技术限额的监督、对违反风险政策的调查、对风险政策是否适时适当的观测和确认等。

6. 风险报告

风险报告就是定期通过管理信息系统，将风险及其管理情况报告给董事会、股东和监管当局。

【例 7-26】 下列做法中，属于金融风险管理流程环节的有(　　)。(多选题)

A. 风险识别　　B. 风险评估　　C. 风险转移

D. 风险控制　　E. 风险监控

【解析】ABDE　金融风险管理流程环节包括风险识别、风险评估、风险分类、风险控制、风险监控、风险报告和风险确认与审计。

(三) 信用风险的管理

1. 机制管理

机制管理就是建立起针对信用风险的管理机制。对商业银行而言，信用风险的管理机制主要有：①审贷分离机制；②授权管理机制；③额度管理机制。

2. 过程管理

过程管理就是针对信用由提供到收回的全过程，在不同的阶段采取不同的管理方法。对商业银行而言，主要有以下三个方面，见表 7-7。

表 7-7　过程管理

管理方法	重　　点	特　　点
事前管理	在于商业银行在贷款的审查与决策阶段的管理	审查的核心：借款人的信用状况 决策的核心：贷与不贷，以什么利率水平贷 分析借款人信用的方法： (1) 直接利用社会上独立评级机构对借款人的信用评级结果 (2) “5C”“3C”分析。“5C”“3C”分析主要围绕两个方面，即借款人的还款意愿和还款能力。“5C”分析是分析借款人的偿还能力、资本、品格、担保品和经营环境。“3C”分析是分析借款人的现金流、管理和事业的连续性
事中管理	在于商业银行在贷款的发放与回收阶段的管理	商业银行关注的重点是贷款不被挪用、贷款是否被有效利用、跟踪借款人信用状况的变化、出现异常及时采取应对措施 在事中管理阶段，商业银行要进行贷款风险分类，分为正常、关注、次级、可疑和损失五个等级
事后管理	在于商业银行在贷款完全回收以后的管理	商业银行回顾与反思贷款过程中的经验教训，固化经验，融入制度，形成长效机制；填补和加强制度中的空白点和薄弱环节。如此循环往复，螺旋式上升，不断提高信用风险的管理水平

【例 7-27】 对商业银行而言，信用风险的管理机制不包括(　　)。(2011 年单选题)

A. 审贷分离机制　　B. 授权管理机制

C. 额度管理机制　　D. 外部审计机制

【解析】D 对商业银行而言，信用风险的管理机制主要有：①审贷分离机制。②授权管理机制。③额度管理机制。

【例 7-28】 在信用风险管理中，需要构建的管理机制包括(　　)。(2011 年多选题)

A. 审贷分离机制　　B. 集中分散机制　　C. 授权管理机制

D. 额度管理机制　　E. 贷后问责机制

【解析】ACD 信用风险的管理机制主要有审贷分离机制、授权管理机制和额度管理机制。

(四) 市场风险的管理

市场风险的管理方法见表 7-8。

表 7-8 市场风险的管理方法

<table>
<tr><th>管　理</th><th colspan="2">方　法</th></tr>
<tr><td>利率风险的管理</td><td colspan="2">(1) 选择有利的利率
(2) 调整借贷期限
(3) 缺口管理
(4) 久期管理
(5) 利用利率衍生品交易</td></tr>
<tr><td>汇率风险的管理</td><td colspan="2">(1) 选择有利的货币
(2) 提前或推迟收付外币
(3) 进行结构性套期保值
(4) 做远期外汇交易
(5) 做货币衍生品交易</td></tr>
<tr><td rowspan="2">投资风险的管理</td><td>股票投资风险的管理方法</td><td>(1) 根据对股票价格未来走势的预测，买入价格即将上涨的股票或卖出价格即将下跌的股票
(2) 根据风险分散原理，按照行业分散、地区分散、市场分散、币种分散等因素，进行股票的分散投资，建立起相应的投资组合，并根据行业、地区与市场发展的动态和不同货币的汇率走势，不断调整投资组合
(3) 根据风险分散原理，在存在知识与经验、时间或资金等投资瓶颈的情况下，不进行个股投资，而是购买股票型投资基金
(4) 同样根据风险分散原理，做股指期货交易或股指期权交易，作为个股投资的替代，以规避个股投资相对集中的风险</td></tr>
<tr><td>金融衍生品投资风险的管理方法</td><td>(1) 加强制度建设，即建立科学合理的内控制度，在金融衍生品投资中，通过前台后台、职员的合理分工和分离，清楚划分和界定不同层次人员的权力责任，达到相互制约和牵制的效果
(2) 进行限额管理，即建立风险资本限额、交易限额和止损限额等系列的限额管理制度，从而把相应的投资风险控制在可接受的水平即风险容忍度上
(3) 进行风险敞口的对冲与套期保值</td></tr>
</table>

(五) 操作风险的管理

操作风险的管理方式见表 7-9。

表 7-9　操作风险的管理

名　称	含　义
制度管理	建立和不断完善内部控制制度，不给由人的因素而产生的操作风险提供机遇和环境
信息系统管理	基于信息系统对操作风险进行管理和对由信息系统产生的操作风险进行管理
流程管理	设计和采用科学的操作风险管理流程与不断优化和严格执行业务流程
职员管理	对由内部欺诈、失职违规、知识技能匮乏和核心职员流失等内部职员因素所带来的操作风险进行管理
风险转移	充分利用保险和业务外包等机制和手段，将自己所承担的操作风险转移给第三方操作。风险保险主要有特定风险保险和一篮子风险保险两种类型

(六) 其他风险的管理

1. 流动性风险的管理

流动性风险管理的主要着眼点是：

(1) 保持资产的流动性，如建立现金资产的一级准备和短期证券的二级准备；提高存量资产的流动性，将抵押贷款、应收信用卡账款等资产证券化，出售固定资产再回租等。

(2) 保持负债的流动性，如增加大额存单、债券、拆借、回购、转贴现、再贴现等主动型负债，创新存款品种，通过开展其他业务带动存款等。

(3) 进行资产和负债流动性的综合管理，实现资产与负债在期限或流动性上的匹配。

2. 法律风险与合规风险的管理

法律风险与合规风险管理的主要机制和方法是：

(1) 加强文化建设。

(2) 加强组织与制度建设。

(3) 加强人力资源管理。

(4) 加强过程管理，把好签订合同关和履行合同关。

3. 国家风险的管理

(1) 国家层面的管理方法。由于国家风险牵涉其他国家，因此，国家层面应当运用经济、政治、外交等多种手段，为本国居民管理其所承受的国家风险创造良好的条件和环境。例如，与他国签订双边投资促进与保护协定；设立官方的保险或担保公司对国家风险提供保险或担保；积极参与各国际组织、区域性组织的多边投资保护协定的谈判活动，将对外投资保护工作纳入国际保护体系；加强外交对对外经贸活动的支持；金融监管当局在金融监管中要求商业银行对有关国家的债权保持最低准备金等。

(2) 企业层面的管理方法。金融机构及其他企业管理国家风险的主要方法有：

① 将国家风险管理纳入全面风险管理体系；

② 建立国家风险评级与报告制度；

③ 建立国家风险预警机制；

④ 设定科学的国际贷款的审贷程序，在贷款决策中必须评估借款人的国家风险；

⑤ 对国际贷款实行国别限额管理、国别差异化的信贷政策、辛迪加形式的联合贷款和寻求第三者保证等；

⑥ 在二级市场上转让国际债权；

⑦ 实行经济金融交易的国别多样化；

⑧ 与东道国政府签订“特许协定”；

⑨ 投保国家风险保险；

⑩ 实行跨国联合的股份化投资，发展当地举足轻重的战略投资者或合作者。

4. 声誉风险的管理

针对因自己操作失误或违反有关法律法规而产生的公众负面评价，金融机构应当严于律己，加强对操作风险或法律风险、合规风险的管理，借以规避或控制这类声誉风险。

【例 7-29】 汇率风险的管理办法有(　　)。(2011 年多选题)

A. 选择有利的货币　　B. 提前或推迟收付外币

C. 进行结构性套期保值　　D. 做远期外汇交易，做货币衍生品交易

【解析】ABCD 汇率风险的管理方法主要有：①选择有利的货币，即基于对汇率未来走势的预测，外币债权人或债务人选择有利于自己的硬币、软币或软硬货币组合；②提前或推迟收付外币，即当预测到汇率正朝着不利于或有利于自己的方向变动时，外币债权人提前或推迟收入外币，外币债务人提前或推迟偿付外币；③进行结构性套期保值，即对方向相反的风险敞口进行货币的匹配和对冲，如针对交易风险将同种货币的收入和支出相抵，针对折算风险将同种货币的资产和负债相抵，针对经济风险在收入的货币和支出的货币之间建立长期的匹配关系；④做远期外汇交易，提前锁定外币兑换为本币的收入或本币兑换为外币的成本；⑤做货币衍生品交易，如通过做货币期货交易或货币期权交易进行套期保值，通过做货币互换交易把不利于自己的软币或硬币转换为对自己有利的硬币或软币。

考点十　金融风险管理的国际规则：“巴塞尔协议Ⅱ”与“巴塞尔协议Ⅲ”

(一) “巴塞尔协议Ⅱ”

“巴塞尔协议Ⅱ”的核心在于全面提高商业银行的风险管理水平，准确识别、计量和控制风险。

1. “巴塞尔协议Ⅱ”的目标：五大目标

(1) 把评估资本充足率的工作与银行面对的主要风险更紧密地联系在一起，促进银行经营的安全稳健性。

(2) 在充分强调银行自己的内部风险评估体系的基础上，促进各国银行的公平竞争。

(3) 激励银行提高风险计量与管理水平。

(4) 资本更为敏感地反映银行头寸和业务的风险度。

(5) 重点放在国际活跃银行，基本原则适用于所有银行。

2. “巴塞尔协议Ⅱ”的内容：三大支柱

(1) 最低资本要求。最低资本充足率要达到 8%，并将最低资本要求由涵盖信用风险拓展到全面涵盖信用风险、市场风险和操作风险。对信用风险的计量提出了标准法和内部评级法；

对市场风险的计量提出了标准法和内部模型法；对操作风险的计量提出了基本指标法、内部测量法和标准法。

(2) 监管方式与监管重点。明确和强化了各国金融监管当局的三大职责：全面监管银行资本充足状况；培育银行的内部信用评估体系；加快制度化进程。监管方法是现场检查与非现场检查并用。

(3) 市场约束。从公众公司的角度看待银行，对银行提出信息披露要求，信息披露的内容包括资本结构、资本充足率、信用风险、市场风险和操作风险等，使市场参与者更好地了解银行的财务状况和风险管理状况，从而能对银行施以更为有效的外部监督。

(二) “巴塞尔协议III”

“巴塞尔协议III”对“巴塞尔协议Ⅱ”的发展和完善主要体现在以下方面：

第一，重新界定监管资本。协议III将原来的核心资本和附属资本重新界定，并区分为核心一级资本(主要包括普通股及留有收益)、其他一级资本和二级资本；限定一级资本只包括普通股和永久优先股。核心资本要求被大大提升，原来的附属资本概念被弱化。

第二，强调对资本的计量。在计量资本充足率中，分子是资本，分母是风险资产。“巴塞尔协议Ⅱ”强调对分母——风险资产的计量，而“巴塞尔协议III”则更加强调对分子——资本的计量，直接表现就是诸多条款的核心要求为增加资本。

第三，提高资本充足率。“巴塞尔协议III”规定，全球各商业银行 5 年内必须将一级资本充足率的下限由 4%提高到 6%，在过渡期中，2013 年升至 4.5%，2014 年升至 5.5%，2015 年升至 6%；要求普通股最低比例由 2%提升至 4.5%，在过渡期中，2013 年升至 3.5%，2014 年升至 4%，2015 年升至 4.5%；另外，“巴塞尔协议III”维持目前资本充足率 8%不变。

第四，设立“资本防护缓冲资金”。“巴塞尔协议III”规定，建立 2.5%的资本留存缓冲和 0～2.5%的逆周期资本缓冲。要求资本充足率加资本缓冲比率在 2019 年以前从现在的 8%逐步升至 10.5%，普通股最低比例加资本留存缓冲比率在 2019 年以前由现在的 3.5%逐步升至 7%。

第五，引入杠杆率监管标准。“巴塞尔协议III”引入基于规模、与具体资产风险无关的杠杆率监管指标，作为资本充足率的补充。

第六，增加流动性要求。“巴塞尔协议III”引入流动性覆盖比率(LCR)和净稳定融资比率(NSPR)，以强化对银行流动性的监管。

第七，安排充裕的过渡期。根据“巴塞尔协议III”，所有成员国执行期将从 2013 年 1 月 1 日开始，且须在该日期前将“巴塞尔协议III”规则转化为国家法规。“巴塞尔协议III”的各项要求将于不同的过渡期分阶段执行。各项要求最终达成一致的落实期限虽然有所不同，但最晚至 2019 年 1 月 1 日。其中，资本留存缓冲的过渡期最长，将从 2016 年 1 月 1 日至 2018 年年底逐步实施，于 2019 年 1 月 1 日实现。

“巴塞尔协议III”突出体现了风险敏感性的资本要求与非风险敏感性的杠杆率要求相结合，资本监管与流动性监管相结合，微观审慎监管与宏观审慎监管相结合，其目的在于确保银行经营的稳健性，进而保障整个金融体系的安全。

考点十一　我国的金融风险管理

(一) 我国金融风险管理的演进和阶段性特征

我国在20世纪80年代中期以后，开始关注和研究金融风险管理问题。

进入20世纪90年代中期以后，在金融机构和一般企业层面逐步建立和强化了金融风险管理意识，开始着手构建金融风险管理的基本框架；从国家层面开始制定和出台有关金融风险监管的法规。

进入21世纪以来，我国不同层面、不同部门共同跟踪国际上金融风险管理的最新进展，共同推进金融风险的定性分析和定量分析，按照“巴塞尔协议Ⅱ”和“巴塞尔协议Ⅲ”的要求导入银行业和国有大中型企业全面风险管理体系的建设，按照全面风险管理理念推出新的风险监管法规。

(二) 我国金融风险管理的主要举措

1. 在金融风险管理的制度层面

我国做出了在金融机构和一般企业建立科学的公司治理结构的制度安排；在金融机构和一般企业组织结构的再造中要求有机融入风险管理组织体系的构建；做出了在金融机构和一般企业建立内部控制制度的制度安排。

2. 在金融风险管理的技术层面

(1) 在信用风险管理上，借鉴西方商业银行的科学做法，结合我国实际，推出了贷款的五级分类和相应的不良资产管理机制；建立了综合授信制度；建立了贷前、贷中和贷后管理的信用风险管理流程；建立了审贷分离的内部控制机制；进行了国有商业银行不良资产的剥离和集中处置。

(2) 在市场风险管理上，对突出的汇率风险和投资风险加强了管理，通过创新，推出了远期外汇交易、掉期和互换交易，以及股指期货交易；金融监管当局对金融机构的市场风险敞口提出了若干指标、比例性要求。

(3) 在操作风险管理上，集中推出了系统的内部控制措施。

(4) 在其他风险管理上，从应急到系统思考，目前已经推出了对合规风险的管理要求，更加关注国家风险管理技术的研究和应用。

3. 在金融风险的量化管理层面

注重引进西方国家先进的风险量化模型，并对引进的模型予以本土化，同时也注重独立开发适合我国国情的风险量化模型；在“巴塞尔协议Ⅱ”公布以后，我国积极研究和推进有关信用风险、市场风险和操作风险量化模型在我国的应用。

4. 在金融风险的监管层面

从中央银行到各金融监管机构，都非常注重制定和实施有关风险监管的法规和政策，从早期的重点关注违规监管到现在的重点关注风险监管，从要求和督促内部控制制度建设到更加具体全面的分类风险监管。

【例7-30】 我国商业银行实行贷款的五级分类管理。这是我国商业银行进行(　　)管理的举措。(2013年单选题)

A. 信用风险　　B. 市场风险　　C. 操作风险　　D. 国家风险

【解析】A　在信用风险管理上，借鉴西方商业银行的科学做法，结合我国实际，推出了贷款的五级分类和相应的不良资产管理机制。

【例 7-31】 我国银行风险的最主要表现是(　　)。(2012 年单选题)

A. 法律风险　　B. 流动性风险　　C. 利率风险　　D. 信用风险

【解析】D　当前我国银行业面临的主要风险是信用风险、市场风险及操作风险，其中又以信用风险最为主要。

【例 7-32】 商业银行采用的贷款五级分类方法，属于信用风险的(　　)管理。(2011 年单选题)

A. 机制　　B. 事前　　C. 事中　　D. 事后

【解析】C　本题考查信用风险的管理。信用风险管理包括事前管理、事中管理、事后管理。在事中管理阶段，商业银行要进行贷款风险分类。

同 步 自 测

一、单项选择题

1. 下列各项中，属于金融风险基本特征的是(　　)。

A. 隐蔽性　　B. 确定性　　C. 不相关性　　D. 主观性

2. 由于市场价格的变动，使得经济主体蒙受损失的可能性，属于(　　)。

A. 信用风险　　B. 决策风险　　C. 市场风险　　D. 操作风险

3. 期货最主要的功能是(　　)。

A. 风险转移和价格发现　　B. 风险转移和收益

C. 价格发现和收益　　D. 价值发现和风险转移

4. 在以外币结算的对外贸易中，如果外币对本币升值，进口商会多支付本币，这种风险称为(　　)。

A. 交易风险　　B. 折算风险　　C. 经济风险　　D. 投资风险

5. 市场风险源于市场中的金融市场，是(　　)的风险。

A. 金融市场交易发生意外变动　　B. 金融市场产品发生意外变动

C. 金融市场价格发生意外变动　　D. 金融市场主体发生意外变动

6. 全面风险管理体系有三个维度，以下不属于这三个维度的是(　　)。

A. 企业目标　　B. 企业层级

C. 企业的资产规模　　D. 风险管理的要素

7. 商业银行信用风险管理 5C 法所涉及的因素有(　　)。

A. 经营能力　　B. 现金流　　C. 事业的连续性　　D. 担保品

8. 以下用于风险识别的方法是(　　)。

A. 情景分析法　　B. 极限测试法

C. 内部测量法　　D. 风险树搜寻法

9. 跨国公司在对海外子公司财务报表进行并表处理时遇到的汇率风险类型属于(　　)。

A. 流动风险　　B. 折算风险　　C. 系统风险　　D. 经济风险

10. 既针对未预期的汇率变动又针对未来收益的风险类型是(　　)。

A. 未来风险　　B. 经济风险　　C. 汇率风险　　D. 预期风险

11. 以固定利率的条件借入长期资金后利率下降，(　　)蒙受经济损失。

A. 贷方　　B. 借方　　C. 担保人　　D. 中介方

12. 商业银行的事前管理发生在(　　)阶段。

A. 贷款的审查　　B. 贷款的决策与发放

C. 贷款的审查与决策　　D. 贷款的发放与回收

13. 金融机构所持流动资金不能正常履行业已存在的对外支付义务，从而导致违约或信誉下降，从而蒙受财务损失的风险属于(　　)。

A. 流动性风险　　B. 汇率风险　　C. 信用风险　　D. 交易风险

14. 对商业银行而言，信用风险的管理机制不包括(　　)。

A. 审贷分离机制　　B. 授权管理机制

C. 额度管理机制　　D. 外部审计机制

15. 狭义的信用风险是(　　)。

A. 交易对方付息违约的风险　　B. 交易对方还本违约的风险

C. 交易对方所有违反约定的风险　　D. 交易对方还款违约的风险

16. 以下关于远期说法正确的是(　　)。

A. 签订时，买卖双方不需要交换现金流

B. 合约价值大于 0

C. 场内进行的标准化交易

D. 有盯市制度

17. 在不利事件发生时，保险机构的可用资产不能保证所有保险客户索赔的可能性属于金融风险中的(　　)。

A. 信用风险　　B. 索赔风险　　C. 偿付能力风险　　D. 保险风险

18. (　　)是指各经济实体在筹集和经营资产的过程中，用经济合理的方法来最大限度地保障金融安全。

A. 金融风险　　B. 银行风险管理　　C. 证券风险管理　　D. 金融风险管理

19. 金融风险管理的最终目标是(　　)。

A. 保证货币资金筹集和经营活动的稳健进行

B. 用经济合理的方法来最大限度地保证金融安全

C. 能对潜在的风险实施全面的分析研究

D. 对可能发生的金融风险进行控制和准备处置方案

20. 国家风险实质上是(　　)。

A. 市场风险的一种主要形式　　B. 一种违约风险，具有特殊性

C. 一种内控和外控失误的风险　　D. 一种价格风险，具有一般性

21. “巴塞尔新资本协议”要求商业银行最低资本充足率要达到(　　)。

A. 7%　　B. 8%　　C. 9%　　D. 9.5%

22. 可疑类贷款是本息逾期(　　)天以上，无法足额还本付息，即使执行抵押和担保也要发生一定损失的贷款。

A. 100　　B. 150　　C. 180　　D. 200

23. 下列风险中属于系统风险的是(　　)。

A. 自然灾害或核事故所带来的损失

B. 本国个别银行破产产生多米诺骨牌效应和连锁反应

C. 金融机构因受公众的负面评价而蒙受相应的经济损失

D. 金融机构与雇员或客户签署的合同等文件违反有关法律或法规而蒙受的经济损失

24. 操作性杠杆风险主要是指由金融机构(　　)变化所导致的操作风险。

A. 内部因素　　B. 外部因素

C. 内部和外部因素　　D. 内部或外部因素

25. 在下列选项中，不属于金融风险要素的是(　　)。

A. 风险因素　　B. 风险测量

C. 风险事故　　D. 损失的可能性

二、多项选择题

1. 当前我国银行业面临的风险主要有(　　)。

A. 偿付能力风险　　B. 市场风险　　C. 流动性风险

D. 信用风险　　E. 操作风险

2. 当前我国证券业面临的风险主要有(　　)。

A. 市场风险　　B. 流动性风险　　C. 声誉风险

D. 法律风险　　E. 信用风险

3. “巴塞尔新资本协议”认为操作风险的计量方法主要有(　　)。

A. 标准法　　B. 内部评级法　　C. 基本指标法

D. 内部测量法　　E. 内部模型法

4. 信用风险事中管理的主要方法是(　　)。

A. 建立不良贷款的分析审查机制

B. 风险转移

C. 建立针对借款人的信用恶化预警机制

D. 帮助借款人开辟市场

E. 行使抵押权或质押权

5. COSO 在其《内部控制——整合框架》中正式提出了内部控制由五个要素组成，其中包括(　　)。

A. 控制环境　　B. 风险评估　　C. 公平竞争

D. 信息与沟通　　E. 监督

6. 金融期货最主要的功能有(　　)。

A. 转移风险　　B. 规避风险　　C. 平衡权益

D. 价格发现　　E. 规避管制

7. 市场风险包括(　　)。

A. 汇率风险　　B. 利率风险　　C. 违约风险

D. 操作风险　　E. 投资风险

8. “巴塞尔新资本协议”要求商业银行最低资本充足率要达到 8%，并将最低资本要求拓展到全面涵盖(　　)。

A. 信用风险　　B. 市场风险　　C. 操作风险
D. 违约风险　　E. 投资风险

9. 根据期权是否存在内在价值，可以分为(　　)。

A. 实值期权　　B. 正值期权　　C. 平价期权
D. 虚值期权　　E. 负值期权

10. 汇率风险可细分为(　　)。

A. 交易风险　　B. 结算风险　　C. 折算风险
D. 利率期权　　E. 经济风险

11. 以下属于金融风险管理流程的是(　　)。

A. 风险识别　　B. 风险评估　　C. 风险分类
D. 风险测算　　E. 风险控制

12. 以下属于商业银行信用风险管理 5C 的是(　　)。

A. 偿还能力　　B. 资本　　C. 品格
D. 担保品　　E. 经营环境

13. 商业银行信用风险管理 3C 法所涉及的因素有(　　)。

A. 偿还能力　　B. 资本　　C. 现金流
D. 管理　　E. 事业的连续性

14. 从同时既是借方又是贷方的借贷双方组合体(如商业银行)来看，其利率风险主要有(　　)。

A. 利率过高所带来的风险　　B. 利率过低所带来的风险
C. 利率不匹配的组合利率风险　　D. 期限不匹配的组合利率风险
E. 利率浮动所带来的风险

三、案例分析题

我国某商业银行在某发达国家新设一家分行，获准开办所有的金融业务。该发达国家有发达的金融市场，能够进行所有的传统金融交易和现代金融衍生品交易。

请根据资料，回答下列问题。

1. 该分行在将所获利润汇回国内时，承受的金融风险是(　　)。

A. 信用风险　　B. 汇率风险中的交易风险
C. 汇率风险中的折算风险　　D. 国家风险中的主权风险

2. 该分行为了控制在当地经营中的利率风险，可以采取的方法是(　　)。

A. 进行远期外汇交易　　B. 进行货币期货交易
C. 进行利率衍生品交易　　D. 进行缺口管理

3. 该分行为了控制在当地贷款中的信用风险，可以采取的方法是(　　)。

A. 进行持续期管理　　B. 对借款人进行信用的 5C 和 3C 分析
C. 建立审贷分离机制　　D. 保持负债的流动性

4. 该分行为了通过风险转移来管理操作风险，可以采取的机制和手段是(　　)。

A. 对职员定期轮岗　　B. 保证信息系统的安全
C. 业务外包　　D. 优化管理流程

同步自测解析

一、单项选择题

1. 【解析】A 金融风险的基本特征是客观性、不确定性、相关性、可控性、扩散性、隐蔽性和叠加性。

2. 【解析】C 有关主体在金融市场上从事金融产品、金融衍生品交易时，因金融市场价格发生意外变动，而蒙受经济损失的可能性，就是市场风险。

3. 【解析】A 金融期货最主要的功能就在于风险转移和价格发现。风险转移功能是指套期保值者通过金融期货交易将价格风险转移给愿意承担风险的投机者。价格发现功能是指在一个公开、公平、高效、竞争的期货市场中，通过集中竞价形成期货价格的功能。

4. 【解析】A 汇率风险分为交易风险、折算风险和经济风险三种类型。交易风险是指有关主体在因实质性经济交易而引致的不同货币的相互兑换中，因汇率在一定时间内发生意外变动，而蒙受实际经济损失的可能性。

5. 【解析】C 市场风险源于市场中的金融市场。市场风险的风险因素是有关主体在金融市场上从事货币资金借贷、金融产品或金融衍生品交易。市场风险的风险事故是金融市场价格发生意外变动。

6. 【解析】C COSO 在《企业风险管理——整合框架》的文件中认为：全面风险管理是三个维度的立体系统。这三个维度是：企业目标、风险管理的要素及企业层级。

7. 【解析】D 5C 为 Capacity、Capital、Character、Collateral 和 Conditions，即偿还能力、资本、品格、担保品和经营环境。

8. 【解析】D 风险识别就是要辨明所面临的风险在质上属于何种类型。用于风险识别的方法主要是筛选—监测—诊断法和风险树搜寻法等。

9. 【解析】B 折算风险，又称会计风险，是指有关主体(主要是跨国公司)在因合并财务报表而引致的不同货币的相互折算中，因汇率在一定时间内发生意外变动而蒙受账面经济损失的可能性。

10. 【解析】B 经济风险既针对未预期的汇率变动又针对未来收益。

11. 【解析】B 在货币资金借贷中，利率是借方的成本，贷方的收益。如果利率发生意外变动，借方的损失是借入资金的成本提高，贷方的损失是贷出资金的收益减少。以固定利率的条件借入长期资金后利率下降，借方蒙受相对于下降后的利率水平而多付利息的经济损失。

12. 【解析】C 事前管理在于商业银行在贷款的审查与决策阶段的管理。在此阶段，商业银行审查的核心是借款人的信用状况，决策的核心是贷与不贷、以什么利率水平贷。

13. 【解析】A 流动性风险是指金融机构(特别是商业银行)所掌握的现金资产，以合理价格变现资产所获得的资金，或以合理成本所筹集的资金不足以满足即时支付的需要，从而蒙受经济损失的可能性。

14. 【解析】D 信用风险的管理机制主要有审贷分离机制、授权管理机制和额度管理机制。

15. 【解析】D 狭义的信用风险是指交易对方在货币资金借贷中还款违约的风险。

16. 【解析】A 远期合约签订时，买卖双方不需要交换任何现金流，因此远期合约价值为 0。期货合约是在场内进行的标准化交易，拥有盯市制度。

17. 【解析】C　金融风险中的偿付能力风险是指在不利事件发生时，保险机构的可用资产不能保证所有保险客户索赔的可能性。

18. 【解析】D　本题考查金融风险管理的概念。

19. 【解析】A　金融风险管理的最终目标是保证货币资金筹集和经营活动的稳健进行。

20. 【解析】B　国家风险实质上是一种违约风险，具有特殊性。

21. 【解析】B　“巴塞尔新资本协议”对最低资本要求是最低资本充足率要达到 8%。

22. 【解析】C　可疑类贷款是本息逾期 180 天以上，无法足额还本付息，即使执行抵押和担保也要发生一定损失的贷款。

23. 【解析】B　系统风险主要表现为本国政府的政策、法律或法规发生变化；本国出现经济危机或金融危机；本国个别银行破产产生多米诺骨牌效应和连锁反应；外国的经济危机或金融危机向本国传递等。

24. 【解析】B　操作性杠杆风险主要是指由金融机构外部因素变化所导致的操作风险。

25. 【解析】B　金融风险包含三个要素：风险因素、风险事故和损失的可能性。

二、多项选择题

1. 【解析】BDE　当前我国银行业面临的主要风险是信用风险、市场风险及操作风险。

2. 【解析】AB　当前我国证券业面临的主要风险是市场风险和流动性风险。

3. 【解析】ACD　“巴塞尔新资本协议”认为操作风险的计量方法主要有标准法、基本指标法和内部测量法。

4. 【解析】ACDE　事中管理的主要方法包括：建立针对借款人的信用恶化预警机制；建立不良贷款的分析审查机制；监控、监测借款人的资金用途和使用状况；为借款人提供理财服务；提前转让债权；争取政府支持；帮助借款人开辟市场；追加贷款；贷款展期；债转股；控制借款人存款账户；行使代位权；制定清收贷款计划和方案；申请支付令；行使抵押权或质押权；追索保证人；向法院起诉；使用信用衍生工具等。

5. 【解析】ABDE　COSO 在其《内部控制——整合框架》中正式提出内部控制由五个要素构成：控制环境、风险评估、控制活动、信息与沟通和监督。

6. 【解析】AD　本题考查金融期货的功能。金融期货最重要的功能有转移风险和价格发现。

7. 【解析】ABE　有关主体在金融市场上从事金融产品、金融衍生品交易时，因金融市场价格发生意外变动而蒙受经济损失的可能性，就是市场风险。市场风险包括汇率风险、利率风险和投资风险三种类型。

8. 【解析】ABC　“巴塞尔新资本协议”要求最低资本充足率要达到 8%，并将最低资本要求由涵盖信用风险拓展到全面涵盖信用风险、市场风险和操作风险。

9. 【解析】ACD　根据期权是否存在内在价值可以分为实值期权、平价期权和虚值期权。

10. 【解析】ACE　汇率风险可细分为：交易风险、折算风险和经济风险。

11. 【解析】ABCE　金融风险管理的流程为：风险识别、风险评估、风险分类、风险控制、风险监控、风险报告。

12. 【解析】ABCDE　“5C”分析是分析借款人的 Capacity、Capital、Character、Collateral 和 Conditions，即偿还能力、资本、品格、担保品和经营环境。

13. 【解析】CDE　3C 分析是分析借款人的 Cash、Control 和 Continuity，即现金流、管

理和事业的连续性。

14. 【解析】CD　其利率风险主要有利率不匹配的组合利率风险，以及期限不匹配的组合利率风险。

三、案例分析题

1. 【解析】C　折算风险是指有关主体(主要是跨国公司)在因合并财务报表而引致的不同货币的相互折算中，因汇率在一定时间内发生意外变动，而蒙受账面经济损失的可能性。

2. 【解析】CD　利率风险的管理方法包括：①选择有利的利率；②调整借贷期限；③缺口管理；④持续期管理；⑤利用利率衍生品交易。

3. 【解析】BC　选项 B 属于信用风险事前管理的方法，选项 C 属于信用风险的管理机制。

4. 【解析】C　风险转移就是充分利用保险和业务外包等机制和手段，将自己所承担的操作风险转移给第三方。

第八章　货币供求及其均衡

大纲解读

本章考试目的在于考查应试人员是否掌握有关货币需求、货币均衡等的含义，货币需求理论和货币供给机制。从近三年考题情况来看，本章主要考查货币需求理论、货币供应量、货币均衡的实现条件等，平均分值是 8 分。具体考试内容如下。

1. 货币需求

货币需求的含义；马克思的货币需求理论，货币数量论的货币需求理论，凯恩斯的货币需求函数，弗里德曼的货币需求函数。

2. 货币供给

货币层次划分的依据；有关机构和我国对货币层次的划分；货币供给过程；货币乘数的计算；影响货币供应量的因素。

3. 货币均衡

货币均衡的含义；货币均衡的实现条件及标志；货币均衡的实现机制。

考点精讲

第一节　货 币 需 求

考点一　货币需求的含义与货币需求理论

(一) 货币需求的含义

货币需求是指经济主体对执行流通手段和价值贮藏手段的货币的需求。

(二) 货币需求理论

1. 货币数量论的货币需求理论

欧文·费雪的《货币的购买力》，是货币数量论的代表作。在该书中，提出了“交易方程式”，也被称为费雪方程式，即：

$$MV=PT$$

式中，M 是总货币存量，P 是价格水平，T 为各类商品的交易数量，V 是货币流通速度，它代表了单位时间内货币的平均周转次数。

名义收入等于货币存量和流通速度的乘积，上式还可以表示为：

$$P=MV/T$$

这一方程式表明，物价水平的变动与流通中的货币数量的变动和货币的流通速度变动成正比，而与商品交易量的变动成反比。

费雪认为，短期里 V 和 T 保持不变，所以 M 的变化决定了价格水平。

2. 凯恩斯的货币需求函数

凯恩斯认为，人们的货币需求行为是由交易动机、预防动机和投机动机三种动机决定的。由交易动机和预防动机决定的货币需求取决于收入水平；基于投机动机的货币需求则取决于利率水平。

凯恩斯主义的货币需求函数为：

$$M_d = M_1 + M_2 = L_1(\overset{+}{Y}) + L_2(\overset{-}{i})$$

式中，M_d 为货币需求总量，M_1 为消费性货币需求，M_2 为投机性货币需求，L_1、L_2 为“流动性偏好”函数，Y 为国民收入水平，i 为利率水平；+，-分别代表正比和反比。

凯恩斯主义把人们持有货币的三个动机划分为两类需求。一是消费动机与预防动机构成对消费品的需求，人们对消费品的需求取决于“边际消费倾向”；二是投机动机构成对投资品的需求，主要由利率水平决定。

【例 8-1】 在货币数量论的货币需求理论中，认为名义收入等于货币存量和货币流通速度的乘积，特别重视货币支出的数量和速度的理论是(　　)。(2014 年单选题)

A. 现金余额说　　　　B. 费雪方程式

C. 剑桥方程式　　　　D. 凯恩斯的货币需求函数

【解析】B　费雪方程式表明物价水平的变动与流通中的货币数量的变动和货币的流通速度变动成正比，而与商品交易量的变动成反比。

【例 8-2】 在费雪方程式中，不受货币存量变动影响的是(　　)。(2013 年多选题)

A. 价格水平　　　　B. 各类商品的交易数量

C. 货币流通速度　　　　D. 利率水平

【解析】BC　费雪方程式：$MV=PT$，其中 M 是总货币存量，P 是价格水平，T 为各类商品的交易数量，V 是货币流通速度，它代表了单位时间内货币的平均周转次数。费雪认为，交易方程式中的 V 和 T 两个变量在长期中都不受 M 变动的影响。V 是受制度因素影响的，它取决于人们的支付习惯、信用发达程度、运输条件等社会因素，而 T 则取决于资本、劳动力及自然资源的供给状况和生产技术等非货币因素。

【例 8-3】 与弗里德曼的货币需求函数不同，凯恩斯的货币需求函数更重视(　　)的主导作用。(2012 年单选题)

A. 恒常收入　　B. 汇率　　C. 利率　　D. 货币供给

【解析】C　凯恩斯的货币需求函数非常重视利率的主导作用。

【例 8-4】下列选项中是费雪方程式的是(　　)。(单选题)

A. $Md=L1(y)+L2(i)$　　　　B. $Md/p=f(Yp，r)$

C. $MV=PT$　　　　D. $PT/V=Md$

D. $PT/V=Md$

【解析】C 欧文·费雪的《货币的购买力》，是交易型货币数量学说的代表作。在该书中，提出了“交易方程式”，也被称为费雪方程式，即：$MV=PT$。

3. 弗里德曼的货币需求函数

弗里德曼认为，在剑桥方程式 $M_d = kPY$ 中，P、Y 是影响货币需求许多变量中的两个变量，k 代表其他变量，实际上是货币流通速度的倒数$(1/V)$。而影响货币流通速度的因素是相当复杂的，如财产总量、财产构成、各种财产所得在总收入中的比例，以及各种金融资产的预期收益率等。因此，人们的资产选择范围非常广泛，并不限于凯恩斯主义的货币需求理论中的二元资产选择——货币与债券。基于上述认识，弗里德曼提出了自己的货币需求函数模型：

$$M_d = f(Y_p,\ W;\ r_m,\ r_b,\ r_e,\frac{1}{p}\frac{dp}{dt};\ u)P$$

式中，M_d 为名义货币需求，f 为函数符号，Y_p 为恒常收入，W 为人力资本占非人力资本比率，r_m 为存款利率，r_b 为预期公债收益率，r_e 为预期股票收益率，$\frac{1}{p}\frac{dp}{dt}$ 为预期物价变动率，u 为其他随机变量，P 为一般物价水平。

如果上式两边同除以 P，则得：

$$\frac{M_d}{P} = f(Y_p,\ W;\ r_m,\ r_b,\ r_e,\frac{1}{p}\frac{dp}{dt};\ u)$$

式中，$\frac{M_d}{P}$ 为实际货币需求量。

影响货币需求量的有三组因素：

第一组，恒常收入 Y_p 和财富结构 W，与货币需求量都呈同方向变化。

第二组，各种资产的预期收益和机会成本，它包括 r_m，r_b，r_e 和 $\frac{1}{p}\frac{dp}{dt}$ 四项，同货币需求量呈反方向变化。

第三组，各种随机变量 u，它包括社会富裕程度，取得信贷的难易程度，社会支付体系的状况等。

弗里德曼的货币需求理论认为货币需求函数是稳定的，这是因为利率的影响很小，各永久收入是货币需求的决定因素。

弗里德曼的货币需求函数与凯恩斯的货币需求函数的差别，主要表现在如下几个方面：

(1) 二者强调的侧重点不同。凯恩斯的货币需求函数非常重视利率的主导作用。凯恩斯认为，利率的变动直接影响就业和国民收入的变动，最终必然影响货币需求量。而弗里德曼则强调恒常收入对货币需求量的重要影响，认为利率对货币需求量的影响是微不足道的。

(2) 由于上述分歧，导致凯恩斯主义与货币主义在货币政策传导变量的选择上产生分歧。凯恩斯主义认为应是利率，货币主义坚持是货币供应量。

(3) 凯恩斯认为货币需求量受未来利率不确定性的影响，因而不稳定，货币政策应“相机行事”。而弗里德曼认为，货币需求量是稳定的，可以预测的，因而“单一规则”可行。

【例 8-5】 凯恩斯认为，货币需求量受未来利率不确定性因素的影响，因此，货币政策应采取(　　)。(2014 年单选题)

A. 单一规则　　B. 泰勒法则　　C. 相机行事　　D. 蛇形浮动

【解析】 C　本题考查凯恩斯货币需求函数的相关知识。凯恩斯认为货币需求量受未来利率不确定性因素影响，因而不稳定，货币政策应相机行事。

【例 8-6】 弗里德曼的货币需求函数与凯恩斯的货币需求函数有许多差别。弗里德曼的货币需求函数认为(　　)。(2012 年多选题)

A. 利率对货币需求起主导作用　　B. 恒常收入对货币需求量有重要影响

C. 货币需求量是稳定的　　D. 货币政策的传导量是货币供应量

E. 货币政策实行“单一规则”

【解析】 BCDE　弗里德曼的货币需求函数与凯恩斯的货币需求函数的差别，主要表现在：弗里德曼强调恒常收入对货币需求量的重要影响，认为利率对货币需求量的影响是微不足道的；凯恩斯主义认为应是利率，货币主义坚持是货币供应量；弗里德曼认为，货币需求量是稳定的，是可以预测的，因而“单一规则”可行。

【例 8-7】 弗里德曼认为，在货币需求函数的诸多自变量中，最重要的自变量是(　　)。(2011 年单选题)

A. 债券利率　　B. 存款利率

C. 市场利率　　D. 恒常收入

【解析】 D　尽管弗里德曼在他的货币需求函数中列举的因素相当多，但他十分强调恒常收入的主导作用。

【例 8-8】 在分析货币供给中，费里德曼认为，高能货币的一个典型特征是能随时转化为(　　)。(单选题)

A. 基础货币　　B. 强力货币

C. 原始存款　　D. 存款准备金

【解析】 D　基础货币又称高能货币、强力货币或货币基础，是指起创造存款货币作用的商业银行在中央银行的存款准备金与流通于银行体系之外的通货这两者的总和，高能货币的一个典型特征是能随时转化为存款准备金。

第二节　货币供给

考点二　货币供给与货币供应量

(一) 货币供给过程

货币供给：相对于货币需求而言，它包括货币供给行为和货币供应量两大内容。

货币供给行为，是指银行体系通过自己的业务活动向再生产领域提供货币的全过程，研究的是货币供给的原理和机制。

货币供应量，是指金融系统根据货币需求量，通过其资金运用，注入流通中的货币量，它研究金融系统向流通中供应了多少货币，货币流通与商品流通是否相适应等问题。

在货币供给过程中，中央银行的作用最重要，流动中的现金和准备金是中央银行的货币负债，也称之为基础货币或储备货币。基础货币是由中央银行的资产业务创造的，可以由中央银行直接控制，投放的渠道主要包括：对商业银行等金融机构的再贷款；收购金、银、外汇等储备资产投放的货币；购买政府部门的债券；发行央行票据。

(二) 货币层次

西方学者主张把“流动性”原则作为划分货币层次的主要依据。所谓流动性是指某种金融资产转化为现金或现实购买力的能力。“流动性”好的金融资产，价格稳定、还原性强，可随时在金融市场上转让、出售。

1. 国际货币基金组织货币层次划分

一般把货币划分为三个层次：

M_0=流通于银行体系之外的现金；

M_1=M_0+活期存款(包括邮政汇划制度或国库接受的私人活期存款)；

M_2=M_1+储蓄存款+定期存款+政府债券(国库券)。

2. 我国的货币层次划分

M_0=流通中现金；

M_1-M_0+单位活期存款；

M_2=M_1+个人储蓄存款+单位定期存款+居民储蓄存款+其他存款；

M_3=M_2+商业票据+大额可转让定期存单；

M_2-M_1称为“准货币”。

【例 8-9】 下列选项中，流动性最强的是(　　)。(2012 年单选题)

A. 定期存款　　B. 有价证券　　C. 活期存款　　D. 大额可转让存单

【解析】C　现金和活期存款是直接的购买手段和支付手段，随时可形成现实的购买力，流动性最强。而储蓄存款一般需转化为现金才能用于购买，定期存款到期才能用于支付，如果要提前支付，还要蒙受一定损失，因而流动性较差。票据、债券、股票等有价证券，要转化为现实购买力，必须在金融市场上出售之后，还原为现金或活期存款。

【例 8-10】 狭义货币 M_1 包括(　　)。(2011 年多选题)

A. 居民储蓄存款　　B. 单位定期存款　　C. 活期存款

D. 银行票据　　E. 流通中的现金

【解析】CE　国际货币基金组织将货币划分为三个层次，其中 M_1 这一层次为：M_1= M_0+活期存款(包括邮政汇划制度或国库接受的私人活期存款)，M_0 为流通于银行体系之外的现金。

【例 8-11】 2010 年 9 月末，我国广义货币供应量 M_2 余额为 69.6 万亿元，狭义货币供应量 M_1 余额为 24.4 万亿元，流通中现金余额为 4.2 万亿元；全年现金净投放 3844 亿元。

根据上述资料，回答下列问题。(2014 年案例题)

1. 2010 年 9 月末，我国单位活期存款总额为(　　)万亿元。

A .13.2　　B. 20.2

C. 38.6　　D. 45.2

【解析】B　国际货币基金组织将货币划分为三个层次，其中 M_1 这一层次为：M_1= M_0+活期存款(包括邮政汇划制度或国库接受的私人活期存款)，M_0 为流通于银行体系之外的现金。

2. 2010 年 9 月末，我国居民个人储蓄存款和单位定期存款总额为(　　)万亿元。

A. 28.6　　　　B. 41.0

C. 45.2　　　　D. 65.4

【解析】C　$M_2=M_1$+个人储蓄存款+单位定期存款，所以，个人储蓄存款$=M_2-M_1$-单位定期存款=69.6-24.4-20.2=45.2 万亿元。

3. 关于货币层次划分的界定，正确的有(　　)。

A. M_0 = 活期存款货币　　　　B. M_0 = 流通中现金

C. $M_1 = M_0$ + 单位活期存款　　　　D. $M_2 = M_1$ + 单位定期存款

【解析】BC　我国中央银行根据《中国人民银行货币供应量统计和公布暂行办法》，目前划定的货币层次为：

M_0=现金；

$M_1=M_0$+单位活期存款；

$M_2=M_1$+个人储蓄存款+单位定期存款；

$M_3=M_2$+商业票据+大额可转让定期存单。

4. 下列做法中，属于中央银行投放基础货币的渠道有(　　)。

A. 对金融机构的再贷款　　　　B. 收购外汇等储备资产

C. 购买政府债券　　　　D. 对工商企业贷款

【解析】ABC　中央银行投放基础货币的渠道主要包括：①对商业银行等金融机构的再贷款；②收购金、银、外汇等储备资产投放的货币；③购买政府部门(财政部)的债券。

(三) 多倍存款创造

当中央银行向银行体系供给 1 元准备金时，存款的增加是准备金的数倍，这个过程被称为多倍存款创造。

存款创造主要是银行通过吸收存款、发放贷款等业务活动的开展，为社会提供更多的支付手段和交易媒介的一种功能。具体表现为商业银行以原始存款为基础、在银行体系中繁衍出数倍于原始存款的派生存款。

1. 原始存款

原始存款是指商业银行吸收的、能增加其准备金的存款，可以理解成从商业银行体系之外进入商业银行的存款。包括商业银行吸收的现金存款或中央银行投放基础货币所形成的存款。

2. 派生存款

派生存款是相对于原始存款而言，指由商业银行以原始存款为基础、运用信用流通工具和转账结算的方式发放贷款或进行其他资产业务时，所衍生出来的、超过最初部分存款的存款。派生存款必须以原始存款为基础，原始存款量的大小，对派生存款量的大小有直接的制约关系。

3. 存款创造

商业银行存款创造的基本原理对各类存款来说都是成立的。为了能够清楚地说明存款货币的创造与消减过程，我们将通过简化的资产负债表——T 形账户，对此进行分析。为了简便起见，拟作如下假设：

第一，商业银行只保留法定准备金，超额准备金全部用于放贷或投资；

第二，商业银行的客户将其一切收入均存入银行，并使用支票结算方式，不提取现金；

第三，法定的存款准备金率为 10%，原始存款为 100 万元。

假定甲商业银行吸收到 100 万元的原始存款，然后贷放给客户甲，客户甲将此 100 万元以支票形式存入他的开户银行。

A 银行先缴存 100 万元的 10%，即 10 万元的法定准备金，然后将其余的 90 万元贷放给客户乙，客户乙以支票形式存入其开户行 B 银行。

B 银行按 90 万元的 10%，即 9 万元缴存法定准备金，然后将其余的 81 万元贷放出去。

……

以此类推，该笔原始存款的创造过程见表 8-1。

表 8-1　存款创造过程　　单位：万元

	存款增加	准备金增加	贷款增加	银行客户
甲商业银行	0.00	0.00	100.00	客户甲
A 银行	100.00	10.00	90.00	客户乙
B 银行	90.00	9.00	81.00	客户丙
C 银行	81.00	8.10	72.90	客户丁
D 银行	72.90	7.29	65.61	客户戊
E 银行	65.61	6.56	59.05	客户己
F 银行	59.05	5.90	53.14	客户庚
……	……	……	……	……
所有银行总计	1000.00	100.00	1000.00	

由此，我们可以看出，各银行的存款增加额，构成了一个递减的等比数列，经过银行系统的反复使用，100 万元变成了 1000 万元，存款的创造过程为：

$$100+100\times(1-10\%)+100\times(1-10\%)^2+100\times(1-10\%)^3+\cdots$$
$$=100\times\frac{1}{1-(1-10\%)}$$
$$=100\times\frac{1}{10\%}$$
$$=1000\text{ 万元}$$

派生存款的大小，主要取决于两个因素：一是原始存款数量的大小，另一个是法定存款准备金率的高低。若用 ΔD 代表存款货币的最大扩张额，ΔB 表示原始存款额，r 代表法定准备金率，则可用公式表示如下：

$$\Delta D=\Delta B\cdot\frac{1}{r}$$

$1/r$ 叫作存款乘数，是在银行存款创造机制下存款最大扩张的倍数，也称派生倍数，是法定存款准备金率的倒数，其含义为每 1 元准备金的变动，所能引起的存款的变动。

但是，这是一个简单的，需要修正的存款乘数。

如果用ΔB代表原始存款额，r代表法定准备金率，e代表超额准备金率，c代表现金漏损率，则可以用公式表示如下：

$$\Delta D=\Delta B\frac{1}{r+e+c}$$

存款货币的创造过程也可以反方向作用，也就是说，派生存款的倍数原理同样适用于存款货币的消减过程，只不过方向相反，当商业银行的原始存款数量减少时，银行的存款货币会呈倍数的紧缩。

上述存款创造倍数基于两个假设：一是部分准备金制度；二是非全额现金结算制度。

【例 8-12】 假定某商业银行吸收到 1000 万元原始存款，然后贷放给客户，法定存款准备金率为 12%，超额准备金率为 3%，现金漏损率为 5%，则存款乘数是(　　)。(2014 年单选题)

A. 5.0　　B. 6.7　　C. 10　　D. 20

【解析】A　本题考查存款乘数的计算。存款乘数=1/(法定准备金率+超额准备金率+现金漏损率)=1/(12%+3%+5%)=5.0。

(四) 货币乘数

现代信用制度下，货币供应量(Ms)的决定因素主要有两个：一是基础货币(MB)；二是货币乘数(m)。它们之间的决定性关系可用公式表示为：$Ms=m\cdot MB$。中央银行只要能控制住基础货币与货币乘数，就能有效调控货币供应量。

基础货币：又称高能货币、强力货币或货币基础，是非银行公众所持有的通货与银行的存款准备金之和，一般用MB表示。基础货币都是由中央银行的资产业务创造的，可以由中央银行直接控制。

存款准备金：包括商业银行持有的库存现金、在中央银行的法定存款准备金，一般用R表示。

流通中的通货：等于中央银行资产负债表中的货币发行，一般用C表示。

假定储户愿意持有的现金水平C和超额准备金ER与支票存款D呈同比例增长，假定这些项目与支票存款的比率在均衡状态下不变：

$c=C/D$=现金漏损率

$e=ER/D$=超额准备金

$r=RR+ER$=法定准备金+超额准备金

基础货币 $MB=C+RR+ER$

则有：

$$MB=r\times D+e\times D+c\times D=(r+e+c)\times D$$

$$D=MB\cdot 1/(r+e+c)$$

上式说明，基础货币MB增加一个单位，存款增加$1/(r+e+c)$个单位。

由M_2定义的货币供给等于现金加上支票存款($M_2=D+C$)，有：

$$M_2=C+D$$

$$M_2=cD+D$$

$$M_2=(c+1)D$$

因为：$D=MB\times 1/(r+e+c)$

所以：$M_2=MB\times (1+c)/(r+e+c)$

可以看出，货币乘数反映了基础货币的变动所引起的货币供给变动的倍速。货币乘数 m 可表示为：

$$m=(1+c)/(r+e+c)$$

表示基础货币增加一个单位，货币供给 M_2 增加 m 个单位。

从理论上说，中央银行对基础货币与货币乘数都有相当的控制能力。但是，从货币供应量的形成过程来看，它是由中央银行、商业银行和非银行经济部门等经济主体的行为共同决定的。因此，货币供应量不能由中央银行加以绝对控制。从影响货币乘数的诸因素分析，中央银行和商业银行决定法定准备金率。其中，中央银行决定准备金率和影响超额准备金率 e，商业银行决定超额准备金率 e，储户决定现金漏损率 c。

【例 8-13】 在影响货币乘数的诸多因素中，由商业银行决定的因素是(　　)。(2013 年单选题)

A. 活期存款准备金率　B. 定期存款准备金率　C. 超额准备金率　D. 提现率

【解析】C　超额存款准备金是商业银行的存款准备金减去法定存款准备金后的剩余部分，是商业银行随时可以调度、使用的资金头寸。超额存款准备金率是这个剩余部分与存款准备金之间的比例。

【例 8-14】 一个国家在一定时期内，国际收支如果是顺差，则增加外汇储备，中央银行增加基础货币投资，货币供应量(　　)。(2012 年单选题)

A. 等额扩张　B. 数倍扩张　C. 等额收缩　D. 数倍收缩

【解析】B　一个国家在一定时期内，国际收支如果是顺差，则增加外汇储备，中央银行增加基础货币投放，货币供应量扩张。增加基础货币投放所引起的货币供应量扩张必然是数倍扩张。

【例 8-15】 影响货币乘数的诸因素分别是由(　　)决定的。(2011 年多选题)

A. 政府　B. 投资银行　C. 中央银行

D. 商业银行　E. 社会大众

【解析】CDE　从货币供应量的形成过程来讲，货币乘数是由中央银行、商业银行和非银行经济部门等经济主体的行为共同决定的，它们的行为在不同的经济条件下又受到各种不同因素的制约。

第三节　货币均衡

考点三　货币均衡的含义

(一) IS-LM 曲线与货币均衡

西方学者在研究货币均衡($M=L$)与经济均衡($S=I$)的关系时，是借助著名的一般均衡分析模型：IS-LM 曲线展开的，见表 8-2。

表 8-2 IS-LM 曲线

<table>
<tr><td>IS 曲线与货币均衡</td><td colspan="2">IS 曲线上的点表示商品市场上总产出等于总需求量，即 $S=I$，故 IS 曲线上的点表示商品市场达到均衡的状态；由于储蓄(S)是收入(Y)的增函数，投资是利率的减函数。所以，IS 曲线表示在不同的利率与收入水平组合下，商品市场均衡($S=I$)点的轨迹
对于统一给定的利率水平，如果经济活动位于 IS 曲线右边的区域，说明存在超额的商品供给。这种商品的超额供应会导致非计划的存货增加，促使企业减少生产，这又会使产出下降到 IS 曲线上
如果经济活动处于 IS 曲线左边的区域，则说明存在超额的商品需求。超额需求导致存货非计划地减少，促使企业增加生产，这又使产出回升至 IS 曲线上</td></tr>
<tr><td>LM 曲线与货币场均衡</td><td colspan="2">LM 曲线上的点表示货币需求量等于货币供应量，即 $L=M$，故 LM 曲线上的点表示货币市场达到均衡的状态；根据凯恩斯的流动性偏好理论，货币需求 L 取决于总产出(Y)和利率(i)，并且，货币需求与总产出正相关，与利率负相关。所以，LM 曲线表示在不同的利率与收入水平组合下，货币均衡($L=M$)点的轨迹
对于统一给定的总产出水平，如果经济活动处于 LM 曲线的左边区域，表示存在过度的货币供应，所以人们持有的货币超过意愿持有额。为减少超额货币余额，他们将购买债券，使债券价格上升，债券利率下降；反之，如果经济活动位于 LM 曲线的右边区域，说明存在超额货币需求。人们的货币持有额低于意愿持有额。所以，他们将出售债券增持货币，从而降低了债券价格，提高了市场利率
以上分析表明，利率有向满足货币均衡条件的 LM 曲线上各点靠近的趋势</td></tr>
<tr><td>IS-LM 曲线与两大市场的同时均衡</td><td>IS 曲线表示经济均衡，LM 曲线表示货币均衡。由于两大市场是同时存在的，并且都受利率水平和收入水平的影响，因此，把两条曲线放在同一直角坐标系内，两条曲线的交点 E 必然同时满足两个条件：$I=S$，$L=M$</td><td>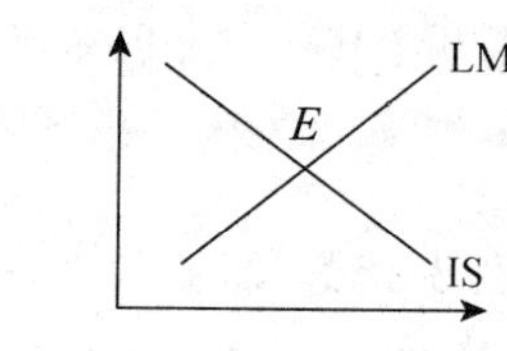</td></tr>
</table>

【例 8-16】 根据 IS-LM 曲线，在 IS 曲线上的任何一点，都表示( )处于均衡状态。(2014 年单选题)

A. 货币市场　　B. 资本市场　　C. 商品市场　　D. 外汇市场

【解析】C　IS 曲线表示在不同的利率与收入水平组合下，商品市场均衡($S=I$)点的轨迹。

【例 8-17】 在货币均衡分析中，用来描述在货币市场均衡状态下收入和利率之间相互关系的曲线是( )。(单选题)

A. BP 曲线　　B. J 曲线　　C. IS 曲线　　D. LM 曲线

【解析】D　本题考查 LM 曲线的相关知识。LM 曲线上的点表示货币的需求量 L 等于货币供应量 M，故 LM 曲线上的点表示货币市场达到均衡的状态。

(二) BP 曲线与国际收支均衡

IS-LM 曲线并没有涉及对外贸易和外资，属于封闭式经济体系的阐述。在开放经济的条件下，加入国际收支(BP)的内容，就发展成了 IS-LM-BP 模型。

BP 曲线是指国际劳务收支保持不变时收支和利率组合的轨迹，即 BP 曲线上的任何一点所代表的利率和收支的组合都可以使当期国际收支均衡，这里的 BP 指国际收支差额，即净出口与资本净流出的差额。

凡是影响汇率的因素(如利率、实际国民收入、价格水平等)都会使 BP 曲线移动。图中 IS-LM 和 BP 曲线相交于 E 点，表明在 E 点，国内商品市场、货币市场和外汇市场同时处于均衡。

蒙代尔-弗莱明分析了商品市场、货币市场和外汇市场变动的关系后认为，在固定汇率和资本完全流动条件下，由于利率和汇率保持相对稳定，货币政策的传递机制，即通过利率变动影响投资，进而影响产出水平的机制，其功能自然会遭到比较严重的削弱，从而货币政策无效；同样道理，利率稳定即可以基本消除财政政策引起的挤出效应，从而实现财政政策的最佳效果。

考点四　货币均衡实现机制

市场经济条件下货币均衡的实现有赖于三个条件，即健全的利率机制、发达的金融市场以及有效的中央银行调控机制。

在市场经济条件下，利率不仅是货币供求是否均衡的重要信号，而且对货币供求具有明显的调节功能。因此，货币均衡便可以通过利率机制的作用而实现。

就货币供给而言，当市场利率升高时，一方面社会公众因持币机会成本加大而减少现金提取，这样就使现金比率缩小，货币乘数加大，货币供给增加；另一方面，银行因贷款收益增加而减少超额准备金来扩大贷款规模，这样就使超额准备金率下降，货币乘数变大，货币供给增加。所以，利率与货币供给量之间存在着同向变动关系。就货币需求来说，利率同货币需求之间存在反方向变动关系。

当货币市场上出现均衡利率水平时，货币供给与货币需求相等，货币均衡状态便得以实现。当市场均衡利率变化时，货币供给与货币需求也会随之变化，最终在新的均衡货币量上实现新的货币均衡。

在完全市场经济条件下，货币均衡最主要的实现机制是利率机制。除利率机制之外，还有发达的金融市场以及有效的中央银行调控机制。

【例 8-18】 在完全市场经济条件下，货币均衡最主要的实现机制是(　　)。(2011 年单选题)

A. 央行调控机制　　　　B. 货币供给机制

C. 自动恢复机制　　　　D. 利率机制

【解析】 D　在完全市场经济条件下，货币均衡最主要的实现机制是利率机制。

考点五　通货膨胀及其治理

通货膨胀是指在一定时间内一般物价水平的持续上涨的现象。对于这个定义的理解应包括以下几方面的内容：

第一，通货膨胀所指的物价上涨并非是个别商品或劳务价格的上涨，而是指一般物价水平，即全部商品和劳务的加权平均价格的上涨。在非市场经济中，通货膨胀则表现为商品短缺、凭票供应、持币待购以及强制储蓄等形式。

第二，在通货膨胀中，一般物价水平的上涨是一定时间内的持续上涨，而不是一次性、暂时性的上涨。部分商品因季节性或自然灾害等原因所引起的物价上涨和经济萧条后恢复时期的商品价格正常上涨都不能叫作通货膨胀。

第三，通货膨胀所指的物价上涨必须超过一定的幅度。但这个幅度该如何界定，各国又有不同的标准，一般来说，物价上涨的幅度在2%以内都不被当作通货膨胀，有些观点则认为只有物价上涨幅度超过5%才叫作通货膨胀。

【例 8-19】 下列选项中，对通货膨胀的描述，错误的是(　　)。(2014 年单选题)

A. 通货膨胀所指的物价上涨是一定时间内物价的持续上涨

B. 通货膨胀所指的物价上涨是全部物品及劳务的加权平均价格的上涨

C. 通货膨胀所指的物价上涨包括季节性因素引起的部分商品价格的上涨

D. 通货膨胀所指的物价上涨必须超过一定的幅度。

【解析】C　通货膨胀是在一定时间内一般物价水平的持续上涨的现象。部分商品因季节性或自然灾害等原因引起的物价上涨和经济萧条后恢复时期的商品价格正常上涨都不能叫作通货膨胀。

【例 8-20】 通货膨胀实质是货币的超经济发行以后总货币现象，表现为商品和生产要素价格总水平在一定时期内(　　)。(2013 年单选题)

A. 持续下降　　B. 持续上升　　C. 间歇性下降　　D. 间歇性上升

【解析】B　本题考查通货膨胀的相关知识。需求拉上的通货膨胀可以通俗地表述为是“太多的货币追求太少的商品”。

【例 8-21】 关于对通货膨胀概念的说法，正确的有(　　)。(2014 年多选题)

A. 通货膨胀所指的物价上涨必须超过一定的幅度

B. 通货膨胀所指的物价上涨是全部商品及劳务的加权平均价格的上涨

C. 通货膨胀所指的物价上涨是因季节性或自然灾害等原因引起的物价上涨

D. 通货膨胀所指的物价上涨是一定时间内的持续上涨

E. 通货膨胀所指的物价上涨是在非市场经济汇总表现为商品短缺、凭票供应等

【解析】ABDE　对于通货膨胀定义的理解应包括以下几方面的内容：

第一，通货膨胀所指的物价上涨并非个别商品或劳务价格的上涨，而是指一般物价水平，即全部商品及劳务的加权平均价格的上涨。在非市场经济中，通货膨胀则表现为商品短缺、凭票供应、持币待购以及强制储蓄等形式。

第二，在通货膨胀中，一般物价水平的上涨是一定时间内的持续的上涨，而不是一次性的、暂时性的上涨。部分商品因季节性或自然灾害等原因引起的物价上涨和经济萧条后恢复时期的商品价格正常上涨都不能叫作通货膨胀。

第三，通货膨胀所指的物价上涨必须超过一定的幅度。但这个幅度该如何界定，各国又有不同的标准，一般说来物价上涨的幅度在 2%以内都不被当作通货膨胀，有些观点则认为只有物价上涨幅度超过 5%才叫作通货膨胀。

(一) 通货膨胀的类型

通货膨胀的类型见表 8-3。

表 8-3　通货膨胀的类型

划分方式	类别及其性质	
按通货膨胀的程度	爬行式通货膨胀	价格总水平上涨的年率不超过 2%～3%，并且在经济生活中没有形成通货膨胀的预期
	温和式通货膨胀	价格总水平上涨比爬行式高，但又不是很快，具体的百分比没有一个统一的说法
	奔腾式通货膨胀	物价总水平上涨率在两位数以上，且发展速度很快
	恶性通货膨胀	或称超级通货膨胀，是指物价上升特别猛烈，且呈加速趋势。当局如不采取断然措施，货币制度将完全崩溃
按成因	需求拉上	
	成本推进	
	供求混合作用	
	经济结构变化	

【例 8-22】 通货膨胀的程度最小的是(　　)。(2011 年单选题)

A. 爬行式通货膨胀　　　　B. 恶性通货膨胀

C. 奔腾式通货膨胀　　　　D. 温和式通货膨胀

【解析】A　按通货膨胀的程度，通货膨胀分为爬行式、温和式、奔腾式和恶性通货膨胀四种。爬行式通货膨胀是指价格总水平上涨的年率不超过 2%～3%，并且在经济生活中没有形成通货膨胀的预期；温和式通货膨胀是价格总水平上涨比爬行式高，但又不是很快，具体百分比没有一个统一的说法；奔腾式通货膨胀是物价总水平上涨率在两位数以上，且发展速度很快；恶性通货膨胀或称超级通货膨胀是指物价上升特别猛烈，且呈加速趋势。

(二) 通货膨胀的成因

从总量上讲，导致通货膨胀的压力主要是来自需求方面和供给方面。

(1) 需求拉上。当经济中需求的扩张超出总供给的增长时，过度需求就会拉动价格总水平持续上涨，从而引起通货膨胀。

(2) 成本推进。“成本推进论”认为：通货膨胀的根源并非总需求过度，而是由总供给方面生产成本上升所引起的。商品的价格是以生产成本为基础加上一定的利润而构成的。因此，生产成本的上升必然导致物价水平的上升。

促使产品成本上升的原因有如下几个：

① 在现代经济中有组织的工会对工资成本具有操纵能力，即可产生“工资成本推进型通货膨胀”。

② 垄断性大公司也具有对价格的操纵能力，是提高价格水平的重要力量，引起“利润推进型通货膨胀”。

③ 汇率变动引起进出口产品和原材料成本上升，以及石油危机、资源枯竭、环境保护政策不当等造成原材料、能源生产成本的提高。

【例 8-23】 垄断性企业为了获取垄断利润而人为地提高产品售价，由此引起的通货膨胀属于(　　)通货膨胀。(2012 年单选题)

A. 需求拉上型　　　　　　　　　　B. 成本推进型
C. 供求混合型　　　　　　　　　　D. 结构型

【解析】B　垄断性企业为了获取垄断利润而人为地提高产品价格，由此引起利润推进型通货膨胀，它属于成本推进型通货膨胀的一种。

【例 8-24】 根据成本推进型通货膨胀理论，导致利润推进型通货膨胀的因素是(　　)。(单选题)

A. 经济结构失衡
B. 汇率变动使进口原材料成本上升
C. 工会对工资成本的操纵
D. 垄断性大公司对价格的操纵

【解析】D　成本推进论理论认为，通货膨胀的根源并非总需求过度，而是由于总供给方面生产成本上升所引起的。经济学家们还进一步分析了促使产品成本上升的原因：①在现代经济中有组织的工会对工资成本具有操纵能力。工会要求企业提高工人的工资，迫使工资的增长率超过劳动生产率的增长率，企业则会因人力成本的加大而提高产品价格以转嫁工资成本的上升，而在物价上涨后工人又会要求提高工资，再度引起物价上涨，形成工资—物价的螺旋上升，从而导致“工资成本推进型通货膨胀”。②垄断性大公司也具有对价格的操纵能力，是提高价格水平的重要力量。垄断性企业为了获取垄断利润会人为地提高产品价格，由此引起“利润推进型通货膨胀”。③汇率变动引起进出口产品和原材料成本上升，以及石油危机、资源枯竭、环境保护政策不当等造成原材料、能源生产成本的提高，都是引起成本推进型通货膨胀的原因。

【例 8-25】 下列情况中，可能会导致成本推进型通货膨胀的有(　　)。(2014 年多选题)

A. 垄断性大公司为获取垄断利润人为地提高产品价格
B. 劳动力不能及时在不同部门间转移
C. 有组织的工会会迫使工资的增长超过劳动生产率的增长率
D. 资源在各部门之间的配置严重失衡
E. 汇率变动引起进出口产品和原材料成本上升

【解析】ACE　本题考查导致成本推进型通货膨胀的原因。选项 BD 属于经济结构变化导致的通货膨胀。

(3) 供求混合作用。在现实生活中，需求拉上的作用与成本推进的作用常常是混合在一起的。这种总供给和总需求共同作用情况下的通货膨胀被称为供求混合推进型通货膨胀。

单纯的需求拉上或成本推进不可能引起物价的持续上涨，只有在总需求和总供给的共同作用下，才会导致持续性的通货膨胀。

(4) 经济结构变化。结构型通货膨胀，是指由于不同国家的经济部门结构上的某些特点，当一些产业和部门在需求方面或成本方面发生变动时，往往会通过部门之间的相互看齐过程而影响到其他部门，从而导致一般物价水平的上升。

(三) 通货膨胀治理的对策

1. 紧缩的需求政策

通货膨胀的一个基本原因在于总需求超过了总供给，因此，政府可以采取紧缩总需求的政策来治理通货膨胀。紧缩总需求的政策包括紧缩性财政政策和紧缩性货币政策，见表8-4。

表 8-4　紧缩总需求的政策

名　　称	含　　义	货 币 政 策
紧缩性的财政政策	直接从限制支出、减少需求等方面来减轻通货膨胀压力，概括地说就是增收节支、减少赤字	① 减少政府支出。主要包括削减购买性支出、削减转移性支出 ② 增加税收。增加税收可以直接减少企业和个人的收入，降低投资支出和消费支出，以抑制总需求膨胀。同时，增加税收还可以增加政府收入，减少因财政赤字引起的货币发行 ③ 发行公债。可以利用“挤出效应”减少民间部门的投资和消费，抑制社会总需求
紧缩性的货币政策	减少社会需求，促使总需求与总供给趋向一致	① 提高法定存款准备率 ② 提高再贴现率 ③ 公开市场卖出业务 ④ 直接提高利率

【例 8-26】 在为治理通货膨胀而采取的紧缩性财政政策中，政府可以削减转移性支出。下列支出中，属于转移性支出的是(　　)。(2012 年单选题)

A. 政府投资、行政事业费　　　　B. 福利支出、行政事业费

C. 福利支出、财政补贴　　　　D. 政府投资、财政补贴

【解析】 C　政府支出主要包括两个方面：一是削减购买性支出，包括政府投资、行政事业费等；二是削减转移性支出，包括各种福利支出、财政补贴等。

【例 8-27】 政府发行公债后，可以利用“挤出效应”使民间部门的投资(　　)。(2011 年单选题)

A. 期限变长　　B. 效益增加　　C. 规模减小　　D. 规模增大

【解析】 C　发行公债是紧缩性财政政策措施之一，政府发行公债后，可以利用“挤出效应”使民间部门的投资规模减小。

【例 8-28】 在治理通货膨胀时，可以采用的紧缩性货币政策措施主要有(　　)。(多选题)

A. 提高法定存款准备金率　　　　B. 提高再贴现率

C. 公开市场卖出业务　　　　D. 减少储备存款

E. 直接提高利率

【解析】 ABCE　本题考查通货膨胀的治理措施。出现通货膨胀时要采取紧缩性货币政策，紧缩性货币政策主要有：提高法定存款准备金率、提高再贴现率、公开市场卖出业务和直接提高利率。

2. 积极的供给政策

其主要的政策措施有：①减税；②削减社会福利开支；③适当增加货币供给，发展生产；④精简规章制度。

3. 从严的收入政策

其主要的政策措施有：工资—物价指导线；以税收为基础的收入政策；工资—价格管制及冻结。

4. 其他治理措施

为治理通货膨胀，在一些国家还采取了收入指数化、币制改革等政策措施，见表 8-5。

表 8-5 其他政策

政策	含 义	特 点	优 点
收入指数化	将工资、利息等各种名义收入部分地或全部地与物价指数相联系，使其自动随物价指数的升降而升降	收入指数化政策只能减轻通货膨胀给收入阶层带来的损失，但不能消除通货膨胀本身	① 指数化政策可以缓解通货膨胀造成的收入再分配不公平的现象，从而消除许多不必要的扭曲 ② 指数化条款加重了作为债务人的政府的还本付息负担，从而减少了政府从通货膨胀中获得的好处 ③ 当政府的紧缩性政策使得实际通货膨胀率低于签订劳动合同时的预期通货膨胀率时，指数化条款会使名义工资相应下降，从而避免因实际工资上升而造成的失业增加
币制改革	政府下令废除旧币，发行新币，变更钞票面值，对货币流通秩序采取一系列强硬的保障性措施等	目的在于增强社会公众对本位币的信心，从而使银行信用得以恢复，存款增加，货币能够重新发挥正常的作用	一般是针对恶性通货膨胀而采取的，当物价上涨已经显示出不可抑制的状态后，货币制度和银行体系濒临崩溃时，政府会被迫进行币制改革

【例 8-29】 为治理通货膨胀，中央银行一般会在市场上(　　)。(2013 年单选题)

A. 出售有价证券　　B. 购入有价证券

C. 加大货币投放量　　D. 降低利率

【解析】A 选项 A 出售有价证券属于公开市场卖出业务，是一种紧缩型货币政策，是常见的治理通货膨胀的措施之一。

考点六 通货紧缩及其治理

(一) 通货紧缩的含义

通货紧缩是一种宏观经济现象，其含义是指商品和服务价格的普遍持续下跌，表明单位货币所代表的商品价值在增加，货币在不断地升值。

由于引起通货紧缩的原因不同，通货紧缩有狭义与广义之分。狭义的通货紧缩是指由于货币供应量的减少或货币供应量的增幅滞后于生产的增幅，致使对商品和劳务的总需求小于总供给，从而出现物价总水平的下降。广义的通货紧缩除包括货币因素外，还包括许多非货币因素，如生产能力过剩，有效需求不足，资产泡沫破灭，新技术的普及和市场开放度的不断加快等，使商品和劳务价格下降的压力不断增大，从而可能形成物价的普遍持续下跌。

判断某个时期的物价下降是否是通货紧缩，一要看通货膨胀率是否由正变负；二要看这种下降是否持续了一定的时限。

(二) 通货紧缩的标志

从通货紧缩的含义可以看出，通货紧缩的基本标志应当是一般物价水平的持续下降，但由于物价水平的持续下降有一定时限(一年或半年以上)，且通货紧缩还有轻度、中度和严重的程度之分，因此，通货紧缩的标志可以从如下三个方面把握：

标志一：价格总水平持续下降。这是通货紧缩的基本标志。

标志二：货币供应量持续下降。

①货币供应量增长率长期滞后于经济增长率，这是通货紧缩的标志；

②货币供应的流动性(M_1/M_2)持续下降，这属于结构性的通货紧缩；

③货币(现金和存款货币)的流通速度持续下降，从而引起货币流量逐年萎缩，同样是一种通货紧缩的表现形式。

标志三：经济增长率持续下降。

【例 8-30】 判断某个时期的物价下降是否是通货紧缩，需要看(　　)。(2012 年多选题)

A. 通货膨胀率是否由正变负　　B. 失业率是否上升

C. 经济是否全面衰退　　D. 这种物价下降是否持续了一定的时限

【解析】AD　判断某个时期的物价下降是否是通货紧缩，一要看通货膨胀率是否由正变负；二要看这种下降是否持续了一定的时限。

【例 8-31】 通货紧缩的危害之一，是当物价水平持续性普遍下降时，实际利率将会(　　)，从而损害债务人的利益。(2011 年单选题)

A. 降低　　B. 不变

C. 升高　　D. 为零

【解析】C　本题考查通货紧缩的危害。企业在通货紧缩的情况下，由于产品价格的降低，使企业利润减少，而实际利率升高，使作为债务人的企业的收入进一步向债权人转移，这又加重了企业的困难。

(三) 通货紧缩治理的政策措施

(1) 扩张性的财政政策。扩张性的财政政策主要包括减税和增加财政支出两种方法。

(2) 扩张性的货币政策。扩张性的货币政策有多种方式，如扩大中央银行基础货币的投放、增加对中小金融机构的再贷款、加大公开市场操作的力度、适当下调利率和存款准备金率等。

货币政策的重点是：

一是以间接调控为主；

二是调控货币总量与调节货币层次相结合；

三是在需求管理的同时兼顾供给管理；

四是寻找稳定币值、经济增长和防范金融风险的结合点。

(3) 加快产业结构的调整。宏观经济政策工具的着眼点都是短期的，因此，要治理通货紧缩，必须对产业结构进行调整。产业组织结构的调整是在中长期内治理通货紧缩的有效手段。

就产业结构的调整来说，主要是推进产业结构的升级，培育新的经济增长点，同时形成新的消费热点。对于生产过剩的部门或行业要控制其生产，减少产量。同时，对其他新兴行业或有发展前景的行业应采取措施鼓励其发展，以增加就业机会，增强社会购买力。

(4) 其他措施。除了以上措施外，对工资和物价的管制政策也是治理通货紧缩的手段之一。此外，通过对股票市场的干预也可以起到一定的作用，如果股票市场呈现牛市走势，就有利于形成乐观的未来预期，同时股票价格的上升使居民金融资产的账面价值上升，产生财富增加效应，也有利于提高居民的边际消费倾向。

【例 8-32】 治理通货紧缩的政策和措施有(　　)。(2011 年多选题)

A. 扩张性的财政政策　　B. 扩张性的货币政策　　C. 扩大对外贸易

D. 加快产业结构的调整　　E. 推进金融政策制度建设

【解析】ABDE 治理通货紧缩的政策和措施有扩张性的财政政策、扩张性的货币政策、加快产业结构的调整、推进金融政策制度建设、对工资和物价的管制政策。

【例 8-33】 关于治理通货紧缩的货币主义政策主张的说法，错误的是(　　)。(单选题)

A. 以稳定通货、反对通货膨胀为前提条件

B. 货币政策对治理货币紧缩无能为力

C. 货币数量是经济中唯一起支配作用的经济变量

D. 反对政府干预

【解析】B 本题考查对通货紧缩的治理。货币主义主张通过扩大购买政府债券、降低存款准备率等手段扩大货币供应量，从而压低市场利率，配合扩张性财政政策达到刺激消费与投资、振兴经济之目的。因而绝不能认为货币政策对治理货币紧缩无能为力。

【例 8-34】 欧洲债务危机仍在持续；美国经济数据远逊于预期；摩根士丹利下调全球经济增长预期；穆迪下调日本主权信用评级，这些因素都令投资者担心全球经济或将再次探底。(2011 年案例分析题)

根据以上资料，回答下列问题。

1. 为了使经济迅速走出低谷，保持较快的增长速度，中央银行配合财政部门应该采取的对策是(　　)。

A. 松的货币政策和松的财政政策　　B. 松的货币政策和紧的财政政策

C. 紧的货币政策和松的财政政策　　D. 紧的货币政策和紧的财政政策

【解析】A 治理通货紧缩的政策措施是扩张性的财政和货币政策。

2. 通货紧缩的标志是(　　)。

A. 财政赤字持续增加　　B. 价格总水平持续上升

C. 价格总水平持续下降　　D. 货币供应量持续下降

【解析】CD 通货紧缩的标志是价格总水平持续下降、货币供应量持续下降。

3. 通货紧缩的危害有(　　)。

A. 加剧国际收支不平衡　　B. 可能引发银行危机

C. 导致社会财富缩水　　D. 加速经济衰退

【解析】BCD　通货紧缩的危害有加速经济衰退、导致社会财富缩水、分配负面效应显现、可能引发银行危机。

4. 为了治理通货紧缩问题，可以采取的货币政策措施为(　　)。

A. 调低利率　　B. 提高利率

C. 中央银行在公开市场卖出国债　　D. 中央银行在公开市场购入国债

【解析】AD　选项 BC 属于紧缩性的货币政策措施，所以不选。

5. 根据近代世界各国发生通货紧缩的情况，通货紧缩的成因可以分为(　　)。

A. 货币紧缩　　B. 资产泡沫破灭

C. 流动性陷阱　　D. 多种结构性因素

【解析】ABCD　通货紧缩的成因有资产泡沫破灭、货币紧缩、多种结构性因素、流动性陷阱。

同 步 自 测

一、单项选择题

1. 弗里德曼的货币需求函数是(　　)。

A. $M_d = L_1(Y) + L_2(i)$　　B. $M_d / p = f(Y_p,\ r)$

C. $M_d = f(Y_p,\ W;\ r_m,\ r_b,\ r_e, \frac{1}{p}\frac{dp}{dt};\ u)P$　　D. $M_d = kPY$

2. 凯恩斯的货币需求函数非常重视(　　)。

A. 利率的主导作用　　B. 货币供应量的作用

C. 恒常收入的作用　　D. 汇率的主导作用

3. 需求拉上型的通货膨胀可以理解为(　　)。

A. 太少的货币太多的商品　　B. 太多的货币太少的商品

C. 太多的货币太多的商品　　D. 太少的货币太少的商品

4. 实现货币均衡的条件是(　　)。

A. $L=M$　　B. $I=S$

C. 货币需求量=社会供给量　　D. 货币供给量=社会需求量

5. 在研究货币需求量时，应综合考察的因素是(　　)。

A. 静态货币与动态货币　　B. 货币存量与货币流量

C. 通货膨胀与通货紧缩　　D. 货币发行量与货币回笼量

6. 凯恩斯认为，如果人们预期利率下降，其理性行为应是(　　)。

A. 多买债券、多存货币　　B. 少存货币、多买债券

C. 卖出债券、多存货币　　D. 少买债券、少存货币

7. 发行政府债券对货币供应量的影响，取决于(　　)。

A. 债券发行量的多少　　B. 认购主体及其资金来源

C. 认购主体的多元化程度　　D. 购买资金的性质

8. 在货币供给形成过程中，假定其他条件不变，如果黄金收购量小于销售量，基础货币量(　　)。

A. 减少　　B. 增加
C. 不变　　D. 既可能增加也可能减少

9. 财政收支状况对货币供应量有重要影响，如果财政收支平衡，货币供应量(　　)。

A. 增加　　B. 减少　　C. 不变　　D. 不确定

10. 治理通货紧缩，启动需求的关键在于(　　)。

A. 实行扩张性的财政政策　　B. 实行扩张性的货币政策
C. 实行扩张性的财政政策和货币政策　　D. 调动企业投资的积极性和居民消费愿望

11. 凯恩斯认为，投机性货币需求受未来(　　)的影响。

A. 利率不确定性　　B. 收入不稳定性
C. 证券行市不稳定　　D. 国家政策

12. 在市场经济制度下，衡量货币是否均衡的主要标志是(　　)。

A. 货币流通速度与汇率变动率　　B. 货币流通速度变化率
C. 物价变动率　　D. 汇率变动率

13. 凯恩斯主义认为人们的货币需求不稳定，因而货币政策应是(　　)。

A. 当机立断　　B. 相机行事　　C. 单一规则　　D. 适度从紧

14. 一个国家在一定时期内，国际收支顺差，则相应的货币供应量(　　)。

A. 扩张　　B. 收缩　　C. 不变　　D. 不确定

15. 弗里德曼认为，货币政策的传导变量应为(　　)。

A. 基础货币　　B. 超额储备　　C. 货币供应量　　D. 利率

16. 弗里德曼的货币需求函数强调的是(　　)。

A. 恒常收入的影响　　B. 资本积累的影响
C. 利率的主导作用　　D. 税收收入的影响

17. 马克思货币必要量规律的前提条件是(　　)。

A. 黄金是货币商品　　B. 商品价格总额是既定的
C. 执行流通手段职能的货币量　　D. 以上均正确

18. 货币乘数的计算公式为(　　)。

A. 存款总额/原始存款额　　B. 派生存款总额/原始存款额
C. 货币供给量/基础货币　　D. 货币流通量/存款准备金

19. 一国在二级银行体制下，基础货币 100 亿元，原始存款 300 亿元，货币乘数为 5，则该国货币供应量等于(　　)。

A. 200 亿元　　B. 300 亿元　　C. 500 亿元　　D. 600 亿元

20. 当国民收入超额分配时，信用膨胀是(　　)的结果。

A. 财政的超额分配　　B. 贸易的超额分配
C. 银行的超额分配　　D. 生产经营的超额分配

21. 从某一时期看，货币供给量和货币需求量在动态上保持一致的现象叫(　　)。
   A. 货币平衡　　B. 财政收支平衡
   C. 货币均衡　　D. 货币稳定

二、多项选择题

1. 中央银行投放基础货币的渠道有(　　)。
   A. 对商业银行等金融机构的再贷款
   B. 商业银行在中央银行的存款
   C. 收购金、银、外汇等储备资产投放的货币
   D. 购买政府部门的债券
   E. 卖出政府部门的债券
2. 凯恩斯货币需求函数的三个动机为(　　)。
   A. 投机动机　　B. 交易动机　　C. 投资动机
   D. 储蓄动机　　E. 预防动机
3. 弗里德曼把影响货币需求量的诸因素划分为(　　)。
   A. 各种金融资产　　B. 各种有价证券
   C. 各种资产预期收益率和机会成本　　D. 各种随机变量
   E. 恒常收入与财富结构
4. 紧缩性的财政政策措施包括(　　)。
   A. 减少政府支出　　B. 向居民发行公债
   C. 转移支付　　D. 增加税收
   E. 适当增加财政赤字
5. 货币供给的主要内容是(　　)。
   A. 货币需求量　　B. 货币流通量
   C. 货币供给行为　　D. 货币供给量　　E. 货币供给机制
6. 我国划分货币层次的原则是(　　)。
   A. 把金融资产的流动性作为基本标准　　B. 要考虑中央银行宏观调控的要求
   C. 宜粗不宜细　　D. 宜细不宜粗
   E. 要反映出经济情况的变化，考虑货币层次与商品层次的对应关系
7. 在下列选项中，属于治理通货紧缩的积极财政政策措施的有(　　)。
   A. 改革存款准备金制度　　B. 增加财政支出
   C. 加大再贴现力度　　D. 减税
   E. 发展公开市场业务
8. 引起货币供应量减少的因素包括(　　)。
   A. 黄金收购量小于销售量　　B. 黄金收购量大于销售量
   C. 国际收支逆差　　D. 国际收支顺差
   E. 财政收支节余
9. 外汇储备对货币供应量的影响主要表现在(　　)。
   A. 结汇量的多少　　B. 储备量的增减　　C. 汇率的升降
   D. 售汇量的多少　　E. 币种结构的变化

10. 利用(　　)的相互替代作用和货币流通速度自动调节功能，使货币供应量与货币需求量基本相适应，这就是货币容纳量弹性。

A. 金融资产　　B. 货币资产　　C. 货币乘数
D. 基础货币　　E. 实物资产

11. 弥补财政赤字的办法主要包括(　　)。

A. 增加货币量　　B. 增加货币供给　　C. 发行政府债券
D. 向中央银行透支和借款　　E. 动用历年节余

12. 在我国目前情况下，衡量货币是否均衡的标志是(　　)。

A. 货币流通速度变化率　　B. 物价变动率　　C. 货币流通速度
D. 利率　　E. 物价指数

三、案例分析题

(一) 设某地区某时流通中的通货为1500亿元，中央银行的法定存款准备金率为7%，商业银行的存款准备金为500亿元，存款货币总量为4000亿元。

根据以上材料，回答下列问题。

1. 下列属于基础货币的有(　　)。

A. 通货　　B. 存款准备金
C. 货币供给量　　D. 存款货币

2. 该地区当时的货币乘数为(　　)。

A. 2　　B. 2.75　　C. 3　　D. 3.25

3. 该地区当时的货币供给量为(　　)亿元。

A. 3000　　B. 4500　　C. 5500　　D. 6000

4. 若中央银行将法定准备金率上调为8%，则该地区当时的货币供应量将(　　)。

A. 减少　　B. 不变　　C. 不确定　　D. 增加

(二) 2006年全年我国CPI的上涨率为1.5%，2007年1月的CPI上涨率为2.2%，但自2007年年中以来，CPI出现持续上涨的趋势，2007年5月的CPI上涨率为3.4%，6月的CPI上涨率为4.4%，自此每月攀升，到2008年2月达到此次通货膨胀的高点8.7%。

根据以上材料，回答下列问题。

5. 这种经济现象属于(　　)。

A. 结构型通货膨胀　　B. 需求拉上型通货膨胀
C. 成本推进型通货膨胀　　D. 恶性通货膨胀

6. 产生这种现象的原因有(　　)。

A. 人民币升值预期　　B. 国际收支逆差
C. 国内投资过热　　D. 部分行业供需失衡

7. 中国人民银行可采取的政策措施有(　　)。

A. 上调利率　　B. 上调存款准备金率
C. 上调再贴现率　　D. 在公开市场上买入有价证券

8. 为了治理通货膨胀问题，可以采取的财政政策措施有(　　)。

A. 增加政府支出　　B. 增加税收
C. 削减政府投资　　D. 增加财政补贴

同步自测解析

一、单项选择题

1. 【解析】C　弗里德曼的货币需求函数是$M_d = f(Y_p, W; r_m, r_b, r_e, \frac{1}{p}\frac{dp}{dt}; u)P$。

2. 【解析】A　凯恩斯的货币需求函数非常重视利率的主导作用。

3. 【解析】B　当经济中需求的扩张超出总供给的增长时，过度需求就会拉动价格总水平持续上涨，从而引起通货膨胀。所以需求拉上型的通货膨胀可以理解为太多的货币太少的商品。

4. 【解析】A　货币均衡又称货币供求均衡，是指在一定时期经济运行中的货币需求与货币供给在动态上保持一致的状态，即$L=M$。

5. 【解析】B　考察货币需求量，通常都是从存量角度计量的。然而，货币需求理论及货币政策所关注的并不是某一时点上的货币需求量(存量)，而是某一时期(如计划年度)内货币需求的大致趋势及其变动幅度(流量)。从这个意义上讲，在研究货币需求量时，需要把存量与流量结合起来考察，做静态和动态的全面分析。

6. 【解析】B　凯恩斯认为投机动机可分为货币和长期债券两类，而债券的市场价格与市场利率成反比，如果利率上升，则债券价格下跌；如果利率下跌，则债券价格上涨。但由于人们对未来利率变动的预期存在着很大的不确定性，迫使人们在持有金融资产时必然在货币与债券之间进行选择，以获利或免遭损失。如果预期利率下跌，则人们愿意少存货币、多买债券；反之，预期利率上升，则人们愿意卖出债券、多存货币。这就是人们出于投机动机而对货币的需求。

7. 【解析】B　财政发行政府债券弥补赤字对货币供应量的影响，决定于承购债券主体及其资金来源的性质，如果债券由商业银行、企业、个人自愿认购，通常不会影响货币供应量；如果政府债券由中央银行认购就会增加基础货币，从而扩大货币供应量；如果企业或个人用现金购买，则货币供应量不变。

8. 【解析】A　黄金、外汇储备是中央银行投放基础货币的主要渠道之一。黄金虽然属于国际储备资产，但很少在国际支付中使用。因此，黄金储备的增减变化，主要取决于一个国家黄金收购量与销售量的变化。在一定时期内，黄金收购量大于销售量，黄金储备量就会增加，中央银行投入的基础货币亦增加；相反，黄金销售量大于收购量，黄金储备减少，中央银行收回基础货币，使货币供应量减少。

9. 【解析】C　从总量扩张和总量收缩来看，财政收支平衡对货币供应量没有影响。这是因为，等量财政收入从商业银行账户流入中央银行账户所产生的总量收缩效应，会与等量财政支出从中央银行账户流入商业银行账户所产生的总量扩张效应互相抵消，使货币供应量保持不变。

10. 【解析】D　治理通货紧缩，调动企业投资的积极性和居民消费愿望，是启动需求的关键。

11. 【解析】A　凯恩斯认为，投机性货币需求受未来利率不确定性因素的影响，因而不稳定，货币政策应相机行事。

12. 【解析】C　在市场经济制度下，衡量货币是否均衡的主要标志是物价变动率。

13. 【解析】B　凯恩斯认为，投机性货币需求受未来利率不确定性因素的影响，因而不稳定，货币政策应相机行事。

14. 【解析】A　外汇储备增减主要取决于一个国家的国际收支状况。一个国家的国际收支如果是顺差，则增加外汇储备，中央银行增加基础货币投放，货币供应量扩张；反之，国际收支如果是逆差，则减少外汇储备，中央银行收回基础货币，货币供应量缩减。

15. 【解析】C　凯恩斯主义与货币主义在货币政策传导变量的选择上有分歧，凯恩斯主义认为应是利率，货币主义坚持是货币供应量。

16. 【解析】A　弗里德曼认为货币需求量是稳定的，他强调恒常收入对货币需求量的重要影响，认为利率对货币需求量的影响微不足道。

17. 【解析】D　马克思揭示的货币必要量规律，是以他的劳动价值论为基础的，该理论的前提条件是：黄金是货币商品；商品价格总额是既定的；其只考察执行流通手段职能的货币量，而没有考察与整个再生产过程密切相联系的储蓄、投资、资本运动等引起的货币需求，甚至连同商品交易有关的信用交易、转账结算也排除在外。

18. 【解析】C　货币乘数(m)是货币供应量(Ms)同基础货币(B)的比率。亦即每一基础货币的变动所引起的货币供应量的倍增或倍减。

19. 【解析】C　$Ms=mB=5\times100=500$ 亿元。

20. 【解析】C　国民收入超额分配的情况分为两种：财政超额分配的结果是财政赤字；银行超额分配的结果是信用膨胀。

21. 【解析】C　所谓货币均衡就是指从某一时期来看，货币供给量与货币需求量在动态上保持一致的现象。

二、多项选择题

1. 【解析】ACD　中央银行投放基础货币的渠道主要包括：对商业银行等金融机构的再贷款；收购金、银、外汇等储备资产投放的货币；购买政府部门(财政部)的债券。

2. 【解析】ABE　凯恩斯货币需求函数的三个动机包括投机动机、交易动机和预防动机。

3. 【解析】CDE　弗里德曼把影响货币需求量的因素划分为三组：恒常收入和财富结构；各种资产的预期收益和机会成本；各种随机变量。

4. 【解析】ABD　紧缩性的财政政策直接从限制支出、减少需求等方面来减轻通货膨胀压力，概括地说就是增收节支，减少赤字。一般包括以下措施：减少政府支出、增加税收和发行公债。

5. 【解析】CD　货币供给是相对于货币需求而言的，它包括货币供给行为和货币供给量两个内容。

6. 【解析】ABCE　我国划分货币层次的原则有四个：把金融资产的流动性作为基本标准；要考虑中央银行宏观调控的要求；要反映出经济情况的变化及宜粗不宜细。

7. 【解析】BD　在治理通货紧缩的政策措施中，积极的财政政策的内容主要包括减税和增加财政支出两种方法。

8. 【解析】ACE　如果黄金收购量小于销售量，黄金储备减少，中央银行收回基础货币，货币供应量减少；如果国际收支是逆差，则减少外汇储备，中央银行收回基础货币，货币供应量缩减；财政收支结余，引起货币供应量减少。

9. 【解析】BC　外汇储备对货币供应量的影响主要表现在储备量的增减和汇率的升降。

10. 【解析】ABE　货币供应量对于货币需求有一定的弹性或适应性，理论界称之为货币容纳量弹性。货币容纳量弹性是利用了货币资产、金融资产、实物资产间的相互替代效应和流通速度的自动调节功能，使名义货币量同实际货币需求量基本相适应。

11. 【解析】CDE　财政支出大于财政收入，出现赤字，对货币供应量影响如何主要取决于财政赤字的弥补办法。弥补财政赤字的办法有以下三种：①动用历年节余；②发行政府债券；③向中央银行透支和借款。

12. 【解析】CE　在市场经济制度下，物价变化率是衡量货币是否均衡的标志；在计划经济体制下，货币流通速度变化率是判断货币是否均衡的标志；在市场经济转轨时期(如我国目前情况下)可用货币流通速度与物价指数相结合衡量货币是否均衡。

三、案例分析题

(一)

1. 【解析】AB　基础货币又称高能货币、强力货币或货币基础，是指起创造存款货币作用的商业银行在中央银行的存款准备金与流通于银行体系之外的通货的总和。

2. 【解析】B　$Ms=C+D$，C=1500 亿元，D 是存款总额，D=4000 亿元，所以 $Ms=C+D=1500+4000=5500$ 亿元，R=500 亿元，$B=C+R=1500+500=2000$ 亿元，所以货币乘数，$M=Ms/B=5500\div2000=2.75$。

3. 【解析】C　该地区当时的货币供给量 $Ms=C+D=1500+4000=5500$ 亿元。

4. 【解析】A　上调法定存款准备金率相当于紧缩型的货币政策，会减少货币供应量。

(二)

5. 【解析】A　2007—2008 年的物价持续上涨被称为非典型性的通货膨胀，主要是因为此次持续近一年的物价上涨结构性明显，持续时间不长，且成因也是多方面的。我国官方对此称之为结构型通货膨胀。

6. 【解析】ACD　2007—2008 年物价上涨原因复杂，有多方面因素：供需失衡；成本拉动；国内投资过热；国内突发事故火难；对外贸易失衡，巨额顺差的长期存在；人民币升值预期使得大量国际资本流入国内。

7. 【解析】ABC　中国人民银行可采取从紧的货币政策。从紧的货币政策包括上调存款准备金率、上调利率、上调再贴现率等。D 是扩张性货币政策的内容。

8. 【解析】BC　可以采取稳健的财政政策，包括减少政府支出、增加税收和发行公债。

第九章　中央银行与金融监管

大纲解读

本章考试目的在于考查应试人员是否掌握了有关中央银行、货币政策与金融监管的知识。从近三年考题情况来看，本章主要考查中央银行的相对独立性、性质、职能和业务，货币政策体系，金融监管的性质、目标、基本原则和金融监管理论，分析我国金融监管的发展阶段及其特征，分析金融监管的框架和内容。平均分值是 10 分。具体考试内容如下。

1. 中央银行概述

中央银行产生与发展的历史；中央银行的相对独立性；中央银行的性质与职能、业务。

2. 货币政策体系

金融宏观调控的含义、前提和类型；货币政策的含义、特征和类型；金融宏观调控机制的构成要素、两个领域和三个阶段。货币政策的最终目标及其相互间的矛盾；货币政策工具。货币政策的传导机制的理论；货币政策的中介目标和操作指标；我国的货币政策目标、货币政策工具和今年我国货币政策的实施与特点。

3. 货币政策的实施

货币政策实施的基本依据、货币政策效应。我国的货币政策目标、货币政策工具和货币政策传导机制；我国近年来金融宏观调控的情况。

4. 金融监管概述

金融监管的含义、目标和基本原则。我国金融监管的发展阶段。

5. 金融监管的框架和内容

银行业监管的主要内容；银行业监管的基本方法。证券业、保险业监管的主要内容。

考点精讲

第一节　中央银行概述

考点一　中央银行的产生及独立性

(一) 中央银行的产生

中央银行的产生有两个基本前提：一是商品经济的发展比较成熟；二是金融业的发展对此有客观需求。

中央银行制度的建立，大致出于四个方面的需要：集中货币发行权的需要；代理国库和为政府筹措资金的需要；管理金融业(如票据清算和银行最后贷款人)的需要；国家对社会经济发展实行干预的需要。

最早设立的中央银行是瑞典银行。其次是1694年成立的英格兰银行，被公认为是近代中央银行的鼻祖。英格兰银行的演变过程是典型的中央银行的演变过程。

各国中央银行的产生和发展大体经由3个途径：

(1) 由商业银行转化为中央银行：如英国的英格兰银行、法国的法兰西银行、德国的普鲁士银行；

(2) 专门设置的中央银行：美国联邦储备体系，第二次世界大战前后发展中国家和新独立国家的中央银行；

(3) 由综合型银行改革为单一职能的中央银行：苏联、东欧各国及中国的中央银行。

目前，全球各国中央银行主要有单一中央银行制、复合中央银行制、跨国中央银行制和准中央银行制四种类型。

【例9-1】 近代中央银行的鼻祖是(　　)。(2011年单选题)

A. 美联储　　B. 法兰西银行　　C. 英格兰银行　　D. 瑞典银行

【解析】C 最早设立的中央银行是瑞典银行。其次是1694年成立的英格兰银行，被公认为是近代中央银行的鼻祖。

(二) 中央银行的独立性

中央银行相对独立性见表9-1。

表9-1　中央银行相对独立性

内　　容	① 建立独立的货币发行制度，稳定货币 ② 独立制定实施货币政策 ③ 独立监管、调控整个金融体系和金融市场
应遵守的基本原则	① 中央银行应以一国宏观经济目标为出发点制定货币政策，从事相应的政策工具操作 ② 中央银行应按照金融运行规律，制定实施货币政策，规避政府短期行为的干扰
主要模式	① 独立性较大的模式，如美国和德国 ② 独立性稍次的模式，如英格兰银行、日本银行 ③ 独立性较小的模式，如意大利

考点二　中央银行的性质与职能

(一) 中央银行的性质

中央银行的性质是：中央银行是金融管理机构，它代表国家管理金融，制定和执行金融方针政策，主要采用经济手段对金融经济领域进行调节和控制。中央银行是一国最高的货币金融管理机构，在各国金融体系中居于主导地位。

(二) 中央银行的职能

中央银行的职能包括发行的银行、政府的银行、银行的银行、管理金融的银行四个方面，见表9-2。

表 9-2 中央银行的职能

职能	含 义	基 本 职 能
发行的银行	中央银行垄断货币发行，具有货币发行的特权、独占权，是一国唯一的货币发行机构	① 适时适度发行货币 ② 从宏观经济角度控制信用规模，调节货币供给量 ③ 根据货币流通需要，适时印刷、铸造或销毁票币，调拨库款，调剂地区间货币分布、货币面额比例
政府的银行	中央银行为政府提供服务，是政府管理一国金融的专门机构	① 代理国库 ② 对政府融通资金 ③ 代理政府金融事务，如代理国债发行及到期国债的还本付息等 ④ 代表政府参加国际金融活动，进行金融事务的协调、磋商等 ⑤ 充当政府金融政策顾问，为一国经济政策的制定提供各种资料、数据和方案
银行的银行	中央银行通过办理存、放、汇等项业务，作为商业银行与其他金融机构的最后贷款人	① 集中保管存款准备金 ② 充当最后贷款人。中央银行作为最后贷款人提供贷款，通常采取两种形式：一是票据再贴现；二是票据再抵押 ③ 主持全国银行间的清算业务 ④ 主持外汇头寸抛补业务
管理金融的银行	中央银行作为一国金融体系的核心、首脑，致力于货币政策的制定实施，对整个银行业的运行进行调控监管	① 根据国情合理制定实施货币政策，在稳定货币的前提下谋求经济增长 ② 制定颁行各种金融法规、金融业务规章，监督管理各金融机构的业务活动 ③ 管理境内金融市场

【例 9-2】 中央银行的职能有(　　)。(2011 年多选题)

A. 发行的银行　　B. 政府的银行

C. 银行的银行　　D. 管理金融的银行　　E. 企业的银行

【解析】ABCD　中央银行的职能有发行的银行、政府的银行、银行的银行、管理金融的银行。

【例 9-3】 在中央银行的职能中，“银行的银行”的职能主要是指(　　)。(2014 年单选题)

A. 垄断发行货币，调节货币供应量

B. 代理国库，对政府融通资金

C. 集中保管存款准备金，充当最后贷款人

D. 实施货币政策，制定金融法规

【解析】C　本题考查中央银行的职能。中央银行作为银行的银行，主要职能是：集中保管存款准备金、充当最后贷款人、主持全国银行间的清算业务、主持外汇头寸抛补业务。

考点三　中央银行的业务

(一) 中央银行的资产负债表

中央银行的资产是指中央银行在一定时点所拥有的各种债权，包括国外资产、贴现及放

款、政府债券和财政借款、在途现金项目和其他资产。

中央银行的负债是指金融机构、政府、个人和其他部门持有的对中央银行的债券，主要包括通货发行、商业银行等金融机构存款、国库及公共机构存款、延期支付项目、其他负债。

中央银行资产负债表内容见表 9-3。

表 9-3　中央银行资产负债表

资　　产	负　　债
国外资产 外汇 黄金 贴现及外放 政府债券 政府借款 其他资产(固定资产等)	通货发行 商业银行等金融机构存款 国库及公共机构存款 其他负债 资本项目
资产项目合计	负债及资本项目合计

(二) 中央银行的业务

中央银行的业务内容见表 9-4。

表 9-4　中央银行的业务

业　　务	定　　义	业务内容及分类
中央银行的负债业务	中央银行的负债是指由社会各集团和家庭个人持有的中央银行的债权。中央银行的负债业务是中央银行资产业务的基础	① 货币发行 ② 代理国库 ③ 集中存款准备金
中央银行的资产业务	中央银行的资产是指中央银行在一定时点上所拥有的各种债权	① 贷款 ② 再贴现 ③ 证券买卖 ④ 管理国际储备 ⑤ 其他资产业务
中央银行的中间业务	资产清算业务是中央银行的主要中间业务	① 集中办理票据交换 ② 结清交换差额 ③ 办理异地资金转移

【例 9-4】 下列关于中央银行业务的描述中，属于中央银行资产业务的是(　　)。(2014 年单选题)

A. 中国人民银行通过贷款渠道发行人民币

B. 中国人民银行吸收存款准备金

C. 中国人民银行组织全国商业银行进行资金清算

D. 中国人民银行对商业银行进行贷款

【解析】D 中央银行的资产业务有：贷款、再贴现、证券买卖、国际储备、其他资产业务。货币发行、集中存款准备金是中央银行的负债业务，资金结算业务属于中央银行的中间业务。

【例 9-5】 属于中央银行的负债业务的是( )。(2013 年单选题)

A. 集中办理票据交换　　B. 货币发行

C. 再贴现　　D. 证券买卖

【解析】B 中央银行的负债业务主要有：①货币发行；②代理国库；③集中存款准备金。

【例 9-6】 下列关于中央银行业务的描述，不属于中央银行负债业务的是( )。(2012 年单选题)

A. 中国人民银行通过贷款渠道发行人民币

B. 中国人民银行吸收存款准备金

C. 中国人民银行接受政府委托管理国库

D. 中国人民银行组织全国商业银行的资金清算

【解析】D 中央银行的负债业务有：货币发行、代理国库、集中存款准备金。资金结算业务属于中央银行的中间业务。

第二节 货币政策体系

考点四 金融宏观调控与货币政策概述

(一) 金融宏观调控

宏观调控有以下三个特点：第一，主要是针对经济的短期运行，解决经济的周期波动问题；第二，间接影响微观主体的行为选择；第三，宏观调控与市场经济不是对立的，只是为了校正市场失败。

金融宏观调控是以中央银行或货币当局为主体，以货币政策为核心，借助于各种金融工具调节货币供给量或信用量，影响社会总需求进而实现社会总供求均衡，促进金融与经济协调稳定发展的机制与过程。

金融宏观调控存在的前提是商业银行是独立的市场主体，实行二级银行体制。如果没有这个前提，则将缺乏独立的金融宏观调控主体，也缺乏作为金融宏观调控操作直接对象的商业银行体系。在此情况下，所谓金融宏观调控就是不存在的。

金融宏观调控的类型包括计划调控、政策调控、法律调控和行政调控四种。

计划调控和行政调控是计划经济体制下金融宏观调控的主要形式；政策和法律调控是市场经济体制下金融宏观调控的主要形式。在我国转轨经济中，政策调控和法律调控的色彩日趋浓厚。

【例 9-7】 宏观调控是国家运用宏观经济政策对宏观经济运行进行的调节和干预。其中，金融宏观调控是指( )的运用。(2011 年单选题)

A. 收入政策　　B. 货币政策

C. 财政政策　　D. 产业政策

【解析】B　金融宏观调控以中央银行或货币当局为主体，以货币政策为核心，借助于各种金融工具调节货币供给量或信用量，影响社会总需求进而实现社会总供求均衡，促进金融与经济协调稳定发展的机制与过程。

【例 9-8】 金融调控是国家对宏观经济运行进行干预的组成部门，市场经济体制下金融宏观调控的主要类型是(　　)。(2012 年单选题)

A. 计划调控与行政调控　　B. 计划调控与政策调控

C. 行政调控与法律调控　　D. 政策调控与法律调控

【解析】D　政策调控和法律调控是市场经济体制下金融宏观调控的主要形式；计划调控和行政调控是计划经济体制下金融宏观调控的主要形式。

【例 9-9】 在金融宏观调控中，货币政策的传导和调控过程要经历金融领域和实物领域。此处的金融领域是指(　　)。(单选题)

A. 企业的股票发行与流通　　B. 居民的金融投资

C. 政府的国债发行与流通　　D. 货币的供给与需求

【解析】D　本题考查金融宏观调控机制的构成要素。货币政策首先改变的是金融领域的货币供给状况，要靠央行建立起新的货币供求状况。

(二) 货币政策及其特征

货币政策及其特征见表 9-5。

表 9-5　货币政策及其特征

含义	货币政策是中央银行为实现特定的经济目标而采取的各种控制、调节货币供应量或信用量的方针、政策、措施的总称	广义的货币政策包括政府、中央银行和其他有关部门所有有关货币方面的规定和所采取的影响货币供给数量的一切措施
		狭义的货币政策主要是研究货币的发行与调控，货币量与产出、收入、价格、国际收支等宏观经济变量的相互联系与相互影响，并围绕这些经济联系与影响制定一系列的政策措施
基本特征	① 货币政策是宏观经济政策 ② 货币政策是调节社会总需求的政策 ③ 货币政策主要是间接调控政策 ④ 货币政策是长期连续的经济政策	
类型	① 扩张型货币政策。中央银行通过增加货币供应量，使利率下降，从而增加投资，扩大总需求，刺激经济增长。主要措施包括：降低法定准备金率；降低再贴现利率；公开市场业务，通过多购进证券，增加货币供应；“道义劝告” ② 紧缩型货币政策。中央银行通过减少货币供应量，使利率升高，从而抑制投资，压缩总需求，限制经济增长。措施是在扩张型货币政策中所采用措施的反向操作 ③ 非调节型货币政策。中央银行并不是根据不同时期国家的经济目标和经济状况，不断地调节货币需求，而是把货币供应量固定在预定水平上 ④ 调节型货币政策。中央银行根据不同时期国家的经济目标和经济状况，不断地调节货币供应量。具体内容是：当超额准备金的需求和货币的需求增长时，中央银行增加准备金供给	

【例 9-10】 货币政策是指中央银行为实现特定经济目标而采取的各种方针、政策、措施的总称。关于货币政策基本特征的说法，错误的是(　　)。(2014 年单选题)

A. 货币政策是宏观经济政策　　B. 货币政策是调节社会总供给的政策

C. 货币政策主要是间接调控政策　　D. 货币政策是长期连续的经济政策

【解析】B　本题考查货币政策的基本特征。货币政策具有以下基本特征：第一，货币政策是宏观经济政策；第二，货币政策是调节社会总需求的政策；第三，货币政策主要是间接调控政策；第四，货币政策是长期连续的经济政策。

【例 9-11】 紧缩性的货币政策有(　　)。(2014 年多选题)

A. 降低法定存款准备金率　　B. 提高再贴现率　　C. 公开市场卖出业务

D. 增加税收　　E. 直接提高利率

【解析】BCE　本题考查紧缩性货币政策措施。选项 A 属于扩张性货币政策措施，选项 D 属于紧缩性财政政策措施。

(三) 金融宏观调控机制

1. 金融宏观调控机制的构成要素

(1) 调控主体：中央银行。

(2) 调控工具：三大货币政策工具，即提高或降低商业银行的法定存款准备金比率、提高或降低商业银行向中央银行进行票据贴现的再贴现率、在金融市场上公开卖出和买入证券。

(3) 操作目标：超额存款准备金与基础货币。

(4) 变换中介：商业银行。

(5) 中介指标：利率和货币供应量。

(6) 调控受体：企业与居民。

(7) 最终目标：总供求对比及相关四大政策目标。四大政策目标为：稳定币值、经济增长、充分就业和国际收支平衡。

(8) 反馈信号：市场利率与市场价格。在产品市场上，总供给大于总需求，产品价格总水平就会下降，反之产品价格总水平则会上升。在金融市场上，利率水平也有这样的反应过程。

2. 金融宏观调控的领域和阶段

两个领域是金融领域和实务领域。

三个阶段为：

(1) 中央银行操作货币政策工具对一阶变量基础货币的直接控制；

(2) 基础货币的变化通过商业银行信贷行为对二阶变量货币供应量产生间接控制作用；

(3) 由二阶变量货币供应量变化间接影响实现货币政策最终目标。

【例 9-12】 在金融宏观调控机制的构成要素中，变换中介是(　　)。(2014 年单选题)

A. 商业银行　　B. 中央银行

C. 企业　　D. 居民户

【解析】A　在金融宏观调控机制的构成要素中，变换中介是商业银行。

(四) 一种新的货币政策框架：通货膨胀目标制

通货膨胀目标制是中央银行直接以通货膨胀为目标并对外公布针对该目标的货币政策制度。

在通货膨胀目标制下，传统的货币政策体系发生了重大变化，在政策工具与最终目标之间不再设立中间目标，货币政策的决策依据主要依靠定期对通货膨胀的预测。

其政策核心是以确定的通货膨胀率作为货币政策目标，或一个目标区间。

通货膨胀目标制实施的条件主要有：

(1) 中央银行的独立性；

(2) 货币政策的高度透明度；

(3) 利率的市场化；

(4) 浮动汇率制。

通货膨胀目标制在实施过程中呈现出以下特点：

(1) 在通货膨胀目标制下，货币政策承诺维持一个具体的长期通货膨胀水平，长期价格稳定将是压倒一切的首要政策目标。

(2) 在长期通货膨胀目标制的约束下，为达到产出稳定等其他目标，中央银行短期内拥有采取灵活政策的权力——这就是“弹性通货膨胀目标”这一术语的真正含义。

(3) 通货膨胀目标制要求货币政策决策者保持实质性的开放和透明。

考点五　货币政策的目标与工具

(一) 货币政策的最终目标

1. 最终目标体系

(1) 物价稳定

物价稳定是指在经济运行中物价总水平在短期内不发生显著的波动，进而维持国内币值的稳定。物价稳定一般是中央银行货币政策的首要目标。一般以通货膨胀率来衡量物价稳定状态，一般都认为物价上涨率在4%以下就是比较合理的。

(2) 充分就业

充分就业是指有能力并愿意参加工作者，都能在较合理的条件下，随时找到适当的工作。在经济学中的充分就业并不等于社会劳动力的 100%就业，通常是将两种失业排除在外：一是摩擦性失业；二是自愿失业。

(3) 经济增长

经济增长是针对国民经济发展状况这一宏观问题而设置的宏观经济目标，其含义是要求国民生产总值保持较高的增长速度，不要停滞，更不能出现负增长。

(4) 国际收支平衡

国际收支平衡是一国国际收支中的收入和支出处于基本持平的状态。

【例 9-13】 中央银行货币政策的首要目标一般是(　　)。(2014 年单选题)

A. 稳定物价　　　　B. 充分就业

C. 经济增长　　　　D. 国际收支平衡

【解析】A　本题考查中央银行货币政策的目标。中央银行货币政策的首要目标一般是稳定物价。

2. 货币政策最终目标之间的矛盾性

(1) 稳定物价与充分就业之间的矛盾。如菲利普斯曲线所描述。

(2) 稳定物价与经济增长之间的矛盾。

(3) 稳定物价与国际收支平衡之间的矛盾。

(4) 经济增长与国际收支平衡之间的矛盾。

【例 9-14】 货币政策的最终目标是稳定物价、充分就业、促进经济增长和平衡国际收支。在经济学中，关于充分就业的正确说法是(　　)。(2012 年单选题)

A. 社会劳动者 100%就业

B. 所有有能力的劳动力都能随时找到任何条件的工作

C. 存在摩擦性失业，但不存在自愿失业

D. 存在摩擦性失业和自愿失业

【解析】D　充分就业是指有能力并愿意参加工作者，都能在较合理的条件下，随时找到适当的工作。并不等于社会劳动力的 100%就业，通常是将摩擦性失业和自愿失业排除在外。

【例 9-15】 在经济学中，充分就业并不等于社会劳动力 100%就业，通常将(　　)排除在外。(单选题)

A. 摩擦性失业和自愿性失业　　B. 摩擦性失业和非自愿性失业

C. 周期性失业和自愿性失业　　D. 摩擦性失业和周期性失业

【解析】A　充分就业是指有能力并愿意参加工作者，都能在较合理的条件下，随时找到适当的工作。在经济学中的充分就业并不等于社会劳动力的 100%就业，通常是将两种失业排除在外：一是摩擦性失业，即由短期内劳动力供求失调或季节性原因而造成的失业；二是自愿失业，即工人不愿意接受现行的工资水平而造成的失业。

(二) 货币政策工具

货币政策工具是指中央银行直接控制的、能够通过金融途径影响经济单位的经济活动、进而实现货币政策目标的经济手段。一般性货币政策工具也称为货币政策的总量调节工具，主要包括存款准备金政策、再贴现政策和公开市场操作。

1. 存款准备金政策

存款准备金率通常被认为是货币政策最猛烈的工具之一，其性质见表 9-6。

表 9-6　存款准备金政策

作用于经济的途径	① 对货币乘数的影响。法定存款准备金率高，货币乘数则小，银行原始存款创造的派生存款亦少；反之则相反 ② 对超额准备金的影响。当降低存款准备金率时，超额准备金的增加，使商业银行的信用扩张能力增强；反之则相反 ③ 宣示效果。存款准备金率上升，说明信用即将收缩，利率随之上升，公众会自动紧缩对信用的需求；反之则相反

(续表)

优点	① 中央银行具有完全的自主权，在三大货币政策工具中最易实施 ② 对货币供应量的作用迅速，一旦确定，各商业银行及其他金融机构必须立即执行 ③ 对松紧信用较公平，一旦变动，能同时影响所有的金融机构
缺点	① 作用猛烈，缺乏弹性，不宜作为中央银行日常调控货币供给的工具，因此其有固定化的倾向 ② 政策效果在很大程度上受超额准备金的影响

2. 再贴现政策

再贴现是商业银行以未到期、合格的客户贴现票据再向中央银行贴现。对中央银行而言，再贴现是买进票据，让渡资金；对商业银行而言，再贴现是卖出票据，获得资金。其性质见表 9-7。

表 9-7　再贴现政策

作用于经济的途径	① 借款成本效果 ② 宣示效果 ③ 结构调节效果
优　　点	① 有利于中央银行发挥最后贷款者的作用 ② 比存款准备金率的调整更机动、灵活，既调节了总量也可以调节结构 ③ 以票据融资，风险较小
缺　　点	再贴现的主动权在商业银行，而不在中央银行。如果商业银行可通过其他途径筹资而不依赖于再贴现，则中央银行就不能用再贴现控制货币供应总量及其结构

3. 公开市场操作

公开市场操作是指中央银行在金融市场上买卖国债或中央银行票据等有价证券，影响货币供应量和市场利率的行为。

当金融市场资金缺乏时，中央银行通过公开市场操作买进有价证券，从而投放基础货币，引起货币供应量的增加和利率的下降；当金融市场上游资过多时，中央银行通过公开市场操作卖出有价证券，从而收回基础货币，引起货币供应量的减少和利率的提高，其性质见表 9-8。

表 9-8　公开市场操作

作用于经济的途径	① 通过影响利率来影响经济 ② 通过影响银行存款准备金来影响经济
优　　点	① 主动权在中央银行，不像再贴现那样被动 ② 富有弹性，可对货币进行微调，也可大调，但不会像存款准备金政策那样作用猛烈 ③ 中央银行买卖证券可同时交叉进行，故很容易逆向修正货币政策，可以连续进行，能补充存款准备金、再贴现这两个非连续性政策工具实施前后的效果不足 ④ 根据证券市场供求波动，主动买卖证券，可以起稳定证券市场的作用
缺　　点	① 政策实施到影响最终目标，时滞较长 ② 干扰其实施效果的因素比存款准备金率、再贴现多，往往带来政策效果的不确定性

4. 其他货币政策工具

其他货币政策工具见表 9-9。

表 9-9 其他货币政策工具

选择性货币政策工具	中央银行对于某些特殊领域实施调控所采取的措施或手段，可作为一般性货币政策工具的补充，根据需要选择运用	证券市场信用控制
		消费者信用控制
		不动产信用控制
		优惠利率
直接信用控制的货币政策工具	中央银行以行政命令或其他方式，直接控制金融机构尤其是商业银行的信用活动	贷款限额
		利率限制
		流动性比率
		直接干预
间接信用控制的货币政策工具	中央银行利用道义劝告、窗口指导等办法间接影响商业银行的信用创造	道义劝告
		窗口指导

【例 9-16】 存款准备金政策是中央银行实施货币政策的重要工具，其主要内容包括(　　)。(2014 年多选题)

A. 规定存款准备金计提的基础

B. 规定存款准备金率

C. 规定存款准备金的构成

D. 规定存款准备金的上限

E. 规定存款准备金提取的时间

【解析】ABCE 本题考查存款准备金政策的主要内容。存款准备金政策的主要内容有：规定存款准备金计提的基础、规定存款准备金率、规定存款准备金的构成、规定存款准备金提取的时间。

【例 9-17】 再贴现的主动权在(　　)。(2013 年单选题)

A. 中央银行　　B. 商业银行

C. 中央银行及商业银行　　D. 既不在中央银行也不在商业银行

【解析】B 再贴现的主动权在商业银行，而不在中央银行。如果商业银行可通过其他途径筹资而不依赖于再贴现，则中央银行就不能用再贴现控制货币供应总量及其结构。

【例 9-18】 在席卷全球的金融危机期间，中央银行为了对抗经济衰退，刺激国民经济增长，不应该采取的措施是(　　)。(2012 年单选题)

A. 降低商业银行法定存款准备金率　　B. 降低商业银行再贴现率

C. 在证券市场上卖出国债　　D. 下调商业银行贷款基准利率

【解析】C 注意对抗经济衰退，刺激国民经济增长的措施应该是扩张性的货币政策。选项 ABD 都属于扩张性的财政政策，而选项 C 在证券市场上卖出国债，收回流通中的货币，属于紧缩性的货币政策。

【例 9-19】 中央银行再贴现政策的缺点是(　　)。(2011 年单选题)

A. 作用猛烈、缺乏弹性

B. 政策效果很大程度受超额准备金的影响

C. 主动权在商业银行，而不在中央银行

D. 从政策实施到影响最终目标时滞较长

【解析】C　中央银行再贴现政策的主要缺点是：再贴现的主动权在商业银行，而不在中央银行。如果商业银行可通过其他途径筹资而不依赖于再贴现，则中央银行就不能用再贴现控制货币供应总量及其结构。

【例 9-20】 为治理通货膨胀，中央银行一般会采取紧缩型货币政策，下列选项中属于紧缩型货币政策的是(　　)。(2014 年单选题)

A. 出售有价证券　　B. 购入有价证券

C. 加大货币投放量　　D. 降低利率

【解析】A　“出售有价证券”属于公开市场卖出业务，是一种紧缩型货币政策，是常见的治理通货膨胀的措施之一。

考点六　货币政策的传导机制与中介指标

(一) 货币政策传导机制的理论

货币政策的传导机制即是运用货币政策工具或手段影响中介指标，进而对总体经济活动发挥作用的途径和过程的机能。

1. 凯恩斯学派的货币政策传导机制理论

货币政策的作用首先是改变货币市场的均衡，然后改变利率，进而改变实际资产领域的均衡。这个过程可以归纳为：中央银行通过改变货币供给 M，改变了利率 r，而利率的变化则通过资本边际效率的影响使投资 I 以乘数方式变化，而投资的增减则会进一步影响总支出 E 和总收入 Y。这个过程用符号表示为：

$$M \rightarrow r \rightarrow I \rightarrow E \rightarrow Y$$

考虑到货币市场与商品市场的相互作用，凯恩斯学派又做了进一步的分析，即一般均衡分析。其主要内容包括如下一些方面：

第一，假定货币供给增加，如果产出水平不变，利率会相应下降；下降的利率会刺激投资，引起总需求增加，进而推动了产出和收入的相应增加。这是货币市场对商品市场的作用，也是局部分析。

第二，产出和收入的增加，必将引起货币需求的增加，这时如果没有新增加的货币供给，则货币供求中需求相对上升将导致下降的利率回升。这是商品市场对货币市场的作用。

第三，利率的回升，会使总需求减少，产量下降，收入减少。收入的减少引起对货币的需求下降，则利率又会回落。这就是货币市场和商品市场之间往复不断相互作用。

第四，以上的循环往复最终会逼近一个均衡点，这个点同时满足了货币市场均衡和商品市场均衡两方面的均衡要求。在这个点上，可能是利率较原先的均衡水平低，而产出量较原先的均衡水平高。

最大的特点就是非常强调利率的作用，认为货币政策在增加国民收入的效果上，主要取决于投资的利率弹性和货币需求的利率弹性。如果投资的利率弹性大，货币需求的利率弹性小，则增加货币供给所能导致的收入增长就会比较大。

2. 货币学派的货币政策传导机制理论

与凯恩斯学派不同，弗里德曼的现代货币数量论则强调货币供应量变动直接影响名义国民收入。用符号表示就是：

$$M \to E \to I \to y$$

货币学派认为，利率在货币传导机制中不起主导作用，而是货币供应量在整个传导机制中发挥着直接作用。

$M \to E$ 表示的是货币供应量的变化直接影响支出。其原理是：

第一，货币需求有其内在的稳定性。

第二，货币供给的变动不会直接引起货币需求的变化，货币主义将货币供给视为外生变量。

第三，当货币供给量大于货币需求量，从而利率下降，公众支出增加。

$E \to I$ 表示的是变化了的支出用于投资的过程，货币主义者认为这是对资产结构进行调整的过程。过程如下：

第一，超过意愿持有的货币即大于既有需求的货币供给，或用于购买金融资产，或用于购买非金融资产，直至进行人力资本的投资。这样将改变金融市场、商品市场，乃至人力资本市场的均衡。

第二，货币持有者对金融资产、非金融资产以及人力资本的投资会引起这些资产相对收益率的变动。如果投资于金融资产偏多，金融资产市值上涨，收益相对下降，从而会刺激对非金融资产的需求；如果对非金融产品投资增加，也就是说产业投资增加，那么既可能促使产出增加，也会促使产品价格上涨。

第三，上述过程的结果必然会引起资产结构的调整，而在这一调整过程中，不同资产的收益率又会趋于相对稳定状态。

第四，名义收入 y 是价格和实际产出的乘积。货币供给短期内对两方面均可发生影响；但就长期来说，则只会影响物价水平，即货币是中性的。

货币学派强调的是货币供应量的作用。该学派认为，因为货币供应量超过了人们的意愿持有量，从而直接地影响社会的支出和货币收入。

【例 9-21】 根据凯恩斯学派的货币政策传导机制理论，货币政策增加国民收入的效果，主要取决于(　　)。(2014 单选题)

A. 投资的利率弹性和货币需求的利率弹性

B. 投资的利率弹性和货币供给的利率弹性

C. 投资的收入弹性和货币需求的收入弹性

D. 投资的收入弹性和货币供给的收入弹性

【解析】 A　凯恩斯学派的货币传导机制理论，其最初的思路为：货币政策的作用首先是改变货币市场的均衡，然后改变利率，进而改变实际资产领域的均衡。凯恩斯学派在货币传导机制的问题上，最大的特点就是非常强调利率的作用，认为货币政策在增加国民收入的效果上，主要取决于投资的利率弹性和货币需求的利率弹性。

【例 9-22】 货币学派认为(　　)是传导变量。(2014 年单选题)

A. 利率　　B. 汇率　　C. 货币供应量　　D. 基础货币

【解析】 C　货币学派认为，利率在货币传导机制中不起主导作用，而是货币供应量在整个传导机制中发挥着直接作用。

【例 9-23】 凯恩斯学派认为货币政策的传导变量是(　　)。(2012 年单选题)

A.利率　　B. 汇率　　C. 货币供应量　　D. 基础货币

【解析】A　凯恩斯学派在货币传导机制的问题上最大的特点就是非常强调利率的作用，认为货币政策的传导变量是利率。

(二) 货币政策的中介目标和操作指标

1. 货币政策的中介目标

货币政策的中介目标见表 9-10。

表 9-10　货币政策的中介目标

含　义	货币政策的中介目标又称为货币政策的中介指标、中间变量等，它是介于货币政策工具变量(操作目标)和货币政策目标变量(最终目标)之间的变量指标
功　能	测度功能、传导功能和缓冲功能
选择的标准	内生性、可测性、可控性和相关性
类　别	总量目标，如货币供应量等
	利率指标，如长期利率等

2. 货币政策可供选择的中介目标

(1) 利率。优点：可测性强、可控性强、相关性强。凯恩斯学派主张将利率作为货币政策的中间目标。

问题：复杂性、易变性、利率调整的时滞性，特别是真实利率所具有的不易测量的性质。此外，利率兼具经济变量、政策变量特性。作为经济变量，利率变动与经济周期顺循环；作为政策变量，利率变动应与社会总需求的变动方向一致。以利率作为中间目标，中央银行在实际操作中常常会因为其政策效果与非政策效果混淆难辨，或者是在政策尚未奏效时即误以为调控成功，或者是难以确定政策是否有效。

(2) 货币供应量。货币供应量也称总量目标，这是以弗里德曼为代表的现代货币主义者所推崇的中介目标。货币供应量就是流通的货币量，广义地可分为流通中现金和银行存款，在世界银行公布的《货币概览》中被称为 M_0、M_1、M_2 和 M_3 等。

优点：可测性、可控性。

在相关性方面货币供应量存在一些问题。以货币供应量作为货币政策的中介目标，最大的问题就是指标口径的选择，一般是 M_2。

问题：随着金融产品的不断创新，货币的范围在逐渐扩大并有超出中央银行控制的趋势；货币供应量与经济活动之间的稳定关系也在逐渐破裂，例如金融资产的财富效应会刺激人们的需求欲望，导致总需求的扩大，而这是中央银行所无法控制的。

【例 9-24】 在下列属性中，属于货币政策中介目标选择标准的有(　　)。(2014 年多选题)

A. 间接性　　B. 可控性　　C. 可测性　　D. 相关性　　E. 外生性

【解析】BCD　理想的货币政策中介目标应符合以下几个要求：必须具有内生性，即必须是反映货币均衡状况或均衡水平的内生变量；必须具有传递的直接性，即它的形成或变动，直接对宏观经济的主要变量，如经济增长率、物价总水平等发生作用；必须具有可控性，即货币当局通过调控工具，能够对其作量的控制或调整；必须具有可测性，即它必须是可计量的因素，并且在金融部门的有关统计资料中，其数量能够及时反映出来。除内生性为货币政策中介变量的内涵要求外，一般将其概括为：可测性、可控性、相关性。

【例 9-25】 为逐步尝试性能更好的货币政策中介目标，我国在 2010 年中央经济工作会议上首次提出“社会融资总规模”的概念。此概念是指一定时期内(　　)。(单选题)

A. 实体经济从金融体系中获得的新增全部资金总额

B. 实体经济从金融体系中获得的信贷总额

C. 金融体系从实体经济中获得的全部存款总额

D. 金融体系从实体经济中获得的全部资金总额

【解析】A　本题考查“社会融资总规模”的概念。“社会融资总规模”是全面反映金融与经济关系，以及金融对实体资金支持的总量指标，是指一定时期内实体经济从金融体系获得的全部资金总量，是增量概念，为期末期初余额的差额，或当期发行额扣除当期兑付或偿还额的差额，统计上表现为每月、每季或每年的新增量。

3. 货币政策的操作指标

操作指标也称近期目标，介于货币政策工具和中介目标之间。

操作指标的选择同样要符合可测性、可控性和相关性三个标准。除此之外，操作指标的选择在很大程度上还取决于对中介目标的选择。

具体而言，如果以总量指标为中介目标，则操作指标也应该选取总量指标；如果以利率为中介目标，则操作指标的选择就应该以利率指标为宜。

从主要工业化国家中央银行的操作实践来看，被选作操作指标的主要有短期利率、银行体系的存款准备金和基础货币。

【例 9-26】 货币供应量作为货币政策中介指标的主要不足是(　　)。(单选题)

A. 内生性太强

B. 可测性欠佳

C. 相关性欠佳

D. 可控性欠佳

【解析】C　以货币供应量作为货币政策中介指标的主要不足是相关性欠佳。

考点七　我国的货币政策

(一) 我国的货币政策目标

在我国金融界，关于货币政策目标选择曾存在“单一目标论”“双重目标论”和“多元目标论”等多种观点。

(1) 单一目标论。在单一目标论中，又分为两派意见：一派意见主张单一经济增长；一派意见主张单一稳定币值。

(2) 双重目标论认为，货币政策应同时兼顾发展经济和稳定物价的要求，不能偏废。

(3) 多重目标论认为，随着我国改革的深化和开放的扩大，失业问题越来越严重，国际收支对经济的影响也越来越大，因此，货币政策最终目标除了稳定物价、经济增长外，还应包括充分就业和国际收支平衡。

在 1995 年颁布、2003 年 12 月最新修订的《中国人民银行法》中，我国的货币政策目标的表述是“保持货币币值的稳定，并以此促进经济增长”。

(二) 我国的货币政策工具

我国中央银行法规定，我国中央银行货币政策工具包括：

(1) 要求金融机构按规定比例交存存款准备金；

(2) 确定中央银行基准利率；

(3) 为在中央银行开立账户的金融机构办理再贴现；

(4) 在公开市场买卖国债和其他政府债券及外汇。

因此，我国货币政策工具主要有：存款准备金制度、再贴现与再贷款、公开市场操作和利率工具等。

1. 存款准备金

我国建立存款准备金制度的初衷是作为平衡中央银行信贷收支的手段，中央银行通过提高存款准备金率来集中一部分信贷资金，再以贷款方式分配给各商业银行。

中国人民银行自 1998 年 3 月 21 日起改革存款准备金制度，主要内容包括：

(1) 调整金融机构一般存款范围。

(2) 将现行各金融机构在人民银行的准备金存款和备付金存款两个账户合并，称为“准备金存款”账户。

(3) 法定存款准备金率从当时的 13%下调到 8%，由各金融机构总部存入总部所在地的人民银行。对各金融机构的法定存款准备金按法人统一考核。

中国中央银行使用这一工具的频率和力度较高。

2. 再贴现与再贷款

我国的再贴现业务始自 1986 年，由中国人民银行上海分行首次开办，后全国其他城市也陆续开办，但进展缓慢。再贴现业务发展缓慢，主要原因是我国缺乏发育成熟的票据贴现市场。

我国中央银行的再贷款一直在其资产中占有很大的比重，这是我国中央银行基础货币吞吐的主要渠道。中国人民银行根据执行货币政策的需要，可以决定对商业银行贷款的数额、期限、利率和方式，但贷款的期限不得超过一年。

1994 年后，再贷款的比重开始下降，开始更多地引进和发挥其他货币政策工具的作用，这一直都是一种趋势。

3. 公开市场操作

我国公开市场操作包括人民币操作和外汇操作两部分。1999 年以来，公开市场操作已成为中国人民银行货币政策日常操作的重要工具，对于调控货币供应量、调节商业银行流动性水平、引导货币市场利率走势等发挥了积极的作用。

从交易品种来看，中国人民银行公开市场操作债券交易主要包括回购交易、现券交易和发行中央银行票据。

其中回购交易分为正回购和逆回购两种：正回购为中国人民银行向一级交易商卖出有价

证券，并约定在未来特定日期买回有价证券的交易行为，是从市场收回流动性的操作，正回购到期则为向市场投放流动性的操作；逆回购为中国人民银行向一级交易商购买有价证券，并约定在未来特定日期将有价证券卖给一级交易商的交易行为，为向市场上投放流动性的操作，逆回购到期则为从市场收回流动性的操作。

现券交易分为现券买断和现券卖断两种，前者为人民银行直接从二级市场买入债券，一次性地投放基础货币；后者为人民银行直接卖出持有债券，一次性地回笼基础货币。

中央银行票据即中国人民银行发行的短期债券，通过发行中央银行票据可以回笼基础货币，中央银行票据到期则体现为投放基础货币。

4. 利率工具

目前，中国人民银行采用的利率工具主要有如下一些：

(1) 调整中央银行基准利率，包括再贷款利率，指中国人民银行向金融机构发放再贷款所采用的利率；再贴现利率，指金融机构将所持有的已贴现票据向中国人民银行办理再贴现所采用的利率；存款准备金率，指中国人民银行对金融机构交存的法定存款准备金支付的利率；超额存款准备金利率，指中央银行对金融机构交存的准备金中超过法定存款准备金水平的那部分支付的利率。

(2) 调整金融机构法定存贷款利率。

(3) 制定金融机构存贷款利率的浮动范围。

(4) 制定相关政策对各类利率结构和档次进行调整等。

5. 常备借贷便利

常备借贷便利的主要特点是：

(1) 由金融机构主动发起，金融机构可根据自身流动性需求申请常备借贷便利；

(2) 中央银行与金融机构“一对一”交易，针对性强；

(3) 交易对手覆盖面广，通常覆盖存款金融机构。

中国人民银行2013年年初正式设立常备借贷便利，作为正常的流动性供给渠道，主要功能是满足金融机构期限较长的大额流动性需求。对象主要为政策性银行和全国性商业银行。期限为1~3个月。2014年9月中国人民银行创设中期借贷便利，向符合宏观审慎管理要求的商业银行、政策性银行提供中期基础货币。

(三) 近年我国的货币政策的实施与特点

从2008—2014年的五年中我国宏观金融调控随我国宏观经济形势的变化经历了从宽送到趋紧再到稳健的变化。

1. 2008年至2010上半年全球金融危机背景下的金融宏观调控操作

2008年我国金融宏观调控经历了上半年从紧下半年宽松的较大变化。

问题：国内需求继续保持相对较快增长，贸易顺差仍将维持较高水平，通货膨胀形势要高度关注。

金融宏观调控的首要任务是：一是继续“防止经济增长由偏快转为过热”；二是“防止价格由结构性上涨演变为明显通货膨胀”。

宏观经济政策出现了一个“显著”的变化：在保持政策基本连续性的同时，首次实行稳健的财政政策和从紧的货币政策的政策搭配，并与适当的行政和法律调控手段有机结合，借以实现控制总量与结构优化的双重政策目标。

货币政策的主要操作是：

上半年，为对冲多余流动性，中国人民银行先后 5 次上调人民币存款准备金率；

下半年，中国人民银行进一步加强对经济金融运行的监测分析，及时调整金融宏观调控措施。4 次下调人民币存款准备金率和贷款基准利率，并扩大商业性个人住房贷款利率的下浮幅度。实行积极的财政政策和适度宽松的货币政策，货币政策 10 年来首提“宽松”。

2010 年，中国人民银行保持 2009 年政策连续性，3 次上调人民币存款准备金率，主要目的是对冲流动性和抑制通货膨胀预期，向商业银行释放信号，以均衡的信贷投放来支持全年经济的平稳增长，但适度宽松货币政策取向并未改变。

2. 2010 年下半年至 2014 年我国金融宏观调控

从 2010 年第三季度开始，我国货币政策开始转向。2010 年 10 月 20 日，中国人民银行上调金融机构人民币存贷款基准利率。这是自 2007 年 12 月以后的首次加息。

2011 年前三季度，面对通货膨胀压力不断加大的趋势，中国人民银行先后 6 次上调存款准备金率，3 次上调存贷款基准利率，灵活开展公开市场操作，实施差别准备金动态调整。进入 10 月份以后，暂停发行 3 年期央票，下调存款准备金率 0.5 个百分点。总体来看，稳健货币政策实施成效逐步显现。

2012 年金融宏观调控目标基本保持了 2011 年格局，定为“稳增长控物价调结构”。中国人民银行继续实施稳健的货币政策：前几个月，两次下调存款准备金率各 0.5 个百分点，两次下调贷款基准利率；下半年以来，连续开展逆回购操作。

2013 年 1 月，中国人民银行宣布启用公开市场短期流动性调节工具，作为公开市场常规操作的必要补充，在银行体系流动性出现临时性波动时相机使用。中国人民银行创设“常备借贷便利”，对金融机构开展操作，提供流动性支持。

2014 年，继续实施稳健的货币政策，两次实施定向降准，建立引导金融机构提高“三农”和小微企业贷款比例的正向激励机制。

进入 2015 年，为弥补流动性缺口，保持流动性合理适度，中国人民银行多次降准与降息。

3. 近年我国宏观金融调控及货币政策的特点

(1) 我国已建立了以间接手段为主的宏观金融调控模式；

(2) 我国货币政策目标是以防通胀为主的多目标制；

(3) 存款准备金调整和公开市场操作成为对日常的流动性对冲管理的重要工具；

(4) 丰富货币政策工具箱，启动宏观审慎政策框架。

第三节　金融监管概述

考点八　金融监管的含义

金融监管指金融监管机构通过制定市场准入、风险监管和市场退出等标准，对金融机构的经营行为实施有效约束，确保金融机构和金融体系的安全稳健运行。

考点九　金融监管的基本原则

金融监管的含义、目标和基本原则见表 9-11。

表 9-11　金融监管的含义和目标

<table>
<tr><td>含义</td><td colspan="2">金融监管是指金融监管机构通过制定市场准入、风险监管和市场退出等标准，对金融机构的经营行为实施有效约束，确保金融机构和金融体系的安全稳健运行</td></tr>
<tr><td>目标</td><td>① 实现金融业经营活动与国家金融货币政策的统一
② 减少金融风险，确保经营的安全
③ 实现公平有效的竞争，促进金融业的健康发展</td><td>金融监管目标是国家金融监管指导思想的具体体现，从属于国家金融与货币政策目标</td></tr>
<tr><td>基本原则</td><td colspan="2">① 监管主体独立性原则。监管主体的独立性是金融监管机构实施有效金融监管的基本前提
② 依法监管原则
③ 外部监管与自律并重原则
④ 安全稳健与经营效率结合原则。保证金融机构安全稳健经营与发展是金融监管的基本目标
⑤ 适度竞争原则
⑥ 统一性原则。统一性原则是指金融监管要做到使微观金融和宏观金融相统一，以及国内金融和国际金融相统一</td></tr>
</table>

考点十　金融监管的理论

1. 公共利益论

公共利益论认为监管是政府对公众要求纠正某些社会个体和社会组织的不公正、不公平和无效率或低效率的一种回应。监管被看成是政府用来改善资源配置和收入分配的手段。自由的市场机制不能带来资源的最优配置，甚至由于自然垄断、(正或负)外部效应和不对称信息的存在，将导致自由市场的破产。在这种情况下就需要作为社会公共利益代表的政府在不同程度上介入经济过程，通过实施管制以纠正市场缺陷，避免市场破产。

2. 特殊利益论

特殊利益论认为政府管制为被管制者留下了“猫鼠追逐”的余地，从而仅仅保护主宰了管制机关的一个或几个特殊利益集团的利益，对整个社会并无助益。政府在施行管制的过程中被特殊利益集团所“俘虏”了。

【例 9-27】 认为政府管制为被管制者留下了“猫鼠追逐”余地的理论是(　　)。(2012 年单选题)

A. 特殊利益论　　B. 经济监管论　　C. 公共利益论　　D. 社会选择论

【解析】A 特殊利益论认为政府管制为被管制者留下了“猫鼠追逐”余地。

3. 社会选择论

社会选择论是从公共选择的角度来解释政府管制的，即政府管制作为政府职能的一部分，是否应该管制，对什么进行管制，如何进行管制等，都属于公共选择问题。管制制度作为产品，同样存在着供给和需求的问题；但其作为一种公共产品，则只能由代表社会利益的政府来供给和安排，各种利益主体则是管制制度的需求者。管制者并不只是被动地反映任何利益集团对管制的需求，它应该坚持独立性，努力使自己的目标促进一般社会福利。

【例 9-28】 金融管制职能由代表社会利益的政府来供给和安排，努力使自己的目标促进一般社会福利。这是基于(　　)。(2011 年单选题)

A. 公共利益论　　B. 特殊利益论　　C. 社会选择论　　D. 经济监管论

【解析】C　社会选择论是从公共选择的角度来解释政府管制的，即政府管制作为政府职能的一部分，是否应该管制，对什么进行管制，如何进行管制等，都属于公共选择问题。管制者并不只是被动地反映任何利益集团对管制的需求，它应该坚持独立性，努力使自己的目标促进一般社会福利。

考点十一　我国金融监管的发展阶段及各自的特征

第一阶段：1984 年以前

“大一统”的国家金融体系，中国人民银行作为国家银行，实行“统存统贷”的管理方法，银行信贷计划被纳入国家经济计划，为经济建设进行全面的金融监督和服务。1979 年 10 月，开始了恢复金融、重构金融组织体系的工作。

第二阶段：1984—1991 年

确立了中国人民银行的性质与地位，即作为发行的银行、政府的银行、银行的银行，是领导和管理全国金融事业的国家机关，主要用经济办法对各金融机构进行管理。1983 年，中国工商银行从中国人民银行分离出来，中央银行独立出来，形成专门的金融监管机构。

第三阶段：1992—1997 年

1992 年 10 月，中国证监会成立。经国务院授权，中国证监会依法对全国证券期货市场进行集中统一监管，这是监管体制的巨大变化，分业经营、分业管理体制初现雏形。1993 年 12 月，《关于金融体制改革的决定》提出，我国要对银行业、证券业、保险业实行分业管理，确立了我国分业监管体制形成的政策基础。

在银行监管方面，在这一阶段的银行监管仍由中国人民银行承担，从属于货币政策，监管内容主要是信贷规模和利率执行情况，银行监管对象和监管内容在不断扩大。

在证券监管方面，在中央，国务院赋予有关部门部分证券监管的职责，各部门共同管理：

(1) 国家计委根据证券委的计划建议编制证券发行计划；

(2) 中国人民银行负责审批和归口管理证券机构，报证券委备案；

(3) 财政部归口管理注册会计师和会计师事务所，其从事与证券业有关的会计事务的资格由证监会审定；

(4) 国家体改委负责拟定股份制试点的法规，组织协调有关试点工作，同企业主管部门负责审批中央企业的试点。

在保险监管方面，保险监管机构由中国人民银行保险处升格为保险司，保险监管体制开始初步形成。全国人大常委会于 1995 年 10 月颁布实施了我国第一部《保险法》。

第四阶段：1998—2002 年

1998 年 11 月 18 日，中国保监会成立，负责监管全国商业保险市场。

在银行监管方面，银行监管法制化进程加快，并逐步规范化和系统化，在市场准入监管的同时根据银行属性和业务特征对商业银行的风险状况进行监管。

在证券监管方面，国务院证券监督管理机构依法对全国证券市场实行集中统一监督管理，将证券交易所由地方政府转为中国证监会管理，将原国务院证券委员会的职能、中国人民银行履行的证券业监管职能划入中国证监会。

在保险监管方面，保险监管逐步法制化。2000 年颁布的《中华人民共和国保险公司管理条例》规定，中国保监会对保险业的监管遵循市场行为监管与偿付能力监管并重的原则。

第五阶段：2003 年至今

在银行监管方面，中国银监会成立后，以全新的监管理念、监管工作目标和工作标准为指导，进一步完善了监管法规，从合规监管向风险监管转变，为银行改革树立了监管标杆，并在扩大银行业开放的过程中坚持依法、严格监管。

在证券监管方面，逐步放宽限制、开放市场，放松管制与强化监管并重。合格境外机构投资者(QFII)、合格本地机构投资者(QOII)和人民币合格境外投资者(RQFII)的设定，是在货币没有实现完全可自由兑换、资本项目尚未开放的情况下，有限度地允许境内外投资者跨境投资证券市场的一项过渡性的制度安排。

在保险监管方面，我国已经形成了保险经营主体监管、保险产品监管、偿付能力监管、保险资金运用监管、再保险监管等各方面相对完整的监管制度体系。

【例 9-29】 2003 年我国金融监管的发展进入新的阶段，其标志是全国人大批准国务院成立(　　)。(2014 年单选题)

A. 中国证监会　　　　B. 中国保监会

C. 中国银监会　　　　D. 中国银行业协会

【解析】C　2003 年我国金融监管的发展进入新的阶段，其标志是全国人大批准国务院成立中国银监会。

第四节　金融监管的框架和内容

考点十二　银行业监管的主要内容与基本方法

(一) 银行业监管的主要内容

1. 市场准入监管

市场准入监管是指银行监管当局根据法律法规的规定，对银行机构进入市场、银行业务范围和银行从业人员素质实施管制的一种行为。

市场准入监管应当全面涵盖以下四个环节：

(1) 审批注册机构。

(2) 审批注册资本。

(3) 审批高级管理人员的任职资格。确定任职资格的标准主要有：必要的学识水平、对金融业务的熟悉程度这两方面。

(4) 审批业务范围。

根据《商业银行法》的规定，设立银行机构必须具备以下条件：第一，有符合规定的银行章程；第二，有符合规定的注册资本额最低限额；第三，有具备任职专业知识和业务工作经验的董事(行长)和高级管理人员；第四，有健全的组织机构和管理制度；第五，有符合要求的营业场所和与业务有关的其他设施。同时，设立商业银行还应当符合其他审慎性条件。

【例 9-30】 审批业务范围属于(　　)。(2013 年单选题)

A. 市场准入监管　　B. 市场运营监管

C. 处理有问题银行　　D. 市场退出监管

【解析】A　市场准入监管应当全面涵盖以下四个环节：①审批注册机构；②审批注册资本；③审批高级管理人员的任职资格；④审批业务范围。

【例 9-31】 以下不属于市场准入监管的是(　　)。(2012 年单选题)

A. 审批资本充足率　　B. 审批注册机构

C. 审批注册资本　　D. 审批高级管理人员任职资格

【解析】A　市场准入监管包括人员、机构的准入及注册资本的要求，但对资本充足率在准入时没有要求，因为新机构准入时由于没有开展业务而不存在该指标。

2. 市场运营监管

市场运营监管是指对银行机构日常经营进行监督管理的活动。

市场运营监管的主要内容包括以下几个方面：

(1) 资本充足性

资本充足性的最普遍定义是指资本对风险资产的比例，是衡量银行机构资本安全的尺度。

商业银行资本充足率监管要求包括最低资本要求、储备资本和逆周期资本要求、系统重要性银行附加资本要求以及第二支柱资本要求。商业银行各级资本充足率不得低于如下最低要求：核心一级资本充足率不得低于 5%、一级资本充足率不得低于 6%、资本充足率不得低于 8%。

商业银行应当在最低资本要求的基础上计提储备资本，储备资本要求为风险加权资产的 2.5%，由核心一级资本来满足。特定情况下，商业银行应当在最低资本要求和储备资本要求之上计提逆周期资本。逆周期资本要求为风险加权资产的 0～2.5%，由核心一级资本来满足。除最低资本要求、储备资本和逆周期资本要求外，系统重要性银行还应当计提附加资本，国内系统重要性银行附加资本要求为风险加权资产的 1%，由核心一级资本满足。

若国内银行被认定为全球系统重要性银行，所适用的附加资本要求不得低于巴塞尔委员会的统一规定。此外，中国银监会有权在第二支柱框架下提出更审慎的资本要求，确保资本充分覆盖风险，包括：根据风险判断，针对部分资产组合提出的特定资本要求；根据监督检查结果，针对单家银行提出的特定资本要求。

【例 9-32】在银行业的市场运营监管中，对银行的流动性进行监管的主要内容有(　　)。(多选题)

A. 监管银行对关系人的贷款变化　　B. 银行的流动性应当保持在适当水平

C. 检测银行资产负债的期限匹配　　D. 检测银行的资产变化情况

E. 监测银行坏账和贷款准备金的变化

【解析】BCD　对银行机构的流动性监管主要有以下内容：第一，银行机构的流动性应当保持在适度水平；第二，监测银行资产负债的期限匹配。银行监管当局必须对银行机构的流动性资产、流动性负债，长期资产和长期负债以及资产负债的总体结构情况进行监督，使之保持在规范标准的水平；第三，监测银行机构的资产变化情况，包括对银行的长期投资、不良资产和盈亏变化的监督。

(2) 资产安全性

根据贷款风险发生的可能性，将贷款划分成不同的类别。国际通行的做法是分为五类，即正常贷款、关注贷款、次级贷款、可疑贷款、损失贷款，通常认为后三类贷款为不良贷款。

资产安全性监管的重点是银行机构风险的分布、资产集中程度和关系人贷款。资产安全性监管的具体内容主要有以下几个方面：

① 分析各类资产占全部资产的比例，以及各类不良资产占全部资产的比例。

② 监测银行机构对单个借款人或者单个相关借款人集团的资产集中程度，又称为大额风险暴露。

③ 监测银行机构对关系人的贷款变化。

④ 监测银行坏账和贷款准备金的变化。

在我国衡量资产安全性的指标为信用风险的相关指标，具体包括：

① 不良资产率，即不良信用资产与信用资产总额之比，不得高于4%。

② 不良贷款率，即不良贷款与贷款总额之比，不得高于5%。

③ 单一集团客户授信集中度，即对最大一家集团客户授信总额与资本净额之比，不得高于15%。

④ 单一客户贷款集中度，即最大一家客户贷款总额与资本净额之比，不得高于10%。

⑤ 全部关联度，即全部关联授信与资本净额之比，不应高于50%。

我国银行业监管机构设置贷款拨备率和拨备覆盖率指标考核商业银行贷款损失准备的充足性。贷款拨备率为贷款损失准备与各项贷款余额之比，基本标准为2.5%；拨备覆盖率为贷款损失准备与不良贷款余额之比，基本标准为 150%。该两项标准中的较高者为商业银行贷款损失准备的监管标准。

【例9-33】 根据《商业银行风险监管核心指标》，我国商业银行不良贷款率，即不良贷款与贷款总额之比不得超过(　　)。(2013年单选题)

A. 5%　　B. 8%　　C. 10%　　D. 15%

【解析】 A　不良贷款率，即不良贷款与贷款总额之比，不得高于5%。

【例9-34】 根据《商业银行风险监管核心指标》，不良资产率是我国衡量商业银行资产安全的指标，它是指(　　)。(2014单选题)

A. 不良信用资产与信用资产总额之比　　B. 不良信用资产与加权资产总额之比

C. 不良贷款与资产总额之比　　D. 不良贷款与风险资产总额之比

【解析】 A　本题考查不良资产率的概念。不良资产率是不良信用资产与信用资产总额之比。

【例9-35】 2012年末，按照贷款五级分类的口径，我国某商业银行各类贷款余额及贷款损失准备情况是：正常贷款1000亿元；关注贷款100亿元；次级贷款20亿元；可疑贷款10亿元；损失贷款10亿元；贷款损失准备100亿元。(2014案例分析题)

1. 该商业银行的不良贷款总额是(　　)亿元。

A. 10　　B. 20　　C. 40　　D. 100

【解析】 C　本题考查不良贷款的构成。不良贷款是次级、可疑、损失类贷款的总和，20+10+10=40亿元。

2. 该商业银行的不良贷款率是(　　)。

A. 12.28%　　B. 3.51%　　C. 1.75%　　D. 0.88%

【解析】B　本题考查不良贷款的计算。不良贷款率=不良贷款/贷款总额=40/(1000+100+20+10+10)=3.51%。

3. 该商业银行的贷款拨备率是(　　)。

A. 14.4%　　B. 10%　　C. 8.77%　　D. 4%

【解析】C　本题考查贷款拨备率的计算。贷款拨备率=贷款损失准备/各项贷款余额=100/(1000+100+20+10+10)=8.77%。

4. 根据我国《商业银行风险监管核心指标》和《商业银行贷款损失准备管理办法》的监管要求，该商业银行的(　　)。

A. 不良贷款率高于监管指标要求　　B. 不良贷款率低于监管要求

C. 贷款拨备率高于监管要求　　D. 贷款拨备率低于监管要求

【解析】BC　本题考查不良贷款率和贷款拨备率的监管要求。不良贷款率不得高于5%，贷款拨备率基本标准为2.5%。

3. 流动适度性

银行机构的流动能力分为两部分：一是可用于立即支付的现金头寸，包括库存现金和在中央银行的超额准备金存款，用于随时兑付存款和债权，或临时增加投资；二是在短期内可以兑现或出售的高质量可变现资产，包括国库券、公债和其他流动性有保证的低风险的金融证券，主要应付市场不测时的资金需要。

对银行机构的流动性监管主要有以下内容：

(1) 银行机构的流动性应当保持在适度水平。

(2) 监测银行资产负债的期限匹配。

(3) 监测银行机构的资产变化情况。

我国衡量银行机构流动性的指标主要有如下几个：

(1) 流动性比例，即流动性资产与流动性负债之比，该指标用于衡量商业银行流动性的总体水平，不应低于25%。

(2) 流动负债依存度，即核心负债与总负债之比，不应低于60%。

(3) 流动性缺口率，即流动性缺口与90天内到期表内外流动性资产之比，不应低于-10%。

【例 9-36】 根据《商业银行风险监管核心指标》，我国商业银行的流动性比例，即流动性资产与流动性负债之比，不应低于(　　)。(2012年单选题)

A. 25%　　B. 35%

C. 50%　　D. 60%

【解析】A　根据《商业银行风险监管核心指标》，我国衡量银行机构流动性的指标主要有：其一，流动性比例，即流动性资产与流动性负债之比，衡量商业银行流动性的总体水平，不应低于25%。其二，流动负债依存度，即核心负债与总负债之比，不应低于60%。其三，流动性缺口率，即流动性缺口与90天内到期表内外流动性资产之比，不应低于-10%。

4. 收益合理性

对银行机构的财务监管主要有以下内容：

(1) 对收入的来源和结构进行分析。

(2) 对支出的去向和结构进行分析。

(3) 对收益的真实状况进行分析。

我国关于收益合理性的监管指标包括：

(1) 成本收入比，即营业费用与营业收入之比，不应高于 35%。

(2) 资产利润率，即净利润与资产平均余额之比，不应低于 0.6%。

(3) 资本利润率，即净利润与所有者权益平均余额之比，不应低于 11%。

5. 内控有效性

商业银行内部控制体系是商业银行为实现经营管理目标，通过制定并实施系统化的政策、程序和方案，对风险进行有效识别、评估、控制、监测和改进的动态过程和机制。

商业银行内部控制应当贯彻全面、审慎、有效、独立的原则，内部控制的要素包括内部控制环境、风险识别与评估、内部控制措施、信息交流与反馈以及监督评价与纠正。

【例 9-37】 根据《商业银行风险监管核心指标》，我国商业银行的成本收入比，即营业费用与营业收入之比，不应高于(　　)。(单选题)

A. 15%　　B. 25%　　C. 35%　　D. 55%

【解析】 C　成本收入比，即营业费用与营业收入之比，不应高于 35%。

【例 9-38】 根据《商业银行风险监管核心指标》，我国对商业银行关于收益合理性的监管指标中，关于资本利润率的规定是(　　)。(单选题)

A. 净利润与所有者权益总额之比不应低于 10%

B. 净利润与所有者权益总额之比不应低于 11%

C. 净利润与所有者权益平均余额之比不应低于 10%

D. 净利润与所有者权益平均余额之比不应低于 11%

【解析】 D　根据《商业银行风险监管核心指标》，我国关于收益合理性的监管指标之一是资本利润率，即净利润与所有者权益平均余额之比，不应低于 11%。

6. 处理有问题银行及市场退出监管

有问题银行的类型及主要处理措施，见表 9-12。

表 9-12　处理有问题银行及市场退出监管

类　型	含　义	主要措施
处理有问题银行	有问题银行是指因经营管理状况的恶化或突发事件的影响，有发生支付危机、倒闭或破产危险的银行机构 有问题银行的主要特征：内部控制制度失效；资产急剧扩张和质量低下；资产过于集中；财务状况严重恶化；流动性不足；涉嫌犯罪和从事内部交易	① 督促有问题银行采取有效措施，制订详细的整改计划，以改善内部控制，提高资本比例，增强支付能力 ② 采取必要的管制措施 ③ 协调银行同业对有问题银行进行救助 ④ 中央银行进行救助 ⑤ 对有问题银行进行重组 ⑥ 接管有问题银行
处置倒闭银行	银行倒闭是指银行无力偿还所欠债务的情形	① 收购或兼并 ② 依法清算

(二) 银行业监管的基本方法

1. 非现场监督

非现场监督是指监管当局针对单个银行在并表的基础上收集、分析银行机构经营稳健性和安全性的一种方式。非现场监督包括审查和分析各种报告和统计报表。这类资料应包括银行机构的管理报告、资产负债表、损益表、现金流量表及各种业务报告和统计报表。

非现场监督有三个主要目的：

(1) 评估银行机构的总体状况。通过对一系列指标和情况的分析，判断银行经营状况的好坏，对银行风险进行预警，以便及时采取措施防范和化解银行风险。

(2) 对有问题的银行机构进行密切跟踪，以使监管当局在不同情况下采取有效监管措施，防止出现系统的和区域的金融危机。

(3) 通过对同组银行机构的比较，关注整个银行业的经营状况，促进银行业安全稳健地运行。

【例 9-39】 非现场监管是监管当局分析银行机构经营稳健性和安全性的一种方式，其基础是(　　)。(2012 年单选题)

A. 针对银行体系并表　　B. 针对银行体系分表

C. 针对单个银行并表　　D. 针对单个银行分表

【解析】C 非现场监管是监管当局针对单个银行在并表的基础上收集、分析银行机构经营稳健性和安全性的一种方式。

【例 9-40】 银行监管的非现场监测的审查对象是(　　)。(2011 年单选题)

A. 会计师事务所的审计报告　　B. 银行的合规性和风险性

C. 银行的各种报告和统计报表　　D. 银行的治理情况

【解析】C 非现场监测包括审查和分析各种报告和统计报表，这类资料应包括银行机构的管理报告、资产负债表、损益表、现金流量表及各种业务报告和统计报表。

2. 现场检查

现场检查是指通过监管当局的实地作业来评估银行机构经营稳健性和安全性的一种方式。

非现场监督体现了风险监测和预警这一监管原则，而现场检查则是验证银行的治理结构是否完善，银行提供的信息是否可靠，是从实证的角度来发现和预防风险。除了监管当局自身行使现场检查手段外，还可以委托外部审计师事务所、会计师事务所等外部力量来实施现场检查手段。

现场检查内容一般包括合规性和风险性检查这两个大的方面。合规性是指商业银行在业务经营和管理活动中执行中央银行、监管当局和国家制定的政策、法律的情况。

风险性检查一般包括其资本金的真实状况和充足程度、资产质量、负债的来源、结构和质量，资产负债的期限匹配和流动性，管理层的能力和管理水平，银行的盈利水平和质量，风险集中的控制情况，各种交易风险的控制情况，表外风险的控制水平和能力，内部控制的质量和充分性等。

【例 9-41】 银监会现场检查主要是检查(　　)。(2011 年多选题)

A. 合规性　　B. 盈利性　　C. 风险性　　D. 安全性

【解析】AC 现场检查内容一般包括合规性和风险性检查这两个大的方面。合规性是指商业银行在业务经营和管理活动中执行中央银行、监管当局和国家制定的政策、法律的情况。风险性检查一般包括其资本金的真实状况和充足程度、资产质量、负债的来源、结构和质量，资产负债的期限匹配和流动性，管理层的能力和管理水平，银行的盈利水平和质量，风险集中的控制情况，各种交易风险的控制情况，表外风险的控制水平和能力，内部控制的质量和充分性，等等。

3. 并表监管

并表监管又称合并监管，是指在所有情况下，银行监管当局应具备了解银行和集团的整体结构，以及与其他监管银行集团所属公司的监管当局进行协调的能力。包括境内外业务、表内外业务和本外币业务。

具体来讲，包括审查银行组织直接或间接(附属公司或关联银行)从事的各项银行和非银行业务、国内外机构从事的各项本外币业务，以及银行资产负债表内业务和表外以或有行使存在的各项业务。

4. 监管评级

银行机构评级是用统一的标准来识别和度量风险，是为了实现银行监管目标，进行有效监管的基础。目前，国际上通行的是银行统一评级制度，即“骆驼评级制度”(CAMELS)。检查主要是围绕资本充足性、资产质量、经营管理能力、盈利水平、流动性及市场敏感性进行。

CAMELS，即资本(Capital)、资产质量(Asset)、管理(Management)、收益(Earnings)、流动性(Liquidity)、市场敏感性(Sensitivity)的简称。

中国银监会发布的《商业银行监管评级内部指引(试行)》，确定了具有中国特色的“CAMELS+”的监管评级体系，即对商业银行的资本充足、资产质量、管理、盈利、流动性和市场风险状况六个单项要素进行评级。综合评级结果共分为六级，对于评级结果为五级和六级的高风险商业银行，中国银监会将给予持续的监管关注，限制其高风险的经营行为，要求其改善经营状况，必要时可采取更换高级管理人员、安排重组或实施接管、甚至予以关闭等监管措施。

【例 9-42】 目前，国际上通行的银行统一评级制度即“骆驼评级制度(CAMELS)”中的 L 代表的是( )。(2011 年单选题)

A. 资产质量　　B. 资本　　C. 收益　　D. 流动性

【解析】D CAMELS 即英文骆驼，此处是资本(Capital)、资产质量(Asset)、管理(Management)、收益(Earning)、流动性(Liquidity)、市场敏感性(Sensitivity)的简称。

考点十三 证券业监管的主要内容

(一) 证券业监管的法律法规体系

各国政府及监管当局对证券市场都制定、颁布并实施一系列法律法规，对证券市场主体行为予以约束和控制，以达到规范交易行为、控制交易风险、保护投资人利益的目标。中国证监会对于证券业的监管，已经初步形成了以证券法律为核心，以部门规章为主体的证券业监管法律法规体系。

【例 9-43】 在下列法律法规中，不属于中国证券监督管理委员会证券监管法律法规体系中第一层次依据的是(　　)。(单选题)

A.《中华人民共和国公司法》　　B.《中华人民共和国证券法》

C.《中华人民共和国证券投资基金法》　　D.《客户交易结算资金管理办法》

【解析】D　法律法规体系包括三个层次：法律是第一层次；部门规章是第二层次；主要是各类办法；第三层次是各类监管规则。

(二) 证券发行监管

为了使证券发行既有利于经济的发展，又能保障投资者和发行人的利益，对证券发行的监管成为证券业监管的重要内容。证券发行的审核制度分为两种：一种是注册制，即所谓的公开原则，证券发行者在公开发行债券或股票前，需向证券监管部门按照法定程序申请注册登记，同时提交相关资料，并对其所提供的资料之真实性和可靠性承担法律责任；一种是核准制，即所谓的实质管理原则，证券监管部门需要对发行人及发行证券的实质内容加以审查，符合既定标准才能批准发行。

我国自 2001 年 3 月开始对证券的发行正式实行核准制。

【例 9-44】 证券监管机构只对申报材料进行“形式审查”的股票发行审核制度类型(　　)。(单选题)

A. 审批制　　B. 核准制

C. 注册制　　D. 登记制

【解析】C　本题考查股票发行审核制度类型。证券监管机构只对申报材料进行“形式审查”的股票发行审核制度类型是注册制。

(三) 证券交易监管

对证券交易活动全过程的监管是证券业监管的主要内容，证券交易监管的主要目标包括：

第一，提供低成本的、安全迅速和适度流动性的交易和清算场所；

第二，消除垄断、操纵、内幕交易及各种欺诈行为，保证投资者的信心和利益；

第三，增强市场透明度，提高交易市场的信息完全性和信息效率；

第四，抑制过度投机，防止市场瓦解，并减少证券市场不稳定所导致的负面外部效应；

第五，构建富有效率的证券市场组织结构，提高证券市场营运效率；

第六，提供有效的价格发现机制；

第七，促进各类交易市场主体间的公平竞争。

中国证监会及其派出机构、证券交易所按照分工协作的原则共同负责证券交易的监管，重点打击内幕交易和市场操纵等违法违规行为。

(四) 上市公司监管

上市公司监管主要包括上市公司信息披露、上市公司治理和并购重组三个方面。

(五) 证券公司监管

(1) 市场准入监管。

(2) 证券公司的分类监管。

(3) 证券公司业务许可的监管。经国务院证券监督管理机构批准，证券公司可以经营下列部分或者全部业务：①证券经纪；②证券投资咨询；③与证券交易、证券投资活动有关的财务顾问；④证券承销与保荐；⑤证券自营；⑥证券资产管理；⑦其他证券业务。其他证券业务包括外资股业务、融资融券业务、证券公司合格境内机构投资者境外证券投资管理业务等。

(4) 证券公司风险控制的监管。

(5) 对证券公司高管人员的监管。

(6) 证券公司市场退出的监管。

【例 9-45】 在证券公司的市场准入监管制度中，我国证券公司的设立实行(　　)。(单选题)

A. 登记制　　B. 备案制

C. 注册制　　D. 审批制

【解析】 D 在证券公司的市场准入监管制度中，我国证券公司的设立实行审批制。

考点十三　保险业监管的主要内容

(一) 保险业监管的法律法规体系

保险法律体系所规范的对象主要包括保险监管机关、保险公司、保险中介机构、投保人、被保险人、受益人等。可将各方面的保险法律、法规根据其规范的法律关系而分为保险民事法律规范、保险行政法律规范和保险刑事法律规范三大类。

我国关于保险业监管的法律法规包括《保险法》《保险资金运用管理办法》《关于加强保险资金风险管理的意见》等。

(二) 偿付能力监管

偿付能力是保险公司的灵魂，也是保险监管的另一个最为重要的方面。

我国目前对偿付能力的监管标准使用的是最低偿付能力原则，中国保监会的干预界限是以保险公司的实际偿付能力与此标准的比较来确定的。

首先，保险公司开业之前对其最低资本加以规定(全国性公司 5 亿元人民币，区域性公司为 2 亿元人民币)，这是偿付能力监管的基石；在公司成立后，必须将其注册资本的 20%作为法定保证金存入中国保监会指定银行，专用于公司清算时清偿债务，同时规定财产保险、人身意外伤害险、短期健康保险、再保险业务按当年自留保费收入的 1%提取保险保障基金，直至达到总资产的 6%。保证金和保险保障基金是最基本的风险缓冲基金。

其次，准备金规定。保险公司是典型的负债经营型企业。我国准备金的提取比例由《保险法》统一规定，经营人寿保险业务的保险公司按有效人寿保单的全部净值提取未到期责任准备金；经营非寿险业务的，从当年自留保费中按照相当于当年自留保费的 50%提取未到期责任准备金。

最后，投资监管。保险投资收益是增强保险公司偿付能力的重要途径。

【例 9-46】 我国目前对保险公司偿付能力的监管标准适用的是( )偿付能力原则。(2011 年单选题)

A. 适度　　B. 自主　　C. 最低　　D. 最高

【解析】C 我国目前对保险公司偿付能力的监管标准使用的是最低偿付能力原则。

(三) 公司治理监管

2006 年《国务院关于保险业改革发展的若干意见》中指出，保险业监管必须深入推进保险公司治理结构监管，规范关联交易，加强信息披露，提高透明度。

我国的保险监管制度规定，设立保险企业必须经主管部门批准，并经工商行政部门注册登记，发给营业执照，方准营业。申请时要提交资本金的证明，以及有关企业的章程、负责人资格、有关条款、费率、营业范围等文件资料。

《保险法》第一百零六条规定，商业保险的主要险种的基本保险条款和费率，由金融监督管理部门制订。

《中华人民共和国公司法》和《保险法》的要求，各保险公司都必须建立股东大会、董事会、监事会和经理层的组织架构，形成公司治理结构的基本框架。

(四) 市场行为监管

保监会要求各保监局按照《保险法》《保险中介机构管理规定》《关于印发〈中国保险监督管理委员会现场检查工作流程〉的通知》等法律、行政规章，对专业保险中介机构进行现场检查。

各保监局从当地实际情况出发，针对专业保险中介机构的特点，重点关注以下几个方面：

(1) 机构设立或变更事项的报批手续是否完备；

(2) 资本金、出资额是否真实、足额；

(3) 内部控制制度建设是否完善；

(4) 规章制度执行情况；

(5) 高级管理人员的任职资格和从业人员的持证情况；

(6) 监管费是否及时上缴、是否按规定提取营业保证金或办理职业责任保险；

(7) 业务经营状况和财务状况；

(8) 向保险监管机构上报的各类报告、报表、资料等是否真实、及时。

同 步 自 测

一、单项选择题

1. 当前我国最主要的货币政策中介目标是( )。

A. 贷款利率　　B. 货币供给量　　C. 现金发行量　　D. 超额准备金

2. 根据国际通行的贷款五级分类，属于不良贷款的是( )。

A. 次级、关注、损失贷款　　B. 关注、损失贷款

C. 次级、可疑、损失贷款　　D. 关注、可疑贷款

3. 在公开市场业务操作中，当回购到期时，中国人民银行要进行的操作是向市场(　　)。
A. 现券买断　B. 投放流动性　C. 收回流动性　D. 现券卖断

4. 实行非调节型货币政策的理由是(　　)。
A. 在短期内货币供应量难以调节　B. 在长期内货币供应量会自动调节
C. 在短期内货币供应量会自动调节　D. 在长期内货币供应量难以调节

5. 在实践中，大部分国家采取的货币政策类型是(　　)。
A. 非调节型货币政策　B. 扩张型货币政策
C. 调节型货币政策　D. 紧缩型货币政策

6. 可以较好地影响信贷结构的货币政策工具是(　　)。
A. 再贷款　B. 再贴现　C. 存款准备金率　D. 公开市场业务

7. 我国的货币政策目标是(　　)。
A. 保持货币币值的稳定，并以此促进经济增长　B. 稳定币值
C. 经济增长，充分就业　D. 经济增长

8. 中央银行向一级交易商卖出有价证券，并约定在未来特定日期买回有价证券的交易行为是(　　)。
A. 正回购　B. 逆回购　C. 现券买断　D. 现券卖断

9. 中国人民银行在金融市场上购入国库券时，相应会(　　)基础货币。
A. 买断　B. 投放　C. 购入　D. 回笼

10. 窗口指导属于(　　)货币政策工具。
A. 选择性　B. 间接信用控制的
C. 直接信用控制的　D. 传统的

11. 近年来我国金融形势的最主要特点是(　　)。
A. 流动性过剩　B. 流动性不足
C. 国际收支大量逆差　D. 银行资金不足

12. 弗里德曼认为，货币政策的传导变量应为(　　)。
A. 基础货币　B. 超额储备　C. 货币供应量　D. 利率

13. 货币政策的制定者和执行者是(　　)。
A. 中央政府　B. 商业银行　C. 财政部　D. 中央银行

14. 货币发行是中央银行最重要的(　　)业务。
A. 负债　B. 存款　C. 贷款　D. 转账结算

15. 货币政策最终目标之间基本统一的是经济增长与(　　)。
A. 稳定物价　B. 供求平衡　C. 充分就业　D. 国际收支平衡

16. 一般性货币政策的主要作用在于对(　　)进行总量调控，对整个经济产生影响。
A. 货币储存量　B. 货币供应量　C. 货币发行量　D. 现金发行量

17. 近代中央银行的鼻祖是(　　)。
A. 美联储　B. 法兰西银行　C. 英格兰银行　D. 瑞典银行

18. 菲利普斯曲线说明了货币政策之间存在矛盾的是(　　)。
A. 稳定物价与经济增长　B. 稳定物价与充分就业
C. 稳定物价与国际收支平衡　D. 经济增长与国际收支平衡

19. 作为调节对象和监测货币政策效果的金融指标的是(　　)。

A. 货币最终目标　　B. 货币政策工具
C. 货币政策中介目标　　D. 货币政策

20. 流动性比率是(　　)。

A. 核心负债与总负债之比，不应低于 60%
B. 流动性资产与流动性负债之比，不应低于 25%
C. 流动性缺口率，即流动性缺口与 90 天以内到期表内外流动性资产之比，不得低于-10%
D. 净利润与资产平均余额之比，不应低于 0.6%

21. 证券发行的注册制度是指向有关机关申请(　　)的一种制度。

A. 备案登记　　B. 立案登记　　C. 查案登记　　D. 审案登记

22. 中央银行货币政策的首要目标一般是(　　)。

A. 稳定物价　　B. 充分就业　　C. 经济增长　　D. 国际收支平衡

23. 当宏观经济处于消费需求偏旺而投资需求不足的结构性矛盾时期时，运用的货币政策和财政政策的配合形式是(　　)。

A. 松的货币政策与松的财政政策　　B. 紧的货币政策与紧的财政政策
C. 松的货币政策与紧的财政政策　　D. 紧的货币政策与松的财政政策

二、多项选择题

1. 中央银行是一国最高的货币金融管理机构，在各国金融体系中居于主导地位，发挥着(　　)等重要职能。

A. 发行的银行　　B. 政府的银行　　C. 国有的银行
D. 银行的银行　　E. 管理金融的银行

2. 货币政策中介目标应具有的特征包括(　　)。

A. 独立性　　B. 相关性　　C. 可测性
D. 排他性　　E. 可控性

3. 公开市场业务的缺点是(　　)。

A. 主动权在中央银行　　B. 时滞较长　　C. 时滞较短
D. 不如存款准备金调整灵活　　E. 干扰其实施效果的因素多

4. 中央银行的负债业务有(　　)。

A. 外汇　　B. 通货发行　　C. 国库存款
D. 商业银行等金融机构存款　　E. 国际储备

5. 货币政策的最终目标是着眼于解决宏观经济问题。货币政策最终目标之间的矛盾性是指(　　)。

A. 经济增长与充分就业之间的矛盾　　B. 经济增长与国际收支平衡之间的矛盾
C. 国际收支平衡与充分就业之间的矛盾　　D. 经济增长与稳定物价之间的矛盾
E. 国际收支平衡与稳定物价之间的矛盾

6. 市场运营监管主要是监管(　　)。

A. 资产安全性　　B. 资本充足率　　C. 流动适度性
D. 收益合理性　　E. 市场稳定性

7. 以下关于金融宏观调控的说法正确的有(　　)。

A. 金融宏观调控存在的前提是二级银行体制

B. 金融宏观调控主体是商业银行

C. 金融宏观调控包括计划调控、政策调控、法律调控和行政调控

D. 政策和法律调控是市场经济体制下金融宏观调控的主要形式

E. 金融宏观调控是宏观调控的重要组成部分

8. 随着利率市场化的进程，中央银行主要控制(　　)，其他利率将逐步放开，由市场决定。

A. 准备金存款利率　　B. 再贷款利率

C. 再贴现利率　　D. 再存款利率

E. 商业银行贷款利率

9. 我国衡量银行收益合理性的监管指标包括(　　)。

A. 成本收入比不应高于 35%　　B. 不良贷款率不得高于 4%

C. 资产利润率不应低于 0.6%　　D. 资本利润率不应低于 11%

E. 流动性缺口率不应低于-10%

10. 下列选项属于间接信用控制的货币政策工具的有(　　)。

A. 窗口指导　　B. 公开市场业务　　C. 流动性比率

D. 道义劝告　　E. 消费者信用控制

11. 一般性货币政策工具是市场经济国家普遍采用的传统政策工具，它包括(　　)。

A. 银行备付金　　B. 再贷款　　C. 存款准备金率

D. 再贴现　　E. 公开市场业务

12. 存款准备金率作为货币政策工具的优点是(　　)。

A. 中央银行具有完全的自主权　　B. 作用猛烈

C. 对货币供应量的作用迅速　　D. 对松紧信用较公平

E. 政策效果在很大程度上受超额准备金的影响

13. 再贴现是中央银行货币政策工具之一，其作用于经济的途径有(　　)。

A. 借款成本效果　　B. 宣示效果　　C. 对货币乘数的影响

D. 结构调节效果　　E. 对超额准备金的影响

14. 资产安全性监管是监管当局对银行机构监管的重要内容，资产安全性监管的重点应该是(　　)。

A. 经营状况　　B. 关系人贷款

C. 银行机构风险的分布　　D. 资产集中程度

E. 盈利状况

15. 将再贴现作为货币政策工具运用的前提条件是(　　)。

A. 在金融领域以票据业务为主要的融资方式

B. 再贴现利率高于市场利率

C. 再贴现利率低于市场利率

D. 借款成本效果明显

E. 商业银行要以再贴现方式向中央银行借款

三、案例分析题

2007 年，中国人民银行加大了宏观金融调控的力度，灵活运用货币政策工具：

第一，运用公开市场操作，2007 年累计发行中央银行票据 4.07 万亿元，其中对商业银行定向发行的 3 年期中央银行票据 5550 亿元；第二，适时运用存款准备金率工具，年内共上调人民币存款准备金率 10 次；第三，年内 6 次上调金融机构人民币存贷款基准利率。

根据上述资料，回答下列问题。

1. 我国中央银行公开市场业务即债券交易品种除了发行中央银行票据外，还有(　　)。

A. 外汇交易　　B. 现券交易　　C. 回购交易　　D. 黄金交易

2. 2007 年对商业银行定向发行 3 年期中央银行票据的目的是(　　)。

A. 鼓励信贷增长过快的商业银行　　B. 警示信贷增长较快的商业银行

C. 加大放松银行体系流动性　　D. 深度收紧银行体系流动性

3. 存款准备金率上调后，货币乘数(　　)。

A. 上升　　B. 下降　　C. 波动增大　　D. 不变

4. 我国中央银行 2007 年频繁使用存款准备金率工具，其主要想达到的目的是(　　)。

A. 促进人民币升值　　B. 对商业银行施加强制影响力

C. 抑制通货紧缩　　D. 实施紧缩的货币政策

5. 上调金融机构人民币存贷款基准利率的主要目的是(　　)。

A. 促进货币信贷和投资的增长　　B. 抑制货币信贷和投资的增长

C. 促进外贸出口　　D. 抑制外贸出口

同步自测解析

一、单项选择题

1. 【解析】B　我国从 1993 年开始将货币供应量作为货币政策的中介目标。1998 年，中国人民银行取消了对商业银行贷款规模的限制，这时货币供应量才名副其实地成为中介指标。

2. 【解析】C　国际通行的贷款五级分类是正常贷款、关注贷款、次级贷款、可疑贷款及损失贷款，通常认为后三类贷款是不良贷款。

3. 【解析】B　当回购到期时，中央银行通过公开市场业务投放基础货币，引起货币供应量的增加和利率的下降。

4. 【解析】C　非调节型货币政策是指中央银行并不根据不同时期国家的经济目标和经济状况，不断地调节货币需求，而是把货币供应量固定在预定水平上。其理由是在短时期内，货币供应量的增减会自动地得到调节，国家的经济目标和经济状况不会因此受到影响。

5. 【解析】C　调节型货币政策是指中央银行根据不同时期国家的经济目标和经济状况，不断地调节货币供应量。

6. 【解析】B　中央银行不仅可以用再贴现影响货币总量，还可以用区别对待的再贴现政策影响信贷结构。

7. 【解析】A　实践证明，保持货币币值的稳定，并以此促进经济增长是我国货币政策最终目标选择实践的一大进步。

8. 【解析】A　回购交易分为正回购和逆回购两种，正回购为中国人民银行向一级交易商卖出有价证券，并约定在未来特定日期买回有价证券的交易行为，是从市场收回流动性的操作，正回购到期则为向市场投放流动性的操作。

9. 【解析】B　购入国库券时，政府要支付现金，所以会投放基础货币，即相应增加货币供给。

10. 【解析】B　间接信用控制是指中央银行利用道义劝告、窗口指导等办法间接影响商业银行的信用创造。

11. 【解析】A　近年来我国金融形势的最主要特点是流动性过剩。

12. 【解析】C　货币学派认为，利率在货币传导机制中不起主导作用，而是货币供应量在整个传导机制中发挥着直接作用。

13. 【解析】A　货币政策的制定者和执行者都是中央银行。

14. 【解析】A　货币发行是中央银行最重要的负债业务。

15. 【解析】C　货币政策最终目标的矛盾性体现在以下四个方面：稳定物价与经济增长之间的矛盾；稳定物价与充分就业之间的矛盾；稳定物价与国际收支平衡之间的矛盾；经济增长与国际收支平衡之间的矛盾。所以，货币政策最终目标之间基本统一的是经济增长与充分就业。

16. 【解析】B　一般性货币政策的主要作用在于对货币供应量进行总量调控，对整个经济产生影响。

17. 【解析】C　1694 年成立的英格兰银行，被公认为是近代中央银行的鼻祖。

18. 【解析】B　菲利普斯认为失业率与物价上涨之间，存在着一种此消彼长的关系。菲利普斯曲线说明了货币政策之间存在矛盾的是稳定物价与充分就业。

19. 【解析】C　货币政策中介目标是介于货币政策工具和货币政策最终目标之间的被作为调节对象和监测货币政策效果的金融指标。

20. 【解析】B　流动性比率是流动性资产与流动性负债之比，不应低于 25%。

21. 【解析】A　注册制度是指向有关机关申请备案登记的一种制度。

22. 【解析】A　中央银行货币政策的首要目标一般是稳定物价。

23. 【解析】C　松的货币政策与紧的财政政策较适合在宏观经济处于消费需求偏旺而投资不足的结构性矛盾时运用。

二、多项选择题

1. 【解析】ABDE　中央银行的职能包括发行的银行、政府的银行、银行的银行和管理金融的银行。

2. 【解析】BCE　货币政策中介目标应具有的特征包括可测性、可控性和相关性。

3. 【解析】BE　公开市场业务的缺点包括从政策实施到影响最终目标，时滞较长；干扰其实施效果的因素比存款准备金率、再贴现多，往往会带来政策效果的不确定性。

4. 【解析】BCD　中央银行的负债业务有：货币发行、代理国库、集中存款准备金。

5. 【解析】BCDE　只有经济增长和充分就业之间是一致的，其余都存在矛盾。

6. 【解析】ABCD　市场运营监管主要是监管资本充足性、资产安全性、流动适度性、收益合理性和内控有效性。

7. 【解析】ACDE　金融宏观调控是宏观调控的重要组成部分，调控操作的直接对象是商业银行。金融宏观调控存在的前提是商业银行是独立的市场主体，实行二级银行体制。金融宏观调控的类型包括计划调控、政策调控、法律调控和行政调控四种。政策和法律调控是市场经济体制下金融宏观调控的主要形式。

8. 【解析】ABC　中央银行主要控制准备金存款利率、再贷款利率和再贴现利率。

9. 【解析】ACD　根据《商业银行风险监管核心指标》中的规定，我国关于收益合理性的监管指标包括：①成本收入比，即营业费用与营业收入之比，不应高于 35%；②资产利润率，即净利润与资产平均余额之比，不应低于 0.6%；③资本利润率，即净利润与所有者权益平均余额之比，不应低于 11%。

10. 【解析】AD　间接信用控制是指中央银行利用道义劝告、窗口指导等办法间接影响商业银行的信用创造。间接信用控制的货币政策工具有：道义劝告和窗口指导。

11. 【解析】CDE　一般性货币政策包括存款准备金率、再贴现和公开市场业务。

12. 【解析】ACD　存款准备金率的优点包括中央银行具有完全的自主权，在三大货币政策工具中最易实施；对货币供应量的作用迅速，一旦确定，各商业银行及其他金融机构必须立即执行；对松紧信用较公平，一旦变动，能同时影响所有的金融机构。作用猛烈和政策效果在很大程度上受超额准备金的影响，是其缺点。

13. 【解析】ABD　再贴现作用于经济的途径有：借款成本效果、宣示效果和结构调整效果。

14. 【解析】BCD　资产安全性监管的重点包括：银行机构风险的分布；集中程度和关系人贷款。

15. 【解析】ACE　再贴现作为货币政策工具运用的前提条件是：要求在金融领域以票据业务为融资的主要方式之一；商业银行要以再贴现方式向中央银行借款；再贴现利率低于市场利率。

三、案例分析题

1. 【解析】BC　从交易品种看，中国人民银行公开市场业务债券交易主要包括回购交易、现券交易和发行中央银行票据。

2. 【解析】BD．中央银行通过发行央行票据可以回笼基础货币，起到紧缩信用的作用。从中央银行“年内共上调人民币存款准备金率 10 次；年内 6 次上调金融机构人民币存贷款基准利率”可见，央行遏制货币信贷过快增长的决心。

3. 【解析】B　按存款创造原理，货币乘数随法定存款准备金率做反向变化，即法定存款准备金率高，货币乘数则小，银行原始存款创造的派生存款亦少；反之则相反。

4. 【解析】BD　央行“年内共上调人民币存款准备金率 10 次；年内 6 次上调金融机构人民币存贷款基准利率”，可见中央银行是在实行紧缩性的货币政策。同时，法定存款准备金率是作用最猛烈的一个工具，由此可见中央银行是要对商业银行的行为进行强制性的影响。

5. 【解析】B　上调金融机构人民币存贷款基准利率属于紧缩性货币政策，紧缩性货币政策的目的是为了抑制投资和消费，保证经济持续平稳的发展。

第十章　国际金融及其管理

大纲解读

本章考试目的在于考查应试人员是否掌握有关汇率及其决定与变动的原理；汇率制度的知识；我国人民币汇率制度的改革知识；国际收支及其调节的知识；国际储备及其管理的原理；国际货币体系的知识；离岸金融市场及其结构；外汇管理与外债管理的知识。从近三年考题情况来看，本章主要考查汇率及其制度，国际收支、国际储备、国际货币体系、离岸金融市场、外汇与外债等。平均分值是 8 分。具体考试内容如下。

1. 汇率

汇率的概念、决定因素；汇率制度的含义与不同类型；我国人民币汇率制度的演进与改革。

2. 国际收支及其调节

国际收支的含义和构成及其结构。国际收支均衡与不均衡的含义和国际收支不均衡的类型；国际收支不均衡调节的必要性和政策措施，以及国际收支不均衡调节的政策配合。我国国际收支不均衡和调节政策。

3. 国际储备及其管理

国际储备的含义、构成和功能。我国国际储备管理的状况与策略。

4. 国际货币体系

国际货币体系的演进，不同国际货币体系的内容和特征；欧洲货币一体化的进程与内容。

5. 离岸金融市场

离岸金融市场的含义与类型；离岸金融市场所覆盖的主要国际金融中心。欧洲货币市场的概念，欧洲货币市场的特点，欧洲货币市场的构成。

6. 外汇管理与外债管理

外汇管理的含义、目的与弊端；货币可兑换的含义与类型；我国外汇管理体制的改革；外债和外债管理的含义、概念；我国外债管理体制。

考点精讲

第一节　汇　　率

考点一　汇率概述

汇率又称汇价，是指一种货币与另一种货币之间兑换或折算的比率，也称一种货币用另一种货币所表示的价格。

汇率有直接标价法和间接标价法两种标价方法。直接标价法又称应付标价法，是以一定整数单位(1、100、10 000 等)的外国货币为标准，折算为若干单位的本国货币。目前，我国和世界其他绝大多数国家和地区都采用直接标价法。间接标价法又称应收标价法，是以一定整数单位(1、100、10 000 等)的本国货币为标准，折算为若干单位的外国货币。目前，世界上只有英国、美国等少数几个国家采用间接标价法。汇率的种类如表 10-1 所示。

表 10-1　汇率的种类

汇率的制定方法	基本汇率
	套算汇率
商业银行对外汇的买卖	买入汇率
	卖出汇率
汇率适用的外汇交易背景	即期汇率
	远期汇率
汇率形成的机制	官方汇率
	市场汇率
商业银行报出汇率的时间	开盘汇率
	收盘汇率
外汇交易的支付通知方式	电汇汇率
	信汇汇率
	票汇汇率
汇率制度的性质	固定汇率
	浮动汇率
汇率水平研究的需要	双边汇率
	有效汇率
	实际有效汇率

考点二　汇率的决定与变动

(一) 汇率的决定基础

1. 金本位制下汇率的决定基础

在金本位制下，各国以金币作为本位货币。这种货币制度下汇率的决定基础，从本质上是各国单位货币所具有的价值量；从现象上看是各国单位货币的含金量。

汇率的标准是铸币平价，即一国货币的含金量与另一国货币的含金量之比。市场汇率受供求关系变动的影响而围绕铸币平价波动，波动的范围被限制在由黄金输出点和黄金输入点构成的黄金输送点内。

2. 纸币制度下汇率的决定基础

在纸币制度下，各国以纸币作为本位货币，纸币是本身没有价值的价值符号，单位纸币所代表的价值量往往以国家规定的法定含金量来表示。这种货币制度下汇率的决定基础，从本质上来说是各国单位货币所代表的价值量；从现象上看是各国单位货币的法定含金量或购买力。

均衡汇率就是法定平价，即一国货币的法定含金量与另一国货币的法定含金量之比。

(二) 汇率变动的形式

1. 法定升值(Revaluation)与法定贬值(Devaluation)：官方汇率的变动

(1) 法定升值是指一国官方货币当局以法令的形式，公开宣布提高本国货币的法定含金量或币值，降低外汇汇率。

(2) 法定贬值是指一国官方货币当局以法令的形式，公开宣布降低本国货币的法定含金量或币值，提高外汇汇率。

2. 升值(Appreciation)与贬值(Depreciation)：市场汇率的变动

(1) 升值是指在外汇市场上，一定量的一国货币可以兑换到比以前更多的外汇，相应的是外汇汇率下跌。

(2) 贬值是指在外汇市场上，一定量的一国货币只能兑换到比以前更少的外汇，相应的是外汇汇率上涨。

(三) 汇率变动的决定因素

1. 物价的相对变动

根据购买力平价理论，反映货币购买力的物价水平变动是决定汇率长期变动的根本因素。如果一国的物价水平与其他国家的物价水平相比相对上涨，即该国相对通货膨胀，则该国货币对其他国家货币贬值；反之，如果一国的物价水平与其他国家的物价水平相比相对下跌，即该国相对通货紧缩，则该国货币对其他国家货币升值。

在长期经济中，物价水平变动最终导致汇率变动是通过国际商品和劳务的套购机制实现的，通过国际收支中经常项目收支变化传导的。

2. 国家收支差额的变化

市场汇率的变动是直接由外汇市场上的外汇供求变动所决定的。如果外汇供不应求，则外汇汇率上升，本币贬值；反之，如果外汇供过于求，则外汇汇率下跌，本币升值。

外汇市场上的外汇供求关系基本上是由国际收支决定的，国家收支差额的变动决定外汇供求的变动。如果国际收支逆差，则外汇供不应求，外汇汇率上升；反之，如果国际收支顺差，则外汇供过于求，外汇汇率下跌。

3. 市场预期的变化

市场预期变化是导致市场汇率短期变动的主要因素。市场预期变化决定市场汇率变动的基本机理是：如果人们预期未来本币贬值，就会在外汇市场上抛售本币，导致本币现在的实际贬值；反之，如果人们预期未来本币升值，就会在外汇市场上抢购本币，导致本币现在的实际升值。

市场预期是建立在对经济运行的基本面分析、经济政策走势分析和风险分析之上的，因此便形成了经济变量预期、经济政策预期和风险预期。

4. 政府干预汇率

当外汇市场上因外汇供不应求、外汇汇率上涨的幅度超出规定的界限或心理大关时，货币当局就会向外汇市场投放外汇，收购本币，使外汇汇率回调；反之，当外汇市场上因外汇供过于求、外汇汇率下跌的幅度超出规定的界限或心理大关时，货币当局就会向外汇市场投放本币，收购外汇，使外汇汇率反弹。

【例 10-1】 在金本位制下，1 美元含金量为 23.22 格令，1 英镑含金量为 113.0016 格令(格令是重量单位)，当时在英美两国之间运送一英镑黄金的各项费用(运输、包装、保险)要花费 3 美分。那么：(2014 案例分析题)

1. 根据购买力平价理论，决定汇率长期变动的根本因素是(　　)。

A. 两国国际收支状况　　B. 两国物价水平变动

C. 市场预期的变化　　D. 外汇市场货币供求状况

【解析】B 本题考查购买力平价理论中决定汇率长期变动的根本因素。根据购买力平价理论，反映货币购买力的物价水平变动是决定汇率长期变动的根本因素。

2. 汇率由直接标价法和间接标价法两种标价方法，其中采用间接标价法的国家有(　　)。

A. 中国　　B. 德国　　C. 日本　　D. 美国

【解析】D 目前，世界上只有英国、美国等少数几个国家采用间接标价法。

(四) 汇率变动的经济影响

1. 汇率变动的直接经济影响

汇率变动产生的直接经济影响体现在三个方面，见表 10-2。

表 10-2　汇率变动的直接经济影响

<table>
<tr><td rowspan="2">汇率变动影响国际收支</td><td>汇率变动直接影响经常项目收支</td><td>当本币贬值以后，刺激出口，限制进口，增加经常项目收入，减少经常项目支出；反之，当本币升值时，则影响正好相反，最终会减少经常项目收入，增加经常项目支出</td></tr>
<tr><td>汇率变动直接影响资本与金融项目收支</td><td>如果本币贬值，减少借贷资本流入，增加借贷资本流出，刺激直接投资和证券投资项下的资本流出，限制直接投资和证券投资项下的资本流入；反之则相反</td></tr>
<tr><td>汇率变动影响外汇储备</td><td colspan="2">汇率变动对外汇储备的影响，集中在对外汇储备价值影响的评价上
① 如果汇率变动发生在本币与外币之间，汇率变动不会影响通常以外币计值的外汇储备价值。只有当外汇储备被国家以某种机制或形式结成本币，用于国内时，如果本币升值，则用外汇储备结成本币的金额会减少，折射出外汇储备价值缩水
② 如果汇率变动发生在不同储备货币之间，如美元与欧元之间，则在美元对欧元升值时，欧元外汇储备的美元价值会缩水；反之，在美元对欧元贬值时，欧元外汇储备的美元价值反而膨胀</td></tr>
<tr><td>汇率变动形成汇率风险</td><td colspan="2">汇率变动形成汇率风险，是汇率变动微观经济影响的范畴</td></tr>
</table>

2. 汇率变动的间接经济影响

汇率变动产生的间接经济影响主要是通过国际收支传导的，主要体现在两个方面，见

表 10-3。

表 10-3　汇率变动的间接经济影响

汇率变动影响经济增长	① 本币贬值时，推动出口部门和进口替代部门的经济增长，还会通过“外贸乘数”作用带动所有经济部门的增长；本币升值时，对经济增长的影响正好与此相反，是负面的 ② 本币升值时，由于刺激了借贷资本、直接投资和证券投资的流入，限制了这些资本的流出，如果宏观管理和金融监管得当，则会推动实体经济和金融经济的增长；本币贬值时，对实体经济和金融经济的影响则恰好相反，是负面的
汇率变动影响产业竞争力和产业结构	本币贬值提升了出口部门和进口替代部门的产业竞争力，使产业结构发生了变化

【例 10-2】 某企业未来有一笔 100 万美元的出口收入，市场普遍预期美元将贬值，如果该企业采取提前或延期结汇方法管理汇率风险，那么正确的做法是(　　)。(2012 年单选题)

A. 提前付汇　　B. 提前收汇　　C. 延期付汇　　D. 延期收汇

【解析】 B　首先，这 100 万美元是企业的收入，所以只可能是收汇，不可能是付汇，所以选项 AC 可排除；由于市场预期美元将贬值，所以应该采用提前收汇的做法。

考点三　汇率制度

汇率制度是指一国货币当局对本国货币汇率确定与变动的基本模式所做的一系列安排。这些制度性安排包括中心汇率水平、汇率的波动幅度、影响和干预汇率变动的机制和方式等。

(一) 固定汇率制与浮动汇率制

固定汇率制与浮动汇率制的相关内容见表 10-4。

表 10-4　固定汇率制与浮动汇率制

<table>
<tr><td>固定汇率制</td><td colspan="3">汇率平价保持基本不变，市场汇率波动被约束在一个狭小的限界内的汇率制度。历史上，固定汇率制曾分别出现在国际金本位制和布雷顿森林货币体系两种国家货币制度下</td></tr>
<tr><td rowspan="4">浮动汇率制</td><td rowspan="4">没有汇率平价和波动幅度约束，市场汇率可以随外汇市场供求关系的变化而自由波动的汇率制度</td><td rowspan="2">按官方是否干预</td><td>自由浮动：官方不干预外汇市场，完全听凭市场汇率在外汇供求关系的自发作用下波动的汇率制度</td></tr>
<tr><td>管理浮动：官方或明或暗地干预外汇市场，使市场汇率在经过操纵的外汇供求关系作用下相对平稳波动的汇率制度</td></tr>
<tr><td rowspan="2">按汇率浮动是否结成国际联合</td><td>单独浮动：本币不与任何外币建立固定联系，其汇率单独进行浮动的汇率制度</td></tr>
<tr><td>联合浮动：若干国家的货币彼此建立固定联系，对此外的其他国家货币的汇率共同进行浮动的汇率制度</td></tr>
</table>

(二) 盯住汇率制

盯住汇率制是指一国单方面将本币与某一关键货币或某一篮子货币挂钩，与之保持相对固定的汇率平价，而本币对其他外币的汇率则随所盯住货币对其他外币汇率的波动而变动的汇率制度。

(三) 国际货币基金对现行汇率制度的划分

根据国际货币基金的划分，按照汇率弹性由小到大，目前的汇率制度安排主要有以下几方面，详见表 10-5。

表 10-5　现行汇率制度安排

制　　度	内　　容
货币局制	官方通过立法明确规定本币与某一关键货币保持按固定汇率，同时对本币发行作特殊限制，以确保履行法定义务
传统的盯住汇率制	官方将本币实际或公开地按照固定汇率盯住一种主要国际货币或一篮子货币，汇率波动幅度不超过±1%
水平区间内盯住汇率制	类似于传统的盯住汇率制，不同的是汇率波动幅度大于+1%
爬行盯住汇率制	官方按照预先宣布的固定汇率，根据若干量化指标的变动，定期小幅度调整汇率
爬行区间盯住汇率制	水平区间内的盯住汇率制与爬行盯住汇率制的结合，与爬行盯住汇率制不同的是汇率波动的幅度要大
事先不公布汇率目标的管理浮动	官方在不特别指明或事先承诺汇率目标的情况下，通过积极干预外汇市场来影响汇率变动
单独浮动	汇率由市场决定，官方即使干预外汇市场，目的也只是缩小汇率的波动幅度，防止汇率过度波动，而不是确立一个汇率水平

(四) 影响汇率制度选择的主要因素

对汇率制度的选择应当主要根据何种因素进行研究分析，国际社会出现了“经济论”和“依附论”两种理论观点。

汇率制度选择的“经济论”认为，一国汇率制度的选择主要受经济因素决定。这些经济因素是：①经济开放程度；②经济规模；③进出口贸易的商品结构和地域分布；④国内金融市场的发达程度及其与国际金融市场的一体化程度；⑤相对的通货膨胀率。

汇率制度选择的“依附论”认为，一国汇率制度的选择主要取决于其对外经济、政治、军事等诸方面联系的特征。这一理论同时还指出，选择哪一种货币作为“参考货币”，反过来又会影响一国对外贸易等经济关系和其他各方面关系的发展。

(五) 人民币汇率制度

1. 人民币汇率制度的历史演变

(1) 在计划经济时期，人民币汇率长期处于高估状态。从 1981 年起，人民币实行双重官方汇率制度。1 美元等于 2.8 元人民币的汇率适用于进出口贸易的结算；同时继续公布 1 美元等于 1.5 元人民币的官方汇率用于非贸易外汇的结算。

1985 年 1 月 1 日，取消贸易外汇内部结算价，重新实行单一汇率，汇率定为 1 美元等于 2.8 元人民币。

(2) 改革开放以后，我国进行物价改革，物价开始逐步上涨。1985—1990 年，我国根据国内物价的变化，多次大幅度调整汇率。

从 1988 年 3 月起，我国各地先后设立了外汇调剂中心，外汇调剂量逐步增加，形成了官方汇率和调剂市场汇率并存的汇率制度。

从 1991 年 4 月 9 日起，对官方汇率的调整由以前大幅度、一次性调整方式转为逐步缓慢调整的方式，同时放开外汇调剂市场汇率，让其随市场供求状况浮动，人民币贬值幅度较大。

(3) 1994 年我国外汇管理体制进行了重大改革，人民币官方汇率与市场汇率并轨，实行以市场供求为基础的、单一的、有管理的浮动汇率制。

1997 年亚洲金融危机爆发，我国承诺人民币不贬值，并成功地稳定了人民币汇率。

2. 人民币汇率形成机制改革

人民币汇率形成机制改革坚持主动性、可控性、渐进性的原则。2005 年 7 月 21 日，人民币汇率形成机制改革启动，开始实行以市场供求为基础、参考一篮子货币进行调节、有管理的浮动汇率制度。与盯住单一美元相比，引入参考一篮子货币不仅扩大了人民币汇率形成机制的弹性，而且改变了汇率政策目标，即从过去稳定人民币对美元的双边汇率转向稳定多边的名义有效汇率。

随后，我国又推出一系列外汇市场基础设施建设和汇率管理改革，人民币汇率弹性化和市场化取得重要进展。自汇率形成机制改革以来，人民币汇率弹性逐步扩大。2014 年以来，一改人民币单方面升值的格局，形成升值与贬值双向波动的格局。

【例 10-3】 从 2005 年 7 月 21 日开始，我国开始实行以市场供求为基础的、参考一篮子货币进行调节、(　　)浮动汇率制。(2012 年单选题)

A. 双重官方的　　　　B. 官方汇率与调剂市场汇率并存的

C. 无管理的　　　　D. 有管理的

【解析】 D　从 2005 年 7 月 21 日开始，我国开始实行以市场供求为基础的、参考一篮子货币进行调节、有管理的浮动汇率制。

第二节　国际收支及其调节

考点四　国际收支

国际收支是一个宏观的经济范畴。伴随历史的演进和国际经济交易的发展，国际社会对国际收支的界定经历了由狭义到广义的发展。

在狭义上，国际收支是指在一定时期内，一国居民与非居民所发生的全部货币或外汇的收入和支出。该定义是以支付为基础的，即判断是否是国际收支，核心是看是否发生了货币或外汇的支付。

在广义上，国际收支是指在一定时期内，一国居民与非居民所进行的全部经济交易的以一定货币计值的价值量总和。该定义是以交易为基础的，即判断是否是国际收支，核心是看是否发生了经济交易。

无论是狭义还是广义的国际收支，都具有这样的本质特征：

(1) 国际收支是一个流量的概念，是一定时期的发生额；

(2) 国际收支是一个收支的概念，是收入和支出的流量，收入和支出的本质是以一定货币计值的价值量；

(3) 国际收支是一个总量的概念，是整个国家在一定时期内收入和支出的总量；

(4) 国际收支是一个国际的概念，国际性的本质特征在于经济交易的主体特征：居民与非居民。

考点五　国际收支平衡表

(一) 国际收支平衡表的概念

国际收支平衡表是按照一定会计原理和方法编制的系统记录国际收支的统计报表。

(二) 国际收支平衡表的编制原理

按照复式簿记的借贷记账法编制。

(三) 国际收支平衡表的账户

国际收支平衡表包含的账户如表 10-6 所示。

表 10-6　国际收支平衡表包含的账户

账户名称	作　用	包含的内容
经常账户	记录实质资源的国际流动	包括商品、服务、收入和经常转移
资本与金融账户	记录资产和资本的国际流动	资本账户包括资本转移和非生产、非金融资产的收买与放弃
		金融账户包括直接投资、证券投资、其他投资和储备资产
错误与遗漏账户	专为人为平衡借方和贷方的总差额	该账户为人为平衡借方和贷方的总差额而设

考点六　国际收支均衡与不均衡

(一) 国际收支均衡与不均衡的含义

国际收支均衡是指自主性交易的收入和支出的均衡。国际收支不均衡是指自主性交易的收入和支出的不均衡。其中，如果自主性交易的收入大于支出，则是国际收支顺差；如果自主性交易的收入小于支出，则是国际收支逆差。

(二) 国际收支不均衡的类型

从不同的角度认识，可以将国际收支不均衡划分为不同的类型，见表 10-7。

表 10-7　国际收支不均衡的类型

按差额的性质划分	顺差、逆差	
按产生的原因划分	收入性不均衡	由一国的国民收入增长超过他国的国民收入增长，引起本国进口需求增长超过出口增长而导致的国际收支不均衡
	货币性不均衡	由一国的货币供求失衡引起本国通货膨胀率高于他国通货膨胀率，进而刺激进口、限制出口而导致的国际收支不均衡
	周期性不均衡	由一国的经济周期性波动而导致的国际收支不均衡
	结构性不均衡	由一国的经济结构及其决定的进出口结构不能适应国际分工结构的变化而变化所导致的国际收支不均衡
按不同账户的状况划分	经常账户不均衡、资本与金融账户不均衡、综合性不均衡	

【例 10-4】 如果一国的国际收支因为本国的通货膨胀率高于他国的通货膨胀率而出现不均衡，则称该国的国际收支不均衡是(　　)。(2011 年单选题)

A. 收入性不均衡　　B. 货币性不均衡

C. 周期性不均衡　　D. 结构性不均衡

【解析】B 货币性不均衡是由一国的货币供求失衡引起的本国通货膨胀率高于他国通货膨胀率，进而刺激进口、限制出口而导致的国际收支不均衡。

考点七　国际收支不均衡的调节

(一) 国际收支不均衡调节的必要性

(1) 国际收支不均衡的调节是稳定物价的要求。

(2) 国际收支不均衡的调节是稳定汇率的要求。

(3) 国际收支不均衡的调节是保有适量外汇储备的要求。

(二) 国际收支不均衡调节的政策措施

国际收支不均衡调节的政策措施见表 10-8。

表 10-8 国际收支不均衡调节的政策措施

宏观经济政策	财政政策	财政政策主要调节经常项目收支。发生国际收支逆差时，可以采用紧的财政政策；而出现国际收支顺差时，可以采用松的财政政策。这种调节作用主要有需求效应和价格效应两个方面
	货币政策	货币政策既调节经常项目收支，也调节资本项目收支。国际收支逆差时，可以采用紧的货币政策；国际收支顺差时，可以采用松的货币政策。这种调节作用主要有需求效应、价格效应和利率效应三个方面
	汇率政策	汇率政策主要调节经常项目收支。国际收支逆差时，可以采用本币法定贬值或贬值的政策；国际收支顺差时，可以采用本币法定升值或升值的政策
微观政策措施	当国际收支出现严重不均衡时，政府和货币当局还可以采取外贸管制和外汇管制的措施。在国际收支逆差时，加强外贸管制和外汇管制；在国际收支顺差时，放宽乃至取消外贸管制和外汇管制 此外，在国际收支逆差时，还可以采取向国际货币基金或其他国家争取短期信用融资的措施或直接动用本国的国际储备	

【例 10-5】 运用财政政策调节国际收支不均衡，是因为财政政策对国际收支可以产生(　　)等调节作用。(2014 年多选题)

A. 需求效应　　B. 价格效应　　C. 利率效应

D. 结构效应　　E. 供给效应

【解析】AB 在国际收支逆差时，可以采用紧的财政政策。紧的财政政策对国际收支的调节作用主要有两个方面：一是产生需求效应，即实施紧的财政政策导致进口需求减少，进口下降；二是产生价格效应，即实施紧的财政政策导致价格下跌，从而刺激出口，限制进口。而在国际收支顺差时，可以采用松的财政政策。松的财政政策能对国际收支产生进口需求扩大的需求效应和价格上涨限制出口、刺激进口的价格效应。

(三) 国际收支不均衡调节中内部均衡与外部均衡的兼顾

1. 内部均衡与外部均衡的不同组合

内部均衡是指国民经济运行处于经济增长、物价稳定和充分就业的状态。外部均衡就是指国际收支均衡。

内部均衡和外部均衡可能有四种不同组合：①内部均衡与外部均衡；②内部均衡与外部不均衡；③内部不均衡与外部均衡；④内部不均衡与外部不均衡。

内部不均衡与外部不均衡的组合可能内含四种情形：①经济衰退、失业与国际收支逆差；②经济衰退、失业与国际收支顺差；③通货膨胀与国际收支逆差；④通货膨胀与国际收支顺差。

2. 兼顾内部均衡与外部均衡的政策措施

(1) 内部均衡与外部均衡并存，无须采用任何政策措施调节。

(2) 内部均衡与外部不均衡并存，无须采用影响内部均衡的政策措施，只需采用调节外部不均衡的政策措施，如运用汇率政策等。

(3) 内部不均衡与外部均衡并存，只需采用调节内部均衡的政策措施，如运用财政政策或货币政策，而无须采用影响外部均衡的政策措施。

(4) 内部不均衡与外部不均衡并存，情况复杂，需要区别对待。

(四) 我国的国际收支不均衡及其调节

在20世纪80年代以来，我国的国际收支除了在80年代中期的三年和1992年出现过逆差以外，其余年份均为顺差；而且在顺差当中，多数年份都是经常项目收支和资本项目收支同时顺差，即“双顺差”。我国的国际收支出现顺差，一方面与我国改革开放的进程相适应；另一方面也在很大程度上是西方发达国家进行产业结构调整、将劳动密集型的制造业通过加工贸易的机制转移到我国的结果。

我国对国际收支顺差采取了一些调节政策和措施。这些政策和措施包括：

(1) 逐步放宽和取消经常项目下的外汇管制。1994年实现人民币经常项目有条件可兑换；1996年实现人民币经常项目可兑换。

(2) 逐步放宽资本项目下的外汇管制。放宽了企业对外直接投资的外汇管制；推出QDII制度，允许国内机构和居民的部分外汇通过符合条件的机构对外进行证券投资。

(3) 降低了对出口的激励范围和力度，改变外贸增长方式，调整外贸出口结构。

(4) 优化利用外资结构，限制高耗能、重污染、附加值低的直接投资流入。

(5) 对国外投机性的热钱流入采取密切监控的高压政策。

第三节　国际储备及其管理

考点八　国际储备的概念与国际储备的管理

(一) 国际储备的概念

国际储备是指一国货币当局所持有的、为世界各国所普遍接受的货币资产。

国际储备具有四个本质特征：①国际储备是官方储备。②国际储备是货币资产。③国际储备是为世界各国普遍接受的货币资产。④国际储备是一个存量的概念。

国际储备包括黄金储备、外汇储备、在国际货币基金组织的储备头寸和特别提款权(SDR)。

(二) 国际储备的功能

(1) 弥补国际收支逆差。这是国际储备的基本功能。

(2) 稳定本币汇率。

(3) 维持国际资信和投资环境。

【例10-6】 国际货币基金组织以25%黄金、指定外币、(　　)缴纳的份额为基础提供储备部分贷款，可由成员国自由提用。(2012年单选题)

A. 外汇储备　　　　　　　　　　　　B. 特别提款权

C. 在国际货币基金组织的储备头寸　　D. 国际储备

【解析】B　国际货币基金组织以 25%黄金、指定外币、特别提款权缴纳的份额为基础提供储备部分贷款，可由成员国自由提用。

(三) 国际储备的总量管理

国际储备总量管理的目标是使国际储备总量适度，既不能少也不能多。确定国际储备总量时依据的因素为：

(1) 是否是储备货币发行国。

(2) 经济规模与对外开放程度。

(3) 国际支出的流量。该因素与国际储备需求量正相关。

(4) 外债规模。该因素也与国际储备需求量正相关。

(5) 短期国际融资能力。

(6) 其他国际收支调节政策措施的可用性与有效性。

(7) 汇率制度。

在实践中，测度国际储备总量是否适度的经验指标是：①国际储备额与国民生产总值之比，一般为 10%；②国际储备额与外债总额之比，一般在 30%～50%；③国际储备额与进口额之比，一般为 25%。

【例 10-7】 如果我国人民币实现国际化，被其他国家作为储备货币，则我国就成为储备货币发行国。到那时，我国的国际储备就可以(　　)。(单选题)

A. 增加外汇储备　　　　　　　　B. 保有较少总量

C. 投资更多股权　　　　　　　　D. 增加资源储备

【解析】B　储备货币发行国对储备的需求减少。

(四) 国际储备的结构管理

国际储备结构管理的目标是使国际储备结构最优，在安全性、流动性和盈利性之间找到最佳均衡点。国际储备结构管理的内容包括：

(1) 国际储备资产结构的优化。国际储备资产结构的优化集中在黄金储备和外汇储备结构的优化上。

(2) 外汇储备货币结构的优化。不同储备的安全性(与汇率风险相对应)与盈利性(与升值和贬值相对应)不同，为了追求安全性，将不同储备货币之间的兑换降低到最低程度；为了追求盈利性，需要提高硬币比重，降低软币比重。

(3) 外汇储备资产结构的优化。

【例 10-8】 在国际储备管理中，力求降低软币的比重，提高硬币的比重，是着眼于(　　)。(2013 年单选题)

A. 国际储备总量的适度　　　　　B. 国际储备资产结构的优化

C. 外汇储备资产结构的优化　　　D. 外汇储备货币结构的优化

【解析】D　外汇储备货币结构的优化。为了追求安全性，需要将外汇储备的货币结构与未来外汇支出的货币结构相匹配，从而在未来的外汇支出中，将不同储备货币之间的兑换降低到最低程度；为了追求盈利性，需要尽量提高储备货币中硬币的比重，降低储备货币中软币的比重。

(五) 外汇储备的管理模式

外汇储备管理有两种模式，即传统的外汇储备管理和积极的外汇储备管理，见表 10-9。

表 10-9　外汇储备的管理模式

传统的外汇储备管理模式	强调外汇储备资产的安全性和流动性，忽视或不强调外汇储备资产的盈利性
积极的外汇储备管理模式	在满足安全性和流动性的前提下，更为突出盈利性，侧重于对超过安全性和流动性需要的外汇储备部分进行高盈利性的投资
	实现路径主要有两种： ① 货币当局本身的外汇管理转型，由传统的外汇储备管理转向积极的外汇储备管理，将超额的外汇储备置于货币当局建立的投资组合之中，通过投资风险相对较高的金融资产，获取较高的投资回报 ② 由国家成立专门的投资公司或部门，将超额的外汇储备转给其进行市场化运作和管理，通过多元化的资产配置，分散风险，延长投资期限，提高投资回报

(六) 我国的国际储备及其管理

我国是国际货币基金组织的成员国，因此，我国的国际储备由黄金储备、外汇储备、在国际货币基金组织的储备头寸和特别提款权四部分组成。

我国的国际储备的鲜明特征是总量增长迅速，结构变化显著。在实践中，我国已经采取了对国际储备进行积极管理的措施。

(1) 针对外汇储备总量过多，增长过快，我国采取了针对国际收支顺差的调节措施。同时，我国逐步采取了藏汇于民的政策。

(2) 针对外汇储备结构不合理，采取了尽量使外汇储备货币多元化的策略；在外汇储备的资产组合上采取了更为积极的管理策略。在外汇储备管理模式和机制上，引进和构建了积极的外汇储备管理模式和机制。

【例 10-9】 我国外汇储备总量在 2011 年 3 月底就已经突破 3 万亿美元。主流观点认为我国外汇储备总量已经过多。为遏制外汇储备过快增长，我国可以采取的措施是(　　)。(单选题)

A. 实行外汇储备货币多元化　　B. 实行持有的国外债券多元化

C. 实行外汇储备资产结构的优化　　D. 鼓励民间持有外汇

【解析】 D　针对外汇储备总量过多、增长过快，我国采取了针对国际收支顺差的调节措施。同时，我国逐步采取了藏汇于民的政策。

【例 10-10】 据统计，2011 年我国国内生产总值为 74 970 亿美元；2011 年我国货物服务总额为 20 867 亿美元，经常账户收支顺差 2017 亿美元，资本和金融账户收支顺差 2211 亿美元，国际储备资产增加 3878 亿美元；2011 年年底未清偿外债余额 5489 亿美元。(案例分析题)

根据以上资料，回答下列问题。

1. 我国外债的负债率为(　　)。

A. 7.3%　　B. 18.2%　　C. 26.3%　　D. 37.4%

【解析】A　5489/74 970=7.3%。

2. 我国外债的债务率为(　　)。

A. 7.3%　　B. 9.6%　　C. 26.3%　　D. 42.1%

【解析】C　5489/20 867=26.3%。

3. 我国经常账户收支顺差额与资本和金融账户收支顺差额之和，大于国际储备资产增加额，意味着贷方总额大于借方总额，其差额应当记入(　　)。

A. 经常账户　　B. 储备资产账户

C. 资本和金融账户　　D. 净账户与遗漏账户

【解析】D　我国经常账户收支顺差额与资本和金融账户收支顺差额之和，大于国际存储资产增加额意味着贷方总额大于借方总额，其差额应当记入净账户和遗漏账户。

4. 假定其他因素不变，我国的国际收支顺差额会导致我国(　　)。

A. 投放本币，收购外汇，通货膨胀　　B. 人民币升值

C. 增加外汇储备　　D. 动用外汇储备，回笼本币

【解析】ABC　当国际收支顺差时，货币当局投放本币，收购外汇，补充外汇储备，导致通货膨胀；当国际收支顺差时，外汇供过于求，导致外汇汇率下跌，人民币升值。

【例 10-11】　为构建积极的外汇储备管理模式和机制，我国成立了具有(　　)性质的中国投资公司，将部分外汇储备由其运作和管理。(2014 年单选题)

A. 国资委　　B. 开放式基金

C. 主权财富基金　　D. 封闭式基金

【解析】C　为构建积极的外汇储备管理模式和机制，我国成立了具有主权财富基金性质的中国投资公司，将部分外汇储备由其运作和管理。

第四节　国际货币体系

考点九　国际货币体系

(一) 国际金本位制

1. 国际金本位制的形成

世界上第一次出现的国际货币体系是国际金本位制。英国于 1821 年前后采用了金本位制度，成为当时世界上最早采用该制度的发达资本主义国家。

2. 国际金本位制的内容

(1) 铸币平价构成各国货币的中心汇率。

(2) 市场汇率受外汇市场供求关系的影响而围绕铸币平价上下波动，波动幅度为黄金输送点。黄金输送点包括黄金输入点和黄金输出点，等于铸币平价加减运送黄金的运费。

3. 国际金本位制的崩溃

首先，在国际金本位制下，本位货币是黄金，货币的供应量取决于黄金，进而价格水平与黄金的供应量相联系。

其次，由于经济的发展必然带来政府对经济的干预，从而导致了国际金本位制丧失了存

在的前提——各个政府对经济的自由放任。随后，第一次世界大战的爆发导致国际金本位制趋于瓦解，汇率稳定失去了基础。在1929—1933年大危机的冲击下，国际金本位制终告崩溃。

4. 国际金本位制的特征

(1) 黄金是主要的国际储备资产，无须政府干预。

(2) 国际收支不均衡的调节，存在“物价与现金流动机制”的自动调节机制。

(3) 汇率波动能够维持在黄金输送点之内，避免了由汇率剧烈波动所引致的风险。

【例10-12】 在金本位制度下，汇率的决定基础是(　　)。(2008年单选题)

A. 购买力平价　　B. 黄金输送点　　C. 铸币平价　　D. 利率平价

【解析】C　金本位制度下的汇率是自发的固定汇率制度。铸币平价是各国汇率的决定基础。

【例10-13】 在金本位制下，1美元含金量为23.22格令，1英镑含金量为113.0016格令(格令是重量单位)，当时在英美两国之间运送一英镑黄金的各项费用(运输、包装、保险)要花费3美分。(2014年案例分析题)

根据以上资料，回答下列问题。

1. 金本位制时期，各国汇率的决定基础是(　　)。

A. 铸币平价　　B. 利率差异

C. 购买力平价　　D. 通货膨胀率差异

【解析】A　本题考查金本位制的相关知识。国际金本位制的主要内容是：①铸币平价构成各国货币的中心汇率；②市场汇率受外汇市场供求关系的影响而围绕铸币平价上下波动，波动幅度为黄金输送点。

2. 金本位制时期，汇率变动的上下限是(　　)。

A. 黄金价格　　B. 官定浮动范围

C. ±1%　　D. 黄金输送点

【解析】D　本题考查金本位制的相关知识。国际金本位制的主要内容是：①铸币平价构成各国货币的中心汇率；②市场汇率受外汇市场供求关系的影响而围绕铸币平价上下波动，波动幅度为黄金输送点。

(二) 布雷顿森林体系

1. 布雷顿森林体系的建立

1944年7月，44个同盟国家的300多位代表出席在美国新罕布什尔州布雷顿森林市召开的国际金融会议，讨论有关重建国际货币体系的事宜，最后通过“布雷顿森林协定”，并依此建立了国际货币基金组织，标志着布雷顿森林体系的建立。

2. 布雷顿森林体系的主要内容

(1) 建立一个永久性的国际金融机构，即国际货币基金组织，目的是为了加强国际货币合作。

(2) 实行“双挂钩”的固定汇率制度，即美元按照每盎司黄金35美元的官价与黄金挂钩，其他国家的货币与美元挂钩。人为规定实行可调整的有明确汇率波动幅度限制的固定汇率制度。

(3) 取消对经常账户交易的外汇管制，但是对国际资金流动做出了一定的限制。

3. 布雷顿森林体系的崩溃

布雷顿森林体系运行初期，欧洲主要国家的货币都不能自由兑换，美国通过国际收支逆差向各国输出美元，但由于数量有限，世界一度陷入“美元荒”的局面。后来，随着其他国家手中美元数量的不断增加，“美元荒”逐渐演变成了“美元灾”，人们对美元的信心也随之逐渐丧失。接下来，美元的信用基础发生动摇，兑换黄金的基础被不断削弱。

1973 年年初新一轮的投机风暴再次席卷美元，同年 3 月维持布雷顿森林体系的国家最终放弃了努力。至此，布雷顿森林体系彻底崩溃。

4. 布雷顿森林体系的特征

(1) 布雷顿森林体系属于金汇兑本位制，美元因与黄金挂钩而等同于黄金。

(2) 在该体系下，实行可调整的固定汇率制度。游戏规则不对称，美国以外的国家需要承担本国货币与美元汇率保持稳定的义务。

(3) 国际货币基金组织作为一个新兴机构成为国际货币体系的核心。

【例 10-14】 美元等同于黄金，实行可调整的固定汇率制度，是(　　)的特征。(2013 年单选题)

A. 布雷顿森林体系　　　　B. 国际金本位制

C. 牙买加体系　　　　　　D. 国际金块—金汇兑本位制

【解析】A　布雷顿森林体系下人为规定金平价，即美元按照每盎司黄金 35 美元的官价与黄金挂钩，其他国家的货币与美元挂钩。此外，还人为规定实行可调整的固定汇率制度。

【例 10-15】 布雷顿森林体系所实行的汇率制度属于(　　)。(2012 年单选题)

A. 人为的可调整的固定汇率制　　B. 人为的不可调整的固定汇率制

C. 自发的不可调整的固定汇率制　D. 自发的可调整的固定汇率制

【解析】A　布雷顿森林体系是“二战”后的一个国际汇率制度，即是以美元为中心的固定汇率，可以调整。

(三) 牙买加体系

1. 牙买加体系的建立

1973 年布雷顿森林体系彻底崩溃后，主要国际货币的汇率相继浮动，从此进入浮动汇率制度时代。1976 年 1 月，在牙买加首都金斯敦签署了一项新的协议——“牙买加协议”。同年 4 月 1 日，经国际货币基金组织修订，“牙买加协议”正式生效，从而国际货币体系迈入了一个新的时代——牙买加体系。

2. 牙买加体系的内容

(1) 浮动汇率合法化。

(2) 黄金非货币化。

(3) 扩大特别提款权的作用。

(4) 扩大发展中国家的资金融通且增加会员国的基金份额。

3. 牙买加体系的发展

从目前来看，牙买加体系的运行情况良好，且在该体系下，国际间的经济往来得到了极大的加强。在此体系中，美元仍然居于主导地位，但是其他主要货币的地位也得到了相应的提升。

4. 牙买加体系的特征

(1) 国际储备多样化。

(2) 汇率制度安排多元化。

(3) 黄金非货币化。

(4) 通过多种国际收支调节机制解决国际收支困难。

【例 10-16】 在国际货币体系中，现行牙买加体系的内容有(　　)。(多选题)

A. 国际资本的自由流动　　B. 浮动汇率制合法化

C. 黄金非货币化　　D. 扩大特别提款权的作用

E. 扩大对发展中国家的融资

【解析】BCDE　牙买加体系的内容：①浮动汇率合法化；②黄金非货币化；③扩大特别提款权的作用；④扩大发展中国家的资金融通且增加会员国的基金份额。

(四) 欧洲货币一体化

欧洲货币一体化旨在欧洲有关国家之间建立一个“货币稳定区域”，从而使成员国免受不稳定因素的影响。

1. 欧洲货币一体化的进程

欧洲货币一体化的起源可以追溯到 1950 年欧洲支付同盟的成立。

1978 年，欧共体各国达成一致协议，决定于 1979 年 1 月 1 日建立欧洲货币体系，重新拉开了欧洲货币一体化进程的帷幕。该体系主要包括三个方面的内容：创设欧洲货币单位；建立稳定汇率机制；设立欧洲货币合作基金。

自 20 世纪 80 年代下半期起，欧洲一体化进程明显加快。

1990 年欧洲国家与政府首脑批准了《欧洲联盟条约》草案，简称《马约》。《马约》的通过为欧洲货币联盟制定了详细的时间表，计划分三个时间段花 10 年的时间完成货币联盟。

2. 欧元的启动

1998 年确认奥地利、比利时、芬兰、法国、德国、爱尔兰、意大利、卢森堡、西班牙、荷兰和葡萄牙这 11 个国家于 1999 年 1 月 1 日成为欧元创始国。随后，欧洲中央银行成立并于 1999 年 1 月 1 日开始制定并执行欧元区 11 国的统一的货币政策。至此，欧元开始正式启动，欧元的诞生最终实现了欧洲货币一体化。

截至 2014 年 1 月 1 日，拉脱维亚已成为第 18 个使用欧元的欧盟成员国。

【例 10-17】 与传统的国际金融市场不同，欧洲货币市场从事(　　)。(单选题)

A. 居民与非居民之间的借贷　　B. 非居民与非居民之间的借贷

C. 居民与非居民之间的外汇交易　　D. 非居民与非居民之间的外汇交易

【解析】B　欧洲货币一体化旨在欧洲有关国家之间建立一个“货币稳定区域”，从而使成员国免受不稳定因素的影响。

第五节　离岸金融市场

考点十　离岸金融市场

(一) 离岸金融市场的含义

离岸金融市场是指在非居民与非居民之间，从事离岸货币(也称境外货币)借贷的市场。

最初的离岸金融市场就是欧洲货币市场，后来才衍生出欧洲债券市场等其他离岸金融活动。

（二）离岸金融中心

离岸金融市场是由众多分布在世界各地区的金融中心组成。在这些国际金融中心，离岸金融业务比较集中，所以称为离岸金融中心。从地理分布上来看，欧洲有伦敦、巴黎和英属维尔京群岛等，北美洲有纽约和芝加哥等，亚洲有中国香港、东京、新加坡和中东的巴林等，加勒比海地区有巴哈马、开曼、巴拿马和百慕大等，此外地中海、大西洋和太平洋等地还有众多新兴的区域性中心。

从离岸金融业务与国内金融业务的关系来看，离岸金融中心有三种类型，见表10-10。

表 10-10　离岸金融中心的三种类型

类　型	特　点	典型例子
伦敦型中心	① 交易的货币币种是不包括市场所在国货币的其他货币 ② 经营范围比较宽泛，市场的参与者可以同时经营在岸金融业务和欧洲货币等离岸金融业务 ③ 对经营离岸业务没有严格的申请程序 这些特点使得各种金融业务融为一体，非居民之间的交易和居民与非居民之间的交易没有严格的界限，所以又称为一体型中心	伦敦、中国香港
纽约型中心	① 欧洲货币业务包括市场所在国货币的非居民之间的交易 ② 管理上对境外货币和境内货币严格分账 在纽约型中心，对居民的存放业务与对非居民的业务分开，离岸金融业务与国内金融业务分开，所以又称为分离型中心	日本东京的海外特别账户、新加坡的亚洲货币单位等
避税港型中心	① 资金流动几乎不受任何限制，且免征有关税收 ② 资金来源于非居民，也运用于非居民 ③ 市场上几乎没有实际的交易，而只是起着其他金融中心资金交易的记账和转账作用，所以又称为走账型或簿记型中心	巴哈马、开曼，加勒比海的百慕大、巴拿马，西欧的马恩岛等

【例 10-18】 资金流动几乎不受任何限制，且免征有关税收是(　　)离岸金融中心的特点。（2014 年单选题）

A. 伦敦型　　　　B. 纽约型

C. 避税港型　　　　D. 巴哈马型

【解析】 C　避税港型离岸金融中心的特点包括：资金流动几乎不受任何限制，且免征有关税收；资金来源于非居民，也运用于非居民；市场上几乎没有实际的交易，而只是起着其他金融中心资金交易的记账和转账作用，所以又称为走账型或簿记型中心。

（三）欧洲货币市场

1. 欧洲货币市场的含义

欧洲货币市场是指专门从事境外货币存放借贷的市场。

2. 欧洲货币市场的特点

欧洲货币市场有其特定的交易客体、交易主体和交易中介等，形成了区别于其他国际金融市场的独特性质。

(1) 欧洲货币市场的交易客体是欧洲货币。

(2) 欧洲货币市场的交易主体主要是市场所在地的非居民。

(3) 欧洲货币市场的交易中介是欧洲银行。欧洲银行专指那些经营欧洲货币业务的银行。

3. 欧洲货币市场的构成

(1) 欧洲银行同业拆借市场。

欧洲货币市场存在发达的银行同业市场的原因有：各国商业银行常常在欧洲货币市场上借款以满足本国对准备金的要求；资金由拥有过剩存款的欧洲银行流向最终客户，需要经过一系列的银行中介；银行在各货币间进行短期套利。

在这个市场上，银行同业之间拆借欧洲货币的定期存款。标准的期限有 1 个月、2 个月、3 个月、6 个月、9 个月和 12 个月，也有一些 1 天、1 周和 2 周的定期存款。这些定期存款的交割日(起息日)规定与外汇交易相同，一般在交易后的第二个营业日进行。其他存款还有隔夜存款、隔日存款，这两种存款是通过掉期交易实现的。

银行同业拆借实行双向报价制，即同时报出出价和要价利率，对方可以根据需要选择是存款还是借款。出价利率是指报价银行从其他银行吸收存款的利率。要价利率是指对其他银行贷款的利率。要价和出价利率之差是银行从事交易的收益。

(2) 欧洲中长期信贷市场。中长期贷款的主要形式有银团贷款和双边贷款。

① 银团贷款。银团贷款是向非银行借款人提供欧洲中长期贷款的主要形式。对于国际组织、各国政府、大公司等借款人来说，资金需求数量大而且期限长，银行往往面临较大的潜在风险。这时往往由几家、十几家甚至几十家来自不同国家的银行组成贷款辛迪加，通过一家或几家信誉较高的大银行出面牵头，按照相同条件共同向借款人提供贷款。这就是所谓的银团贷款，又称辛迪加贷款。

② 双边贷款。除银团贷款这种典型形式外，金额较低，期限较短的中期贷款一般只由一家银行提供，这种形式的贷款被称为双边贷款，或独家银行贷款。除利率结构与银团贷款相同之外，其他费用较低，有时甚至全免。

(3) 欧洲债券市场。

① 欧洲债券的含义。

表 10-11 从债券发行人身份来看的债券分类

国内债券	市场所在地的本国发行人发行的债券	
国际债券	外国债券	非居民在异国市场上以市场所在地货币为面值发行的国际债券
	欧洲债券	在某货币发行国以外，以该国货币为面值发行的债券

特别提款权不是任何国家的法定货币，因此以其为面值的国际债券都是欧洲债券。

② 欧洲债券市场的结构。欧洲债券市场是欧洲债券发行与流通的市场。其中，欧洲债券的新发行市场，即实现债券由发行人流向投资者的市场叫作一级市场；已发行的欧洲债券在

不同投资者之间买卖形成的市场叫作二级市场。

欧洲债券市场主要参与者：发行人、投资者、中介机构。

【例 10-19】 某国在英国发行的美元债券属于(　　)。(2011 年单选题)

A. 欧洲债券　　B. 英国债券

C. 国内债券　　D. 美国债券

【解析】 A　欧洲债券是指在某货币发行国以外，以该国货币为面值发行的债券。特别提款权不是任何国家的法定货币，因此以其为面值的国际债券都是欧洲债券。

第六节　外汇管理与外债管理

考点十一　外汇管理

外汇管理的概述见表 10-12。

表 10-12　外汇管理的概述

含义	狭义的外汇管理又称外汇管制，是指对外汇兑换施加的限制性措施，主要表现为对外汇可得性和价格的限制	在我国，具体的外汇管理由国家外汇管理局这一专门机构负责
	广义的外汇管理既包括外汇管制，也包括为实施外汇管制或其他管制措施而采取的配套管理措施	
目的	① 促进国际收支平衡或改善国际收支状况 ② 稳定本币汇率，控制涉外经济活动中的汇率风险 ③ 防止资本外逃或大规模投机性资本冲击，维护金融市场的稳定和金融安全 ④ 增加外汇储备 ⑤ 有效利用外汇资金，推动重点产业的发展 ⑥ 增强商品的国际竞争力 ⑦ 维护金融安全	
弊端	① 扭曲汇率，造成资源配置低效率 ② 导致寻租和腐败行为 ③ 导致非法地下金融蔓延 ④ 导致收入分配不公 ⑤ 不利于经济的长远发展	

考点十二　货币可兑换

(一) 货币可兑换的含义与类型

货币可兑换是相对于外汇管制而言的，在纸币流通条件下，是指居民不受官方的限制，按照市场汇率自由地将本国货币与外国货币相兑换，用于对外支付或作为资产来持有。

依据可兑换程度划分，货币可兑换分为完全可兑换和部分可兑换，见表 10-13。

表 10-13　货币可兑换的类型

货币可兑换	完全可兑换	一国或某一货币区的居民可以在国际收支的所有项目下，自由地将本国货币与外国货币相兑换
	部分可兑换	一国或某一货币区的居民可以在部分国际交易项目下，为支付国际货物、服务交易的目的，而自由地将本国货币与外国货币相兑换，此时并不必对其他项目实行货币可兑换

(二) 经常项目可兑换的标准与内容

根据国际货币基金组织协定，成员国如接受了第八条款规定的义务，则该国成为国际货币基金组织第八条款成员国，其货币将被视为可兑换货币。第八条主要内容包括：

(1) 不得对经常性国际交易的付款和资金转移施加限制；

(2) 不得实施歧视性货币措施和复汇率政策；

(3) 成员国对其他国家所持有的本国货币，如对方提出申请并说明这部分货币结存系从经常性交易中获得的，则应予购回。

国际货币基金协定第三十条对经常性交易规定如下：①所有同外贸和其他经常性业务(其中包括服务）以及正常的银行短期信贷业务相关的支付；②应付贷款利息和其他投资净收益的支付；③数额不大的偿还贷款本金的或摊提直接投资折旧的支付；④数额不大的家庭生活费用汇款。

国际货币基金组织的货币可兑换主要是指经常项目可兑换。特别是国际货币基金组织协定第六条款规定，成员国在必要时可以对国际资本流动施加管制。

【例 10-20】 如果我国允许国内企业为支付商品或劳务进口而自由地将人民币兑换为外币，则说明人民币实现了(　　)。(2014 年单选题)

A. 自由兑换　　　　B. 完全可兑换

C. 资本项目可兑换　　　　D. 经常项目可兑换

【解析】D　部分可兑换是指一国或某一货币区的居民可以在部分国际交易项目下，如经常项目或资本项目，为支付国际货物、服务交易的目的，而自由地将本国货币与外国货币相兑换，此时并不必对其他项目实行货币可兑换。

(三) 资本项目可兑换

资本项目可兑换就是实现货币在资本与金融账户下各交易项目的可兑换。

一国要实现资本项目可兑换需要的条件：

(1) 稳定的宏观经济环境；

(2) 稳健的金融体系；

(3) 弹性的汇率制度。

考点十三　我国的外汇管理体制

(一) 我国外汇管理体制的改革

改革开放以前，一直实行比较严格的外汇管制。

1996 年 12 月我国实现了人民币经常项目可兑换、对资本项目外汇进行严格管理，初步建立了适应社会主义市场经济的外汇管理体制。

(二) 对人民币经常项目可兑换条件下经常项目的管理

1996 年实现人民币经常项目可兑换后，经常项目外汇管理仍然实行真实性审核。

(1) 经常项目外汇收入，可以按照国家有关规定保留或者卖给经营结汇、售汇业务的金融机构。

(2) 经常项目外汇收支应当具有真实、合法的交易基础。

(3) 境内机构经常项目用汇，除个别项目须经外汇管理部门进行真实性审核外，可以直接按照市场汇率凭相应的有效凭证用人民币向外汇指定银行购汇或从其外汇账户上对外支付。

(4) 实行进出口收付汇核销制度。

【例 10-21】 1996 年 12 月以来，我国实现了人民币(　　)。(单选题)

A. 经常项目可兑换　　B. 资本项目可兑换

C. 完全可兑换　　D. 金融账户可兑换

【解析】A　1996 年 12 月我国实现了人民币经常项目可兑换、对资本项目外汇进行严格管理，初步建立了适应社会主义市场经济的外汇管理体制。

(三) 人民币经常项目可兑换条件下的资本项目管理

按照“循序渐进、统筹规划、先易后难、留有余地”的改革原则，我国在逐步推进资本项目可兑换。目前，除国务院另有规定外，资本项目外汇收入均需调回境内。

1. 直接投资

外商投资企业的资本金、投资资金等需开立专项账户保留；外商投资项下外汇资本金结汇可持相应材料直接到外汇局授权的外汇指定银行办理，其他资本项下外汇收入经外汇管理部门批准后可以结汇；外商投资企业资本项下支出经批准后可以从其外汇账户中汇出或者购汇汇出。

2. 证券投资

在证券资金流入环节，境外投资者可直接进入境内 B 股市场，无须审批；境外资本可以通过合格境外机构投资者间接投资境内 A 股市场，买卖股票、债券等，但合格境外机构投资者的境内证券投资必须在批准的额度内；境内企业经批准可以通过境外上市(H股)，或者发行债券，到境外募集资金调回使用。证券资金流出逐步放松，渠道增加。外汇指定银行可以买卖境外非股票类证券；允许符合条件的银行集合境内机构和个人的人民币资金，在一定额度内购汇投资于境外固定收益类产品；允许符合条件的基金管理公司等证券经营机构在一定额度内集合境内机构和个人自有外汇，用于在境外进行的包含股票在内的组合证券投资；允许符合条件的保险机构运用自有外汇或购汇投资于境外固定收益类产品及货币市场工具，购汇额按保险机构总资产的一定比例控制。

3. 其他投资

对外债实行计划管理。允许境内居民(法人和自然人)以特殊目的公司的形式设立境外融资平台，通过反向并购、股权置换、可转债等资本运作方式在国际资本市场上从事各类股权融资活动；允许跨国公司在集团内部开展外汇资金运营；允许个人将合法财产对外转移。

【例 10-22】 在我国实行人民币经常项目可兑换条件下的资本项目管理情况下，境外资本可以通过证券投资的渠道进入我国，具体的进入方式有(　　)。(多选题)

A. 投资于 B 股市场　　B. 投资于中央银行票据

C. 投资于银行承兑汇票　　D. 通过合格境外机构投资者间接投资于 A 股市场

E. 投资于银行理财产品

【解析】AD　本题考查人民币经常项目可兑换条件下的资本项目管理。在证券资金流入环节，境外投资者可直接进入境内 B 股市场，无须审批；境外资本可以通过合格境外机构投资者间接投资于境内 A 股市场，如买卖股票、债券等。

考点十四　外债管理

(一) 外债与外债管理的概念

外债是指在任何特定时间内，一国居民对非居民承担的具有契约性偿还责任的债务，包括本金的偿还和利息的支付。

外债管理是指一国政府对外债及其运行加以控制和监督。同样，外债管理是由外债管理主体，运用外债管理方法，作用于外债管理客体的运行系统。

(二) 外债总量管理与结构管理

1. 外债总量管理

外债总量管理的核心，是使外债总量适度，不超过债务国的吸收能力。外债的吸收能力取决于债务国的负债能力和偿债能力两个方面。前者决定债务国能否将借入的外债消化得了，使用得起；后者决定债务国对外债能否偿还得起。

目前，世界各国监测外债总量是否适度主要有四个指标，见表 10-14。

表 10-14　相关指标

指　标	定　义	公　式	标　准
负债率	当年未清偿外债余额与当年国民生产总值的比率	负债率=当年未清偿外债余额/当年国民生产总值×100%	根据国际上通行的标准，20%的负债率、100%的债务率、25%的偿债率和 25%的短期债务率是债务国控制外债总量的警戒线
债务率	当年未清偿外债余额与当年货物服务出口总额的比率	债务率=当年未清偿外债余额/当年货物服务出口总额×100%	
偿债率	当年外债还本付息总额与当年货物服务出口总额的比率	偿债率=当年外债还本付息总额/当年货物服务出口总额×100%	
短期债务率	当年外债余额中，一年和一年以下期限的短期债务所占的比重	短期债务率=短期外债余额/当年未还清外债余额×100%	

2. 外债结构管理

外债结构管理的核心，是优化外债结构。外债结构是指外债的各构成部分在外债总体中的排列组合与相互地位。

外债结构的优化具体包括以下几个方面：

①外债种类结构的优化；②外债期限结构的优化；③外债利率结构的优化；④外债币种结构的优化；⑤外债国别结构的优化；⑥外债投向结构的优化。

【例 10-23】 外债结构管理的核心是(　　)。(2011 年单选题)

A. 保持适当外债总量　　B. 优化外债结构

C. 强化偿债能力　　D. 强化营运能力

【解析】B 外债结构管理的核心，是优化外债结构。外债结构是指外债的各构成部分在外债总体中的排列组合与相互地位。

【例 10-24】 用来衡量外债总量是否适度的债务率指标等于(　　)。(2014 年单选题)

A. 当年未清偿外债余额/当年国民生产总值 × 100%

B. 当年未清偿外债余额/当年货物服务出口总额 × 100%

C. 当年外债还本付息总额/当年货物服务出口总额 × 100%

D. 当年外债还本付息总额/当年国民生产总值 × 100%

【解析】B 本题考查债务率的公式。债务率=当年未清偿外债余额/当年货物服务出口总额 × 100%。

【例 10-25】 用来监测外债总量是否适度的短期债务率指标的警戒线是(　　)。(2014 年单选题)

A. 20%　　B. 25%　　C. 50%　　D. 100%

【解析】B 20％的负债率、100％的债务率、25％的偿债率和 25％的短期债务率是债务国控制外债总量的警戒线。

考点十五　我国外债管理体制

(一) 我国的外债情况

外债绝对规模较大，但负债率、债务率和偿债率等有关指标一直低于国际公认的警戒线。

我国外债的总体结构特征是：①在外债的期限结构上，短期债务率偏高，占 79%左右；②在外债债务人结构上，中资金融机构债务占比略高于外商投资企业和外资金融机构的债务占比；③在外债币种结构上，美元占比偏高，占 80%左右；④在外债投向结构上，主要投向制造业、交通运输业等。

(二) 我国的外债管理制度

我国对外债实行计划管理，金融机构和中资企业借用一年期以上的中长期外债需纳入国家利用外资计划。一年期以内(含一年)的短期外债由国家外汇管理局管理。外商投资企业借用国际商业贷款不需事先批准，但其短期外债余额和中长期外债累计发生额之和要严格控制在其投资总额与注册资本额的差额内。所有的境内机构(包括外商投资企业)借用外债后，均须及时到外汇局定期或者逐笔办理外债登记。实行逐笔登记的外债，其还本付息都需经外汇局核准(银行除外)。地方政府不得对外举债。境内机构发行商业票据由国家外汇管理局审批，并占用其短贷指标。

另外，将境内机构180天(含)以上、等值20万美元(含)以上延期付款纳入外债登记管理；境内注册的跨国公司进行资金集中运营的，其吸收的境外关联公司资金如在岸使用，纳入外债管理；境内贷款项下境外担保按履约额纳入外债管理，并且企业中长期外债累计发生额、短期外债余额以及境外机构和个人担保履约额之和，不得超过其投资总额与注册资本的差额。

对外担保属于或有债务，其管理参照外债管理，仅限于经批准有权经营对外担保业务的金融机构和具有代位清偿债务能力的非金融企业法人可以提供。

同 步 自 测

一、单项选择题

1. 根据我国现行有关规定，银行对客户的美元挂牌汇价实行价差幅度管理，美元现汇卖出价与买入价之差不得超过交易中间价的(　　)。

A. 0.5%　　B. 1%　　C. 3%　　D. 4%

2. 假设美元的利率为6%，人民币的利率为2%，则3个月的远期美元对人民币(　　)。

A. 升水4%　　B. 贴水4%　　C. 升水1%　　D. 贴水1%

3. 在签订对外经济贸易合同时控制汇率风险的首要步骤是(　　)。

A. 选择有利的合同货币　　B. 加列合同条款

C. 进行即期外汇交易　　D. 提前或延期结汇

4. 在独立浮动汇率制度下，中央银行在外汇市场干预的目的是(　　)。

A. 防止汇率过度波动　　B. 确立合理的汇率水平

C. 防止货币投机性冲击　　D. 保持货币的独立性

5. 从短期看，利率影响汇率的主要途径是(　　)。

A. 推动供给　　B. 影响通货膨胀率

C. 资本流动　　D. 拉动需求

6. 货币对外可兑换的目的和实质是(　　)。

A. 消除资本管制　　B. 消除复汇率制

C. 消除外汇管制　　D. 杜绝外汇黑市

7. 政府在不特别指明或事先承诺汇率目标的情况下，通过积极干预外汇市场来影响汇率变动。按国际货币基金的划分，这种汇率制度是(　　)。

A. 传统的盯住汇率制　　B. 爬行区间内盯住汇率制

C. 单独浮动　　D. 有管理浮动

8. 根据国际货币基金组织的划分，比传统盯住安排弹性小的汇率安排是(　　)。

A. 水平区间内盯住汇率制　　B. 爬行盯住汇率制

C. 货币局制　　D. 爬行区间内盯住汇率制

9. 我国银行间外汇市场的调控者是(　　)。

A. 国家外汇管理局　　B. 中国人民银行

C. 中国外汇交易中心　　D. 银监会

10. 在法定的复汇率制中，与金融汇率相比，本币在贸易汇率中相对低估，其目的是(　　)。

A. 鼓励资本流入　　B. 抑制资本流入

C. 刺激出口抑制进口　　D. 刺激进口抑制出口

11. 在下列项目中，应记入国际收支平衡表借方的是(　　)。

A. 货物出口　　B. 外商投资企业利润再投资

C. 外汇储备减少　　D. 对外提供无偿援助

12. 在国际金本位的黄金时期，(　　)是汇率变动的上下限。

A. 购买力平价　　B. 利率平价

C. 黄金输送点　　D. 铸币平价

13. 非居民在异国债券市场上以市场所在地货币为面值发行的国际债券称为(　　)。

A. 外国债券　　B. 欧洲债券

C. 亚洲债券　　D. 国际债券

14. 从 2005 年 7 月 21 日开始，我国开始实行以市场供求为基础的、参考一篮子货币进行调节、(　　)浮动汇率制。

A. 双重官方的　　B. 官方汇率与调剂市场汇率并存的

C. 无管理的　　D. 有管理的

15. 如果通货膨胀低于他国，则该国货币在外汇市场上趋于(　　)。

A. 贬值　　B. 升值　　C. 贴水　　D. 升水

16. 外债结构管理的核心是(　　)。

A. 保持适当外债总量　　B. 优化外债结构

C. 强化偿债能力　　D. 强化营运能力

17. 外债总量管理的核心是使外债总量适度，不超过债务国的(　　)。

A. 营运能力　　B. 负债能力　　C. 吸收能力　　D. 管理能力

18. 官方按照预先宣布的固定汇率，根据若干量化指标的变动，定期小幅度调整汇率，这种汇率制度是(　　)。

A. 货币局制　　B. 固定汇率制

C. 联系汇率制　　D. 爬行盯住汇率制

19. 根据国际货币基金组织的最新划分，欧元区十二国属于(　　)。

A. 无单独法定货币的汇率　　B. 货币局安排

C. 传统盯住安排　　D. 有管理浮动

20. 国际储备的基本功能是(　　)。

A. 弥补国际收支逆差　　B. 维持国际资信

C. 稳定本币汇率　　D. 维持投资环境

21. 布雷顿森林体系所实行的汇率制度是(　　)。

A. 可调整的固定汇率制　　B. 不可调整的固定汇率制

C. 浮动汇率制　　D. 有管理的浮动汇率制

22. 按照货币可兑换的范围，货币可分为(　　)。

A. 完全兑换与部分兑换　　B. 部分可兑换和资本项目可兑换

C. 对内可兑换和对外可兑换　　D. 经常项目可兑换和资本项目可兑换

23. 目前，我国和世界上绝大多数国家和地区采用的外汇标价方法是(　　)。
A. 直接标价法　　B. 间接标价法
C. 应收标价法　　D. 单式标价法
24. 21 世纪国际资本流动出现的一个新特点是(　　)。
A. 以官方资本为主　　B. 发展中国家成为资本净输出国
C. 直接投资剧减　　D. 发展中国家成为资本净输入国
25. 根据国际货币基金组织的规定，货币可兑换的概念主要是指(　　)。
A. 经常项目可兑换　　B. 资本项目可兑换
C. 完全项目可兑换　　D. 完全可兑换
26. 下列关于外债范畴的表述不正确的是(　　)。
A. 外债包括本金的偿还和利息的支付　　B. 外债包括外国政府和企业的贷款
C. 外债也包括买方信贷和发行外币债券　　D. 外国的股权投资也属于外债

二、多项选择题

1. 资本流动对资本流出国的积极影响主要有(　　)。
A. 提高资本收益　　B. 引进先进技术设备和管理经验
C. 带动商品出口　　D. 增加就业机会　　E. 提高国际地位
2. 世界各国用来监测外债总量是否适度的指标主要有(　　)。
A. 投资收益率　　B. 负债率　　C. 债务率
D. 偿债率　　E. 短期债务率
3. 欧洲货币市场的特点有(　　)。
A. 欧洲货币市场的交易中介是世界银行
B. 欧洲货币市场的交易客体是欧洲货币
C. 欧洲货币市场的交易主体主要是市场所在地的非居民
D. 欧洲货币市场的交易主体主要是市场所在地的居民
E. 欧洲货币市场的交易中介是欧洲银行
4. 一国当前汇率制度是水平区间的盯住安排，现在要扩大汇率弹性，可供选择的汇率安排有(　　)。
A. 货币局制　　B. 爬行盯住汇率制　　C. 单独浮动
D. 传统的盯住汇率制　　E. 事先不公布汇率目标的管理浮动
5. 从离岸金融业务与国内金融业务的关系看，离岸金融中心的类型有(　　)。
A. 伦敦型中心　　B. 纽约型中心　　C. 避税港型中心
D. 欧洲型中心　　E. 亚洲型中心
6. 非市场化的汇率形成机制对外汇市场和宏观经济运行带来的问题主要有(　　)。
A. 市场缺乏价格发现功能
B. 绝大部分外汇资金不能被企业运用
C. 外汇资金的成本被人为降低
D. 外汇市场运行效率低下
E. 中央银行干预外汇市场的被动性导致货币政策失去自主性

7. 下列选项属于汇率制度的内容的有(　　)。
   A. 规定影响和干预汇率变动的方式
   B. 规定本国货币对外价值
   C. 规定汇率的波动幅度
   D. 规定本国货币与其他货币的汇率关系
   E. 规定本国货币的升值或贬值

8. 当一国同时存在通货膨胀与国际收支顺差时，应当采取的政策有(　　)。
   A. 松的财政政策　　B. 紧的财政政策
   C. 松的货币政策　　D. 紧的货币政策
   E. 本币升值

9. 利率对汇率的影响尤为显著，提高利率引起货币升值的传导机制有(　　)。
   A. 资本流出　　B. 吸引资本流入
   C. 抑制通货膨胀　　D. 扩张总需求
   E. 抑制总需求

10. 国际储备包括(　　)。
   A. 黄金储备　　B. 外汇储备　　C. 持有的外国债券
   D. 在国际货币基金组织的储备头寸　　E. 特别提款权(SDR)

11. (　　)与(　　)并存的汇率制度叫作双轨制汇率。
   A. 市场汇率　　B. 贸易汇率　　C. 官方汇率
   D. 金融汇率　　E. 复制汇率

12. 一国要实现资本项目完全可兑换需要的条件包括(　　)。
   A. 稳定的宏观经济环境　　B. 稳健的金融体系
   C. 利率市场化　　D. 弹性的汇率制度
   E. 充足的外汇储备

13. 下列不属于外债范畴的是(　　)。
   A. 外国政府贷款　　B. 国际金融组织贷款
   C. 外国直接投资　　D. 外国企业贷款
   E. 外国股票投资

三、案例分析题

2005 年 7 月 21 日，在主动性、可控性、渐进性原则的指导下，人民币汇率形成机制改革启动，开始实行以市场供求为基础、参考一篮子货币进行调节、有管理的浮动汇率制度，两年来先后推出了一系列的改革措施，外汇市场基础设施建设取得重大进展，人民币汇率弹性逐步扩大，并形成双向波动的格局，呈现稳中有升的态势。截至 2007 年 7 月 17 日，人民币对美元累计升值 9.4%，人民币有效汇率升值约 4%，且波动性逐渐减弱，参考一篮子货币的作用开始显现。

根据上述资料，回答下列问题。

1. 以下因素中支持我国选择较大弹性汇率制度的是(　　)。

A. 出口对 GNP 的比率高　　B. 经济规模大

C. 贸易商品结构和地域分布多样化　　D. 较低的通货膨胀率

2. 参考一篮子货币不仅扩大了汇率弹性，而且改变了汇率政策目标。在新的汇率制度下，汇率政策目标是(　　)。

A. 稳定人民币对美元的双边汇率　　B. 稳定人民币的名义有效汇率

C. 盯住美元　　D. 盯住一篮子货币

3. 银行间市场是外汇市场的核心，改革后银行间市场的交易机制包括(　　)。

A. 双向交易　　B. 单向交易

C. 询价交易　　D. 美元做市商制度

4. 以下因素中导致人民币汇率升值的是(　　)。

A. 国际收支持续双顺差　　B. 通货膨胀率比美国高

C. 人民币利率不断提高　　D. 取消出口退税

5. 汇率浮动凸显汇率风险管理的重要性。在当前人民币汇率预期下，如果进口商采取提前或延期结汇方法管理汇率风险，那么正确的操作是(　　)。

A. 提前付汇　　B. 提前收汇

C. 延期付汇　　D. 延期收汇

同步自测解析

一、单项选择题

1. **【解析】**B　在我国，银行对客户美元挂牌汇价实行价差幅度管理，美元现汇卖出价与买入价之差不得超过交易中间价的 1%；现钞卖出价与买入价之差不得超过交易中间价的 4%；银行可在规定价差幅度内自行调整当日美元挂牌价格。

2. **【解析】**D　根据抛补利率平价说，高利率的货币远期贴水，低利率的货币远期升水，年升贴水率等于两国的利差。6%−2%=4%，全年贴水 4%，换成 3 个月则是 1%。

3. **【解析】**A　在对外贸易中选择有利的货币是汇率风险管理的首要步骤。

4. **【解析】**A　在独立浮动汇率制度下，外汇干预的目的是减小汇率波动以防止汇率过度波动，而不是确立一个汇率水平。

5. **【解析】**C　提高利率会吸引资本流入，在外汇市场上形成对该国货币的需求，导致本币升值。当前国际金融市场上存在大量对利率变动异常敏感的国际游资，所以从短期来看，资本流动是利率影响汇率的主要途径。

6. **【解析】**C　对外可兑换是指居民可以在境外自由持有外汇资产和自由对外支付，但并不一定意味着居民可以在境内自由持有外汇资产和兑换外汇。对外可兑换的目的和实质是消除外汇管制。

7. **【解析】**D　有管理浮动汇率制度，是指政府在不特别指明或事先承诺汇率目标的情况下，通过积极干预外汇市场来影响汇率变动。

8. 【解析】C　国际浮动汇率制度下的汇率安排体系，按照汇率弹性由小到大划分依次为：货币局制、传统的盯住汇率制、水平区间内盯住汇率制、爬行盯住汇率制、爬行区间盯住汇率制、事先不公布汇率目标的管理浮动、单独浮动，比传统的盯住汇率制弹性小的只有货币局制。

9. 【解析】B　中央银行是市场的调控者，它负责实施货币政策，采取利率和信贷等间接调控手段，影响外汇供求，从而影响汇率水平。

10. 【解析】C　法定的复汇率制即政府同时规定两种或两种以上的官方汇率。一些国家规定不同的贸易汇率和金融汇率。与金融汇率相比，本币在贸易汇率中相对被低估，以刺激出口抑制进口。

11. 【解析】D　复式记账法是编制国际收支平衡表的一种方法，其记入国际收支平衡表借方的项目是：货物和服务的进口、收益支出、对外提供的货物和资金无偿援助，金融资产的增加和金融负债的减少。

12. 【解析】C　在国际金本位黄金时期，黄金输送点是汇率变动的上下限。

13. 【解析】A　非居民在异国债券市场上以市场所在地货币为面值发行的国际债券被称为外国债券。

14. 【解析】D　从 2005 年 7 月 21 日开始，我国开始实行以市场供求为基础的、参考一篮子货币进行调节、有管理的浮动汇率制。

15. 【解析】B　在相对通货膨胀率中，如果通货膨胀高于他国，则该国货币在外汇市场上趋于贬值；反之趋于升值。

16. 【解析】B　外债结构管理的核心是优化外债结构。

17. 【解析】C　外债总量管理的核心是使外债总量适度，不得超过债务国的吸收能力。

18. 【解析】D　爬行盯住汇率制是指官方按照预先宣布的固定汇率，根据若干量化指标的变动，定期小幅度调整汇率。

19. 【解析】A　最典型的欧元区十二国属于无单独法定货币的汇率。

20. 【解析】A　国际储备的基本功能是弥补国际收支逆差。

21. 【解析】A　布雷顿森林体系所实行的汇率制度是可调整的固定汇率制。

22. 【解析】C　依照货币可兑换的范围可分为对内可兑换和对外可兑换。

23. 【解析】A　直接标价法又称应付标价法，是以一定整数单位(1，100，10 000 等)的外国货币为标准，折算为若干单位的本国货币。目前，我国和世界其他绝大多数国家和地区都采用直接标价法。

24. 【解析】B　国际资本流动出现的新特点是发展中国家成为资本净输出国。

25. 【解析】A　国际货币基金组织的货币可兑换主要是指经常项目可兑换。

26. 【解析】D　外国的股权投资不属于外债。

二、多项选择题

1. 【解析】ACE　国际资本流动对资本流出国的积极影响有：①有利于提高资本收益；②有利于带动商品出口；③有利于提高国际地位。

2. 【解析】BCDE　目前，世界各国用来监测外债总量是否适度的指标主要有：①负债率；②债务率；③偿债率；④短期债务率。

3. 【解析】BCE　欧洲货币市场有特定的交易客体、交易主体和交易中介，由此其形成了区别于其他国际金融市场的独特性质：欧洲货币市场的交易客体是欧洲货币；欧洲货币市场的交易主体主要是市场所在地的非居民；欧洲货币市场的交易中介是欧洲银行。

4. 【解析】BCE　根据国际货币基金组织的划分，按照汇率弹性由小到大，目前的汇率制度安排主要有：货币局制、传统的盯住汇率制、水平区间内盯住汇率制、爬行盯住汇率制、爬行区间盯住汇率制、事先不公布汇率目标的管理浮动及单独浮动。比水平区间的盯住安排汇率弹性大的汇率制度有爬行盯住汇率制、爬行区间盯住汇率制、事先不公布汇率目标的管理浮动、单独浮动。

5. 【解析】ABC　从离岸金融业务与国内金融业务的关系来看，离岸金融中心有三种类型：伦敦型中心、纽约型中心和避税港型中心。

6. 【解析】ABDE　非市场化的汇率形成机制下的汇率是官方汇率，其对外汇市场和宏观经济运行带来的问题主要有：市场缺乏价格发现功能；绝大部分外汇资金不能被企业运用；外汇市场运行效率低下；中央银行干预外汇市场的被动性导致货币政策失去自主性。

7. 【解析】ABCD　汇率制度是指货币当局对本国货币汇率变动的基本方式所做的一系列安排或规定，包括规定本国货币对外价值、规定汇率的波动幅度、规定本国货币与其他货币的汇率关系、规定影响和干预汇率变动的方式。

8. 【解析】BDE　当通货膨胀与国际收支顺差同时存在时，应采取紧的财政和货币政策，同时应采取本币升值的汇率政策。

9. 【解析】BCE　提高利率引起货币升值的传导机制包括：①提高利率会吸引资本流入，导致该国货币升值；②提高利率会抑制通货膨胀和总需求，导致进口减少，从而有助于该国货币升值。

10. 【解析】ABDE　国际储备包括黄金储备、外汇储备、在基金组织的储备头寸和特别提款权(SDR)。

11. 【解析】AC　双轨制汇率即官方汇率与市场汇率并存的汇率制度。

12. 【解析】ABD　一国要实现资本项目完全可兑换需要的条件有：稳定的宏观经济环境、稳健的金融体系及弹性的汇率制度。

13. 【解析】CE　外国的股权投资，如外商直接投资和股票投资不属于外债。

三、案例分析题

1. 【解析】BC　经济规模大、贸易商品结构和地域分布多样化支持我国选择较大弹性的汇率制度。

2. 【解析】B　在新的汇率制度下，汇率政策目标是稳定人民币的名义有效汇率。

3. 【解析】ACD　从交易机制看，改革后银行间市场的交易机制包括：改外汇单向交易为双向交易，引进美元做市商制度，并在银行间市场引进询价交易机制，竞价交易方式逐步淡出，而且主要是满足过渡期中小金融机构的需求，完成了市场从有形向无形的转变。

4. 【解析】AC　国际收支持续双顺差和人民币利率不断提高导致了人民币汇率升值。

5. 【解析】C　进口商进口商品应该是付汇，当前人民币汇率预期是人民币汇率升值，外币贬值，所以应该延期付汇。

2015年全国经济专业技术资格考试
金融专业知识与实务(中级)试题

一、单项选择题(共60题，每题1分，每题的备选项中，只有1个最符合题意)

1. 在股票投资中，由于股票价格可能下跌而给投资者带来的风险是(　　)。

A．信用风险　　B．操作风险

C．国家风险　　D．市场风险

2. 下列金融工具中，属于衍生金融工具的是(　　)。

A．开放式金融　　B．商业票据

C．封闭金融　　D．股指期货

3. 某投资者在上海证券交易所购买了一家股份有限公司首次公开出售的股票，该笔交易所在的市场属于(　　)

A．流通市场　　B．发行市场

C．期货市场　　D．期权市场

4. 如果股票市场是弱势有效的，则股价反映了(　　)。

A．全部公开信息　　B．全部内幕信息

C．全部历史信息　　D．部分内幕信息

5. 根据2014年的统计数据，我国银行间同业拆借市场中交易量最大的品种是(　　)。

A．隔夜拆借　　B．7天拆借

C．14天拆借　　D．21天拆借

6. 与货币市场工具相比，资本市场工具(　　)。

A．流动性高　　B．期限长

C．安全性高　　D．利率敏感性高

7. 假定某投资者用10 000元进行投资，已知年利率为8%，按复利每半年计算一次利息，则1年后该投资者的本息和为(　　)元。

A．10 400　　B．10 800

C．10 816　　D．11 664

8. 利率期限结构理论中的逾期理论认为，长期债券的利率等于一定时期内人们逾期的短期利率的平均值。按照该理论(　　)。

A．长期利率一定高于短期利率

B．长期利率一定低于短期利率

C．长期利率的波动高于短期利率的波动

D．长期利率的波动低于短期利率的波动

9. 流动性偏好理论认为，当流动性陷阱发生后，货币需求曲线是一条(　　)的直线。

A．平行于横坐标轴　　B．垂直于横坐标轴

C．向左上方倾斜　　D．向右上方倾斜

10. 假定某金融资产的名义收益率为 5%，通货膨胀率为 2%，则金融资产的实际收益率为(　　)。

A．2.0%　　B．2.5%　　C．3.0%　　D．7.0%

11. 假定某股票的每股税后利润为 0.5 元，市场利率为 5%，则该股票的理论价格为(　　)元。

A．5　　B．10　　C．50　　D．100

12．我国目前尚未完全实现利率化市场，仍受到管制的利率是(　　)。

A．存款利率上限　　B．贷款利率下限

C．回购协议利率　　D．同业拆借税率

13．在金融交易中时常会发生逆向选择，其原因是(　　)。

A．金融交易之前的信息不对称　　B．金融交易之后的信息不对称

C．金融交易之前的交易成本　　D．金融交易之后的交易成本

14．下列金融机构中，属于间接金融机构的是(　　)。

A．投资银行　　B．信托公司

C．商业银行　　D．证券公司

15．下列商业银行组织机构制度中，最利于防止银行集中和垄断的是(　　)。

A．持股公司　　B．单一银行

C．连锁银行　　D．分支银行

16．既可以经营银行业务，又可以从事证券和保险业务的商业银行经营制度是(　　)。

A．专业化银行　　B．综合性银行

C．连锁银行　　D．持股银行

17．在我国，经营小额贷款业务但不吸收公众存款的金融机构是(　　)。

A．小额贷款公司　　B．金融租借公司

C．汽车金融公司　　D．财务公司

18．我国承担最后贷款人职能的金融机构是(　　)。

A．国家开发银行　　B．中国进出口银行

C．中国人民银行　　D．中国银行业证监管理委员协会

19．“4R”组合策略是当前商业银行市场营销的重要手段，这种营销策略体现的是(　　)导向。

A．市场需求　　B．价格促销

C．竞争　　D．客户满意度

20．商业理财业务的核心活动是(　　)。

A．投资顾问　　B．财富规划

C．财务分析　　D．资产管理

21. 商业银行在开展理财业务时应将银行理财产品与银行代销的第三方理财相分离，这种做法体现出银行开展理财业务应遵守(　　)原则。

A．业务专业化　　B．统一经营管理
C．产品独立　　D．风险隔离的“栅栏”

22. 为了测算遇到小概率事件等极端不利的情况下可能发生的损失，商业银行通常采取的流动性风险分析是对流动性进行(　　)。

A．久期分析　　B．压力测试
C．缺口分析　　D．敏感性分析

23. 在商业银行资本管理中，反映银行实际拥有的资本水平的资本是(　　)。

A．风险资本　　B．监管资本
C．经济资本　　D．账面资本

24. 2015年3月国务院正式发布了《存款保险条例》，并于5月1日正式实施，从风险管理的角度，商业银行参与存款保险属于(　　)型管理策略。

A．风险抑制　　B．风险对冲
C．风险分散　　D．风险补偿

25. 投资者以客户的证券抵押，贷款给客户购进股票，这种保证金交易模式体现了投资银行的(　　)中介功能。

A．期限　　B．流动性
C．风险　　D．信息

26. 金融市场最基本的功能是(　　)。

A. 资源配置职能　　B. 财富功能
C. 交易功能　　D. 资金积聚功能

27. 按性质不同，金融工具可分为(　　)。

A. 货币市场工具和资本市场工具　B. 原生金融工具和衍生金融工具
C. 债权凭证与所有权凭证　　D. 证券和投资基金

28. 以下不是股票基本特征的是(　　)。

A. 收益性　　B. 风险性
C. 流通性　　D. 期限性

29. CDs是银行业(　　)而创造的金融创新工具。

A. 规避利率变动风险　　B. 吸引客户存款
C. 应对激烈的市场竞争　　D. 逃避金融法规约束

30. 在下列金融衍生工具中，风险最大的是(　　)。

A．互换　　B．期权
C．期货　　D．远期

31. 信托行为建立的前提和基础是(　　)。

A．委托　　B．资金
C．信任　　D．股权

32. 根据《中华人民共和国信托法》，不属于信托文件必须载明的事项是(　　)。

A．信托目的　　B．信托期限

C．信托财产的范围、种类及情况　　D．受益人取得信托利益的方式和方法

33. 根据《信托公司治理指引》，我国信托公司的公司治理应体现的基本原则是(　　)最大变化。

A．受益人利益　　B．受托人利益

C．委益人权利　　D．委托人权利

34. 金融制度的创新是指(　　)。

A．金融体系与金融结构的新变化　　B．从金融分业经营向混业经营的转变

C．金融市场监管的重新定位　　D．金融体系与国际惯例接轨

35. 按照“巴塞尔协议”的规定，商业银行总资本与加权风险总资产的比率(　　)。

A．不得低于 4%　　B．不得高于 4%

C．不得低于 8%　　D．不得高于 8%

36. 下列投融资租赁业务中，金融租赁合同不需要自担风险的是(　　)。

A．转租式融资租赁　　B．售后回租式融资租赁

C．联合租赁　　D．委托租赁

37. 下列选项中，对通货膨胀的描述，错误的是(　　)。

A．通货膨胀所指的物价上涨是一定时间内物价的持续上涨

B．通货膨胀所指的物价上涨是全部物品及劳务的加权平均价格的上涨

C．通货膨胀所指的物价上涨包括季节性因素引起的部分商品价格的上涨

D．通货膨胀所指的物价上涨必须超过一定的幅度

38. 造成通货膨胀的直接原因是(　　)。

A．财政赤字　　B．赤字财政政策

C．国民经济结构比例失调　　D．过度的信用供给

39. 为治理通货膨胀，中央银行一般会采取紧缩型货币政策，下列选项中属于紧缩型货币政策的是(　　)。

A．出售有价证券　　B．购入有价证券

C．加大货币投放量　　D．降低利率

40. 根据 2013 年中国××国际金融研究的测算，如果利息市场化能完全实现，中、农、工、建四大行的利息净收入会比 2010 年下降近一半，净利息收入下降属于这四大行的(　　)。

A．投资风险　　B．利率风险

C．汇率风险　　D．法律风险

41. 据《京华时报》2015 年 3 月 10 日报道，中国××投资管理股份有限公司某分公司通过网络公开竞价，成功处置 2500 万不良资产，这种行为属于(　　)管理。

A．信用风险　　B．市场风险

C．操作风险　　D．法律风险

42. 根据《中国××银行关键岗位人员岗位轮换和强制休假管理办法(试行)》，该银行对高管人员的正职在同一单位、同一岗位任职满6年的应当进行岗位轮换，这种举措旨在控制(　　)。

A. 信用风险　　B. 市场风险
C. 流动性风险　　D. 操作风险

43. 费雪认为，短期内货币流通的速度和产出保持不变，所以，货币存量的变化会引起(　　)水平的变化。

A. 物价　　B. 收入
C. 税率　　D. 汇率

44. 国际储备不包括(　　)。

A. 黄金储备　　B. 外汇储备
C. 原油储备　　D. 特别提款权(SDR)

45. 假定我国流通的货币现金为5万亿元，法定准备金为20万亿元，超额准备金为3万亿元，则我国的基础货币为(　　)万亿元。

A. 18　　B. 23
C. 25　　D. 28

46. 假定我国流通中现金为5万亿元，单位活期存款为40万亿元，则我国的狭义货币供应量为(　　)万亿元。

A. 8　　B. 35
C. 45　　D. 200

47. 假定某商业银行原始存款增加1000万元，法定准备金率为20%，超额准备金率为2%，现金漏损率为5%，则派生存款总额为(　　)万元。

A. 5000　　B. 4000
C. 4546　　D. 3704

48. LM曲线上的任何一点，都表明(　　)处于均衡状态。

A. 货币市场　　B. 商品市场
C. 外汇市场　　D. 股票市场

49. 关于中央银行是“发行银行”的说法，错误的是(　　)。

A. 中央银行是具有发行期货职能　　B. 中央银行负责维护货币的稳定
C. 中央银行负责创造货币的需求　　D. 中央银行可以调节货币供给

50. 按先后次序，货币政策的传导和调控过程要依次经历(　　)。

A. 实物领域和金融领域　　B. 金融领域和实物领域
C. 资本市场领域和货币市场领域　　D. 货币市场领域和外汇市场领域

51. 下列货币政策工具中，(　　)通过调节货币和信贷的供给影响货币供应量，进而对经济活动的各个方面产生影响。

A. 利率限制　　B. 窗口指导
C. 公开市场业务　　D. 证券市场信用控制

52. 中国人民银行向一级交易商购买有价证券，并约定在未来特定日期将有价证券卖给原一级交易商的交易行为称为(　　)

A．再贴现　　B．再贷款

C．正回购　　D．逆回购

53. 一般性货币政策工具不包括(　　)。

A．存款准备金政策　　B．再贴现政策

C．贷款限额　　D．公开市场操作

54. 根据我国《证券公司监督管理条例》，关于证券公司市场准入条件的说法，错误的是(　　)。

A．证券公司股东的出资应是货币或经营中必需的非货币资产

B．入股股东被判处刑罚执行完毕未逾 3 年者不得成为证券公司实际控制人

C．单位或个人可以委托他人或接受他人委托，持有证券公司股权

D．证券公司高级管理人员应有 3 名以上在证券业担任高级管理人员满 2 年的经历

55. 如果美元利率上升，直至高于人民币利率，那么，这会导致(　　)。

A．国际资本从中国流向美国，人民币升值

B．国际资本从美国流向中国，人民币升值

C．国际资本从中国流向美国，人民币贬值

D．国际资本从美国流向中国，人民币贬值

56. 在一国出现国际收支逆差时，该国之所以可以采用货币贬值的汇率政策进行调节，是因为本币贬值可以是以外币标价的本国出口价格下降，而以本币标价的本国进口价格上涨，从而刺激出口，限制进口，最终有助于国际收支恢复平衡。这种效应表明，本币贬值的汇率政策只要用来调节逆差国家国际收支的(　　)。

A．经常项目收支　　B．资本项目收支

C．金融项目收支　　D．错误与遗漏项目收支

57. 某企业未来有一笔 100 万美元的进口应付账款，市场普遍预期美元将升值，如果该企业采取提前或延期结汇方法管理汇率风险，那么正确的做法是(　　)。

A. 提前付汇　　B. 提前收汇

C. 延期付汇　　D. 延期收汇

58. 2005 年 10 月，国际金融公司和亚洲开发银行分别获准在我国银行间债券市场发行 11.3 亿元和 10 亿元的人民币债券，该种债券在性质上属于(　　)。

A. 外国债券　　B. 欧洲债券

C. 扬基债券　　D. 武士债券

59. 2014 年 11 月，“沪港通”业务正式启动，上海证券交易所和香港证券交易所允许两地投资者通过当地证券公司买卖规定范围内的在对方交易所上市的股票。这就意味着，我国进一步放宽了对国际收支(　　)。

A. 商品与服务项目　　B. 经常项目

C. 资本项目　　D. 平衡项目

60. 人为规定金平价，即美元与黄金挂钩，其他国家的货币与美元挂钩，是(　　)的特征。

A. 国际金本位制　　B. 国际金块—金汇兑本位制

C. 布雷顿森林体系　　D. 牙买加体系

二、多选题(共20题，每题2分。每题的备选项中，有2个或2个以上符合题意，至少有1个错项。错选，本题不得分；少选，所选的每个选项得0.5分)

61. 在回购协议市场中，可以作为回购证券标的物的有(　　)。

A．国库券　　B．商业票据

C．股指期权合约　　D．股指期货合约

E．大额可转让定期存单

62. 我国已经建成的多层次的股票市场包括(　　)。

A．主板市场　　B．中小企业板市场

C．创业板市场　　D．股指期货市场

E．股指期权市场

63. 根据利率的风险结构理论，到期期限相同的债券工具，其利率水平不同的原因在于(　　)不同。

A．违约风险　　B．流动性

C．所得税　　D．期限结构

E．收益率曲线

64. 上海银行同行业拆放利率是中国人民银行培育的一种基准利率，该利率属于(　　)。

A．单利　　B．复利

C．算术平均利率　　D．零售性利率

E．批发性利率

65. 下列金融机构中，由中国证券交易委员会负责监督管理的有(　　)。

A．保险公司　　B．证券经营机构

C．期货经营机构　　D．信用合作社

E．证券投资基金管理公司

66. 下列金融业务运营模式中，属于传统金融业务电子化模式的有(　　)。

A．网上银行　　B．手机银行

C．电话银行　　D．互联网基金

E．家居银行

67. 根据中国银行业监督管理委员会发布的《商业银行理财产品销售管理办法》，我国商业银行在理财产品销售中的禁止性行为有(　　)。

A．采取回扣的方式销售理财产品

B．向客户出售保本型理财产品

C．将存单单独作为理财产品销售

D．销售人员代替客户签署文件

E．通过买卖理财产品调节监管指标，进行监管套利

68. 下列金融活动中，属于商业银行资产管理范畴的有(　　)。

A．发行债券　　B．交纳法定存款准备金

C．证券回购　　D．债券投资

E．优化贷款期限结构

69. 下列说法中，属于证券私募发行优点的有(　　)。

A．市场流动性强　　B．节省发行费用

C．发行条款灵活　　D．缩短发行时间

E．受法律法规的约束少

70. 按照法律形式划分，证券投资基金的类型有(　　)。

A．契约型基金　　B．公司型基金

C．合伙型基金　　D．公募型基金

E．私募型基金

71. 在国民收入分配体系中，能够导致国民收入超额分配的部门是(　　)。

A. 银行　　B. 企业　　C. 家庭

D. 个人　　E. 财政

72. 根据市场机制的作用，通货膨胀可划分为(　　)。

A．需求拉上型通胀　　B．公开型通货膨胀

C．结构型通货膨胀　　D．成本推进型通胀

E．隐蔽型通货膨胀

73. 扩张型货币政策措施包括(　　)。

A. 降低法定存款准备金率　　B. 提高再贴现率

C. 降低再贴现率　　D. 在公开市场上卖出有价证券

E. 扩张贷款规模

74. 市场经济体制下金融宏观调控的主要类型包括(　　)。

A. 计划调控　　B. 政策调控　　C. 行政调控

D. 法律调控　　E. 财政调控

75. 公开市场业务的缺点是(　　)。

A. 主动权在央行

B. 时滞较长

C. 从政策实施到影响最终目标，时滞较短

D. 不如存款准备金调整灵活

E. 干扰其实施效果的因素多

76. 金融风险的高杠杆性表现为(　　)。

A. 金融机构的资产负债率高　　B. 金融机构的注册资本金要求高

C. 金融体系的风险传染快　　D. 金融机构资产的流动性高

E．衍生金融工具以小搏大

77. COSO 在《企业风险管理——整合框架》文件中认为：全面风险管理是三个维度的立体系统。这三个维度是(　　)。

A. 企业目标　　B. 企业层级

C. 企业的资产规模　　D. 风险管理的要素

E. 企业的经营模式

78. 以下选项中，属于市场准入监管的是(　　)。

A. 审批资本充足率
B. 审批注册机构
C. 审批注册资本
D. 审批高级管理人员任职资格
E. 审批业务范围

79. 处置倒闭银行的措施主要有(　　)。

A．收购或兼并
B．中央银行救助
C．依法清算
D．同业救助
E．政府救助

80. 根据我国有关外债口径的规定，下列属于我国外债的有(　　)。

A．境内企业对境内外资金融机构的负债
B．中资银行吸收的离岸存款
C．境内企业对境外机构的人民币负债
D．3个月以内贸易项下的对外融资
E. 境内外资金融机构的对外负债

三、案例分析题(共20题，每题2分。由单选和多选组成。错选，本题不得分；少选，所选的每个选项得0.5分)

(一) AIB公司为扩大业务范围，在上海证券交易所通过发行债券的方式筹集资金，并发行面值为1000元、票据利率为5%、到期期限为3年的债券10亿元，每年11月20日支付利息，到期还本付息，假定未来3年市场利率一直保持为5%。

81. 该债券的投资者每张债券第一年后收到的第一笔利息的现值为(　　)元。

A．4.5　　B．4.55　　C．4.76　　D．5.05

82. 该债券的发行价格应为(　　)元。

A．86.38　　B．90.70　　C．95.23　　D．100.00

83. 该债券的投资者以发行价格买入该债券，持有至到期的收益为(　　)。

A．70%　　B．4.55%　　C．5.00%　　D．5.23%

84. 关于市场利率、债券价格与收益之间关系的说法，正确的有(　　)。

A．市场利率上升，债券价格下降
B．市场利率下降，债券价格不变
C．债券价格越高，到期收益率越高
D．债券价格越低，到期收益率越高

(二) 下表是我国某商业银行2014年末的资产负债简况。单位为亿元。

序　号	项　目	年末收益
1	各项存款	25 000
2	各项贷款	15 000
3	债券投资	6250
4	现金及存放中央银行款项	5500
5	存放同业款项	1125
6	发行普通金融债券	1500

(续表)

序　　号	项　　目	年 末 收 益
7	发行次级金融债券	150
8	向中央银行借贷	250

85. 2014 年年末，该商业银行的资产余额为(　　)亿元。

A．28 357　　B．27 250　　C．21 675　　D．27 875

86. 2014 年末，该商业银行的现金资产余额为(　　)亿元。

A．6625　　B．6875　　C．5500　　D．7125

87. 2014 年末，该商业银行的短期借贷余额为(　　)亿元。

A．150　　B．250　　C．400　　D．1375

88. 关于该商业银行资产负债管理的说法，正确的有(　　)。

A．债券投资是主要的资金运用

B．现金资产的流动性高于贷款，但盈利性低于债券

C．借入款的偿还期限和金额需要集中，以便集中偿付

D．借入款规模应适当控制，并以增加短期债券为主，以提高流动性

(三) 2014 年 4 月，中国证券监督管理委员会发布了《关于修改证券发行与承销管理办法的决定》。2015 年 6 月，KH 股份有限公司在主板市场首发新股，由 ZY 国际证券有限责任公司担任保荐人。本次分开发行新股 4560 万股，回拨机制启动前，网上初始发行数量为 3192 万股，占本次发行总数的 70%，网上初始发行数量为 1368 万股，占本次发行总股数的 39%。本次公开发行采用网下向符合条件的投资者询价配售和网上按市值申购定价发行相结合的方式。发行人和保荐人根据网下投资者的报价情况，对所有报价按照申报价格由高到低的顺序进行排序，并且根据修订后的《证券发行与承销管理办法》对网下的特定投资者进行优先配售。最终本次发行价格为 13.62 元，对应市盈利率为 22.98 倍。

89. 在本次发行中，保荐人 ZY 国际证券有限责任公司的重要身份是(　　)。

A．证券经纪商　　B．证券做市商

C．证券交易商　　D．证券承销商

90. 本次新股发行的定价方式是(　　)。

A．固定价格方式　　B．簿记方式

C．竞价方式　　D．结合了簿记方式和竞价方式两者特征的询价制

91. 在本次新股发行的定价方式下，当网下投资者报价后，所有报价应按照申报价格由高到低的顺序进行排序，为了保证新股定价的合理性，应从拟申购总量中至少(　　)。

A．剔除 10%最低报价的部分

B．分别剔除 10%报价最高和最低的部分

C．剔除 10%报价最高的部分

D．分别剔除 5%报价最高和最低的部分

92. 根据修订后的《证券发行与承销管理办法》，对网下投资者优先配售的特定对象有(　　)。

A. 保险资金　　B. 企业年金

C. 公募基金　　D. 私募基金

(四) 因业务发展需要，我国的A公司总部以融资租赁的方式购置一批市场设备。目前，有甲、乙两家金融租赁公司向A公司提供了融资租赁方案，具体操作分别为：甲租赁公司向A公司指定的设备供应商购买设备，租赁给A公司使用，租赁期限3年。在租赁期内，A公司按季向甲租赁公司支付租金。租赁期满后，A公司向甲租赁公司支付约定的名义货价，甲租赁公司将该批设备的所有权转移给A公司。

A公司向乙租赁公司提供原已购设备的原始购置发票，将设备所有权转让给乙租赁公司，保留设备使用权；乙租赁公司在取得设备所有权后，一次性向A公司支付转让款。在3年的租赁期内，A公司按月向乙公司支付租金。租赁期满后，A公司向乙租赁公司支付约定的名义货价，乙租赁公司将该批设备的所有权转让给A公司。

93. 从业务类型看，甲租赁公司与A公司之间开展的融资租赁业务属于(　　)。

A. 直接租赁　　B. 回租

C. 转租赁　　D. 杠杆租赁

94. 从业务类型看，乙租赁公司与A公司之间开展的融资租赁业务属于(　　)。

A. 直接租赁　　B. 回租

C. 联合租赁　　D. 委托租赁

95. 根据我国的《金融租赁公司管理办法》，甲租赁公司对A公司的全部融资租赁业务余额不得超过资本净额的(　　)。

A. 15%　　B. 20%　　C. 30%　　D. 40%

96. 在与乙租赁公司开展的融资租赁业务中，A公司承担的角色有(　　)。

A. 出卖人　　B. 出租人　　C. 承租人　　D. 买受人

(五) 2015年6月，我国某银行在伦敦、迪拜、新加坡，以及我国的台湾、香港地区发行等值40亿美元的“一带一路”债券，该债券采用固定的利率和浮动的利率两种计息方式，覆盖7个期限，包括50亿人民币、23亿美元、5亿新加坡元、5亿欧元4个币种。筹集的资金主要用于满足沿线分行资金需求，支持码头、电力、交通、机场建设等“一带一路”沿线项目融资。

97. 作为该债券的发行者，我国某银行的金融风险有(　　)。

A. 信用风险　　B. 利率风险　　C. 汇率风险　　D. 投资风险

98. 该债券的迪拜投资者承担的金融风险有(　　)。

A. 信用风险　　B. 利率风险　　C. 汇率风险　　D. 声誉风险

99. 该银行再将所有筹集的资金用于“一带一路”沿线国家的项目融资中，要承担信用风险，为控制该风险，该银行可以采取的方法有(　　)。

A. 对借款人进行信用分析　　B. 进行缺口管理

C. 进行套期保值　　D. 提前转让债权

100. 该银行在将所筹集的资金用于“一带一路”沿线国家的项目融资中，要承担国家风险中的转移风险。为控制该风险，该银行可以采取的方法有(　　)。

A. 进行利率衍生品的套期保值　　B. 评估借贷人所在国的国家风险

C. 采用辛迪加形式的联合贷款　　D. 保持负债的流动性

参考答案与解析

一、单项选择题

1. 【解析】D　市场风险是指金融工具的价值因汇率、利率或股价变化而发生变动的风险。信用风险是指一方不能履行责任而导致另一方发生损失的风险。操作风险是指金融机构的运营部门在运营的过程中，因内部控制的缺失或疏忽、系统的错误等，而蒙受经济损失的可能性。国家风险是指一国居民在与他国居民进行经济金融交易中，因他国经济、政治或社会等政策性或环境性因素发生意外变动，而使自己不能如期、足额收回有关资金，从而蒙受经济损失的可能性。

2. 【解析】D　按与实际金融活动的关系，金融工具可分为原生金融工具和衍生金融工具。前者是指商业票据、股票、债券、基金等基础金融工具。后者是一种金融交易合约，这种合约的价值从前者的价值中派生出来，包括期货合约、期权合约、互换合约等衍生金融工具。股指期货是期货合约的一种。

3. 【解析】B　按照金融工具的交易程序不同，金融市场可以划分为发行市场和流通市场。发行市场又称一级市场、初级市场，是金融工具首次出售给公众所形成的交易市场。在一级市场中，投资银行、经纪人和证券商等作为经营者，承担政府和公司企业新发行债券的承购和分销业务。流通市场又称二级市场、次级市场，是已发行的金融工具在投资者之间买卖流通的市场。投资者可以在二级市场上出售持有的金融资产，以满足其对现金的需求。期货市场和期权市场属于衍生品市场，与股票市场不同。

4. 【解析】C　弱式有效市场假说认为在弱势有效的情况下，市场价格已充分反映出所有过去历史的证券价格信息，包括股票的成交价、成交量等。半强式有效市场假说认为价格已充分反映出所有已公开的信息。这些信息有成交价、成交量、盈利资料、盈利预测值、公司管理状况及其他公开披露的财务信息等。假如投资者能迅速获得这些信息，股价应迅速做出反应。如果半强式有效假说成立，则技术分析和基本面分析都失去作用，但内幕消息可能获得超额利润。强式有效市场表明证券价格完全反映所有信息，包括私人信息和内幕信息。如果强式有效存在，股市不可预测，市场不存在超额收益。

5. 【解析】A　从期限结构看，市场交易仍主要集中于隔夜品种，拆借隔夜品种的成交量占市场交易总量的 78.3%。

6. 【解析】B　货币市场是指交易期限在一年以内，以短期金融工具为媒介进行资金融通和借贷的交易市场。资本市场是融资期限在一年以上的长期资金交易市场。所以与货币市场工具相比，资本市场工具期限长。

7. 【解析】C　1 年后本息和=$10\,000\times(1+4\%\div2)^2$=10 816 元。

8. 【解析】D　逾期理论认为长期债券的利率等于一定时期内人们所预期的短期利率的平均值，该理论还表明，长期利率的波动低于短期利率的波动。

9. 【解析】A　在流动性陷阱区间，货币政策是完全无效的，流动性陷阱发生后，货币需求曲线的形状是一条平行于横轴的直线。

10. 【解析】C　实际收益率=名义收益率-通货膨胀率=5%-2%=3%。

11. 【解析】B　股票的理论价格由其预期收入和当时的市场利率两个因素决定，公式为：股票价格＝预期股息收入/市场利率＝0.5/5%=10。

12. 【解析】A　目前，我国除存款外的利率管制已全面放开。

13. 【解析】A　在金融交易做出准确决策时，时常存在因不了解交易的对方而导致的信息不对称。逆向选择是一种由于信息不对称的存在而常常在交易发生之前出现的问题，即在几个潜在的借款人当中，越是最后准备不想偿还的借款人，可能会表现得越积极，越想急于得到这笔贷款。因为逆向选择增加了给信用差的人贷款的机会，即使市面上还有信用很好的借款人存在，贷款人也可能宁愿选择不发放任何贷款，因为他不愿意冒这个风险。道德风险则是交易发生以后出现的问题，即借款人拿到贷款以后，为了取得更高的回报，会用它去从事贷款人所不希望看到的、风险更大的经营活动，因为钱是别人的；如果是他自己的钱，他就不会去冒这个风险。因为道德风险也降低了贷款偿还的可能性，贷款人也可能会选择宁愿不发放贷款。

14. 【解析】C　按照融资方式的不同，金融机构可以分为直接金融机构和间接金融机构。直接金融机构是在直接融资领域，为投资者和筹资者提供中介服务的金融机构。其主要业务包括证券的发行、经纪、保管、登记、清算、资信评估等。投资银行、证券公司等属于直接金融机构。间接金融机构是指它一方面以债务人的身份从资金盈余者的手中筹集资金，另一方面又以债权人的身份向资金短缺者提供资金，以间接融资为特征的金融机构。商业银行是最典型的间接金融机构。

15. 【解析】B　单一银行制度作为商业银行的一种组织形式，既有优点也有缺点。主要表现在：防止银行的集中和垄断，但限制了竞争。商业银行的独家经营，不设立分支机构，防止了由于银行网络过于庞大造成银行业的过分集中和垄断，但这样也限制了银行业的竞争，不利于银行的发展。

16. 【解析】B　综合性银行制度亦称为全能银行制度或混业经营银行制度，是指商业银行能够向客户提供存款、贷款、证券投资、结算，甚至信托、租赁、保险等全面金融业务的银行制度。

17. 【解析】A　小额贷款公司是由自然人、企业法人与其他社会组织投资设立，不吸收公众存款，经营小额贷款业务，以有限责任公司或股份有限公司形式开展经营活动的金融机构。

18. 【解析】C　中国人民银行作为我国的中央银行，享有人民币发行的垄断权，管理人民币流通，它是发行的银行；中国人民银行代表政府进行金融宏观调控，维护国家金融稳定与安全，经理国库，是政府的银行；中国人民银行负责全国支付、清算系统的正常运行，承担最后贷款人的责任，是银行的银行。

19. 【解析】C　“4R”营销组合策略，即关联(Relativity)、反应(Reaction)、关系(Relation)和回报(Retribution)。这种营销策略最大的特点是以竞争为导向，根据市场不断成熟和竞争日趋激烈的形势，着眼于银行与顾客互动与双赢，不仅积极地适应顾客的需求，而且主动地创造需求，通过关联、关系、反应等形式与客户形成独特的关系，把企业与客户联系在一起，形成竞争优势。

20. 【解析】D　资产管理活动是银行理财业务的核心。

21. 【解析】D　遵守风险隔离的“栅栏”原则，实现理财业务与信贷等其他业务相分离；自营业务与代客业务相分离；银行理财产品与银行代销的第三方理财产品相分离；银行理财产品之间相分离；理财业务操作与银行其他业务操作相分离。

22. 【解析】B 流动性压力测试是一种以定量分析为主的流动性风险分析方法，商业银行通过流动性压力测试测算全行在遇到小概率事件等极端不利情况下可能发生的损失，从而对银行流动性管理体系的脆弱性做出评估和判断，进而采取必要措施。

23. 【解析】D 账面资本是指商业银行持股人的永久性资本投入，即出资人在商业银行资产中享有的经济利益，代表了商业银行的全部净价值。按照 2007 年 1 月实施的《中国新会计准则》规定，商业银行的资本包括股本、资本公积和留存收益三部分。账面资本反映银行实际拥有的资本水平，是银行资本金的静态反映，而不是应该拥有的资本水平。

24. 【解析】D 风险补偿是指商业银行采取各种措施对风险可能造成的损失加以弥补。银行常用的风险补偿方法有：合同补偿，即在订立合同时将风险因素考虑在内，如将风险可能造成的损失计入价格之中；保险补偿，即通过存款保险制度来减少银行风险；法律补偿，即利用法律手段对造成银行风险损失的法律责任者提起财产清理诉讼，尽可能地挽回损失。

25. 【解析】B 投资银行的流动性中介作用是指投资银行为客户提供各种票据、证券以及现金之间的互换机制。当一个持有股票的客户临时需要现金时，充当做市商的投资银行可以购进客户持有的股票，从而满足客户的流动性需求。而在保证金交易中，投资银行可以以客户的证券作为抵押，贷款给客户购进股票。通过这些方式，投资银行为金融市场的交易者提供了流动性中介。

26. 【解析】D 金融市场最基本的功能就是将众多分散的小额资金汇聚为能供社会再生产使用的大额资金的集合，即资金积聚功能。

27. 【解析】C 按性质不同，金融工具可分为债权凭证与所有权凭证。

28. 【解析】D 股票的基本特征包括权责性、时间性、价格波动性、投资风险性、流动性、有限清偿责任。其中时间性是指购买股票是一项无确定期限的投资，不允许投资者中途退股。

29. 【解析】D 大额可转让定期存单(CDs)是银行业为逃避金融法规约束而创造的金融创新工具。

30. 【解析】D 在远期合约有效期内，合约的价值随相关资产市场价格的波动而变化，双方可能形成的收益或损失都是无限大的。

31. 【解析】C 信任和诚信是信托成立的前提和基础。

32. 【解析】B 根据我国《信托法》的规定，信托文件必须载明的事项包括：信托目的；委托人、受托人的姓名或者名称、住所；受益人或者受益人范围；信托财产的范围、种类及状况；受益人取得信托利益的方式、方法。

33. 【解析】A 2007 年年初，中国银监会发布了《信托公司治理指引》，提出了加强信托公司治理的基本要求和内容。该指引要求信托公司治理应当体现受益人利益最大化的基本原则。

34. 【解析】A 本题考查金融制度创新的概念。金融制度的创新是指金融体系与金融结构的大量新变化。

35. 【解析】C 按照“巴塞尔协议”的规定，商业银行总资本(核心资本与附属资本之和)与加权风险总资产的比率不得低于 8%，附属资本最高不得超过核心资本的 100%。

36. 【解析】D 融资租赁公司不担风险的融资租赁业务主要是委托租赁。委托租赁是指融资租赁项目中的租赁物或用于购买租赁物的资金是一个或多个法人机构提供的信托财产。

37. 【解析】C 通货膨胀是在一定时间内一般物价水平的持续上涨的现象。部分商品因季节性或自然灾害等原因引起的物价上涨和经济萧条后恢复时期的商品价格正常上涨都不能叫作通货膨胀。

38. 【解析】D 过度的信用供给是造成通货膨胀的直接原因。

39. 【解析】A “出售有价证券”属于公开市场卖出业务，是一种紧缩型货币政策，是常见的治理通货膨胀的措施之一。

40. 【解析】B 利率风险是指有关主体在货币资金借贷中，因利率在借贷有效期内发生意外变动，而蒙受经济损失的可能性。

41. 【解析】A 狭义的信用风险是指交易对方在货币资金借贷中还款违约的风险。这可具体定义为：有关主体在享有债权时，由于债务人不能如期、足额还本付息，而蒙受经济损失的可能性。

不良资产是指处于非良好经营状态的、不能及时给银行带来正常利息收入甚至难以收回本金的银行资产，主要指不良贷款，包括次级、可疑和损失贷款及其利息。

根据以上对信用风险和不良资产概念的理解，我们可以看到本题成功处置2500万不良资产，属于信用风险的管理。

42. 【解析】D 操作风险的管理包括：①制度管理；②信息系统管理；③流程管理；④职员管理；⑤风险转移。其中，职员管理的具体方法是：①构建和完善内部控制中对职员的控制系统，要把好职员的入口关；要建立职员间的相互牵制制约机制；要建立定期休假、轮岗和交流机制，并严格执行离任审计；建立晋级和降级的标准和机制，形成严格而灵活的用人机制，严格的是用人标准，灵活的是能上能下；建立不合格职员的淘汰机制。②加强对职员的培养和教育；加强职员的品行操守和职业道德教育；③提供科学的激励机制和满意的工作环境，以促进职员的忠诚和努力工作。

43. 【解析】A 费雪提出了著名的“交易方程式”，也被称为费雪方程式，即：$MV=PY$。费雪认为，短期内货币流通的速度(V)和产出(Y)保持不变，所以，总货币存量(M)的变化决定了价格水平。

44. 【解析】C 国际储备是指一国货币当局所持有的、为世界各国所普遍接受的货币资产。

该定义表明，国际储备具有四个本质特征：①国际储备是官方储备，为货币当局所持有，不包括民间持有的黄金、外汇等资产。②国际储备是货币资产，不包括实物资产，即使某些实物资产(如文物等)价值昂贵。③国际储备是为世界各国普遍接受的货币资产，只有如此才能够实现国际储备的目的，即用于国际支付等，因此不能将他国不可兑换货币等用作国际储备。④国际储备是一个存量的概念，一般以截止某一时点的余额来表示或计量国际储备总量。

国际储备包括黄金储备、外汇储备、在基金组织的储备头寸和特别提款权(SDR)。

45. 【解析】D 通常把流通中的现金和准备金称为中央银行的货币负债，也称之为基础货币或储备币。

所以，基础货币＝5+20+3＝28万亿元。

46. 【解析】C 狭义货币供应量，一般称为(M_1)，即M_0(流通中现金)加上企事业单位活期存款。所以，狭义货币供应量=5+40=45万亿元。

47. 【解析】D 如果用$\triangle B$表示原始存款额，r代表法定准备金率，e代表超额准备金率，c代表现金漏损率，则用公式表示为：

派生存款额$\triangle D=\triangle B/(r+e+c)=1000\times 1(20\%+2\%+5\%)\approx 3704$万元。

48. 【解析】A LM 曲线上的点表示货币的需求量(L)等于货币供应量(M)，故 LM 曲线上的点表示货币市场达到均衡的状态。

49. 【解析】D 中央银行作为发行的银行，其基本职能是：①适时适度发行货币，保持货币供给与流通中货币需求的基本一致；②从宏观经济角度控制信用规模，调节货币供应量；③适时印刷、铸造或销毁票币，调拨库款，调剂地区间货币分布等。

50. 【解析】B 在金融宏观调控中，货币政策的传导和调控机制要经过两个领域，即金融领域和实物领域。

51. 【解析】B 窗口指导是指中央银行根据产业行情、物价趋势和金融市场动向，规定商业银行季度贷款的增减额，并“指导”执行。如果商业银行不接受“指导”进行贷款，中央银行可削减对其贷款的额度，甚至采取停止提供信用等制裁措施。

52. 【解析】D 从交易品种看，中国人民银行公开市场操作债券交易主要包括回购交易、现券交易和发行中央银行票据。其中回购交易分为正回购和逆回购两种：正回购为中国人民银行向一级交易商卖出有价证券，并约定在未来特定日期买回有价证券的交易行为，是从市场收回流动性的操作，正回购到期则为向市场投放流动性的操作；逆回购为中国人民银行向一级交易商购买有价证券，并约定在未来特定日期将有价证券卖给一级交易商的交易行为，为向市场上投放流动性的操作，逆回购到期则为从市场收回流动性的操作。

53. 【解析】C 货币政策工具主要有一般性货币政策工具和选择性货币政策工具。一般性货币政策工具也称为货币政策的总量调节工具。它通过调节货币和信贷的供给影响货币供应的总量，进而对于经济活动的各个方面都产生影响。主要包括存款准备金政策、再贴现政策和公开市场操作。

54. 【解析】C 为了防止不良单位或者个人幕后操控、规避审批和监管，《证券公司监督管理条例》规定：未经证监会批准，任何单位或者个人不得委托他人或者接受他人委托，持有或者管理证券公司的股权。

55. 【解析】C 如果一国与其他国家相比，利率水平相对下降，则会刺激资本流出，阻碍资本流入；这会导致国际收支出现逆差，从而造成外汇供不应求，外汇汇率上升、本币贬值。反之，如果利率水平上升，则会限制资本流出，刺激资本流入，导致国际收支出现顺差，从而造成外汇供过于求，外汇汇率下跌，本币升值。

56. 【解析】A 经常账户记录实质资源的国际流动，包括商品、服务、收入和经常转移。本题中，对于商品的出口和进口，都属于经常项目收支。

57. 【解析】A 首先，这 100 万美元是企业的应付账款，所以只可能是付汇，选项 A、C 排除；由于市场预期美元将升值，所以应该采用提前付汇的做法来防止因为美元升值而多承担的以本币计算的债务。

58. 【解析】A 外国债券是指非居民在异国债券市场上以所在地货币为面值发行的国际债券。例如，中国政府在日本东京发行的日元债券、日本公司在纽约发行的美元债券都属于外国债券。

59. 【解析】C 人民币经常项目可兑换条件下的资本项目管理包括：直接投资、证券投资和其他投资。其中，本题中的情况属于证券投资的相关规定，所以属于资本项目管理。

60. 【解析】C 布雷顿森林体系下人为规定金平价。即美元按照每盎司黄金35美元的官价与黄金挂钩，其他国家的货币与美元挂钩。此外，还人为规定实行可调整的固定汇率制度。

二、多项选择题

61. 【解析】ABE 在证券回购协议中，作为标的物的主要是国库券等政府债券或其他有担保债券，也可以是商业票据、大额可转让定期存单等其他货币市场工具。

62. 【解析】ABC 我国的股票市场主体包括主板市场、中小企业板市场和创业板市场。

63. 【解析】ABC 到期期限相同的债权工具利率不同是由三个原因引起的：违约风险、流动性和所得税因素。

64. 【解析】ACE 上海银行同行业拆放利率是中国人民银行培育的一种基准利率体系，是由信用等级较高的银行组成报价团，按照自主报出的人民币同业拆出利率计算确定的算数平均利率，是单利、无担保、批发性利率。

65. 【解析】BCE 证券期货经营机构、证券投资基金管理公司属于中国证券交易委员会的监管范围。

66. 【解析】ABCE 传统金融业务电子化模式的本质是内部管理的自动化和信息化，例如网上银行、手机银行、电话银行、家居银行等。

67. 【解析】ADE 禁止性行为有：通过销售或购买理财产品方式调节监管指标，进行监管套利；将理财产品与其他产品进行捆绑销售；采取抽奖、回扣或者赠送实物等方式销售理财产品；通过理财产品进行利益输送；挪用客户认购、申购、赎回资金；销售人员代替客户签署文件等。

68. 【解析】BDE 法定存款准备金、债券投资、贷款期限结构管理属于资产管理的范畴。

69. 【解析】BCDE 私募发行的优点：简化了发行手续；避免公司商业机密泄露；节省发行费用；缩短了发行时间；发行条款灵活；较少受到法律法规约束，可以制定更为符合发行人要求的条款；比公开发行更有成功的把握等。

70. 【解析】AB 依据法律形式的不同，基金可分为契约型基金与公司型基金。

71. 【解析】AE 财政可以通过预算事先将未能生产出来的产品分配掉，银行可以通过发放贷款的形式将尚未生产出来的物品预先分配出去。

72. 【解析】BE 按市场机制的作用，通货膨胀分为公开型通货膨胀和隐蔽型通货膨胀。

73. 【解析】ACE 扩张型货币政策措施包括降低法定存款准备金率、降低再贴现率、扩张贷款规模。

74. 【解析】BD 政策调控和法律调控是市场经济体制下金融宏观调控的主要形式；计划调控和行政调控是计划经济体制下金融宏观调控的主要形式。

75. 【解析】BE 公开市场业务的缺点包括：从政策实施到影响最终目标，时滞较长；干扰其实施效果的因素比存款准备金率、再贴现多，往往带来政策效果的不确定性。

76. 【解析】AE 与工商企业相比，金融企业负债率明显偏高，财务杠杆大，导致负外部性大。此外，金融工具创新日新月异，衍生金融工具有以小搏大的高杠杆效应，也伴随着高度的金融风险。

77. 【解析】ABD　这三个维度是：企业目标、风险管理的要素、企业层级。

78. 【解析】BCDE　市场准入监管包括人员、机构的准入及注册资本的要求，但对资本充足率在准入时没有要求，因为新机构准入时由于没有开展业务而不存在该指标。

79. 【解析】AC　银行倒闭是指银行机构无力偿还所欠债务的情形。处置倒闭银行的措施主要包括：收购或兼并；依法清算。

80. 【解析】ABDE　按新的国际标准口径，中国外债口径调整如下：将境内外资金融机构对外负债纳入中国外债统计范围，同时扣除境内机构对境内外资金融机构负债；将 3 个月以内贸易项下对外融资纳入中国外债统计；将中资银行吸收的离岸存款纳入中国外债统计；在期限结构方面，将未来一年内到期的中长期债务纳入短期债务。

三、案例分析题

(一)

81. 【解析】C　一张债券持有一年获得的利息＝100×5%＝5 元，现值＝5/(1+5%)＝4.76 元。

82. 【解析】D　市场利率等于债券收益率时，债券的市场价格(购买价)＝债券面值，即债券为平价发行，也称等价发行。

83. 【解析】C　市场利率(或债券预期收益率)等于债券收益率(息票利率)时，债券的市场价格(购买价)＝债券面值，即债券为平价发行，也称等价发行。根据题干所说“以发行价格买入该债券”，说明该债券的市场价格(购买价)＝债券面值，即平价发行，所以其获得的收益率应等于其息票利率，即 5%。

84. 【解析】AD　债券的市场价格与到期收益率成反向变化关系。市场利率与债券价格成反向变化关系。

(二)

85. 【解析】D　商业银行的资产余额＝各项贷款+债券投资+现金及存放中央银行款项+存放同业款项＝1500+6250+5500+1125＝27 875 亿元。

86. 【解析】A　我国商业银行的现金资产主要包括三项：①是指商业银行保存在金库中的现钞和硬币，用来应付客户提现和银行本身的日常零星开支；②存放中央银行款项，是指商业银行存放在中央银行的资金，即存款准备金(包括法定存款准备金和超额准备金)；③存放同业及其他金融机构款项，是指商业银行存放在其他银行的非银行金融机构的存款，用于同业之间开展代理业务和结算收付。本题中商业银行的现金资产余额＝5500+1125＝6625 亿元。

87. 【解析】B　短期借款是指期限在一年或一年以下的借款，主要包括同业拆借、证券回购和向中央银行借款等，本题中商业银行向中央银行借贷 250 亿元，答案是 B。

88. 【解析】BD　贷款是商业银行最主要的资产和最主要的资金运用，A 的说法有误。应当分散借入款的偿还期和偿还金额，以减轻流动性过于集中的压力，C 的说法有误。

(三)

89. 【解析】D　在发行市场中，投资银行以承销商身份，通过咨询、信息披露、定价和证券销售等帮助构建证券发行市场。

90. 【解析】D　我国的询价制不是完全的簿记方式，也不是完全的竞价方式，而是结合了二者主要特征以适合我国资本市场发展状况的一种新股定价方式。

91. 【解析】C　首次公开发行股票采用询价方式的，网下投资者报价后，发行人和主承销商应当分别剔除拟申购总量中报价最高的部分，剔除部分不得低于所有网下投资者拟申购总量的10%，然后根据剩余报价及拟申购数量协商确定发行价格。

92. 【解析】ABC　安排一定比例的股票向根据《企业年金基金管理办法》设立的企业年金基金和符合《保险资金运用管理暂行办法》等相关规定的保险资金配售。公募基金、社保基金、企业年金基金和保险资金有效申购不足安排数量的，发行人和主承销商可以向其他符合条件的网下投资者配售剩余部分。对网下投资者进行分类配售的，同类投资者获得配售的比例应当相同。公募基金、社保基金、企业年金基金和保险资金的配售比例应当不低于其他投资者。

(四)

93. 【解析】A　直接租赁是指金融租赁公司以收取租金为条件，按照用户企业确认的具体要求，向该用户企业指定的出卖人购买固定资产，并出租给该用户企业使用的业务。

94. 【解析】B　回租是指出卖人和承租人是同一人的融资租赁。在回租交易中，金融租赁公司以买受人的身份，同作为出卖人的用户企业订立以用户企业的自有固定资产为标的物的买卖合同或所有权转让协议。

95. 【解析】C　根据规定，金融租赁公司对单一承租人的全部融资租赁业务余额不得超过资本净额的30%。

96. 【解析】AC　回租是指出卖人和承租人是同一人的融资租赁。题干中A公司既是出卖人，也是承租人。

(五)

97. 【解析】BC　信用风险的风险因素是有关主体贷出货币资金，成为债权人。对金融机构特别是商业银行而言，其贷出货币资金的基本形式，或是在货币市场上购买国库券和商业票据等短期信用工具、贴现银行承兑汇票、发放短期贷款等，或是在资本市场上发放中长期贷款、购买各种债券等。题干中我国某银行作为债券发行者，是债务人而非债权人。投资风险是指有关主体在股票市场、金融衍生品市场进行投资时，因股票价格、金融衍生品价格发生意外变动，而蒙受经济损失的可能性。本题中并未涉及。

98. 【解析】ABC　信用风险即一方不能履行责任而导致另一方发生损失的风险，债券投资者需承担发行人可能无法还本付息的信用风险。根据题干资料，“该债券采用固定的利率和浮动的利率两种计息方式”“50亿人民币、23亿美元、5亿新加坡元、5亿欧元4个币种”，所以，对于投资者来说会面临利率风险和汇率风险。

99. 【解析】AD　信用风险管理包括机制管理、过程管理。其中，过程管理又包括事前管理、事中管理和事后管理。①事前管理中，要分析借款人的信用状况；②事中管理的主要方法是：建立针对借款人的信用恶化预警机制；建立不良贷款的分析审查机制；监控、监测借款人的资金用途和使用状况；为借款人提供理财服务；提前转让债权；争取政府支持；帮助借款人开辟市场；追加贷款；贷款展期；行使抵押权或质押权；追索保证人；向法院起诉等。

100. **【解析】**BC　金融机构及其他企业管理国家风险的主要方法是：将国家风险管理纳入全面风险管理体系；建立国家风险评级与报告制度；建立国家风险预警机制；设定科学的国际贷款的审贷程序，在贷款决策中必须评估借款人的国家风险；对国际贷款实行国别限额管理、国别差异化的信贷政策、辛迪加形式的联合贷款和寻求第三者保证等；在二级市场上转让国际债权；实行经济金融交易的国别多样化；与东道国政府签订“特许协定”；投保国家风险保险；实行跨国联合的股份化投资，发展当地举足轻重的战略投资者或合作者等。